東洋文庫687

家訓集

山本眞功　編註

平凡社

装幀　原　弘

凡　例

一、本書は日本の歴史上に現れた教訓状や遺訓・遺言状など、子孫や一族の人々への訓誡を目的として著されたいわゆる「家訓」とよばれるもの一九点を選んで校訂を施し収録したものである。その内訳は皇族や公家の残したもの三点、武家のもの七点、そして江戸期になって登場する商家や農家といった庶民の手になるもの九点であるが、収録に際してはそれらをそれぞれの社会的階層別に分けた上で、成立順序にしたがって並べる形をとった。

一、これらを収録するにあたっては、東洋文庫編集・発刊の趣旨に鑑み、また読者の便をも勘案して、以下に示すようないくつかの補訂をこころみた。

一、漢字の古字・略字・異体字などは現行の字体に改めた。ただし一部の漢字については底本のままの字体を用いた場合がある。

一、仮名は底本によって平仮名か片仮名のどちらかに統一し、濁点や半濁点のないものにはこれを加えた。合字についてはすべて現行の表記に改めた。また「江・而・子・者・茂」についてもそれぞれ「え・て・ね・は・も」に改めた。ただし「之（の）」については改めなかった場合がある。

一、いくつかの仮名表記の語句についてはその意味するところを理解しやすくするために、脇にそれらに対応する漢字表記を括弧に入れて付した。逆に漢字表記の語句で振り仮名が付されていないもののうち、必要と考えたいくつかに対してはこれを加えた。その際、原則的に平仮名に統一した文献への振り仮名は、元々付されているものについては平仮名、新たに加えるものについては片仮名という形をとり、片仮名に統一した文献の場合はその逆として区別した。新たに加える振り仮名については、歴史的仮名遣いは用いなかった。

一、全文が漢文体の文献は書き下したが、書き下し文は歴史的仮名遣いとし平仮名書きとした。

一、すべてのものに現行の形態の句読点を施した。

一、闕字や平出は底本のままとした。

一、内容理解の一助としていくつかの語句への必要最小限と考える註解をこころみ、それぞれの末尾にこれを配した。底本と他本との間の際立った異同についてもこの中でふれた。

一、明らかに誤字および書き誤りと考えられるものや、あまりにも甚だしい当て字については、適宜註解の中でふれるか括弧に入れて傍書の形で訂正するかの措置を講じたが、容易に推測のつくものについては右脇に（ママ）を付しておいた。判読の困難なものについても同様に（カ）を付した。

一、文献によってはその中に現在では避けるべきと考えられるようになった表現があるが、歴史的文献であることを勘案して原文通りとした。

一、条目立てをしている文献の各条には読者の便を考慮して通し番号を付した。

一、各文献の冒頭には「解題」を置き、底本や校合本、参照すべき研究文献などを示した。また各々の文献に関して、校訂や補訂の具体的原則を、ここに提示した「凡例」に加えて述べておく必要がある場合にもこの「解題」を利用した。年齢については数え年で記した。

一、巻末に日本における「家訓」の歴史やその思想史的意義にふれた解説を付した。

目次

商家の「家訓」

農家の「家訓」

家訓集
かくんしゅう

山本眞功
やまもとしんこう
編註

皇族・公家の「家訓」

寛平御遺誡《かんぴょうのごゆいかい》

［解題］　平安京への遷都から数十年を経て強まった藤原北家の権力掌握への過程の中で、律令国家再編成をめざし、時の関白藤原基経（八三六〜九一）の死後、菅原道真（八四五〜九〇三）らを登用して天皇親政（「寛平の治」）をおこなったことで知られる宇多天皇（八六七〜九三一、在位八八七〜九七）が、寛平九年（八九七）、皇位を醍醐天皇となる皇太子敦仁親王に譲る際に与えたとされる訓誡書。一巻。冒頭の条からして朝食に関する条目と思われる「朝膳を供す。申時《サルノ》に」の記述以下が虫損となっているように、現存するものは残闕で完本は伝わらない。

多くが「新君これを慎め」の語で終わる各条の中で、一つには宮中の警護を務める「陣直《ジンノトノイ》」や近衛府の「舎人《トネリ》」などの位の低い者から国司に至る官人や僧侶・医師・博士などの任官叙位のあるべきあり方が示されているが、そこでは自らの失敗例を述べて恣意を排すべきことを説きながらも、下位にある者については特段の目配りの必要性を強調するなど、その教えはまことに具体性に満ちたものである。それは、もう一方で強調される律令制の緩みから始まった不動穀や正税穀などの非常用財源の無原則な流用に関する禁止とともに、任官叙位をはじめとする人事面での綱紀粛正こそが律令国家再編成のためには必須であるとの判断があったがゆえのことであろう。そうした判断にもとづいておこなうべきとされるのが、後宮の管理運営に関して藤原定国の姉妹や近親の者を重用すべきとする指示に見られるような、天皇自身が重要と考えたポストへの指名人事である。その代表例が菅原道真であり平季長であった。文中で展開される彼等に対する人物評価の中からは、改革の成否は結局のところ登用する人材次第によって決するという宇多天皇の意思を読み取ることが出来る。さらに巻末の条においては、平安遷都で知られる桓武天皇の様々なエピソードをもとに、あるべき帝王像が示されているが、それらはいずれも、臣籍降下後に親王に復帰して即位したというような厳しい政治的抗争を経て来た自らの経験にもとづいて書かれたものだけに、その教訓はまことに懇切なものである。以後この書は代々の天皇が学ぶべき帝王学の鑑《かがみ》として尊重され、天皇の側近く仕える執柄職事なども常に座右に備えたものとされている。

ここに示したのは、玉川大学図書館所蔵の『群書類従』巻第四百七十五雑部三十の収録本を底本として、それを書き下したものである。書き下しに際しては、明治になって刊行された活版本第二十七輯収録本や松本彦次郎氏が補訂の手を加えた『新校群書類従』第二十一巻収録本（現宮内庁書陵部所蔵の古写本との校合を経たもの）に付された返り点を参看するとともに、尊経閣文庫所蔵本を書き下した『日本思想大系』8（岩波書店）所収のもの（大曾根章介氏校訂）を参考にした。振り仮名や註に関しても同様である。またこれらを参考にして適宜行を改めた。底本は他本との校合の結果から無視出来ない記述の異同を傍書の形で示しているが、そのほとんどは他本の記述で読んだほうが文意が通じやすいと思われるので、傍書の字を採った。底本にある「以下六字虫損」などという細字の二行書きの記述については、「――以下六字虫損――」という形で挿入することとし、たとえば「東宮」という記述に「醍醐」の傍書が付されているような場合にも「東宮（醍醐）」という形に改めた。

寛平御遺誡

朝膳を供す。申時《サルノ》に――一本に云はく。以下虫損――

以上(1)、陣直倫《ジンノトノイトモガラ》に超え、声誉《セイヨ》遍《アマネ》く聞ゆる者は、昇転叙位《ショウテンジョイ》、及び兼国《ケンゴク》貢物は、掌例に拘《カカワ》ることなかれ。ただ婦人の口小人《ショウジン》の挙を忌《イ》むらくのみ。

諸(2)国諸家等が申すところの季禄《キロク》、大粮《タイロウ》、衣服《エブク》、月料《ガツリョウ》等、或は官奏《カンソウ》に入り、或は内給《ナイキュウ》に就きて、不動《フドウ》、正税《ショウゼイ》等を申す。たとひ国の中の帳遺《チョウノノコシ》を勘《カンガ》へ申さしむとも、或は遠き年の帳は実と為しがたし。今すべからく不動は一切禁断し、正税は状に随ひて処分すべし。もし必ず不動を用ゐるときは、即ち後の年に全く委塡《イテン》せしめ、忘るべからず。この事は当時の執政《シッセイ》が進止《シンジ》すべきところなり(3)。然りといへども内心に存するときは、万分の一を補へ。努力々々《ユメユメ》。

斎宮《サイグウ》は、出でて外国にあり(4)。用途《ヨウド》繁《シゲ》しといへども、料物《リョウモツ》足らず。その申し請ふに随ひて、宜《ヨロシ》く量《ハカ》りて進止すべし。ただし寮の司《ツカサ》は能《ヨ》く能くこれを選びて任ずべし。斎院《サイイン》は、種々《クサグサ》の雑《ゾウ》物《モツ》蔵の例には具《ソナワ》るといへども、それ用度においては十分の一だにも足らざれば、特に相労《アイイタワ》りを加へ、――以下六字虫損――これを忘るべからず。大略《タイリヤク》は菅原朝臣《スガワラノアソン》、季長朝臣《スエナガノアソン》に仰せ(5)、かの両人をして検――虫――せしむべし。

諸国の権講師《ゴンコウジ》、権検非違使《ゴンノケビイシ》等は、朕《チン》一両《ヒトリフタリ》これを許せども、例と為すべからず。――虫――読師《トクシ》は孟冬《モウトウ》の簡定《カンジョウ》に随ひて、諸《モロモロ》の階業の僧等を任ずべし(6)。――虫（この間十九字虫損）――ことこれを妨ぐ。二三度朕これを失《アヤマ》てり。新君これを慎め。

内供奉《ナイグブ》十禅師《ジュウゼンジ》等、定額《ジョウガク》僧等の闕《ケツ》は、必ず本寺の選挙を用ゐて、輙《タヤス》く前《サキ》の人の譲《ユズ》りを許し、妄《ミダリ》に他の所の嘱とすべからず(7)。もし知徳普《アマネ》く聞え、戒律――虫（この間五字虫損）――せしむるものあれば、問ひてこれを許せ。これを失つべからず。

外蕃《ガイバン》の人必ず召し見るべき者は、簾中《レンチュウ》にありてこれを見よ。直《タダ》に対《ムカ》ふべからざらくのみ。李環《リカン》、朕すでにこれ失てり(8)。これを慎め。

諸国新任の官長、任用を請ひ――虫――者は、或は掾《ジョウ》、或は目《サカン》、医師《クスシ》、博士《ハカセ》等、総《スベ》てこれを許すべからず(9)。ただ諸国諸所労《ロウ》あり。労の中、他人のために遍《アマネ》く知られ、その用に堪ふる者は、状を量《ハカ》りて許せ。――虫――分明《ブンミヨウ》ならざる者はまたこれを忌め(10)。忘るることなかれ怠ることなかれ。

有憲《アリノリ》昇殿すべからざるの状、去年《コゾ》神明《シンメイ》を引きて定国《サダクニ》に附けて、申し遂ぐることすでに畢り(11)ぬ。これを忘るることなかれ。

万《ヨロズ》のことに淫《イン》することなかれ。――虫――これを節《セツ》せよ。(12) 賞罰を明かにすべし。愛憎に迷ふことなかれ。意《ココロ》に平均《ヘイキン》を用ゐて、好悪《コウオ》に由ることなかれ。能《ヨ》く喜怒を慎みて、色に形《アラワ》すことなかれ。

左右の近衛将監叙位《コノエノハンガンジョイ》のこと、昔の例を追ふに、左右逓《タガイ》に隔年にこれを叙せり。しかるに今叙位のこと必ずしも年ごとならず。宿衛《シュクエイ》の勤《ツトメ》は殊《コト》に他の府に倍す。舎人《トネリ》より始めて判官《ハンガン》に至るまでは、署四五十年を積めども、殆《ホトホト》にその運を待ちがたし。今すべからく近代の例に復して、儀式の叙位あるごとに、左右共にこれを叙すべし。まさに宿衛の人を励さむとす。(13) 新君これを慎め。

内侍所《ナイシドコロ》は、有司《ユウシ》すでに存せり。ただ宮中の至難なるものは、これ後庭《コウテイ》のことなり。今すべからくその方の雑事、御匣殿《ミクシゲドノ》、収殿《オサメドノ》、糸所《イトドコロ》等のことは、定国朝《ノ》臣の姉妹近親の中、その事に堪ふべき者一両人《ヒトリフタリ》、一向《イッコウ》に事を行へ。日給《ニッキュウ》のもの等第《トウダイ》の類《タグイ》は、総《スベ》て処分すべし。(14) 治子朝臣《ノアソン》(15)は昔より糸所のことを知れり。――虫――の間、猶《ナオ》これを兼ね知らしめよ。息所《ミヤスドコロ》菅氏、宣旨《センジ》滋野《シゲノ》(16)等は、日々女房《ニョウボウ》の侍所《サブライドコロ》に出居《イデイ》て、蔵人《クロウド》等の日給のことを行ひ、兼ねて進退の礼儀を正せ。更衣《コウイ》あるの時に至りては、また教正礼節を加へよ。それ更衣、蔵人、事に随ひて賞《ショウ》のものを給ひ、功によりて官爵《カンシャク》を授くるのことは、皆悉《コトゴト》くに執奏《シッソウ》して申し行ふべきなり。菅氏はこれ好《ヨ》く煩《ワズラワ》しきことを省《ハブ》くの人なり。宣旨《センジ》はまた寛緩《ユル》び和柔《ヤワラカ》なるの人なり。各《オノオノ》の身を激励《ハゲマ》して、これに勤仕せしめよ。新君これを慎め。

中重《ナカノエ》の北西の廊《ホソドノ》は、采女《ウネメ》、女孺《ニョジュ》等、各《オノオノ》曹司《ソウシ》と為し、居住すること家のごとく、代々常に失火の畏《オソレ》あり(17)。然りといへども遂に追却《ツイキャク》することを得ず。今すべからく夜ごとに蔵人《クロウド》、殿上《テンジョウ》人《ビト》の、その事に堪ふべき者一人に、蔵人所の人一両《ヒトリフタリ》を差加へて巡検せしむべし。これを怠るべからず。また宮中の人々の曹司の坪々《ツボツボ》等、凡下《ボンゲ》の人、常に破壊を致す。すべからく五日に一度、同じく殿上人を遣《ツカワ》して、巡検警誡《ケイカイ》せしむべし。新君これを慎め。

左大将藤原朝臣《ノ》(時平)は、功臣《コウシン》の後なり。その年少《ワカ》しといへども、すでに政理《マツリゴト》に熟《クワ》し。先の年、女のことにして失《アヤマ》てるところあり。朕早《ツト》に忘却して、心を置かず。朕去《イ》ぬる春より激《ハゲ》励《マシ》を加へて、公事《クジ》を勤めしめつ。またすでに第一の臣たり。能《ヨ》く顧問に備へて、その輔道《ホドウ》に泛《ウカ》べ(18)。新君これを慎め。

右大将菅原朝臣《ノ》(北野)は、これ鴻儒なり。また深く政事《マツリゴト》を知れり。朕選びて博士《ハカセ》と為し、多く諫正《カンセイ》を受けたり。よて不次《フジ》に登用《トウヨウ》し、もてその功に答へつ(19)。加へてもて朕前《サキ》の年東宮《トウグウ》(醍醐)を立つるの日、ただ菅原朝臣《ノ》一人とこの事を論じ定めき(20)——女知尚侍《ショウシ》、これに居りき——。その時共に相議する者一人もなかりき。また東宮初めて立ちしの後、いまだ二年を経ざるに、朕譲位の意《ココロ》あり。朕この意をもて、密々《ミツミツ》に菅原朝臣《ノ》に語りつ。しかるに菅原朝臣《ノ》申して云はく。かくのごとき大事は、自《オノズカ》らに天の時あり、忽《ユルガセ》にすべからず、早くすべからず云々と。よて或は封事《フウジ》を上《タテマツ》り、或は直言《チヨクゲン》を吐きて、朕が言に順《シタガ》はず。またまた正論《セイロン》なり。今年に至りて、菅原《ノ》朝臣に告ぐるに朕が志必ず果すべきの状をもてす。菅原《ノ》朝臣更に申すところなく、事々《コトゴト》に奉行《ブギヨウ》し、七日に至りて(21)行ふべきの儀《ギ》人の口に云々《ツツヤ》きぬ。殆《ホトホト》にその事を延引《エンイン》せむと欲するに至りて、菅原《ノ》朝臣申して云はく。大事は再び挙《ア》ぐべからず、事留《トドマ》るときは即ち変《ヘン》生ず云々と。遂に朕が意をして石のごとくに転ぜざらしめつ。総《スベ》てこれを言へば、菅原《ノ》朝臣は朕の忠臣のみに非ず、新君の功臣ならむや。人の功は忌むべからず。新君これを慎め云々。

季長朝臣《スエナガノアソン》は深く公事《クジ》に熟《クワ》しく、長谷雄《ハセオ》(22)は博《ヒロ》く経典《ケイテン》に渉《ワタ》りて、共に大器《タイキ》なり。昇進を憚《ハバカ》ることなかれ。新君これを慎め。

朕聞かく。いまだ旦《アカツキ》ならざるに衣を求むるの勤《ツトメ》は、日ごとに服を整へ、盥嗽《カンソウ》して神を拝す。また近くに公卿を喚《ヨ》びて、議し給ふことあれば、治術《チジユツ》を訪《トブラ》ふ。また本《モト》の座に還《カエ》りて、侍臣《ジシン》を招き召して、六経《リクケイ》の疑はしきことを求む。聖哲《セイテツ》の君は、必ず輔佐《ホサ》によりてもて事を治む。華《カ》夷《イ》寡小《カシヨウ》の人、何ぞ賢士なからむ(23)。感をもて徹を救はむ。事疑《ウタガイ》を持つことあれば、必ず推《オ》し量《ハカ》りてもてこれを決すべしと。新君これを慎め。

諸司諸所の、言奏見参《ゲンザン》するところは、先例ありければ、諸司に下して旧跡を勘《カンガ》へしむべし。たとひ旧迹あれども、能く推し量りて行ふべし(24)。新君これを慎め。

延暦《エンリャク》の帝王(25)は、日ごとに南殿《ナンデン》の帳《ミチョウ》の中に御《オワシマ》して、政務の後に、衣冠《イカン》を解《ト》き脱《ヌ》ぎて、臥《フ》し起き飲食《オンジキ》したまひき。また鷹司《タカツカサ》の御鷹を喚《ヨバ》ひて、庭前にて呼び餌《クラワ》しめたまひき。或時は御手《オンテツカ》ら觜爪《クチバシツメ》等の好むべきものを作りたまひき。また苦熱《クネツ》のときに至りては、朝政の後に、神泉苑《シンゼンエン》に幸《コウ》して納涼《ドウリョウ》したまひき。行幸《ギョウコウ》の時は、先づ左右近の中少将に問はしめ、手輿《タコシ》を喚《ヨバ》ひてこれに御《オワシマ》す。行路の次《ツイデ》に、もし御輿《オンキョウ》あるときは、近衛《コノエ》等をして相撲《スマイ》せしめたまふ。これ相撲を好まむがためなり。羅城門《ラショウモン》を造りて、巡幸《ジュンコウ》してこれを覧《ミ》たまひ、即ち工匠《タクミ》に仰せて曰《ノタマワ》く。この門の高さ五寸を減《ゲン》ずべし云々と。後にまた幸してこれを覧《ミ》たまひ、即ち工匠を喚《ヨバ》ひて何如《イカガ》と。工匠云《モウ》さく。すでに減じたりと。帝《ミカド》歎《ナゲ》きて曰く。悔《ク》ゆらくはまた五寸加ふることをと。工匠これを聞きて、地に伏して息を絶えつ。帝奇《アヤシ》みて問ひたまふ。工匠良久《ヤヤ》しくして蘇息《ソソク》し、即ち云《モウ》さく。実《マコト》には減ぜざりつ、然れども煩《ワズライ》あらむがために詐《イツワ》り言《モウ》すらくのみと。帝その罪を宥《ユル》したまひき。帝王は平生《ヘイゼイ》昼は帳《ミチョウ》の中に臥《フ》して、小《オサナ》き児《チゴ》の諸《モロモロ》の親王《ミコ》を遊ばしめたまひき。或は采女《ウネメ》を召して、時《トキドキ》洒《キヨ》め掃《ハラ》はしめたまふ。その時の人夏冬綿の袴《ハカマ》を服《キ》たりき。その采女の袴の体《テイ》は今の表袴《ウエノハカマ》のごとし。御《ギョ》せしめんと欲したまふなり。これ等の語《コト》は、故《コ》太政大臣《ダイジョウダイジン》(基経)の旧説《キュウセツ》なり。追ひ習ふべからずといへども、旧き事を存《ソン》せんがために状《ジョウ》の末に附《フ》すらくのみ。また弘仁《コウニン》の御時《オントキ》、諸《モロモロ》の堂殿《ドウトノ》の門の額《ガク》は初めて書きたりき(26)。宮城《クジョウ》の東面は帝親《ミズカ》ら書きたまふらくのみ。また初めて唐の服を製《ツク》りき云々。

以前《サキ》の数事の誡《イマシメ》、朕もし忘却すれども、嘱《ショク》するところの者あれば、この書を引きて警《イマシ》むべし。——虫——これをもて孝とせむ。違失《イシツ》すべからざらくのみ。

本に云はく、

承安《ジョウアン》二年十一月七日　納言殿《ナゴンドノ》(27)の御本をもて書取り畢《オワ》りぬ。

日向守定長《ヒユウガノカミサダナガ》(28)

寛元三年四月十一日一校を加へ畢《オワ》りぬ。中宮権大進俊兼《チユウグウゴンノタイシントシカネ》(29)の本をもてこれを書写せり。

春宮《トウグウ》権大進光国《ミツクニ》(30)

(1) 尊経閣文庫所蔵本(以下「尊経閣本」と略記する)の書き下しは、この前に「衛府の舎人」とある。以下の「陣直」は宮中に当番制で宿直して警護を務める者、「昇転」は昇任と転任、「兼国」は本官に加えて国司の官を兼任すること。ただし「貢物」「掌例」については、尊経閣本ではそれぞれ「賞物」「常例」となっている。したがってこの条は、宮中の警護を務める者の中に人並み外れた能力を持ち他からの評価も高い者がある場合は、口さがない「婦人」や「小人」の

い抜擢人事をおこなってよいということを述べたものであろう。

（2）　尊経閣本は「諸国」ではなく「諸司」。以下にある「季禄」は律令制のもと、春秋の二季に分けて官職に相当する位階に応じて支給された綿や布などの禄。「大粮」は給与として支給された米や塩。「衣服」は臣下が夏冬に賜る禄としての衣類。「月料」は毎月支給される食料。また、「官奏」は太政官から天皇に対しておこなわれた田の荒熟の状況などについての奏上の儀式のこと。「内給」とは、天皇が一定の官職に一定数の人員を申任する、すなわち一種の売官や売位によって所得を得ることを認めた権利を指す。この制度は皇室経済の逼迫を救うために九世紀の後半に成立したと言われている。「不動」は不動穀のこと。律令制のもと田租の一部を非常用として国郡の不動倉に封印しておいたものだが、律令制崩壊への動きの中で様々な名目で流用されて有名無実となった。「正税」は正税稲のこと。農民に出挙《すいこ》しその結果得られた利稲を倉に蓄え国郡の諸経費に充てたものだが、これも財政が苦しくなると中央に貢進させられ、官人の給与などに流用することが多くなった。「帳遺」は諸国の前年の正税の出納を記入した正税帳に記載された正税の残高のこと。この条のこの部分は、律令制のもとで官職にある者に支給される「季禄」等の財源について、しばしば非常用に蓄えられていた「不動」や「正税」を流用することが奏上されるが、帳簿上の記録は実態とは異なることが多いので、それを認めてはならないということを述べたもの。

（3）　財源の補塡にやむをえず不動穀や正税穀を用いることについては、大臣などの時の要路にある者が「進止」すなわち方針を決定し指示すべきであるの意。

(4) 「斎宮」は天皇の即位ごとに選定され、伊勢神宮に奉仕した未婚の内親王または女王。したがってここに言う「外国」は畿外の伊勢国のこと。以下の「料物」は祭祀の際に必要な供物や月料、造備すべき雑物などのことで、「寮の司」は斎宮寮の官人の意。「雑物蔵」について、尊経閣本は「蔵」を「式」と記している。

(5) 律令国家の再編成を目指して宇多天皇が登用し重用した菅原道真と平季長。尊経閣本の書き下しは「仰せ」に続いて「畢りぬ」とあり、その下の虫損の部分には「校」が入っている。

(6) 「権講師」「権検非違使」は、諸国の国分寺に住する僧侶と、都や諸国において現在の警察官や裁判官に相当する職を務めた者のこと。「読師」は法会などで経論を読誦する僧侶のことで、国ごとの国分寺には講師とともに読師一人が置かれたとされている。「孟冬」は陰暦一〇月の異称。「簡定」は選定すること。この条は、「権講師」などのポストに任ずる者を天皇自らの裁量で決定したことが数度あるが、これを前例としてはならないことを述べ、これらの人事については「孟冬」におこなわれる正式の選定の場で決定すべきことを「新君」すなわち醍醐天皇に誡めとして申し送っている。

(7) 「内供奉十禅師」は、天皇の持僧として宮中の内道場に勤仕して読師などの役を務める僧侶。「定額僧」は、寺の名称を定めた寺額を賜り寺の運営費用を支給される国家公認の寺院の僧尼のことを言う。尊経閣本のこの箇所の書き下しは「内供奉十禅師、□寺の定額僧等」となっている。これらの僧職に欠員が生じた場合のなすべき対応を述べたもの。

（8）「外蕃の人」は異国の人すなわち大陸から来朝した人。この李環という人については伝未詳。「外蕃の人」とは直接に対面するのではなく、簾を間にして会うようにすべきことを述べる。
（9）掾も目も共に令制における国司の四等官の名称。したがって、この条は国司や「医師」や「博士」等の任用に関する誡めを述べたもの。尊経閣本の書き下しは虫損部分に「申す」の記述がある。
（10）尊経閣本の書き下しは「ただ諸司諸所労あるの中、他人のために遍くその用に堪ふることを知られたる者は」となっている。文中の「労あり」は「諸国諸所」に規定の年数勤務するの意。官職への任用は勤務年数や能力などに応じておこなうべきであって、決して恣意的におこなってはならないことを述べている。虫損部分には尊経閣本の書き下しでは「もし」が入る。
（11）「有憲」は人名だが伝未詳。「定国」は藤原高藤《たかふじ》の長男で泉大将と号した人物。この条は「有憲」の宮中への出入り禁止のことを申し送っている。
（12）尊経閣本の書き下しは虫損部分に「躬を責めて」とある。
（13）「近衛将監」は皇居の警衛や儀仗のことにあたる左右近衛府の第三等官。「宿衛」は宿直して警衛の任にあたること。また、その人。「舎人」は下級官人のことだが、ここでは衛府の兵士の称。「判官」は令制の四等官の一つで次官の下、主典の上に位し、公文書の審査を掌《つかさど》る。なお尊経閣本は「四五十年」の上に「署」の記述はない。この条は、勤務条件が厳しく昇進も遅れがちな「宿衛の人を励」ますために、「昔の例」にならって「左右遁に隔年にこれを叙」すようにすべきことを説いている。

(14)「内侍所」は宮中の神鏡を安置する温明殿の別称であり、平安時代には後宮の中心的な官司となった内侍司が置かれた場所。「有司」はその職についている役人。「後庭」は後宮のこと。「御匣殿」は宮中にあって内蔵寮《くらりょう》で調《ととの》えられるもの以外の衣服の縫製を掌った所。「収殿」は衣服や調度を納め置いた所。「糸所」は裁縫をおこなう所。「日給」は定められた日に宮中に出仕し、その日の当番の官位姓名を表示した札である日給簡に出仕を録すること。「等第」は蔵人や女官などの出仕日数を算定し、等級づけ禄を支給すること。この条のこの部分は、宮中で最も運営の難しい後宮のことについて、「内侍所」に役人は置いてあるが「御匣殿」等の運営や「日給」「等第」については「定国の姉妹近親」の者の中から一人ないしは二人を選んで事に当らせるようにすべきことを述べている。

(15)「洽子朝臣」については伝未詳。洽子の読みも不明。

(16)「息所菅氏」は菅原道真の長女で、宇多天皇の女御となった衍子(一説に淑子)のこと。「宣旨滋野」については伝未詳。以下の文中の「更衣」は、後宮の女官の一つで女御の次の位。「執奏」は天皇にとりついで奏上すること。したがって、ここでは「蔵人、更衣」の管理をこの両人に委ね、彼等への褒賞に関しても両人からの「執奏」によって執り行うべきことを述べている。

(17)「中重」は皇居の三重の構えの中間の諸門の門内を指す語。「廊」は正堂の両側のわき部屋の意で、ひいては寝殿造の二つの建物をつなぐ廊下を指す。「采女」は宮中女官の一つで、地方の郡司の姉妹や娘が採用された。「女孺」は宮中に仕える下級の女官。「曹司」は官人の勤務する舎屋のこと。したがって、以下の文中の「曹司の坪」は曹司の一区画の意となる。「中重の北西の廊」は「采女、女孺等」が「曹司」として、あたかも住居のごとく使用しているので、失火のおそれがあることに注意をはらうべきことを誡めている。

(18)「泛」は浮と同意であるから、藤原時平の「輔道」すなわち導きに身を委ねよという意か。ただし尊経閣本は「従」。

(19)「鴻儒」はすぐれた大学者の意。この文中の「答」を底本は「答」と誤記。尊経閣本等の記述を参考にして改めた。この条は菅原道真の抜擢の理由とその人物の優れた点について述べ、「新君」もこの人物を重用すべきことを説いている。また、つづく文の冒頭の「加へてもて」の部分を尊経閣本の書き下しは「しかのみならず（加之）」としている。

(20)「東宮」は皇太子のこと。以下の文中の「女知」の意味については不明。「尚侍」は内侍司の長官のことだが、具体的には当時その地位にあった藤原長良の娘の淑子を指すものと思われる。

(21)この部分の尊経閣本の書き下しは「七月に至りて」。また、この条末尾の文「人の功は忌むべからず」についても、尊経閣本の書き下しは「人の功は忘るべからず」とある。

(22)紀長谷雄。学識をもって知られた人物で、菅原道真のほか藤原時平とも親交が深く、醍醐天皇の信頼も厚かったと言われている。

(23)「盥漱」は手を洗い口をすすぐこと。「六経」は易経や書経などの中国における六種の経書の総称。この条は、夜明け前から始まる天皇の一日の執務についての留意点を述べたもので、神への拝礼や公卿との間の治術に関する論議、さらには側近く仕える「侍臣」を教導役とする中国古典の学習などを指示し、「聖哲の君は、必ず輔佐によりてもて事を治む」ことを強調している。

「華夷寡小の人」すなわち文明の開けているいない、あるいは人口の多少にかかわらず、「輔佐」たるべき「賢士」がいないということはないからである。つづく「感をもて徹を救はむ」については意味不明。脱字があるものと思われる。また、この条中の「議し給ふ」「また本の座に還りて」の記述は、尊経閣本の書き下しではそれぞれ「議し治す」「夕には本の座に還りて」となっている。

(24)「諸司諸所」の者が「言奏見参」すなわち意見を奏上したり祇候したりの際には先例があるので、それを考え合わせるべきことを述べた条。文中の「たとひ旧迹あれども」の箇所は、尊経閣本の書き下しでは「ただ旧く遠きことあれば」とある。

(25)「延暦の帝王」は桓武天皇のこと。底本は「帝王」を「帝主」と記しているが、誤記と考え改めた。この条には、「御鷹」や「納涼」や「行幸」などといった桓武天皇の様々な日常の様子が述べられているが、それらはいずれも天皇の優れた人格を示す内容となっている。そして後段において、それらが「故太政大臣」すなわち藤原基経から耳にしたものであって、この条にこれを紹介した理由を「追ひ習ふべからずといへども、旧き事を存せんがため」であると述べている。なお文中の「近の中少将」は近衛府の官人。つづく文中の「近衛等」は近衛舎人たちのこと。また「悔ゆらくはまた五寸加ふることを」の記述は、尊経閣本の書き下しでは「悔ゆらくは五寸加へざることを」とある。底本も「悔不加五寸」とあって尊経閣本と同じだが、「不」の傍書に「亦イ」とあり、文脈から言って適当と考える傍書のほうを採った。「表袴」は主に童女が着用した白いさっぱりとした装束。この語につづく「御せしめんと欲したまふなり」の記述は、尊経閣本の書き下しでは「御するに便ならむと欲したまへり」。

(26)『日本紀略』によれば、これは弘仁九年四月のこととある。

(27)「納言殿」がいかなる人物であるかは不明。藤原資長と推定する説がある。

(28)藤原定長。藤原為隆の孫で、光房の五男。

(29)藤原経賢の子の宗経のこと。

(30)藤原光国。藤原資実の四男。なお、底本はこの奥書の後に「右以屋代弘賢本書写、得一本校合了」と記している。屋代弘賢（一七五八～一八四一）は江戸後期の考証学者。幕府右筆となり、和漢典籍の蒐集に努め、不忍池畔に不忍文庫を建てたことで知られる。

九条殿遺誡《くじょうどのゆいかい》

［**解題**］　藤原摂関家の直接の祖とも言うべき藤原忠平（八八〇～九四九）の次男で、道長（九六六～一〇二七）の祖父にあたる藤原師輔《もろすけ》（九〇八～六〇）が、右大臣となった天暦元年（九四七）の後に子孫に対して著したと考えられている訓誡書。『九条右丞相遺誡』とも称される。著者の師輔は、自身は摂政関白の地位にはつけず兄の実頼に比べて官位も終始低かったが、村上天皇の女御となっていた娘の安子が後に冷泉天皇と円融天皇となる皇子らを生んだこともあって、その家門はいわゆる摂関家として栄えた。

　この著の内容は、日常の私生活上の注意を述べたものと、朝廷における対人関係などの公的生活に関する心構えを述べたものとに大別することが出来る。たとえば日常生活については、朝起きてまず人の一生を支配するとされた「属星《ゾクショウ》の名号《ミョウゴウ》」を「七遍」称《とな》えよとの指示から始めて、「暦《コヨミ》を見て日の吉凶《キッキョウ》を知る」ことや日記を書くことの重要性を強調し、手足の爪の手入れから沐浴の日の指定までがなされている。また処世上の注意として、君主への「忠貞《チュウテイ》の心を尽」くすことや親への「孝敬《コウケイ》の誠を竭《ツク》」すことが様々に強調され、さらに「尋常に仏法を尊まず」生きることがどのような悲惨な結果を招くことになるかが具体的に説かれ、「没後《モツゴ》のこと」特に「葬料《ソウリョウ》」や年忌の仏事などについても細かな指示がおこなわれている。このような訓誡には明らかに儒教や仏教の影響とその教養を認め得るが、日常生活上のことに対してなされる行動上の細かな日時の指定や暦書の重視などの点からは、むしろ彼等の日常生活において陰陽道が果たしていた役割の大きさのほうを看て取ることが出来よう。

もう一方の公的生活に関する記述も具体的かつ詳細である。対人関係においては「不善のことを言うの輩《トモガラ》」とは係わりを持たぬように誡めて人との交際の難しさを説くとともに、「故老《コロウ》および公事《クジ》を知れるの者《ヒト》」とは積極的に交わるべきことを強調し、職にあっては無断欠勤を誡め朝廷における振舞い方の細かな指示をおこなうなど、著者の配慮は細部にわたっている。その意味でも、この著は当時の公家達の習俗や信仰のありかたとともに、彼等の処世の実際をそこから窺い知ることが出来る貴重な史料であるといえよう。この遺誡は、『徒然草』や『愚管抄』などの諸書中にも引用や言及があることに示されるように、その影響は広く後代にまで及んだことが知られている。

本書に掲載するものは、『寛平御遺誡』と同じく玉川大学図書館所蔵の『群書類従』巻第四百七十五雑部三十収録本を底本として、それを書き下したものである。書き下しや振り仮名、註解や改行などについても、同様に『日本思想大系』8（岩波書店）所収のもの（底本は尊経閣文庫所蔵本、大曾根章介氏校訂）を主に参考にした。校合本の選定や傍書の扱いについても『寛平御遺誡』での措置に倣った。ただし、この底本は細字二行書きの記述の分量が多いので、印刷の都合と読み易さとを勘案して本書では細字のままの一行書きに改めた。

九条殿遺誡

九条前右大臣師輔公

遺誡《ユイカイ》幷《ナラビ》に日中行事(1)造次《ソウジ》にも座右《ザユウ》に張るべし。

先づ起きて属星《ゾクシヨウ》の名号《ミヨウゴウ》を称《シヨウ》すること七遍(2)微音。その七星は、貪狼《トンロウ》は子《ネ》の年、巨門《コモン》は丑亥《ウシイ》の年、禄存《ロクソン》は寅戌《トライヌ》の年、文曲《ブンキヨク》は卯酉《ウトリ》の年、廉貞《レンテイ》は辰申《タツサル》の年、武曲《ブキヨク》は巳未《ミヒツジ》の年、破軍《ハグン》は午《ウマ》の年なり。

次に鏡を取りて面《オモテ》を見、次に暦《コヨミ》を見て日の吉凶《キツキヨウ》を知る。次に楊枝《ヨウジ》を取りて西に向ひ手を洗へ。次に仏名《ブツミヨウ》を誦《ジユ》し、および尋常《ジンジヨウ》に尊重《ソンチヨウ》するところの神社を念ずべし。次に昨日のことを記せ事多き日は日の中にこれを記すべし。

次に粥《シルカユ》を服《フク》す。次に頭《カシラ》を梳《ケズ》り三箇日に一度これを梳るべし。日々梳らず、次に手足の甲《ツメ》を除け丑《ウシ》の日に手の甲を除き、寅《トラ》の日に足の甲を除く。

次に日を択《エラ》びて沐浴《ユアミ》せよ五箇日に一度なり。沐浴の吉凶(3)黄帝伝《コウテイデン》に曰く。凡そ月ごとの一日《ツイタチ》に沐浴すれば短命なり。八日に沐浴すれば命長し。十一日は目明かなり。十八日は盗賊に逢ふ。午《ウマ》の日は愛敬《アイキヨウ》を失ふ。亥《イ》の日は恥を見る。悪《ア》しき日には浴《ユア》むべからず。その悪しき日は寅辰午戌、下食《ゲジキ》の日等なり。

次に出仕すべきことあれば、即ち衣冠《イカン》を服《キ》て解緩《オコタ》るべからず。人に会ひて言語《ゲンゴ》多く語《カタラ》ふことなかれ。また人の行事《ギョウジ》を言ふことなかれ。ただその思ふところと触るることとを陳《ノ》べ、世の人の言《コト》を言ふべからず。人の災《ワザワイ》は口より出づ。努々《ユメユメ》これを慎み慎め。また公事《クジ》に付《ツ》きて見るべき文書《モンジョ》は、必ず情《ココロ》を留《トド》めて見るべし。(4)

次に朝暮《チョウボ》の膳《カシワデ》は、常のごときは多く湌《クラ》ひ飲することなかれ。また時剋を待たずしてこれを食ふべからず。詩に云はく。戦々慄々《センセンリツリツ》として、日《ヒ》一日《イチニチ》に慎むこと、深き淵に臨むがごとく、薄き氷を履《フ》むがごとしと。長久の謀《ハカリゴト》は能《ヨ》く天年を保つ。(5)

凡《オヨ》そ成長して頗《スコブ》る物の情《ココロ》を知るの時は、朝《アシタ》に書伝《ショデン》を読み、次に手跡《シュセキ》を学べ。その後に諸《モロモロ》の遊戯《ユゲ》を許す。ただし鷹犬《ヨウケン》、博奕《バクエキ》は、重く禁遏《キンアツ》するところなり。元服の後、いまだ官途に趣《オモム》かざるの前、その為《ナ》すところもまたかくのごとし。ただし早く本尊を定め、盥《タライ》にて手を洗ひて宝号を唱へよ。真言《シンゴン》を誦《ジュ》すごとき、多少に至りては、人の機根《キコン》に随ふべし。不信の輩《トモガラ》、非常《ヒジョウ》夭命《ヨウメイ》なること、前鑑《ゼンカン》すでに近し。(6)

第三の関白貞信公《テイシンコウ》(忠平)の語《モノガタリ》に云はく。(7) 延長(醍醐)八年六月二十六日、清涼殿《セイリョウデン》に霹靂《ヘキレキ》せしの時、侍臣《ジシン》色を失ひき、吾《ワレ》心の中に三宝《サンポウ》に帰依《キエ》して、殊《コト》に懼《オソ》るるところなかりき、大納言清貫《キヨツラ》、右中弁希世《マレヨ》、尋常に仏法を尊まず、この両《フタリ》の人すでにその妖《ヨウ》に当りつと。これをもてこれを謂へば、帰真《キシン》の力尤も災殃《ワザワイ》を逃《ノガ》る。また信心貞潔智行《シンジンテイケツチギョウ》の僧、多少は堪ふるに随ひ、これを相語る。ただに現世《ゲンゼ》の助《タスケ》のみに非ず、則ちこれ後生《ゴショウ》の因なり。頗《スコブ》る書記《ショキ》を知り、すなはち心を我朝の書伝に留めよ。

夙《ツト》に興《オ》きて鏡に照らし、先づ形体《ケイテイ》の変《ヘン》を窺《ウカガ》へ。次に暦書《レキショ》を見て、日の吉凶を知るべし。年中の行事は、略《ホボ》件《クダン》の暦に注《シル》し付け、日ごとに視、次《ツイ》で先づその事を知りて、兼ねてもて用意せよ。また昨日の公事《クジ》、私に心に得ざること等《ラ》のごときは、忽忘《コツボウ》に備へむがために、また聊《イササカ》に件《クダン》の暦に注し付くべし。ただしその中の要枢《ヨウスウ》の公事および君父所在のこと等は、別にもてこれを記して後鑑に備ふべし。(8)

凡そ君のためには必ず忠貞《チユウテイ》の心を尽し、親のためには必ず孝敬《コウケイ》の誠を竭《ツク》せ。兄を恭《ウヤマ》ふこと父のごとくに、弟を愛すること子のごとくにせよ。公私大小のことは、必ずもて心を一に志を同じくし、纖芥《センカイ》だにも隔《ヘダ》つることなかれ。(9)もし安心せざるのことあらば、常に語《コト》その旨《ムネ》を述べて、恨《ウラミ》を結ぶべからず。いはむや無頼《ブライ》の姉妹に至りては、慇懃《インギン》に扶持《フチ》せよ。(10)また見しところ聞きしところのことは、朝《アシタ》に謁《エッ》し夕《ユウベ》に謁して必ず親に白《モウ》せ。たとひ我がために芳情《ホウジョウ》ありとも、親のために悪しき意あらば、早くもてこれを絶《タ》て。もし我に疎《ウト》しといへども、親に懇《ネンゴロ》なることあらば、必ずもてこれに相親しめ。

凡そ病患《ビョウカン》あるに非ずんば、日々必ず親に謁《エッ》すべし。もし故障《コショウ》あるときんば、早く消息《ショウソク》をもて夜来《ヨゴロ》の寧否《ネイヒ》を問ふべし。(11)文王《ブンオウ》の世子《セイシ》たりしとき、尤《モット》も欣慕《キンボ》するに足れり。

凡そ人のためには常に恭敬《クギョウ》の儀《ギ》を致して、慢逸《マンイツ》の心を生ずることなかれ。衆《シュウ》に交《マジワ》るの間、その心を用ゐること、或は公家《コウカ》および王卿《オウケイ》たるにもあれ、殊《コト》ならむ謗《ソシリ》に非ずといへども、不善のことを言ふの輩《トモガラ》は、然るごときの間も必ず座《ザ》を避けて却《シリゾ》き去れ。もし座を避くるに便なくば、口を守り心を隔ててその事に預《アズカ》ることなかれ。たとへば人の善もこれを言ふべからず。いはむやその悪をや。古人云はく。口をして鼻のごとくあらしめよと。これの謂《イイ》なり。(12)

公に非ず私のごとき、止むことなきの外は、(13)輙《タヤス》く他の処に到るべからず。また妄《ミダリ》に契《チギリ》を衆《モロモロ》の人と交《マジ》ふることなかれ。交《マジワリ》の難きこと、古賢の誡《イマシ》むるところなり。たとひ人あり、甲と乙と隙《ヒマ》ありて、もし件《クダン》の乙を好むときは甲その怨《ウラミ》を結ぶ。かくのごときの類《タグイ》は重く慎むべきなり。

また高声悪狂《コウショウアクキョウ》(14)の人に伴《トモナ》ふことなかれ。その言ふところのことは輙《タヤス》く聞き驚くべからず。三度反覆《ミタビハンプク》して人と言《コト》を交《マジ》へよ。

また輙く軽《カロガロ》しきことを行ふべからず。常に身を貴み心を重んじ、かくのごとく日を送れば、曽《スナワ》ち誤り忘るることなし。(15)常に聖人の行事《ギョウジ》を知りて、跡なきのことを為すべからず。

また我身《ワガミ》の富貧《フヒン》の由《ヨシ》をもて、曽《スナワ》ち談《カタラ》ひ説《ト》くことなかれ。凡そ身の中家の内のことは、輙《タヤス》くこれを談《カタラ》はるべからず。(16)

衣冠《イカン》より始めて車馬《クルマウマ》に及《イタ》るまで、有るに随ひてこれを用ゐよ。美麗《ビレイ》を求むることなかれ。己《オノレ》が力を量《ハカ》らずして美しき物を好むときは、必ず嗜欲《シヨク》の謗《ソシリ》を招く。徳至り力堪《タ》へば何事のあらむや。

輙《タヤス》く他の人の物を借り用ゐるべからず。もし公事《クジ》限りありて必ず借用すべきものは、用ひ畢《オワ》るの後、時日を移すべからず、早くもてこれを返し送れ。

故老《コロウ》および公事《クジ》を知れるの者《ヒト》、相遇《ア》ひたるの時は、必ずその知りたるところを問へ。賢者の行《オコナイ》を聞かば、則ち及びがたしといへども必ず庶幾《コイネガウ》の志を企《クワダ》つ。多《タ》聞《ブン》多《タ》見《ケン》は、これ往《オウ》を知り来《ライ》を知るの備《ソナエ》なり(17)。

もし官あるの者は、僚下《リョウカ》を催《ウナガ》し行《オコナ》へ。一所の長たるの者は、その下を整へ役《ツカ》へ。各《オノオノ》職《ショク》するところを全《マッタ》くしてもて幹事の誉《ホマレ》を招く。もし故障《コショウ》あるの時は、早く仮文《ケブン》を奉りて障《サワリ》の由《ヨシ》を申すべし。故障を申さず公事を闕《カ》かむの時は、その謗尤《ソシリ》も重し。これを慎みこれを誡めよ(18)。努力《ユメ》々々《ユメ》。節会《セチエ》もしくは公事の日は、衣冠を整へて早く参入《サンニュウ》せまく欲せよ(19)。殿上《テンジョウ》の侍臣《ジシン》もしくは諸衛《ショエ》の督佐《カミスケ》たるの者は、当直の日には早く参入して必ず宿直《トノイ》すべし。ただし文官のひとの劇務に非《アラ》ざる者に至りては、事を公に随ひて殊に能くこれを勤めよ。緩怠《カンタイ》の聞《キコ》え、重く畏《オソ》るべきものなり。

凡そ採用の時は、才行《サイコウ》ありといへども、恪勤《カクゴン》せざるの者をば、薦挙《センキョ》の力なし。たとひ殊に賢《ケン》なるに非ずとも、僶俛《ビンバン》の輩《トモガラ》は、尤もこれを挙達《キョタツ》するに足る[20]。

大風、疾雨、雷鳴、地震、水火の変、非常の時は、早く親を訪《トブラ》へ。次に朝《ミカド》に参《マイ》りて、その職《ショク》するところの官に随ひて、消災《ショウサイ》の慮《オモンバカリ》を廻《メグ》らせ。朝《ミカド》にありては珍重《チンチョウ》矜荘《キョウソウ》ならむと欲し、私にありては雍容仁愛《ヨウヨウジンアイ》ならむと欲し、小事をもて輙《タヤス》くは慍《イカリ》の色を見《アラワ》すべからず。もし過《アヤマチ》を成すの者あらば、暫《シバラ》く勘責《カンセキ》すといへども、またもて寛恕《カンジョ》せよ[21]。

凡そ大《オオキ》に怒《イカ》るべからず。人のことを勘《カンガ》ふるは、心の中に怒り思ふといへども、口に出すことなかれ[22]。常に恭温《キョウオン》をもて例のことと為すべし。喜怒の心敢て過ぎ余ることなかれ。一日の行事《ギョウジ》をもて、万年の鑑誡《カンカイ》とせよ。

凡そ宅《イエ》にあるの間、もしくは道《ドウ》もしくは俗《ゾク》、来《キタ》るところの客は、たとひ頭《カシラ》を梳《ケズ》り飲食するの間にあるとも、必ず早く相遇《ア》ふべし。捉髪吐哺《ソクハツトホ》の誡は、古賢の重むずるところなり[23]。

家中得るところの物は、各《オオノオノ》必ず先づ十分の一を割《サ》きて、もて功徳《クドク》の用に宛《ア》てよ[24]。没後《モツゴ》のことは、予《アラカジ》め格制《キャクセイ》を為《ツク》りて、慥《タシカ》に勤め行はしめよ。

もしこの事為《ナ》さざるの時は、妻子従僕《ジュウボク》多く事の累《ワザワイ》を招かむ。或は乞《コ》ふべからざるの人に乞ひ、或は失ふべからざるの物を失ふ。一家の害のみに非ず、必ず諸《モロモロ》の人の謗《ソシリ》を招かむ。よりて得るところの物は、必ずもて割《サ》き置きて、葬料《ソウリョウ》より始めて、諸七追福《ツイフク》の備《ソナエ》を尽せ[25]。ただし清貧の人、この事尤《モット》も難《カタ》し。然れども用意すると用意せざると、何ぞ差別なからん。

以前《サキ》の雑事《ゾウジ》の書記《ショキ》は右のごとし。予《ワレ》十分にしていまだその一端だも得ず。然れども常に先公の教を蒙《コウム》り、また古賢を訪《トブラ》ひて、今粗《ホボ》事の要《ヨウ》を知れり。万一《マンイチ》の勤《ツトメ》によりて、才智に非ずといへども、すでに崇班《スウハン》に登りつ。吾が後たるの者は、熟《ツラツラ》この由《ヨシ》を存して、たとひ法のごとくに非ずとも、必ずもて意《ココロ》を用ゐて公私のことを勤むべし。

(1) 以下の文中の「造次にも」は忙しいわずかの暇にもの意。そうした折りであってもこの訓誡の書を座右に置いてひろげて見るべきことを指示している。
(2) 「属星」は陰陽道に言う人の生年に当たる星。人の一生を支配すると考えられ、以下の文中にあるごとく子《ね》年の人は貪狼星というように北斗七星をそれぞれに配す。起床して最初に自らの「属星の名号」を「微音」すなわち小さな声で七度称《とな》えるべきことを述べている。ただし、『日本思想大系』の収録する尊経閣文庫所蔵本（以下「尊経閣本」と略記する）では「名号」は「名字」と記されている。また、「七星」の振り仮名は尊経閣本に大曾根章介氏が付したものを参考にして施したが、その中の「文曲」「廉貞」「武曲」は、それぞれモンゴク・レンジョウ・ムゴクとも読む。
(3) 以下の文中の黄帝は中国古代の伝説的皇帝で三皇の一人であるが、この「黄帝伝」については未詳。「下食の日」は陰陽道で天狗星の精が地に下って食を求める日と考えられている。

（4）この段は、宮廷への勤務に出る際に留意すべきことを述べている。「人の災は口より出づ」や「公事に付きて見るべき文書は、必ず情を留めて見るべし」といった教えは、現代にも通ずるものであろう。尊経閣本は後者の引用部分の書き下しを「公事に付きて文書を見るべし。必ずしも情を留めて見るべし」としている。

（5）「詩」は五経の一つである『詩経』のこと。この段は日々の食事に関する注意を説いたものだが、細心の注意を払ってこれを「日一日に慎むこと」が「天年」すなわち天寿を全うするもとであることを強調している。

（6）成人前には「書伝」すなわち古人の手になる書物を読んだり「手跡」すなわち手習いに励むことを奨励し、鷹や犬を使って狩猟をおこなったり賭けごとをしたりする「鷹犬、博奕」を厳しく禁止しているが、「元服」すなわち成人の後には「早く本尊を定め」、仏菩薩の名号である「宝号を唱」え、能力や素質に応じて「真言を誦す」等の正しい信仰を持つべきことが指示され、信心のない者が「非常夭命」すなわち短命であることは先人の残した前例からも明らかであることを強調している。

（7）冒頭の「第三の関白」という記述は尊経閣本にはない。「貞信公」はこの訓誡の著者である藤原師輔の父で関白太政大臣藤原忠平。以下の文中の人名「大納言清貫、右中弁希世」は、それぞれ藤原保則の四男である藤原清貫と雅望王の子である平希世のこと。この段は、清涼殿に落雷があった時に「心の中に三宝に帰依して」いた自らは無事であったが、「尋常に仏法を尊ま」なかった清貫と希世には災いが及んだという父親からの話を紹介して、前段に続いて信心の重要性を説いている。文中の記述「尋常に仏法を尊まず」「その殀に当りつ」は、尊経閣本の書き下しではそれぞれ「尋常に仏法を敬はず」「その妖に当りつ」。また「多少は堪ふるに随ひ、これを相語る」のくだりは、尊経閣本の場合は「多少は随相語るに堪へたり」となっている。この段の末尾近くの文中の「書記」は記録の意。

（8） 起床後は鏡で姿形におかしな点がないかどうかを調べた後、暦書を開いて「日の吉凶」を確認すべきことが述べられる。また「年中の行事」や「昨日の公事」等については忘れることのないように暦に「注し」すなわち心覚えのことを書き付けておくこと、さらにその中でも「要枢の公事および君父所在のこと等」については、後に見る場合の備えとして別に記録しておくべきことが強調されている。

（9） 「織芥」はごくわずかなことのたとえ。この段の冒頭では、君への「忠貞の心」や親への「孝敬の誠」等の儒教道徳が強調されている。

（10） 「無頼」は頼るべき後ろ楯のないこと。以下においては「見しところ聞きしところ」は隠さず親に告げるべきことが説かれ、全ては親にとって良いことであるかどうかを基準として物事を決定すべきことが述べられている。

（11） 「消息」は手紙のこと。病気でない限り必ず毎日親のもとに顔を出すべきで、それがかなわない場合は手紙で様子を伺うべきことを述べる。以下の文は、中国古代に周王朝を開いた武王の父である文王には、世つぎであった時には親に対してそのような配慮があったという故事を示したもの。

(12)「衆に交る」場合も「公家および王卿」に交わる場合も、常につつしんで相手を尊重すべきことを述べ、他者との交際においては「不善のことを言ふの輩」とはかかわりを持たないように心がけることが重要であるとしている。「口をして鼻のごとくあらしめよ」は、無駄口をたたかないで口をつつしめの意。

(13) この部分の尊経閣本の書き下しは「公に非ずして私に止むことなきの外は」。この段では、公私の別をたてるべきことを言い、さらに人との交際の難しさを述べて「妄に契を衆の人と交ふること」を厳しく禁止している。「隙ありて」は仲が悪くての意。

(14) 大きな声を出して荒れ狂う人の意。こうした人との交際の仕方を述べる。

(15) 以下の「常に」から「忘るることなし」までの一文は尊経閣本にはない。

(16) この段末尾の記述を、尊経閣本の書き下しは「輙く抜き談ふべからず」としている。ここでは「我身の富貧」などの「身の中家の内のこと」をたやすく話題にしてはならないことが述べられている。

(17)「多聞多見」は「往を知り来を知るの備」すなわちものごとの筋道を知る備えとなるのであるから、故事に詳しい「故老」や「公事を知れるの者」に遇った際には良い機会だと考えてその知識を引き出すべく質問をすべきことを説いている。

(18)「仮文」は休暇届のこと。在京諸官庁は六日ごとに休暇一日という制度であったが、そのほかに休暇を請求する際にはこれを提出した。この段では官にある者の職務の務め方が述べられるが、その要点は部下の使い方にあり、最も誡めるべきこととして無断欠勤をあげている。なお、文中の「その謗尤も重し」の記述は、尊経閣本ではつづく文である「努力々々」の後に配されている。

(19) 「節会」は朝廷で節日や公の儀式がある日におこなわれた宴。この日には天皇が群臣に酒饌を供することになっていた。ここでは、そうしたことのある折りには「衣冠を整へて」早く参内《さんだい》すべきことを指示し、「緩怠の聞え」すなわち余り職務に熱心ではないという評判がたつことを「重く畏るべきもの」と誡めている。

(20) 「恪勤せざるの者」は、怠らず勤めることをしない者。「僶俛の輩」は努力し励む者の意。官への「採用」に際しては、才能や賢さよりも怠らず努力し励む者であるかどうかに留意して推挙する者を選ぶべきことを述べる。この段の末尾は尊経閣本の書き下しでは「尤も挙達するに堪へたり」とある。

(21) 大風や地震などの「非常の時」には、まず親のもとを訪れ、次いで朝廷に参内すべきことを述べる。「珍重」は人に自重自愛をすすめる語。「矜荘」は自重して慎み深くすること。「雍容仁愛」は落ち着いて和らいだ様子で慈愛をもって人に接すること。朝廷におけるいわば公的な場と私的な場面でのとるべき態度を弁別すべきことを説いた上で、「過を成すの者」に対しては厳しくこれを咎めても最終的には許すように教えている。

(22) この部分の尊経閣本の書き下しは「人を勘ふるのことは、心の中に怒るといへども、心に思ひて口に出すことなかれ」とある。以下の文中の「恭温」は慎み深く穏やかなこと。尊経閣本では「恭謹」となっている。怒りは内におさめて一日のなすべきことを淡々とおこなうことを常に誡めとして生きるべきことを述べている。

(23)「道もしくは俗、来るところの客」すなわち僧侶であれ俗人であれ来客は洗髪中でも髪を握って迎え、また食事の最中であっても口の中のものを吐いて迎えて、賢人を得ることにつとめたということを、周の武王の弟で、武王の歿後、甥の成王を輔佐した周公旦が、我が子の伯禽《はくきん》を誡めて語ったもの。

(24)「功徳の用」は神仏に対して用いるものの意。以下においては死後の供養のあり方について、あらかじめ「格制」すなわち守るべき規則を作って用意しておくことが述べられる。

(25)「諸七追福」は死者の忌年に営まれる仏事のこと。この段は前段の述べるように、こうした仏事に備えるためにも「得るところの物」の「十分の一」を「必ずもて割き置」くべきことを念押ししている。それは、以下に述べられるように、そうしたことが困難な「清貧の人」であってもなさなければならないものとされる。

(26)著者の父の藤原忠平のことをさす。

(27)「万一」はごくわずかの意。「崇班」は高い地位の意。具体的には師輔が右大臣の位についたことを意味するとされている。

(28)底本には、この奥書の後に「右九条殿遺誡、以平戸侯珍蔵本書写。以拾芥抄所載及百花庵宗固所校本弁僧白玄梓行本校合畢」という記述が添えられている。

誡太子書《かいたいししょ》

［解題］ 鎌倉時代中期以後、皇室は持明院統（後の北朝）と大覚寺統（後の南朝）の二つに分かれて皇位や皇室領荘園をめぐる争いをくりひろげ、これに幕府が調停者として介入し、事実上朝廷政治を左右する状況が続いていた。こうした情勢の中、文保元年（一三一七）のいわゆる「文保の和談」にしたがって、持明院統の花園天皇（一二九七～一三四八、在位一三〇八～一八）は、翌年位を大覚寺統の後醍醐天皇（一二八八～一三三九、在位一三一八～三九）に譲った。即位した後醍醐は、朝廷政治の刷新を企てて親政をおこない、当時強まっていた幕府の専制に対する御家人達の反発に乗じて、元弘元年（一三三一）討幕の兵を挙げたが失敗し隠岐に流された（「元弘の変」）。この漢文体で著された訓誡書一巻は、変の前年の元徳二年（一三三〇）という政治的にみてまことに厳しい時期に、上皇となっていた花園が甥で後に北朝初代の光厳天皇（一三一三～六四、在位一三三一～三三）となる時の皇太子量仁《かずひと》親王に贈ったものである。その内容は、君主として国家の安定と人々の安寧を実現するためには高い徳性が必要であることを強調し、これを身につけるための学問、特に儒教を学ぶことを要請したもので、王道を懇切に説いたいわゆる帝王学の書である。

花園上皇にこのような訓誡の筆を執《と》らせたのは、ここ数代の天皇は大乱の生じる時期には出会わなかったが、甥である皇太子量仁親王の即位時が「衰乱の時運に当らん」という時局認識を有していたがゆえのことであった。皇太子が幼少より宮廷において世の苦労も知らず美服を身にまとい美食を常として成長したがゆえに民の思いや労苦を知らないことについて懸念を述べ、また皇太子の最近の関心が「少人《シヨウジン》の習ふ所にして唯《タダ》俗事のみ」であることを叱責して「儒教の奥旨《オウシ》」を「寸陰《スンイン》を重んじ、夜を以て日に続《ツ》ぎ、宜しく研精《ケンセイ》すべし」とするその姿勢には、皇室の将来への憂慮に加えて上皇の親王自身に対する深い愛情の存在を看て取ることが出来る。また、「此の弊風《ヘイフウ》の代《ヨ》に当り、詩書礼楽にあらざるよりは、得て治むべからず」という認識から「研精すべ」きことが強調される「儒教の奥旨」についての記述には、当時すでに我が国の禅林中に受容されていたとされる宋学以来の新儒教の立場を、仏老を交えているとして批判した上で、「儒教の本」は「仁義忠孝の道」にあると主張していることに見られるように、儒教に関する並々ならぬ理解の跡を認めることが出来る。こうしたこともあってか、この書は皇室内で後代まで尊重され、これにもとづいた研鑽が重ねられたと言われている。

本書は昭和九年に刊行された『大日本詔勅謹解』7（日本精神協会）の収録するものを底本とし、書き下すに際してはこれに付された高須芳次郎氏の手になる書き下し文を参考にした。註や振り仮名についてもその釈に学んだ。ただし書き下しに関しては、加藤咄堂氏編輯の『国民思想叢書』（国民思想叢書刊行会）聖徳篇所収のものと岩橋小弥太氏の著した『花園天皇』（人物叢書、吉川弘文館）所収のもの、さらに佐藤進一氏他著の『日本中世史を見直す』（悠思社。後に平凡社ライブラリーの一冊として刊行されている）付載の佐藤氏の校訂の手が加わったものを参照して改めた箇所がある。原文の校訂に際しては、『花園天皇』掲載（新装版五九～六七頁）の宮内庁書陵部所蔵の宸筆写真版を参看した。

誡太子書

元徳二年二月

余聞く。天蒸民《ジョウミン》を生じ、之《コレ》が君を樹《タ》てて司牧《シボク》せしむ。人物を利する所以《ユエン》なり(1)。下民《カミン》の暗愚《アング》なる、之を導くに仁義を以てし、凡俗《ボンゾク》の無知なる、之を馭《ギョ》するに政術《セイジュツ》を以てす。苟《イヤシ》くも其《ソ》の才《サイ》なくんば、則ち其の位に処《オ》るべからず。人臣の一官《イッカン》之を失ふも、猶《ナ》ほ之を天事を乱すと謂ふ。鬼《キ》瞰《カン》遁《ノガ》る〻なし。何ぞ況《イワ》んや君子の大宝《タイホウ》をや(2)。慎まざるべからず、懼《オソ》れざるべからざる者歟《カ》。而《シカ》して太子、宮人《キュウジン》の手に長じ、未だ民の急《キュウ》を知らず。常に綺羅《キラ》の服飾を衣《ツ》け、織紡《ショクボウ》の労役を思ふことなし。鎮《ツネ》に稲粱《トウリョウ》の珍膳《チンゼン》に飽《ア》いて、未だ稼穡《カショク》の艱難《カンナン》を弁《ワキマ》へず(3)。国に於《オ》いて曾《カツ》て尺寸《セキスン》の功なし。民に於いて豈《アニ》毫釐《ゴウリン》の恵《メグミ》あらんや。只《タ》だ先皇《センコウ》の余烈《ヨレツ》を謂《オモ》ふを以て、猥《ミダリ》に万機《バンキ》の重任《ジュウニン》を期せんと欲す。徳なくして謬《アヤマ》つて王侯の上に託《タク》し、功なくして苟《カリソメ》にも庶民の間に莅《ノゾ》む。豈自《ミズカ》ら慙《ハ》ぢざらんや。又其の詩書《シショ》礼楽《レイガク》、俗を御《ギョ》するの道、四術の内、何を以てか之を得ん。請《コ》ふ太子自省《ジセイ》せよ。

若《モ》し温柔敦厚《オンジユウトンコウ》の教をして性に躰《タイ》し、疏通知遠《ソツウチオン》の道をして意に達せしむれば則ち善し。(4) 然りと雖も猶《ナ》ほ足らざらんことあるを恐る。況んや未だ此の道徳を備へずして、争《イカ》でか彼《カ》の重位《ジユウイ》を期せんや。是れ即ち求むる所、其の為す所にあらず。譬《タト》へば猶ほ網を捨てて魚羅《ギヨラ》を待ち、耕《タガヤ》さずして穀熟《コクジユク》を期するが如し。(5) 之を得ること豈難《カタ》からずや。仮使《タトエ》勉強して之を得とも、恐らくは是れ吾が有《ユウ》にあらざらん。秦政《シンセイ》強しと雖も漢の幷《アワ》す所となり、隋煬《ズイヨウ》盛なりと雖も唐の滅す所となる所以なり。(6) 而して諂諛《テンユ》の愚人以為《オモエ》らく。吾が朝皇胤一統《コウインイツトウ》、彼の外国の徳を以て鼎《カナエ》を遷《ウツ》し、勢《イキオイ》に依りて鹿《シカ》を逐《オ》ふに同じからず。(7) 故に徳微《ビ》なりと雖も、隣国窺覦《キユ》の危《アヤウ》きことなく、政《マツリゴト》乱るゝと雖も、異姓簒奪《イセイサンダツ》の恐れなし。(8) 是れ其の宗廟社稷《ソウビヨウシヤシヨク》の助《タスケ》、余国《ヨコク》に卓躒《タクラク》たる者なり。(9) 然らば則ち纔《ワズカ》に先代の余風を受け、大悪《ダイアク》、国を失ふことなければ、則ち守文《シユブン》の良主《リヨウシユ》是《ココ》に於いて足るべし。何ぞ必ずしも徳の唐虞《トウグ》に逮《オヨ》ばず、化《カ》の陸栗《リクリツ》に侔《ヒト》しからざるを恨みんやと。(10) 士女《シジヨ》の無知、此の語を聞いて皆以て然りとなす。(11)

愚《グ》惟《オモ》ふに深く以て謬《アヤマ》れりとなす。何となれば則ち洪鐘《コウシヨウ》は響《ヒビキ》を畜《タクワ》へて、九乳《キユウニユウ》未だ叩《タタ》かずとも、誰か之を音無しと謂はん。(12) 明鏡《メイキヨウ》は影を含む、万象《バンシヨウ》未だ臨《ノゾ》まずとも、誰か之を照さずと謂はんや。事跡《ジセキ》未だ顕《アラワ》れずと雖も、物理乃《スナワ》ち炳然《ヘイゼン》たり。孟軻《モウカ》が帝辛《テイシン》を以て一夫となし、武発《ブハツ》の誅《チユウ》を待たざる所以なり。(13) 薄徳《ハクトク》を以て神器を保たんと欲す。豈其の理の当る所ならんや。之を以て之を思ふに、累卵《ルイラン》の頽嵓《タイガン》の下《モト》に臨むよりも危《アヤウ》く、朽索《キユウサク》の深淵の上に御《ギヨ》するよりも甚だし。(14)

仮使《タトエ》吾が国異姓の窺覦《キユ》なきも、宝祚《ホウソ》の脩短《シユウタン》多くは以て茲《ココ》に由《ヨ》る。(15) 又中古以来兵革連綿《ヘイカクレンメン》、(16) 皇威遂《ツイ》に衰ふること、豈悲しからずや。太子宜《ヨロ》しく熟察《ジユクサツ》して前代の興廃する所以を観るべし。亀《キ》鑑《カン》遠からず、照然《シヨウゼン》として眼《マナコ》にある者歟《カ》。(17) 況んや又、時澆漓《ギヨウリ》に及び、人皆暴悪なり。智万物に周《アマネ》く、才夷険《イケン》を経《フ》るに非ざるよりは、何を以てか斯《コ》の悖乱《ハイラン》の俗を御《ギヨ》せんや。(18)

而《シカ》して庸人《ヨウジン》太平の時に習ひ、曾《カツ》て今時《コンジ》の乱を知らず。(19) 時太平なれば則ち庸主と雖も得て治むべし。故に尭舜《ギヨウシユン》生れて上《カミ》に在れば、十の桀紂《ケッチユウ》ありと雖も之を乱すを得ず。勢《イキオイ》治まればなり。今時未だ大乱に及ばずと雖も、乱の勢を萌《キザ》すこと已《スデ》に久しく、一朝一夕の漸《ゼン》にあらず。(20) 聖主《セイシユ》位にあれば則ち無為に帰すべく、賢主国に当らば則ち乱なし。若し主《シユ》、賢聖に非ずんば則ち恐る。唯《タ》だ乱の数年の後に起らんことを。一旦乱に及ばば、則ち縦《タト》へ賢哲《ケンテツ》の英主《エイシユ》と雖も朞月《キゲツ》にして治むべからず。(21) 必ず数年を待たん。何ぞ況んや庸主此の運を鐘《カサ》ぬるをや。則ち国日《ヒ》に衰へ、政《マツリゴト》日に乱れ、勢《イキオイ》必ず土崩瓦解《ドホウガカイ》に至らん。愚人《グジン》時変に達せず、昔年《セキネン》の泰平を以て、今日の衰乱を計る。(22) 謬《アヤマ》れる哉《カナ》、謬れる哉。近代の主《シユ》猶ほ未だ此の際会《サイカイ》に当らず、唯だ太子登極《トウキヨク》の日、此の衰乱の時運に当らんことを恐れる。(23) 内に哲明の叡聡《エイソウ》あり、外に通方《ツウホウ》の神策《シンサク》有るにあらざれば、則ち乱国《ランゴク》に立つことを得ず。是れ朕が勧学《カンガク》を強《シ》ふる所以なり。今時の庸人未だ曾《カツ》て此の機を知らず。宜《ヨロ》しく神襟《シンキン》を廻《メグラ》すべし。(24) 此の弊風《ヘイフウ》の代《ヨ》に当り、詩書礼楽にあらざるよりは、得て治むべからず。是を以て寸陰《スンイン》を重んじ、(25) 夜を以て日に続《ツ》ぎ、宜しく研精《ケンセイ》すべし。縦《タト》へ学、百家に渉《ワタ》り、口六経《リクケイ》を誦《ジユ》すとも、儒教の奥旨《オウシ》を得べからず。何ぞ況んや末学庸受《ヨウジユ》して、(26)治国の術《スベ》を求むるをや。蚊虻《ブンボウ》の千里を思ひ、鷦鷯《シヨウレイ》の九天《キユウテン》を望むよりも愚《グ》なり。(27)故に思うて学び、学んで思ひ、経書に精通し、日に吾が躬《ミ》を省みれば、則ち相似るものあらん。

凡《オヨ》そ学の要たる、周物《シユウブツ》の智を備へ、未萌《ミホウ》の先《セン》を知り、天命の終始に達し、時運の窮通《キユウツウ》を弁じ、古《イニシエ》を稽《カンガ》へ、先代廃興《ハイコウ》の迹《アト》を斟酌《シンシヤク》する若《ゴト》きは、変化窮《キワマ》りなき者なり。(28)諸子百家の文を暗誦し、巧に詩賦《シブ》を作り、能く義論をなすが如きに至りては、群僚《グンリヨウ》皆 掌《ツカサド》る所あり。君主何ぞ強《シ》ひて自ら之を労せん。(29)故に寛平《カンピヨウ》聖主の遺誡《ユイカイ》に、天子雑文に入りて日を消すべからず云々《ウンヌン》と。(30)近世以来、愚儒の庸才《ヨウサイ》学ぶ所は、則ち徒《イタズラ》に仁義の名を守り、未だ儒教の本を知らず。労して功なし。馬史《バシ》の謂はゆる博《ハク》にして要《ヨウ》すくなき者なり。(31)

又頃年《ケイネン》一群の学徒あり。僅《ワズカ》に聖人の一言《ゲン》を聞いて、自ら胸臆《キヨウオク》の説を馳《ハ》せ、仏老の詞《コトバ》を借り、濫《ミダリ》に中庸の義を取り、湛然虚寂《タンゼンキヨジヤク》の理を以て儒の本となし、曽《カツ》て仁義忠孝の道を知らず。(32)法度に協《カナ》はず、礼儀を弁ぜず。無欲清浄なれば則ち取るべきに似たりと雖も、唯だ是れ荘老の道なり。豈孔孟の教たらんや。是れ並《ナラビ》に儒教の本を知らざるなり。之を取るべからず。縦《タト》へ学に入ると雖も猶ほ此の如き失《シツ》多し。深く自ら之を慎み、宜しく益を以て友人之《コレ》を切瑳して学ぶべし。猶ほ誤あらば、則ち道に遠ざかる。況んや余事をや。深く誡めて必ず之を防ぐべし。(33)

而して近曽《チカゴロ》染むる所は、則ち少人《シヨウジン》の習ふ所にして唯《タダ》俗事のみ。(34)性は相近く習ひは則ち遠し。

縦へ生知《セイチ》の徳を備ふと雖も、猶ほ陶染《トウセン》する所あるを恐る。何ぞ況んや上智に及ばざるをや。(35)徳を立て学を成すの道、曾て由《ヨ》る所なし。嗟呼《アア》悲しきかな。先皇《センコウ》の緒業《チョギョウ》此の時忽《タチマ》ち墜《オ》ちんとす。余性拙く智浅しと雖も、粗《ホボ》典籍を学び、徳義を成し王道を興し、只だ宗廟《ソウビョウ》の為めに祀《マツリ》を絶たざらんと欲す。宗廟、祀を絶たざるは宜しく太子の徳にあり。而して今道を廃して脩《オサ》めざれば、則ち全く学ぶ所の道一旦溝壑《コウガク》を塡《ウズ》むるや、亦《マタ》用ふべからず。(36)是れ胸を撃ちて哭泣《コクキュウ》して天を呼んで大息《タイソク》する所なり。五刑の属《ゾク》三千、而して辜《ツミ》不孝より大なるはなし。不孝の甚だしきは祀《シ》を絶つに如かず。(37)慎しまざる可けんや。恐れざる可けんや。

若し学功立ち徳義成る者は、啻《タダ》に帝業を当年に盛にするのみにあらず、亦即ち美名を来葉《ライヨウ》に貽《ノコ》し、上《カミ》は大孝を累祖《ルイソ》に致し、下《シモ》は厚徳を百姓《ヒャクセイ》に加へん。(38)然らば則ち高くして危《アヤウ》からず。満ちて溢れず。豈楽しからずや。一日屈《クツ》を受けて百年栄《エイ》を保つ。(39)猶ほ忍ぶべし。況んや墳典《フンテン》に心を遊ばせば、則ち塵累《ジンルイ》の纏牽《テンケン》することなく、書中故人に遇《オ》うて、只だ聖賢の締交《テイコウ》あり。(40)一窓を出でずして千里を観、寸陰を過ぎずして万古を経ん。楽《タノシミ》の尤も甚だしき、此に過ぐるなし。道を楽むと乱に遇ふと、憂喜の異なること、日を同じうして語るべからず。豈自ら択《エラ》ばざらんや。宜しく審《ツマビ》らかに思ふべきのみ。

（1）「蒸民」は多くの民の意で庶民のこと。「司牧」は統治の意。「人物を利する」は人と物のためを計るの意。したがってここの意味は、天が多くの民を生ずると同時にその君として統治する者を生じさせたのは、人々や万物のためを計ったがゆえであるということになる。

（2）「人臣の一官之を失ふ」は、能力のない者が高い地位にあって、才ある相当の者がしかるべき地位にないこと。「鬼瞰」は死者の霊魂がもたらす禍のこと。災難。「大宝」は皇位のことを指す。この段のこの部分は、能力も才能もない者が高い地位にあると天下が乱れ必ず何らかの災難がもたらされると言われているのに、皇位にそのような人物があれば尚更のことであろうの意。

（3）ここに言う「太子」はこの訓誡書が贈られた当時の皇太子量仁《かずひと》親王のことで、幼少より宮廷で世の苦労も知らず美服を身にまとい美食を常として成長したので、民の思いや衣食の労苦を知らないということを述べている。以下の文中の「尺寸の功なし」は少しの功績もないこと。「毫釐の恵」はきわめて少ない恩恵の意。「只だ先皇の余烈を謂ふを以て、猥に万機の重任を期せんと欲す」は、ただ先祖の功労のあとを継いだというだけで、国政を左右する重要な帝王の地位に臨もうとしているという意。段末の文中の「四術」は、六経に含まれる詩経・書経・礼記・楽経という四つの古典から学ぶべき統治の方法。ただし楽経は失われて書物としては伝わらない。

（4）「温柔敦厚の教をして性に躰し」は、物柔らかく温和で同情の厚い教えを人の元々の性質上に体現すること。「疏通知遠の道をして意に達せしむ」は、明らかに筋道をたて、遠大な計画にもとづいて一歩ずつそれを実現に向けて実行してゆくこと。これらのことこそ皇位につく者のなすべきこととし、以下では、それらを備えない者がどうして「重位」すなわち重要な天皇の位に臨むことが出来ようかということが述べられる。
（5） この二つの喩えはいずれも不可能さを言うもの。ここでは皇太子に一定の方針のみならず「道徳を備」えることもないような場合、皇位を全うすることは出来ないことを言っている。以下の文の「仮使勉強して之を得とも、恐らくは是れ吾が有にあらざらん」は、たとえ無理を押し切って天下を得たとしても、それは天命に従った本当の意味の自己の所有とは言えないということを述べたもの。
（6） 「秦政」は秦の始皇帝のこと。秦は強大な国であったが、天命を得なかったために漢によって滅ぼされ、隋も煬帝《ようだい》の時代に強大であったが、これも天命に合《がっ》しなかったので唐のために滅亡してしまったことをさす。
（7） 「諂諛の愚人」は、目先の利益のみに目を向けて君主にへつらい、国の将来のことなど少しも考えない者。したがってこの部分は、そのような者は、万世一系のこの国のあり方は「徳を以て鼎を遷し、勢に依りて鹿を逐ふ」、すなわち徳の有無や勢い次第で帝位が交代する歴史を持つ「外国（中国を指す）」とは異なると考えているだろうの意。「鹿を逐ふ」は、『史記』に言う「中原に鹿を逐う」すなわち帝位を争うということをあらわす表現にもとづいている。
（8） 帝王の徳に不足があっても、「隣国」である中国のように他姓のものから帝位を狙われる危険はなく、また政治に乱れがあっても「異姓簒奪」すなわち他姓の者によって帝位を奪われるようなこともないということ。
（9） 先祖代々の功績によって帝位の血筋が不変であるのは、この国が他国に優るところであるという意。

（10）「唐虞」は中国古代の理想的君主である堯と舜。「陸栗」は中国古代の帝王であった栗陸氏。したがってこの部分は、よからぬ行為があっても帝位の交代がないのであれば、代々の慣例を守るだけの帝王であっても国を保つことが出来るのだから、必ずしも堯舜のような優れた徳や栗陸氏のような感化力を持たなくてもよいということを述べる。

（11）「士女の無知」は、正しい理を知らない人達や理に疎いと考えられていた女性のこと。「此の語」は、註7〜10に註解した「諂諛の愚人」の説くところを指す。

（12）「洪鐘」は巨大な鐘の意で、「九乳」は鐘を撞きならす棒のこと。したがってこの文は、「洪鐘」はそれ自身の内部に大音響を蓄えているので「九乳」で叩いてみなくとも誰もその「洪鐘」は音を発しないなどと言う者はいないの意。以下の文も、「明鏡」はそれ自身に様々な物の姿を映し出す能力を備えているので、外部から諸物を一々近づけて試みてみなくても誰もこの「明鏡」に物を映す力がないなどと言うことはないだろうという意味であるから、共に実際の目に見える経過を一々調べなくても、ものの本来のあるべきあり方は明らかであることを述べたものである。

（13）「孟軻」は孟子、「帝辛」は殷の紂王、「武発」は周の武王のこと。『孟子』梁恵王章句下の中で、孟子は斉の宣王の〝周の武王は臣下の身でありながら主君である殷の紂王を討ったのは道に外《はず》れた行為なのではないか〟という問いに答えて、〝仁をそこない義をそこなった残賊の者は最早主君などではなくただ一人の普通の男にすぎないのだから、それは道に外れた行為ではなく、ものの道理にかなっている〟と主張している。この文は、前文でのものの本来のあるべきあり方は明らかであるということの例証として引かれたもの。

(14)「累卵の頽岩の下に臨む」は、卵をくずれかかった岩の上に積み重ねること。危険なことの形容。「朽索の深淵の上に御する」は、深い谷の上を朽ちはてた手綱をとって馬で歩むこと。やはり危険なことの形容。したがってこの部分は、前文の「薄徳を以て神器を保たんと欲す」すなわち徳の薄い身でありながら皇位につこうとすることがいかに危険なことであるかを説いたもの。

(15)「窺覦」は隙をうかがうの意。「宝祚の脩短」は皇位にある期間が短いこと。我が国では天皇家以外の者が皇位を窺うことはなかったが、皇位にある期間が短い例が多いのは、以上に示したことが理由であるということを述べている。

(16) 武家が政治の舞台に登場して以来、戦いが絶えず続いていること。

(17) その実例を遠くに求める必要はなく、「中古以来」の歴史を顧みれば一目瞭然であるの意。

(18)「時澆漓に及び」は今は世も末であるの意。この文は、すべての事に通達する程の智力を持ち順逆両境の経験から世の中の実際によく通じた才能を持つ者でなければ、どうしてこのような乱れた世の道を忘れた人々を統治してゆくことが出来ようかという、この段で説いて来たことに関する著者の結論を述べたものである。

(19) 凡庸な人は太平の世に慣れきっていて、世が乱れようとしていることに気づかないの意。以下の文中の「桀紂」は中国古代の悪逆な王の代表とされる夏の桀王と殷の紂王のこと。理想的君主である堯や舜が王であれば、たとえ十人の「桀紂」が出現しても世を乱すことは不可能であることを述べている。
(20)　天下が乱れる兆《きざ》しは早くからあるのであって、昨日今日に始まったことではないということ。
(21)　「朞」は期の別体。期月は満一年あるいは満一ヶ月の意で、短い年月のこと。賢明な事理に明るいすぐれた人物が君主であっても短い年月で太平の世をもたらすことは出来ないとし、以下で、況んや凡庸な人物であれば在位年数が長ければ長い程、国勢も政治も日々に衰え乱れ、国家は必ず崩壊するに至るだろうことを述べる。
(22)　「愚人」は世の必然的な変化を理解せず、かつて太平であった時代と同じ方針で国勢の衰えた今日に臨もうとしているの意。
(23)　「太子登極の日」は皇太子が天皇として即位する時の意。この部分は、ここ数代の天皇は大乱の生じる時期に会わなかったが、「太子」すなわち量仁親王が即位するこの時がおそらくは国勢の最も乱れ衰える時期に相当するだろうことを述べ、以下でこうした時期に即位する者は内に「哲明の叡聡」すなわちものごとの道理に明るい聡明さを備え、外には「通方の神策」すなわちいかなる困難な状況にも正しく対応するための人為を超えるがごとき方策を持っていなければ、大乱の世にあたって国を統治出来るものではないことを強調している。
(24)　深く充分な思慮をめぐらすこと。
(25)　わずかな時間をも無駄にせずの意。
(26)　底本と『国民思想叢書』所収本では「庸吏」。『花園天皇』所収本は「膚受」。佐藤進一氏校訂のものも「膚受」。だが『花園天皇』掲載の宸筆写真版を見る限りでは「庸受」と読める。聖人の説いたところを様々に解釈する末流の学者の説を深く考えることもせずに受容してという意か。

(27) 蚊や虻が千里も飛ぼうと考えることと、ミソサザイという小鳥が天の最も高いところにまで到ろうと願うことで、いずれも不可能なことを考える愚かさのたとえとして用いたもの。

(28) 学問の要点は、すべてのものに通ずる知識を養うこと、未だ事が現れない前にその本質を知ること、人間の本性を自覚して天命にそむかないようにすること、時勢が窮まればそこから自ずからに開ける道が見出せることを知ること、古《いにしえ》の堯舜の時代の有り様をよく研究すること、国家盛衰の歴史的原因について考究してそれを現実を見る際の参考にすることなど限りなく多様であるということ。

(29) 「諸子百家の文を暗誦し、巧に詩賦を作り、能く義論をなす」といったことは、「群僚」すなわち多くの役人のそれぞれの専門に委《ゆだ》ねればよいのであって、「君主」たる者が無理に骨折っておこなう必要はないことを述べる。

(30) 宇多天皇の手になる『寛平御遺誡』の文を引く。現在伝わっているものは完本ではなく残闕であって、本書に収録したものでも確認出来るように、ここに引用された句は見当たらない。この句は、天子は取るに足らない書物などに熱中して無駄に日を費やしてはならないの意か。

(31) 「馬史」は『史記』の著者である司馬遷のこと。引かれた句は、ただ博学であるというだけで物事の本質についての要点を得ない者の意。

(32) 「自ら胸臆の説を馳せ」は、ここでは自身の勝手に解釈したものを聖人の教えだとして世に示すこと。「湛然」は落ち着いて静かなことだが、ここでは仏教の教えるところを示す語として用いている。また「虚寂」は世間的関係から離脱して虚無を尊ぶ境地に遊ぶことだが、これは老荘の立場を示す語として用いている。ここに言うのは、『礼記』から『中庸』を取り出して重視する「頃年一群の学徒」すなわち宋学以来の新儒教の立場は仏老を交えているという批判であり、「仁義忠孝の道」という孔子や孟子の説く「儒教の本」から外れているので、これを学んではならないという誡め。

(33)　前掲宸筆写真版では、この文末の脇に「此中間詞在奥」と読める語がある。高須芳次郎氏はこれを「この中に書きたい事は最後に言ふとの御意」と解して、文節の順には変更を加えていないが、文脈からすると奥すなわち巻末に置かれた文節をここに挿入したほうが文意が通じやすいように思われる。したがって本書では底本の形を改め、「而して近曾染むる所は」から「恐れざる可けんや」までの、底本では巻末にあった文節を次節として置いた。岩橋小弥太氏も『花園天皇』の中で同じ措置を講じておられるし、佐藤進一氏の場合も同様である。

(34)　最近の皇太子が関心をもっておこなう方面は、学徳ともに薄く浅い「少人」と同じで、役にも立たないものばかりであるの意。以下の「性は相近く習ひは則ち遠し」は、人の生まれつきの性質は似たようなものだが、その後に身につける習慣や教養によって賢愚の区別が生じるという『論語』陽貨にある言葉。

(35)　「陶染する」は他から感化されること。この部分は、たとえ生まれつきの徳がある者であっても、他からの感化を元々優れているがゆえに決して受けることのない「上智」の人とまでは言えないのだから、長じて他からの悪い感化を受けないとは限らないの意。以下の文中の「曾て由る所なし」は、今までその方法を採ったことがないということ。

(36)「宗廟」は先祖の霊を祀る廟のこと。「溝壑を塡むる」の溝はみぞ、壑は谷間の意。再び出られない場所に落ち込む絶望的な状態を言う。「宗廟」への祀りが断絶しないように引き継いで行けるかどうかは皇太子の徳の如何によっているのにもかかわらず、現在のように道に志を立てず努力しようともしないのであれば、せっかく学んで来たことも「溝壑を塡むる」も同然で用いられることもないから、以下に言うように心の中で声をあげて泣きたい気持ちで、絶望の余り天を仰いで嘆息するよりほかはないの意。

(37)「五刑」はもともとは中国古代の五種の刑罰のことを言うが、我が国の律によって規定された五種の刑罰のことをも言う。ここの表現はすべての罪の意。したがってこの部分は、すべての罪のうちで「不孝」以上に大なるものはないのであって、その中でも最大の「不孝」は先祖の祀りを絶やすことであることを述べる。

(38)「美名を来葉に貽」すは名を後世に残すこと。「大孝を累祖に致」すは代々の先祖に対してこの上もない孝行を致す。「厚徳を百姓に加」えるは、一般の国民に対して厚く仁政を施すことが出来るの意。「学功立ち徳義成る」ことによって、そのようなことが実現することを述べる。

(39)学問に精を出せばその時期は色々と非難の声も出るだろうが、後世にはそれが盛名となって残るということ。

(40)「墳典」は三墳五典すなわち三皇五帝の書の略で儒教文献のことを指す。「塵累の纏牽することなく」は、世間の多くの俗事に心と身を煩わされることとなくの意。「聖賢の締交あり」は、聖人や賢人を友とすること。このようにして学問に精を出すことで、以下に述べるように部屋から一歩も出ないで千里の遠方を望み、僅かの時間で遠い時代のことをも知ることが出来るといった、この上もない楽しみが得られることが強調されている。

武家の「家訓」

極楽寺《ごくらくじ》殿御消息《どのごしょうそく》

［解題］『極楽寺殿御消息』の著者である北条重時《しげとき》（一一九八〜一二六一）は、鎌倉幕府の二代執権義時の三男である。兄で三代執権となった泰時の代には数え年三三歳で六波羅探題北方に任ぜられて上洛し、洛中の治安維持や承久の乱（一二二一）後に西国に拡がった御家人の統制を担当したが、泰時と四代執権経時の相次ぐ死によって寛元四年（一二四六）に泰時の孫で女婿の時頼（一二二七〜六三）が五代執権に就任すると、翌年には鎌倉に戻り執権を補佐する連署となって北条氏による執権体制の安定化に重要な役割を果たした。康元元年（一二五六）には連署の職を辞し出家して、貧民や病者を救済する社会事業にも功績のあったことで知られる僧・忍性《にんしょう》（一二一七〜一三〇三）を鎌倉に招いて極楽寺を建立し、その山荘にあって六四歳でこの世を去った。この「家訓」は重時出家後の歿年に近い時期の作と推定されており、名称もそうした事蹟にもとづいている。

重時の著した「家訓」としては、もう一つ『六波羅殿御家訓』と称されるものがあることが知られている。これは彼が六波羅にあった壮年期の作であるが、その内容はいまだ若年の嫡子長時に向かって一家の主人としての心得や世間の人々との交際の仕方に関する注意を事細かに述べたものである。そこで展開される教訓は、ほとんどが人の「目ニタツ」ことの誡めと「人ニ称美セラレ」「能ク思ハレ」るための心得といった外面と功利性を重視する姿勢で貫かれている。これに対して、この『極楽寺殿御消息』においてはそうした傾向は見られない。それは出家後の心境のしからしめるものでもあろうが、多くは幕府政治の中枢にあって最高責任者の一人として天下の政治を担当した体験からもたらされた判断の結果であるように思われる。天下の政治を担当するには、なまじの処世術や策略といった私《わたくし》の立場からする判断には限界があり、私を去った公平無私の道理にもとづく判断こそが必須であるという経験知に根差した思いが、「貪欲をすて、正直ならんと神にも仏にもいのるべし」（第八五条）という主張に見られるような「正直の心」（第一条）の強調と、「仏神の御心にかなふ」（第二四条）ようにあれという様々に繰り返される訓誡の内にあふれている。このような点からして、この「家訓」の存在は政権を握った武家が為政者としての自らの立場を明確に自覚化し始めたことを示す最初期の表現として貴重なものであろう。この「家訓」は後に一部を改竄の上で、善政と諸国廻行伝説で知られる北条時頼すなわち最明寺殿の著作に仮託され、その教訓として後代の武家の思想に少なからぬ影響を及ぼしたことが知られている。さらに、この時頼に仮託されたものは、仏教的な因果応報の理にもとづく日常道徳が具体的に説かれていることもあってか、江戸時代になると庶民を対象とする教訓書としても様々な形で版行された。

本書は筧泰彦氏が昭和四二年に刊行した『中世武家家訓の研究』（風間書房）資料編に収めているものを底本とした。これは前田育徳会尊経閣文庫の所蔵する古写本（表題は「平重時家訓」となっている）を翻刻したもので、底本には写本各丁ごとの写真が配されている。本書に収録するにあたってはこの写真版を参看し、註解や振り仮名などを施すに際しても筧氏が付した註や現代語訳から多くを学んだ。また、この「家訓」の翻刻されたものとしては他に『日本思想大系』21（岩波書店）所収のもの（石井進氏校注）などがある。これらのものからも、多くのことを学ばせていただいた。

極楽寺殿御消息

抑《ソモソモ》申《モウス》につけても、おこがましき事にて候へ共《ドモ》、親となり、子となるは、先世のちぎり《（契）》まことにあさ《（浅）》からず。さても世のはかなき事、夢のうちの夢のごとし。昨日見し人けふ《（今日）》はなく、けふ有《アル》人もあす《（明日）》はいかがとあやうく、いづるいき《（息）》入いきをまた《（待）》ず。あしたの日はくるゝ《（暮）》山のは《（端）》をこえ、夕べの月はけさ《（今朝）》のかぎりとなり、さく《（咲）》花はさそふ嵐を待《マチ》ぬるふぜい《（風情）》、あだなるたぐひ《（類）》のがれ《（逃）》ざる事は、人間にかぎらず。(1) されば、おひ《（老）》たる親をさきにたて、若き子のとゞまるこそさだま《（定）》れる事なれども、老少不定《ロウショウフジョウ》のならひ、誠におもへばわか《（若）》きとてもたのまれぬうき世のしぎ《（仕儀）》なり。いかでか人にしのばれ給ふべき心をたしな《（嗜）》み給はざらん。か様の事をむか《（向）》ひたてまつり《（奉）》て申さんは、さのみおりふし《（折節）》もなきやうにおぼゆるほどに、かたのごとく書しるしてたてまつる也。つれ〳〵なぐさみに能々御らん《（覧）》ずべし。をの〳〵よりほかにもらし《（漏）》たまふべからず。このたび生死をはなれ《（離）》ずば、多生《タショウ》くわうごう《（曠劫）》(2)をふる《（経）》ともあひがたき事なれば、たま〳〵むまれ《（生）》あひたてまつる時の世の忍《シノブ》おもひでにもとて申也。先《マズ》心にも思ひ、身にもふるまひ《（振舞）》たまふべき条々の事。

一、①仏神を朝夕あがめ申、こゝろにかけたてまつるべし。神は人のうやまう《（敬）》によりて威《い》をまし《（増）》、人は神のめぐみによりて運命をたもつ。しかれば仏神の御まへ《（前）》にまいりては、今《コン》生《ジョウ》の能《のう》には(3)、正直の心をたまはらんと申べし。そのゆへは、今生にては人にもちゐられ《（用）》、後《ゴ》生《ショウ》にては必《カナラズ》西方極楽へまいり給ふべきなり。かた〴〵もつてめでたくよき事也。此むねを能々あきらめ《（明）》給ふべく候なり。

一、②ほうこう《（奉公）》みやづかひ《（宮仕）》をし給ふ事あらん時は、百千人の人をばしり給ふべからず(4)。君のことを大事の御事におもひ《（思）》給ふべし。いのち《（命）》をはじめて、いかなるたから《（宝）》をもかぎり給ふべからず。たとひ主人の心おほやう《（大様）》にして、おもひしりたまはずとも、さだめて仏神の御かご《（加護）》あるべしとおもひたまふべし(5)。みやづかひとおもふとも、是もをこないをすると心のうちに思べし。みやづかひのことはなくして、しう《（主）》のおん《（恩）》をかふむらんなどゝおもふ事は、舟もなくしてなん《（難）》海わたらんとするにことならず。

一、③しゆつけ《（出家）》をひばう《（誹謗）》とする事あるべからず。をろか《（愚）》におもひ《（思）》(ひ)ばう《（誹謗）》せんは、ほとけ《（仏）》の御身より血をあや(す)にあひにたり《（相似）》(6)。又大乗ひばう《（誹謗）》のものは、ほとけの冥《みやう》りよ《（慮）》にそむく也。すなはち二世のそん《（損）》有べし。今生にては、きく人に無道のものかなとおもてを見られ、うしろにては、これをそしる。後生にてはくろがね《鉄》のはしにてした《舌》をぬ《抜》かれ、くつふ《苦痛》たとへがたし。またうか《浮》む事を得《ゑ》ず。たゞたつとみ給ふべし。いかでかまよ《迷》ひのまへ《前》にはし《知》るべき。しんるい《親類》又は子などなりともぶれい《無礼》なるべからず。一さい《切》のしやもん《沙門》をば、よきあしきところにいろ《綺》はずして、しやうしん《生身》のほとけとおがみ申こそ、善をこのむ人にては候はんずれ。[7]能々《ヨクヨク》しんがう《信仰》し給ふべし。

④一、おや《親》のけふくん《教訓》をば、かりそめなりともたが《違》へ給ふべからず。いかなる人のおやにてもあれ、わが子わろ《悪》かれとおもふ人やあるべき。なれども、これをもち《用》いる人の子はまれなり。[8]心を返し、目をふさぎて、能々あん《案》ずべし。わろからん子を見て、なげ《歎》かん親の心は、いかばかりかこゝろう《心憂》かるべき。されば不孝の子とも申すべし。よき子を見て、喜ばん親の心は、いかばかりかうれしかるべき。されば孝の子とも申つべし。たとひ、ひが事をのたま《宣》ふとも、としよりたらんおやの、物をのたま《宣》はん時は、能々心をしづめてきゝ給ふべし。とし老衰《オイおとろ》へぬれば、ちご《児》に二《フタ》たびなると申事の候也。かみ《髪》には雪をいたゞき、額《ひたい》にはなみ《波》をよせ、腰《こし》にはあづさ《梓》の弓をはり《張》、鏡のかげもいにしへのすがた《姿》にかはり、あらぬ人かとうたがふ。[9]たまさかにとひ《訪》くる人は、すさみてのみかへる。げにもととぶらふ《訪》人はなし。心さへいにしへにはかはりて、きゝ《聞》し事もおぼえず、見る事もわすれ、よろこぶべき事はうらみ、うらむべき事をば喜ぶ。みなこれ老たる人のならひ也。これを能々心え《得》て、老たる親ののたまはん事を

ば、あはれみの心をさきとして、そむき給ふべからず。すぎ《（過）》ぬるかたは久しく、行すへ《（末）》はちかく《（近）》侍ることなれば、いまいくほどかの給《（宣）》ふべきとおもひて、いかにもしたがい給ふべし。されば老ては思ひわたる事《しらるゝ事》(10)もあるべし。それ人にたい《（対）》しての事ならば、申なだめ給はんに何たがふ《（違）》事かあらん。身にたい《（対）》しての事ならば、とにもかくもおほせ《（仰）》にしたがひ給ふべし。あはれ名ごり《（残）》になりなん後は、こうくわい《（後悔）》のみして、したが《（従）》ふべかりし物をとおもひたまはん事おほかるべし。

一、⑤人にたちまじはらんに、おとなしき人をば親とおもふべし(11)。若からんをばをとゝ《（弟）》と思ふべし。又いとけなからんをば子と思ふべし。いかにもうやまふべし。又われよりわかくおさあひ《（幼）》を、をとゝ、子とおもへばとて無礼なるべからず。とが《（科）》をばうしゆん《（忘俊カ）》して、いとをしめと申《モウス》心成《ナリ》。

一、⑥たのしきを見ても、わびしきを見ても、無常の心をくわん《（観）》ずべし。それについて因果《いんぐわ》の理《ことはり》を思ふべし。生死無常《しやうじむじやう》を観《くわん》ずべし。

一、⑦人にゐぐみ《（居組）》たらん所にては肴菓《さかなくわし》てい《（躰）》のあらんをば(12)、我もとるやうに振舞《ふるまう》とも、とりはづ《（外）》したる様にて、人におほ《（多）》くとらすべし。又それも人に見ゆるやうにはあるべからず。

一、⑧れうり《（料理）》などする事あらば、人にまいらするより、我におほ《（多）》くする事なかれ。さればとて、事の外にすく《（少）》なくするもわろ《（悪）》し。よき程にあるべし。

一⑨、なげし《（長押）》の面に、竹くぎ《（釘）》打べからず。畳のへりふむ《（踏）》べからず。さえ《（障）》の上にたゝず、ゆるり《（囲炉裏）》のふちこゆ《（越）》べからず(13)。万人にも、世にも憚《はゞか》るべし。

一⑩、御酌をとりては、三あし《（足）》よりてひざをつきまうして、三足のき《（退）》て跪《ひざ》をつきてかしこまるべし。せばき《（狭）》座敷《ざしき》、又女房《ばう》の御前などにては心う《（得）》べし。

一⑪、道をゆかん《（往）》に、さるべき人の逢《あい》たらん時は、いまだちかづかざらんさきに、打《ウチ》ちがふべし。たとひいやしき人なりとも、みちをうちちがはんに、我も引《ひき》よけ、道を中にすべし。たゞし便宜《びんぎ》あしくば、所によるべし。殊《コトニに》荷付馬《つけむま》、女房《ばう》、ちご《（児）》などにはひきもよけ、おりてもとおす《（通）》べし(14)。時によりてなり。疎《をろそか》なるべからず。

一⑫、女房などのたち忍《シノビ》たる所をば、返々《カエスガエス》見ずしてとほるべし(15)。見ぬよしをすべし。ぐし《（具）》たらんずる下部《シモベ》までも、見るべからずとかたく申つくべし。

一⑬、道理の中にひが《（僻）》事あり。又ひが事のうちにだうり《（道理）》の候。これを能々心得給ふべし。道理の中のひが事と申は、いかに我が身のだうり《（道理）》なればとて、さして我は生涯《がい》をうしな《（失）》ふ程の事はなく、人は是によりて、生涯をうしなふべきほどの事を、我が道理のまゝに申《モウス》。これを道理の中のひが事にて候也。又僻《ひが》事の中のだうり《（道理）》と申は、人の命《いのち》をうしなふべき事をば、千万《ばん》ひが事なれ共、それをあらはす事なく、人をたすけ《（助）》給ふべし。是をひが事の中の道理と申也。かやうに心得て、世をも民《たみ》をもたすけ候へば、見る人きく人思ひつく事にて候(16)。又たすけぬる人の喜はいかばかり候べき。もしよそにも、其人も、悦《ヨロコブ》ことなけれ共《ドモ》、神仏のいとおしみをなし、今生をもまぼり《(守)》、後生もたすけ給ふなり。

⑭一、いかほど《(如何程)》も心をば人にまかせて、(17)人の教訓《けふくん》につき給ふべし。けふくん《(教訓)》する程の事は、すべてわろき《(悪)》事をば申さぬ物にて候。されば十人の教訓につきぬれば、よき事十有《アリ》。又百人のけうくんにつきぬれば、よき事百あり。されば孔子《こうし》と申尊師《そんし》も、千人の弟子を持《もち》て、気をとひ給ふとこそ承候へ。(18)人のけふくんにつくべき事、たとへをもつて申べし。たゞ我が心を水のごとくにもち給ふべし。ふるき詞にも、水の器《うつは》物にしたがふがごとしとこそ申て候へ。ことにらうし《(老子)》経《きやう》にくはしく《(詳)》とかれたり。返々人にしたがひ、人の教訓につき給ふべし。

⑮一、我こそよみ《(読)》たまはずとも、経録《きやうろく》など、文字をも能《ヨク》しり《(知)》心得たらん人によみ《(読)》だん《(談)》ぜさせ申てちやうもん《(聴聞)》申さるべし。心は生得《しやうとく》すくなけれども、(19)さやうの事を聴聞《ちやうもん》せざれば、ちゑ《(智恵)》なくして心せばき也。

⑯一、いで《(出)》たち給ふべき事、いかなる人にも、さのみきたなまれず、又いやしき《(賤)》にもまじはり《(交)》よき程に出たち給ふべし。見ぐるしき人の中にて返々《カエスガエス》いみじきいでたちあるべからず。心ある人のわろ《(悪)》がるにて候也。(20)

⑰一、扇は、いかによきを人のたび《(賜)》て候とも、百文に三本ほどのをもち《(持)》給ふべし。

⑱一、いしやう《(衣裳)》のもん《(紋)》、大きにこのみ《(好)》給ふべからず。おなじ程の人にさし出、色々しき物き《(着)》給

ふべからず。（21）

一、⑲馬をば、三寸よりうち《（内）》の馬に乗給ふべし。（22）大きなるもわろし。さのみ又ちいさきもけしからず。よきほどのをはからひ給ふべし。

一、⑳ちから《（力）》などのつよく《（強）》て、もつべしとはおもふ《（思）》とも、大なる太刀、かたな、人め《（目）》にたつぐそく《（具足）》もち給ふべからず。人のにくむ《（憎）》事にて候。

一、㉑ふるまひ《（振舞）》も、家ゐも、もちぐそく《（持具足）》なども、ぶんげん《（分限）》にしたがひてふるまひ給ふべし。ことにすぎ《（過）》ぬれば、人の煩《わづらい》ある事也。又のち《（後）》もしとげがたし。（23）

一、㉒傍輩《はうばい》などの、主人よりはなつく事あらば、わが身のうへの事より歎《なげき》給ふべし。その人のひが《（僻）》事などおほせ《（仰）》あらば、よきさまに申べし。当座は御心にたがへ共、後は心にくゝおぼしめす事也。（24）

一、㉓人のうしろ事、返々の給《（宣）》ふべからず。よき事をも、このみ《（好）》て人の事をばの給《（宣）》ふべからず。よき悪きはしら《（知）》ね共、まづうしろのさた《（沙汰）》ありと聞てば、心もとなくおもふ事也。（25）よき事を申ときゝてば、よろこばるれども、さなしとても何のくるしみかあらん。

一、㉔まゝはゝ《（継母）》の事、まゝこ《（継子）》事にをひてふかく《（深）》うらみある事、これ又おほき《（大）》なるあやまり《（誤）》也。そのゆへは、ちゝ《（父）》はそふ《（添）》なり。（26）父のはから《（計）》いとしてあるところを、子のみ《（身）》として、はゝ《（母）》を何かといひおもは《（思）》する事は、ちゝをあざむくにおなじ。されば父をあざむかん事は、そのつみ《（罪）》

のがるべからず。たとひまゝはゝ《（継母）》ひが事ありといふとも、をんな《（女）》なるうへは、さだめてゐんぐわ《（因果）》のだうり《（道理）》もあるべし。おや《（親）》の心にかなふは、仏神の御心にかなふとひとし《（等）》。我がはゝ《（母）》にかはりておもふべからず。あさましき事也。返々能々心得て、おんびん《（穏便）》の心あるべし。

一、㉕はら《（腹）》のたゝん時、下部《しもべ》をかんだう《（勘当）》すべからず[27]。はらのゐて後、すぎし《（過）》方の事と、いま《（今）》のふるまひ《（振舞）》とを能《ヨク》おもひ出し、そろへて、忠はすくなく、とが《（科）》はおほく《（多）》ばかんだう《（勘当）》もあるべし。只はら《（腹）》の立《タツ》まゝにあらば、後悔《こうくわい》もあるべし。

一、㉖わが下部と人の下部とさうろん《（争論）》する事あらば、おなじほどのだうり《（道理）》ならば、我が下部をひが事とさだむ《（定）》べし。人の成敗《せいばい》わろ《（悪）》からんは、後に人に申あはすべし。当座にていふ事なかれ[28]。

一、㉗我をうやまふ《（敬）》人のあらん時は、其人よりも猶《ナオ》した《（下）》をうやまふべし[29]。又われをうやまはぬ人なればとて、うやまはざらんもあしき事也。いかにもじんぎ《（仁義）》は人にかはら《（変）》ぬ事也。さやうの人をばおん《（恩）》をもつてあだ《（仇）》をほうずる《（報）》だうり《（道理）》と心得て、なをもうやまふべし。

一、㉘みだれ《（乱）》あそばん《（遊）》時、おとなしき人の、いさみ《（勇）》ほこれ《（誇）》ばとて、ともにくるはん《（狂）》事は能々心得べし。う《（鵜）》のまねするからす《（烏）》のやうなる事にてやあらんずらん。いかにもくるひあそぶ事ありて、酒にえひ《（酔）》たりとも、われ《（我）》よりおとなしき人のあらん所にては、つね《（常）》に袖をかきあわすべし。何とさはが《（騒）》しくふるまふ《（振舞）》とも、ふみ《（踏）》どころはよくよく見給ふべし[30]。

一㉙、人のもとへゆき《行》たらん時は、家のうちに人のありて、ひま《隙》より見るらんとおもひ給ふべし。さればとて、あやしげにめ《目》をつけて見べからず。かべ《壁》にみゝ《耳》、天にめ《目》のようじん《用心》也。ゆだん《油断》あるべからず。

一㉚、人のおや《親》にても、子にても、おとこ《男》にても、女にても、をくれてなげかん家のちかき《近》ところにて、きこ《聞》ゆるやうにわらふ《笑》事、ゆめ〳〵あるべからず。なげ(き)わ何事にてもおなじかるべし。ともに歎《ナゲク》心有べし[31]。

一㉛、はうばい《傍輩》とうちつれ《連》たる時、馬うち《打》は人すくな《少》くば、五きが《騎》程、おほく《多》ば三きがほどをへだつ《隔》べし[32]。たゞし事によりてふるまふ《振舞》べし。

一㉜、きばうち《騎馬打》の事、大かた半町つねの人うつ《打》也。但、事によりてふるまふべし。夜道山みち用心の事などあるべし。其時は主人のげち《下知》を守べし。

一㉝、いやしき人なりとも、道のはた《端》にあまた《数多》あらん時は、あんない《案内》をいふべし。少もそん《損》なき事也。いやしき物にちんじ《椿事》をいたす事、殊《コトニ》口おしき事也[33]。

一㉞、わが用にもたゝぬ物のいのち《命》をいたづらにころす《殺》事あるべからず。生ある物を見ては、事にふれてあわれみを思ひ給ふべし。いやしきむし《虫》けらなれども、命をおしむ《惜》事人にかわらぬ也。身にかへても物のいのちをたすけ《助》給ふべし。

一㉟、我は身をさりても、人の用をきくべし。事かけ《欠》ざらん事に人に用をいふべからず。内外なからん人にも、心をかぬ躰《テイ》にてしんしやく《(斟酌)》あるべし。あまりにこと〴〵しくその色を見すれば、人用をいはず。されば人あひなき事也。よく〳〵心得給ふべし。(34) 大なる用を人のをばきゝ《(聞)》、われは少用をいふ《(言)》べし。

㊱一、人の用をおほせられん時は、よう《(用)》をおほせ候ことのうれしさよとおもひて、やがて借《カシ》給ふべし。候はずば、さい〳〵《(再々)》とせいもん《(声問)》にて、なき由《ヨシ》を申さるべし。(35)

㊲一、我がためのよき人には能々あたり、わろき《(悪)》人にはわろくあたるは、返々くちおしき《(口惜)》ことにて候。ちくしやう《(畜生)》いぬ《(犬)》などこそ、よくあたる人には尾をふりよろこび、又わろくあたる人にはにげ《(逃)》ほえ《(吠)》などし候へ。人となりぬるかひには、よき人には申におよばず、あしき人にもよくあたり候へば、わろき人もおもひ《(思)》なをる《(直)》にて候。もしそのまゝなれども、神仏のいとおしみ給ふ事也。見きく《(聞)》人これをほむる《(褒)》なり。今生に人にわろくあたれば、又後生に人にわろくあたられ、すへ《(末)》の因果つくべからず。今度因果をはたし《(果)》とゞむるやうに、わろき人にもよくあたり給ふべし。(36) 人のよくば我が先世《センセ》を悦び、人のわろくば又先世をうらみ給ふべし。(37)

㊳一、人のをしへ《(教)》けふくん《(教訓)》の事につき給ふべし。さる《(猿)》と申けだ物《(獣)》だにも、人のおしへにつくと見へたり。

㊴一、人にも用を申候へ。又人の用をもきゝ《(聞)》候へ。すく〳〵とあらんずるほどの事をの給《(宣)》ふべし。まづかやうにいひ《(言)》て、又後にかやうに申べきなどの事はあるべからず。あき人《(商)》などのあ

きなひするこそ、さ様に心はもち候へ、それさへ人によりて申也。心を見ゑ候事なるべし。又人の方より物を給《タマワ》り、やく《(役)》など承《ウケタマワリ》候こと候はゞ、おほせ《(仰)》にしたがうとも、しんしやく《(斟酌)》あるべし。それも事によりてき《(気)》をも心をももち給ふべし。(38)

一㊵、物をかい《(買)》候はん時ちちやう《(値打)》を一度に申べし。(39)たかく《(高)》ばかう《(買)》べからず。さのみこと葉《(言)》をつくすはいやしき事なり。あき人《(商)》はそれにて身をすぐれば、やすく《(安)》かうも罪なるべし。

一㊶、人の心をもつ《(持)》べき事、ある人、たゞ人の用を申にいたむことなし。たからをこはるゝ《(請)》にはいたまず。所領を人のほしがるにとらせけり。其時此事上《カミ》へきこえ《(聞)》て、彼人をめし《(召)》て心を尋らるゝに、先世にて人に用をこそ申つらめとおもひ候程に、それを返すと心得ていたみなし。ざいほう《(財宝)》さのごとく、所領とらする事、昔をおもふにたれ《(誰)》か親子ならずと申《モウス》人候。又未来をおもふに、又誰か他人ならん。人は世にかなはずば、妻子とも親類ともいへ□ぼだい《(菩提)》心をこさんには、その身のためと申ほどに、我がたからをおしま《(惜)》ずと申ければ、賢人なりとて、天下にめしいだされ《(召出)》たてまつる事をも心にうれふる事なし。(40)心をばかやうにむけ給ふべし。

一㊷、心得たる事にても候へ、おとなしき人にとはる《(問)》べし。ふるきこと葉《(言)》にも、知りてとふを礼とすと申候事あり。

一㊸、何事もよきことのある時は、又あしき事あるべしとおもひて、こんずる《(困)》さき《(先)》をなさげ《(ママ)》き、あしき事のあらん時は、又よき事あるべしと思て、心をなぐさめ《慰》給ふべし。うまる《生》ゝ悦あれば、必しする《死》なげき《歎》あり。されば さいおう《塞翁》といゝし人は、此心をよくしり《知》て、善悪をおもふてはて《果》ぬ。けんじん《賢人》也。後生もうたがい《疑》なし㊶。

㊹一、人のとし《齢》によりてふるまふ《振舞》べき次第、廿ばかりまでは、何事も人のするほどのげいのう《芸能》をたしなむべし。三十より四十五十までは、君をまぼり《守》、たみ《民》をはごくみ《育》、身を納《修》、ことわりを心得て、じんぎ《仁義》をたゞしく《正》して、内には五戒をたもち、せいたう《政道》をむね《旨》とすべし。せいたう《政道》は、天下をおさむる《治》人も、又婦夫あらん人も、ぎ《義》のたゞしからんはかはる《変》べからず。さて、六十にならば、何事をもうちすてゝ、一ぺん《遍》に後生一大事をねがふ《願》て、念仏すべし。其とし《齢》にいたりては、子がうせ《失》、子孫をたやす《絶》とも、うき世に心をかへさず、それいよ〳〵道のすゝめ《勧》として、我は此世になき物とおもひ《思》きり《切》給ふべし。親をおもひ子を思ふとて、無常の風にひとたびさそわれ《誘》し人、又やこの世にかへりけん。おそろしき哉や、地獄のくるしみ、今生の夢みる程の事だにもつき《尽》ず。まして地獄におちて大苦悩をうけて、なんこう《何劫》と申事もなく、かなしからんは、いかばかりぞ。たくはへ《蓄》も後生のためにはありがたし㊷。

㊺一、つみ《罪》をつくり給ふまじき事、たとへにも、一寸のむし《虫》には五分のたましゐ《魂》とて、あやしの虫けらもいのち《命》をばおしむ《惜》事我にたがふ《違》べからず。たとひ貴命などにて、鵜鷹《ウタカ》のかり《狩》、すなどり《漁》をするとも、返々悪業をはなれ仏のにくまれ《憎》をかふむり候はぬやうに心え《得》給ふべし。

又その事こそあらめ、人のわづらい、なげき《歎》をおい給ふ(べ)からず。なげきと申は、つくり物などをすこしもそんさ《損》し給ふべからず[43]。子孫にむくう。今生にもそれほどのくるしみあり。後生にてもつみなるべし。

一[46]、人のむね《胸》のうちには、蓮華《レンゲ》候て、其上に仏をはします。あした《朝》には、手かほ《顔》をあらいみ《身》心をきよめ《清》、かの仏をねん《念》じ申べし。しやうじん《精進》の物をくわ《食》ざるさきに魚鳥をくうべからず。返々あさましき事なり。その上魚とり《鳥》は父母、親子のしゝむら《肉》なりと申。あながちこれらをこのみ《好》給ふべからず。ことに六さい《斎》日十さい《斎》日には、もろ〳〵の諸天あまくだり給いて、罪の善悪をしるさるゝ日なれば、とき《斎》も精進けつさい《潔斎》して、神仏にみやづか《宮仕》ふべし。出家はいつもをこたりなし。かやうの日は在家のためにやとおもひ給ふべし。月に六日十日はわうじやく《尫弱》の事也[44]。

一[47]、仏法をあがめ、心を正直にもつ人は、今生もすなを《素直》に、後生も極楽にまいり、親のよきには、子も天下にめしいだ《召出》さるゝ事おほ《多》し。我が力にあらず。神仏の加護し給ふゆへなり。何事も弓箭《キュウセン》をはじめて、上として名をあらはし、徳をしかせ給ふ事、定法《ジョウホウ》正直にすぎてはなし。親のなを《直》き子は、其身の心ならで人にしられ、諸人はうしん《芳心》のきあり。されば子孫はんじやう《繁昌》何事かこれにしかん。仏法盛なれば万法さか(ん)なり。すゑの世に仏法を本とせん人、子孫つぎ《継》にやなるべしと申候事あるべし。仏神は人をわろ《悪》かれと思給ふべからず、天魔人をよかれとおも《（思）》ふべからず。しかれば、善事悪事につきて子孫繁昌又たえ《（絶）》ぬべし。ふるきこと《（言）》葉にも寸善尺魔と申事あり。能々心得て物にさまたげ《（妨）》られ給ふべからず。㊺

一、㊽経文《キヨウモン》には、女は仏になりがたきとと《（説）》かれたれども、八歳の竜女《リユウニヨ》をはじめとして、女、仏になり給ふ事、そのかず《（数）》をしらず。ことに女人は心ふか《（深）》き性あるによて、一ぺん《（遍）》に念仏し、後生をねがひ《（願）》給候はゞ、極楽往生うたが《（疑）》ひあるべからず。㊻

一、㊾女の心をもつべき事、むかしより今にいたるまで、女はやさしく、事ののびやかなるをほん《（本）》とせり。よく〳〵心得給ふべし。物をねたむ《（妬）》事、是を返々心せばき《（狭）》とす。一河のなが《（流）》れをくみ《（汲）》、袖のふりあは《（合）》せだにも多生《タシヨウ》のちぎり《（契）》也。一夜のかたらひ《（語）》なりとも、先世のちぎりふか《（深）》ゝるべし。いま《（今）》をはじめとおもふべからず。又えん《（縁）》つきなば、いかばかり契《チギリ》ふかかれと申候とも、かなふべからず。来るも去も因果なりと心え《（得）》てあるべし。されば心にはんゑん《（攀縁）》とて、せう〳〵《（少々）》おもは《（思）》ずなる事あれども、心ざまのよきにははぢ《（恥）》、あしき《（悪）》にははなる《（離）》ゝ也。物に心得やさしければ、男もはづかし《（恥）》くおもひ、いとをしみふか《（深）》し。昔今ひきかけ《（引懸）》おほし。えん《（縁）》つきて其男にはなる《（離）》ゝ事も、又えん《（縁）》はやし。よそにて見るもきくもやさしきことに申候也。仏神もあはれみをたれ《（垂）》、今生後生めでたきなり。㊼

一、㊿人の妻をば心をよく〳〵見て、一人をさだむ《（定）》べし。かりそめにも、其外に妻にさだめて、かたらふ事なかれ。ねたま《（妬）》しきおも《（思）》ひつ《（積）》もりて、あさましくあるべし。されば其罪にひかれて、必《カナラズ》地獄にもおちぬべき也。聖《ヒジリ》などの一生不犯《フボン》なるはいかゞし給ふ(48)。一人をおかす（犯）だにも仏性をたつ事うたがひなし。ましていかばかり罪ふかゝるべき。六歳日（斎）十歳日（斎）に女にちか（近）づくべからず。此日子生ずれば、その身かたわ（片輪）にあるべし。又おや（親）のおんてき（怨敵）となる也。

一、(51)仏神の御前をとおり（通）、又は沙門にゆき（行）あひ申候はん時は、馬よりおり（降）給ふべし。人などうちつれ（運）、又かつせん（合戦）の庭などにて、おりてあしき事あらば、かたあぶみ（鐙）をはづし、くら（鞍）にふし（伏）て、三礼いたすべし。よき程ならばおり給ふべし。

一、(52)主《アルジ》親その外うやまふ（敬）人のうちをくり（送）を申ては、その人のうしろ（後）かげの見え給ふほどは、御前に候て奉公《ほうこう》をゐたすごとくに、其方へむき（向）てかしこまり、礼をいたすべし。其内にたちゐをもし、弓などいる（射）事はいまはしき事也(49)。

一、(53)人とみち（道）にてうちあひ（会）たる時は、いそぎ（急）弓をとりなおし、うやま（敬）わゞゆんでにひきよけて礼をすべし。おなじ程の人ならば、弓もたず（持）ばいそぎもつべからず。うやまはゞをくる（送）べし。いやしき人なり共、をくらば馬をむけて能々礼をすべし。かへらばすこし（少）をくるべし。人より礼をすごし（過）てすべし(50)。

一、(54)兄弟あまた（数多）ありて、親のあと（跡）をはいぶん（配分）してもちたらんに、そうりやう（惣領）たる人はくばう（公方）をつとめ、そし（庶子）を心やす（安）くあらすべし。またく恩とおもふべからず。我がれう（領）を扶持《ふち》すべしと親も見給ひ、家をゆづり（譲）給ふうへ（上）は、一もん（門）、しんるひ（親類）をはごく（育）むべし。さやうにあればとて、ぶ《無》礼にすべからず。然ば又惣領《そうりやう》をうやまひ、一大事の用にたつ事まめやかなるべし。仏神の御はからい《計》あり、又は前生のしゆくしう《宿習》あるらんと思ひて、よきをばよきにつけ、あしきをば我れ見すて《捨》ゝはたれ《誰》か他人は扶持すべきと、ことにあはれみふか《深》ゝるべし。(51)

一、(55)そし《庶子》としておもふべき事、いかに我は親のもとよりゆづり《譲》得たりとも、ふちする《扶持》人なくば、たからにぬし《主》なきがごとし、たゞ惣領の恩とおもふべし。されば主とも、親とも、神仏とも、此人をおもふべし。たとひそし《庶子》の身にて君にみやつかふ《宮仕》ともそう《惣》領のきを思ひ、われかくべち《格別》とおもふべからず。たゞ君と兄とをおなじう《同》すべし。又惣領そし《庶子》のかなしみのあらんを、各別とてはなすべからず。ふるきことばにも六親《ロクシン》不和にして三宝のかごなし《加護》といへり。(52)

一、(56)わが妻子の物を申さん時は、能々きゝ《聞》給ふべし。ひが《僻》事を申さば、女わらんべ《童》のならひ《習》なりとおもふべし。又道理を申さん時は、いかにもかんじ《感》、これより後も、かやうに何事もきか《聞》せよといさめ給ふべし。(53)女わらべ《童》なればとていやしむべからず。天照大神も女躰にておはします。又じんぐうくわうぐう《神功皇后》も、きさき《后》にてこそ、しんらこく《新羅国》をばせめ《攻》したがへられしか。又おさなき《幼》とていやしむべからず。八まん《幡》(た)いない《胎内》より事を御はから《計》ひあり。老たるによるべからず。又わかき《若》によるべからず。心正直にて君をあがめ民をはぐゝむこそ、聖人とは申なれ。

一、(57)子なきものゝ罪のふかきは、後生をとぶらは《弔》ざる事はさてをきぬ、としごろ《歳頃》のすぐる《過》まで、浮世にまじは《交》る事のかなしさよと申候人のありし也。子なくしてゆづる《譲》かたなしとて、かぎり《限》ある死期をのぶ《延》べきか。もつ《持》ところの財宝仏神にきしん《寄進》するとも、又人にたてまつるとも、あまる事ありがたし。かしこき《賢》かほ《顔》にするとも、ゑんま《閻魔》の使《ツカイ》のがれぬかぎりあるべし(54)。としすぎ《歳》て後世をねが《願》ひたまはぬ人をば、神仏にくみ《憎》給ふなり。

一、(58)すこしのとが《科》とてをかす《犯》べからず。わが身をすこしなりとも、きり《切》もつき《突》もして見るに、苦なき事あるべからず。女などのたとへに、身をつみて人のいたさ《痛》をしると申。ほんせつ《本説》ある事也(55)。

一、(59)旅などにて、夫《ブ》、馬などに、をもく《重》物もたす《持》べからず。たゞあよむ《歩》にも、苦《ク》いかばかりかなしかるべき。又それにつきて病などする事あるべし。其時(人)をつるゝ《連》とも、荷などをもちて、さのみかなしみのなき人をつるゝべし(56)。

一、(60)人のもと《許》へ、状などまいらせん時は、かみ《紙》、すみ《墨》、筆をとゝの《調》へて、よくかく《書》人にかゝすべし。手よくとても、おさな《幼》き人の文字もとゝのほらぬをば斟酌すべし。又悪筆などにて申は、びろふ《尾籠》の事也。又じ《自》筆はこのほどゆづり《譲》などももちゐ《用》らるゝ事なれば、披露あるまじき事などを申されんは、せめていかゞあるべき(57)。其《ソレ》さへかな《仮名》とまな《真名》と字のをきどころ《置所》をもしら《知》ざらんは、しんしやく《斟酌》あるべし。

一、(61)所領をもた《持》ずして代官をねがふ《願》とも、代官をもたずして所領をねがふべからず。又代官は一人なるべし。

一、(62)堂塔をたて《（建）》、おや《（親）》、おうぢ《（祖父）》の仏事をしたまはん時、一紙半銭の事にても、人のわづらい《（煩）》を申させ給ふべからず。千貫二千貫にてもし給へ、一紙半銭も人のわづらひにも候はゞ、善根みなほむら《（炎）》となり、人をとぶらは《（弔）》ゞ、いよ／＼地獄におち、又我が逆修《ぎやくじゅ》などにも、今生より苦あるべし。たゞ我《ワガ》がいぶん《（涯分）》にしたが《（従）》はん程の事を、善根をばし給ふべし。よ《（世）》のつね《（常）》の事にもすこしもたがふ《（違）》ひが事は、仏神にくみ《（憎）》給ふ事也。まして、さやうの仏法の事にひが事は口惜《クチオシキ》事なり。ゆ《（湯）》をわかして水に入《イレ》たるがごとし。たとひ兄弟となどが、我はおや《（親）》の仏事をするに、せずともわづらはじやなどおもはるゝやうにきゝ《（聞）》、しれ《（痴）》事うらみ《（恨）》ごと申べからず。きげん《（機嫌）》よきところに、あはれ／＼うたてしきかな、過分までこそなくとも、かたのごとく心ざしし給へかしと、おり／＼けうくん《（教訓）》申て、我は身をすて《（捨）》ゝすべし。されば人もげにもとおもふなり。ふるきことば《（言葉）》にも、善人の敵とはなるとも、悪人をとも《（友）》とする事なかれと申事これ也。ちやう《（長）》者のまんとう《（万燈）》よりもひん《（貧）》者の一とう《（燈）》と申事をしるべし。(58)

一、(63)いかなる大善根をするとも、我はよくしたりと思ひ、又人にをとら《（劣）》じとおもふ心候はゞ、てんま《（天魔）》のけんぞく《（眷属）》となりて、(59)罪はかさ《（重）》なるとも、ちり《（塵）》ほどもりやく《（利益）》あるべからず。ごう《（業）》をかさぬるなるべし。

一、(64)人を見るに、こと／＼くよきものはなし。一もよき事あらば、それまでとおもひて、人をえらぶ《（選）》事なかれ。我が心だにもよきとおもふ時もあり、わろきとおもふ時もあり。いかでさのみ人は心にあふ《（合）》べき。しんるい《（親類）》、子ども、めしつかふ《（召使）》ものなりとも、さのみけうくん《（教訓）》し給ふべからず。うらみ《（恨）》あれば我をすて《（捨）》、ほかにてあしから《（悪）》んは、聖人のはう《（法）》にあらず。[60]

(65)一、何事にても勝負《せうぶ》にまけ《（負）》たらん時は、いそぎ《（急）》ふるまう《（振舞）》べし。我かち《（勝）》たらん時は、せむ《（責）》べからず。ゆめ〳〵勝負の事を申いだす事なかれ。[61]

(66)一、奉公もなからん人のきびしくよくあたらんをば、しさい《（子細）》有と思給べし。たとひいふ《（言）》事なしといふとも、しじう《（始終）》のしりうど《（知人）》にてはあるまじき也。そのゆへ《（故）》は、我はよくあたり申せども、させるしるし《（印）》もなければとて、事ならぬ事によりて、さだめ《（定）》てふしん《（不審）》いでき《（出来）》ぬべし。[62]

(67)一、人の物をおふ《（負）》ては、いそぎ《（急）》沙汰すべし。かりそめの事なりともさた《（沙汰）》すべし。[63] もしかなはぬ物ならば、そのよし《（由）》をわび《（詫）》なげくべし。

(68)一、けいせ《（傾城）》(い)をとめ、又はしらびやうし《（白拍子）》などあらんに、みち《（道）》のもの《（者）》なればとて、はう《（法）》にすぎ《（過）》てなれ〳〵しきこと葉《（言）》をいふべからず。[64] たゞふつう《（普通）》なるやうに、こと葉をもいひ、ふるまうべし。ことに過ぬれば、はぢ《（恥）》がましき事もあるべし。

(69)一、けいせい《（傾城）》を、人のあまた《（数多）》よりあひ《（寄合）》てとめん時、見めもわろく《（悪）》、いしやう《（衣装）》もなきをとむべし。よきをば人の心をかく《（懸）》る也。[65] わろきは人もすさめ、又わが心もとゞまら《（留）》ぬ也。一夜の事はいかほどかあるべき。けいせゐ《（傾城）》もうれし《（嬉）》みおほか《（多）》るべし。

一、(70)ほかへゆき《行》てわが家へかへら《帰》ん時は、さき《先》に人をつかはし《遣》、ひきめ《蟇目》(66)をいならし《射鳴》、こゑ《声》をもたか《高》くすべし。我が身ひとりかへるとも、かくのごとし。此うちによき事おほくこもれ《籠》り。

一、(71)そせう《訴訟》、さならぬようをもき《聞》ゝ給ふべし(67)。人のなげき《歎》をうけぬれば、わがうへに申事かなはぬなり。よもかなはじとおもふそせう《訴訟》のかなはすは、いかばかりかなし《悲》かるべき。上へむけ《向》てけんじん《賢人》はなき也。ひが《僻》事あれば罪科あり。それにおそる《恐》ゝものか。いやしき《賤》にたい《対》しての賢人こそしかるべけれ。

一、(72)物ごい《乞》の家にきた《来》りたらんには、かた《形》のごとくなり共、いそぎ《急》てとら《取》すべし。たとひとらせずとも、あはれみの心こと《言》葉あるべし。いはんや物をこそとらせずとも、じやけん《邪険》のこと葉をいふべからず。仏の御わざなりとしる《知》べし。

一、(73)人に物をぬす《盗》まるゝ事ありとも、事かけ《欠》ざらんには、あらはすべからず(68)。たちまち人の生涯をうしな《失》はする事也。後世にゐんぐわ《因果》のがれがたし。

一、(74)所領などしる事あらんに、いかにわび《侘》しげなり共、はぢ《恥》あらん人のきた《来》りたらん時は、これへ〳〵との給《宣》ふべし(69)。さればとて、きびしくい《言》ふべからず。人のしな《品》によるべし。百性《姓》なんどきたりたらん時は、便宜あらばさけ《酒》をもの《飲》ますべし。さればおな《同》じくじ《公事》なれども、いさみ《勇》いで《出》くる也。又百性《姓》の従者なればとて、いやしみしか《叱》るべからずと申つけ《付》べし。

一、(75)百性《(姓)》のかき《(垣)》内に、いさゝかなるくだ《(果)》物にても、又つくり《(作)》たる物など、さしたる事なからんにこう《(乞)》べからず。此心をしら《(知)》れぬれば、こゝろざしに出《イデ》くる也。されば事か《(欠)》くる事なし。大事の用あらん時はこい《(乞)》もすべし。いかにもおんびん《(穏便)》なる使にてこうべし。いたは《(労)》る事なければ、むつかしくなどおも《(思)》ひて、さやうの物をばつくらぬ也。さればまめやかなる用の時は事をかく《(欠)》也。百性《(姓)》をいたはれ。徳もありつみ《(罪)》もあさし(70)。

一、(76)人の心のよる《(拠)》べき事、たとへ《(喩)》をもつて申なり。おなじ夜なりとも、やみ《(闇)》の夜をよろこぶ事なし。月の光くまなき《(限無)》をば悦也。おなじかゞみ《(鏡)》なれ共、くもり《(曇)》たるをみ《(見)》てんといふ人はなし。くもらざるをば、そゞろなる人もみたがる也。いやしきしづのめ《(賤女)》なれ共、あきらかなる日の光、くもらぬかゞみをしら《(知)》ぬはなき也。さればおなじ人なりとも、よからんをこそたつとむ《(尊)》べけれ。あしき《(悪)》にしたしむ《(親)》人はなし。神仏の御めぐみ《(恵)》もよき人にはあるべし。いかにも人の心はすぐに《(直)》てよかるべし。よく〳〵心得給ふべし(71)。

一、(77)神明は人をかゞみ《(鏡)》とせんとちかひ《(誓)》給ふ。その事をせうらん《(照覧)》なきにてはなけれども、人の心をすぐに《(直)》もたせんとの御ちかひ《(誓)》あるによりて也。さればかの神国にありながら、心ゆるみなば、いかで神明の御心にかなふべき。人をかすめたる事あらばそれにまさる事必《カナラズ》有《アル》也。其をぐち《(愚痴)》の者はしら《(知)》ぬにてこそ候へ(72)。

一、(78)わが身たら《(足)》はずとも、心せば《(狭)》きけしき《(気色)》人に見すべからず。のち《(後)》の世までもあし《(悪)》かるべし。

人に物をほどこ《（施）》せば、それほど諸天のあた《（与）》へ給ふ事成《ナリ》。さればとて事にすぐ《（過）》れたるべからず。よき程になるべし。(73)

(79)一、いかなる事を人はい《（言）》ふとも、物をろん《（論）》ずる事なかれ。詮なからん事一言もむやく《（無益）》也。よそにてきく《（聞）》人をこがま《（烏滸）》敷《シク》思給也。返々さしもなき事あん《（案）》ずべからず。(74)

(80)一、二人つれ《（連）》て道をゆか《（行）》んに、たがひにした《（下）》の心はうちとけ給ふべからず。是はたび《（旅）》人とつれてゆかん時の事也。さればとて、き《（気）》もありがほ《（顔）》に見え給ふべからず。(75)

(81)一、酒《さけ》の座敷《ざしき》にては、はるかのすへざ《（末座）》までも、つね《（常）》にめ《（目）》をかけ、こと《（言）》葉をかけ給ふべし。おなじ酒なれ共、なさけ《（情）》をかけてのま《（飲）》すれば、人のうれしくおもふ事也。殊《ことに》〳〵ひらう《（疲労）》の人には、なさけをかけてをく事なり。うれしさ限なきにより、人の用を大切にする也。(76)

(82)一、人の身にどんよく《（貪欲）》といふ心あり。その心をわがみ《（我身）》にまかせ給ふべからず。彼《カノ》心をごくそつ《（獄卒）》のつかひ《（使）》と思ひ給ふべし。かの心にさそわれ、地獄におつる也。どんよく《（貪欲）》の心にて、一紙半銭の物にても、ゆへ《（故）》なき物をとり《（取）》ぬれば、今生にては百ばい《（倍）》千ばゐ《（倍）》の物をうしな《（失）》ひ、後生にては地獄におつべし。

(83)一、罪科しごく《（至極）》したるぬす《（盗）》人をば、われ《（我）》はくぼう《（公方）》へそせう《（訴訟）》せざれども、仏神のばち《（罰）》をもかぶり、じめつ《（自滅）》する也。又はよその人のうた《（訴）》へにてそん《（損）》する也。其時心ある人は、我が物をぬす《（盗）》まれて、申さゞりし事のやさしさよと、いよ〳〵おも《（思）》ふなり。

一、(84)人の人をぬす《盗》人とさ《指》して申とも、雑物《臓》ろけん《露見》の儀なくば、ゆめ〳〵もちゐ《用》給ふべからず。其人はたとひすごし《過》ぬとも、向後の人のにくから《憎》んずる時、空事《ソラゴト》を申つぐる《告》人有べし。(77)

一、(85)唐土にくろ《畔》をさると申ことのありし也。我《ワレ》はそなたへつけ給へと申、人は我《ワガ》かたへつけよと申。かやうにろん《論》ずるを、隣《りん》国のそせう《訴訟》に、王宮へのぼりけるがき《聞》ゝて、人はいかなれば、是ほどやさしくよく《欲》をはなれん、と申て、それよりかへり《帰》ぬ。(78)これは其国の王の御心賢《カシコキ》王なれば、隣国までかくのごとく、とくゆう《徳用》あるこそめでたけれ。返々たかきいやしきにかぎらず、貪欲をすて、正直ならんと神にも仏にもいのるべし。

一、(86)馬にのり《乗》てたか《高》き坂をゆかん時は、生ある物なれば、くるし《苦》からんとおもひて、とゞめてやすむ《休》べし。よわ《弱》き馬などにてたかき坂をばおり《降》てひ《引》かすべし。ちく《畜》生はかなしみふかき也。(心)得べし。

一、(87)弓矢の事はつね《常》に儀理《ギリ》をあん《案》ずべし。心ののか《(ママ)(甲)》うなると、弓矢の儀り《理》をしり《知》たるとは、車の両輪のごとく、ぎり《儀理》をしると申は、身をもうし《失》なへども、よきをす《捨》てず、つよきにおごら《驕》ず、儀理をふか《深》くおもふ。是は弓矢とり也。其儀り《理》は無沙汰なれども、敵をほろぼ《滅》すはかう《甲》の物也。おなじくは車の両輪のかなふごとくに心え《得》給ふべし。ふるき詞にも、人は死して名をとゞむ、虎は死して皮をとどむ、と申事あり。いのち《命》も身のなり行《ユク》事もさだ《定》まれる事也。おし《惜》むにとゞ《止》まる事なし。ねがふ《願》にきた《来》らぬだうり《道理》をしり給ふべし。(79)

一、(88)舟にのり《乗》ならひ《習》、川をも心え《得》、山をもたちならひ《習》、寒きをも、あつき《暑》をもこらへならひ給ふべし。

一、(89)たはぶれ《戯》なればとて、人のなん《難》をいふ《言》べからず。我はたはぶれとおもへども、人ははづ《恥》かしきによりて、あやまちあるべし。たはぶれにも、人のうれしむ《嬉》事をの給《宣》ふべし。(80)よろづにはゞかり《憚》、なさけ《情》ふか《深》ゝるべし。

一、(90)いかなるしづのめ《賤女》なりとも、女のなん《難》をいふ《言》べからず。いわんやはぢ《恥》あらん人の事は中〳〵いふにをよばず。よき事をば申もさた《沙汰》すべし。あしきをかく《匿》し給ふべし。是をおもひわかぬ人は、わが身にはぢがましき事有べし。すこしもかうみやう《功名》ならず。(81)

一、(91)たび《旅》人とあまた《数多》つれ《連》て川をわたらんには、子細をしりたりとも、さき《先》に人を渡すべし。又河をわたりて、事ありげにむかばきうつ《打》べからず。人のなき《無》かた《方》へむけ《向》て、しのびやかに打べし。事にふれて、世間にはゞかり《憚》ふるまふ《振舞》べし。(82)

一、(92)ばくゑき《博奕》の事はくちおし《口惜》き事なれども、ふしぎ《不思議》に人にまじわり《交》たらんに、友をあざむく《欺》べからず。びんぎ《便宜》によりて心え《得》給ふべし。人の心をとらんため也。わが身それをしる事ゆめ〳〵あるべからず。(83)

一、(93)まことにすごし《過》たる事にてもあれ、又ふりよ《不慮》の事にてもあれ、なげか《歎》しき事のいでき《出来》たらんをも、あながちなげき給ふべからず。これもさき《前》の世のむくい《報》なりとおもひ給ふべし。

猶もなげかるゝ事あらば、つね《常》にすさみ給ふべし。

　浮世にはかゝれとてこそむまれたれことはりしらぬ我が心哉

此歌を詠じたまはゞ、わすれ《忘》給ふべし(84)。

一、[94]よそ《他所》へうちいづる《出》事あらん時は、十人出ば、二三人さき《先》にたてゝ出給ふべし。又弓矢などの時の事は、様《サマ》によるべし(85)。

一、[95]主人の仰《オオセ》なりとも、よその人のそしり《誹》を得、人の大事になりぬべからん事を、いかにもよく〳〵申べし。それによりて、かんだう《勘当》をかふらん、くるしかるまじきなり。よく〳〵あんぜ《案》させ給候はゞ、道理にきゝ《聞》て、いよ〳〵かんしん《感心》あるべし(86)。又神仏もめぐみ給ふべし。

一、[96]いかにも人(の)ため世のためよからんとおもひ給ふべし。行すへ《末》のためと申也。しろき《白》鳥の子はその色しろし。くろき《黒》はその子もくろし。たで《蓼》といふ草から《辛》くして、そのすへ《末》をつぐ也。あまき《甘》物のたね《種》はおとろふれどもそのあぢ《味》あまし(87)。されば人のためよからんと思はゞ、すへ《末》の世かならずよかるべし。我が身を思ふばかりにあらず。

一、[97]主親の前にて、じゆず《珠数》をくり、かたて《片手》をひき入、物を大口にくひ、或はやうじ《楊枝》をつかひ、つわき《唾》をとを《遠》くはき、いねぶり《居眠》をし、口をあき、した《舌》をさしいだ《出》す。大にこれびろふ《尾籠》の事なり(88)。

一、[98]舟はかぢ《楫》といふ物をもつて、おそろしき浪をもしのぎ、あらき《荒》風をもふせ《防》ぎ、大海をもわたる《渡》也。人間界の人は、正直の心をもちて、あぶなき《危》世をも神仏のたすけ《助》わたし《渡》給ふ也。此心のよるところは、めいど《冥途》のたび《旅》にむか《向》はん時、しで《死出》の山の道をもつくるべし。三づ《途》の川のはし《橋》をもわたすべし。大かたをきど比《コロ》なきほどのたから《宝》也。よく〳〵心え《得》給ふべし。正直の心はむよく《無欲》也。むよく《無欲》は後生のくすり《薬》也。返々夢の世のい(く)程ならぬ事をくわん《観》ずべし。(89)

しで《死出》の山あしき《悪》道にてなかりけり心の行《ゆき》てつくるとおもへ《思》ば

三の河うれしき橋となりにけりかねて心のわたす《渡》と思へば

極楽へまいる《参》道こそなかりけれ心のうちのすべ《術》ぞなりけり

極楽の道のしるべとたづぬれば心の中の心なりけり(90)

返々《カエスガエス》はづかしく《恥》おもひ《思》たてまつれども、いのち《命》はさだまり《定》てかぎり《限》ある事なれば、いつをそれともしり《知》がたし。そのうへ時にのぞみてのありさま、有《或》いは物をいは《言》ずして、はかなくなる人もあり。又弓矢によりて此世をそむくたぐひ《類》もあり。露の命の生死無常の風にしたがふならひ、其子《その》ばかりはかげろふ《蜻蛉》のあるかなきかのふぜい《風情》也。心におもひいだすをはゞか《憚》らず申也。(91) これをもちゐ《用》たらん程に、あしき《悪》事にて候はゞ、わろき《悪》事を親ののたまひけるよと、其時おもひ給ふべし。是を持《用》ゐたらんを、けうやう《孝養》の至極と思ひたてまつるべし。たとい、もちゐ給ふ事なくとも、是をすへ《末》の世までの子共につたへ《伝》給ふべし。いでこん《出来》人のうちに、もし百人が中に(一人)にても、(92)これをもちゐ給候人ありて、さてはむかし《昔》の人のつたへ給ひけるかと、おもひ給人やおはしますとて申也。人の親は子にあひ《会》ぬれば、をこがましき事のあると申候。是やらんとおぼゆると、おもひたまはんずれども、心静に二三人もよりあひ御らん《覧》ずべし。たゞし、かやうに申事は、わがおやの我をけうくん《教訓》するばかりと思ひ給ふべからず。すへ《末》の世の人をけうくん《教訓》すると心え《得》給ふべし。返々おかしくつゝましき事なれば、他人にもらし給ふべからず。

　いにしへの人のかたみと是を見て一こゑ南無と唱給へよ

御教訓の御状かくのごとし。

（1）「あしたの日は」以下の文は、朝日が出たと思っていたらそれは暮れ方になると西方の山の端に沈んでしまい、夕に昇る月も暁とともに隠れてしまう、花が美しく咲くのもその花が嵐にさそわれて散ることを待っているかのようであるとして、この世の無常の有様から逃れることの出来ないのは人間ばかりではないことを述べている。つづく文中の「老少不定のならひ」は、人の死期は老若には無関係で全く予期し得ないということ。

（2）「多生くわうごう（曠劫）」は、幾度も生まれ変わり限りなく輪廻を繰り返す長い時を言う。

（3）「今生の能」は、この世に生まれ合わせたことを幸いとしての意。

（4）「みやづか（宮仕）ひ」は、主君の側近く仕えること。「しり給ふ」は心にかけるの意。
（5）「主人の心おほやう（大様）にして」は、主人が大まかな人での意。以下の文中の「是もをこないをすると心のうちに思べし」は、これも仏道の修行をしているのだと思って勤めなさいということを述べたもの。
（6）文中に「おもひ（ひ）ばうせん」「血をあや（す）」と括弧に入れて語を補ったのは、本書が底本とした『中世武家家訓の研究』の中で示された筧泰彦氏の判断にもとづいている。以下の脱字の挿入についても同様。「血をあや（す）」は血をしたたらすの意。仏の身体から血を流させるのは五逆罪の一つであった。また、以下の文「大乗ひばう（誹謗）のもの」はすぐれた釈尊の教えを罵り非難する者、「冥りよ（慮）にそむく」は目に見えない仏の不思議な思慮にそむくこと。「二世」は現世と来世の意。
（7）「しやもん（沙門）」は僧侶のこと。「いろ（綺）はず」は干渉しない、口出しをしないの意で、「しやうしん（生身）のほとけ」は生き仏の意。
（8）底本はこの部分を「いかなる人のおやにてもあれ、わが子わろ（悪）かれとおもふ人やあるべきなれども、これをもち（用）いる人の子はまれなり」としているが、編者の判断でこのように改めた。続く文頭の「心を返し」は何度も繰り返しよく考えること。
（9）「あらぬ人かとうたがふ」は、別人かと疑われるほどになってしまうこと。つづく文は、たまに訪ねて来る人も拍子抜けしたような気分となって帰ってしまい、会うことを心から楽しみにして訪ねてくれる人もなくなってしまうの意。

（10）「しらるゝ事」という傍書のある「思ひわたる」は、思い当たること。
（11）「人にたちまじはらんに」は人と交際する時にはの意。「おとなしき人」は年長の分別ある人のこと。また、この条の末文中の「ばうしゆん」について寛氏は〝適当な漢語を考え得ない。忘悛とすれば、忘れてしまい心を改める意味になる〟と註記している。本書もこれに従った。
（12）「人にゐぐ（居組）みたらん所」は、人が多数寄り合って坐っている所の意。「肴」について原本は「希」と記しているが、底本における寛氏の判断にもとづいて改めた。「菓」は常食以外の食物のことで、古くは果物を指す。
（13）「なげし（長押）」はいわゆる和風建築で柱と柱を繋ぐ水平材。「さえ（障）」は座敷や座席の仕切り。「ゆるり」は囲炉裏（いろり）の訛り。
（14）「打ちがふ」は道の傍らに寄って行き合わないようにすること。「荷付馬」の「付」は原本では補入の形となっている。寛氏はこれを後人の書き入れとしている。
（15）「女房などのたち忍たる所」は、婦女などがひそかにお忍びで来ているような所のことか。以下にある文「見ぬよしをすべし」は、見えても見えぬふりをせよの意。「ぐ（具）したらんずる下部」は、供に連れている身分の低い従者のこと。
（16）「思ひつく事」は思いを寄せるの意。なお、この条中に「道理」と対応して用いられている語である「ひが（僻）事」は、道理にかなわぬことを意味する。
（17）「いかほど（如何程）も心をば人にまかせて」は、出来る限り従順な気持ちになっての意。
（18）「気をとひ給ふ」は考えを尋ね問うこと。以下の文中の「ふるき詞」の意は、水は容器次第でどのような形にもなることに喩えて、人も環境や交友によって善とも悪ともなるということだが、ここは自らにあまり拘泥しないで、水のように事態に素直に従って、他人の教訓に耳を傾けるべきことを述べている。つづく「らうし（老子）経にくは（詳）しくとかれたり」は、『老子』上篇第八章の「上善若㆑水。水善利㆓万物㆒而不㆑争」を指すのであろう。

(19)「心は生得すくなけれども」は、我々の心に生まれつき備わっている智恵は知れたものであるという意。

(20)「いで（出）たち」は外出などのために身なりを装いつくろうこと。「きたなまれ」るは、きたなく思われたり賤しく思われたりするの意。「見ぐるしき人の中にて返々いみじきいでたちあるべからず」は、粗末な身なりをした人々の中へはくれぐれも立派ななりをして出てはならないことを述べたもの。「心ある人のわろ（悪）がる」は、思慮分別のある人によくないと思われるの意。

(21)「もん（紋）」は紋様の意。「おなじ程の人」は同輩の意であるから、ここでは同輩達の中で目立つような「色々しき物」すなわち派手な色柄のものは着ないほうがよいことを述べている。

(22) 筧氏によれば当時の馬の高さは四尺から四尺三寸が普通であったとのこと。したがって、この「三寸よりうち（内）の馬」の意は、あまり大型ではない普通の大きさの馬ということになる。一尺は約三〇センチメートル。以下の文中にある「けしからず」は、はなはだよろしくないの意。

(23)「ふるま（振舞）ひ」は暮らし向き、「家ゐ」は住居、「もちぐそく（持具足）」は道具や調度のこと（ただし前条の「ぐそく（具足）」は甲冑の意）。「ぶんげん（分限）」は身の程を言う語であるから、以下の文は身の程を過ぎたことをすると人に迷惑を及ぼすことにもなりかねないし、本人も後々までその程度を維持することはむずかしいものであることを述べている。

(24)「はなつく」は鼻突くで、主人などから遠ざけられ退けられること。「歎」は深く憂いて嘆息する。「心にくゝ」は奥ゆかしくの意。

(25)「うしろ事」は隠していること。「うしろのさた(沙汰)」は蔭で噂をたてられていること。

(26)『日本思想大系』の収録するもの(以下「大系本」と略記する)の中で、石井進氏はこの部分について〝あるいは「父にそふ(添ふ)」の誤写か〟と註記している。この文は、そのわけは継母であっても我が父が連れ添った人であるからであるという意であろう。また、この条末文の「おんびん(穏便)の心」は穏やかな心のこと。

(27)「かんだう(勘当)」は法にてらして罪を勘《かんが》え定めること。すなわち処罰することを言う。つづく文の「はらのゐて後」は怒りがおさまって後の意。

(28)この文は、自分の従僕と争いになった他人の従僕に対するその主人の処置や処罰が適切だと思えない場合は、その場ではなく、後でその主人にその旨を申し入れ話し合うべきことを述べている。

(29)「猶した(下)をうやまふべし」は、なおさら下手に出て敬うようにせよの意。以下の文中の「じんぎ(仁義)」は、ここでは礼儀や挨拶のことを指す。

(30)「みだ(乱)れあそ(遊)ばん時」は、座が乱れ無礼講で遊び興じている時の意。「おとなしき人」は年長の分別のある人、「いさ(勇)みほこ(誇)ればとて」は興に乗って得意気に芸をしてもという意。「う（鵜）のまねするからす（烏）」は、鵜の真似をする烏は水に溺れるということで、能力のない者が能力のある人の真似をして失敗するようなことの喩え。「袖をかきあわす」は身なりを整えてかしこまること。「ふ（踏）みどころ」は自らのとるべき立場、あるいは地位や身分の意。

(31)「をくれてなげかん家」は〃後れて歎かん家〃であるから、親しい者と死別して悲嘆にくれている家のこと。「なげ（き）わ」の「き」は脱字。

(32)「馬う（打）ち」は、次条冒頭の「きばう（騎馬打）ち」と同様に馬に乗って行くこと。次条の「大かた半町つねの人うつ也」について、石井氏は〃騎馬に乗る時、大体半町ほど乗るのは普通である〃と註記しているが、筧氏はこれを〃騎馬を走らせる場合には、大よそ半町ほどの間隔をとって走らせるのが普通である〃と解している。一町は六〇間で約一〇九メートル強の長さであるから、半町だと五十数メートル。このこととこの条に説くところからすると、筧氏の読みを採るべきと考える。

(33)「あんない（案内）をいふ」は挨拶の声をかけること。「ちんじ（椿事）」は思わぬ事故や事件が起きるの意。筧氏はこの条を、前条とのつながりから、馬を走らせる場合には道の傍らに人がいる際には、賤しい人達であっても知らせの声をかけて通るべきで、それをおこなわないと思わぬ事故を引き起こしたりすることがあると誡めたものとしている。

(34)「我は身をさりても」は、自分のことはおさえ譲ってもの意。「事か（欠）けざらん事に人に用をいふ」は、なくても別に困りもしないことやものを人に頼んだり求めたりすること。「内外なからん人」は遠慮する必要もない親しい間柄の人の意であるから、以下の文は、そうした人にはあまり遠慮をすると水臭く思われても困るがやはり遠慮はすべきであることを述べた上で、しかしあまり過度に遠慮をしている様子を見せると、今度は相手の方が遠慮をするようになるので、そのあたりのことをよく心得て振る舞わないと「人あひ」すなわち交際に支障が生じるということを誡めている。

(35) 筧氏はこの条を、〝目上の人が何か調達するように用をお頼みになった時には、あなたを信用して御用を云いつけて下さったことを嬉しく思って、すぐにその用をととのえて差し上げなさい。若し、入用のものが手に入らない時には、再々便りをやって、その由を申し上げなさい〟と現代語訳している。文中の「借給ふ」については特に補註を用意し、漢字の「借」の字は中世においては〝かりる〟〝かり〟と〝かす〟〝助ける〟という二様の意味があったが、今日では前者の意味のみが用いられて後者の意味が忘れられがちになっているという意のことを指摘している。また、「さい〳〵とせいもんにて」の「せいもん」は声問で、便りの意とし、ここに示したように〝再々便りをやって〟と解しているが、石井氏はこの「せいもん」を誓文、すなわち起請文と解して「さい〳〵」も細々ないしは再々かと註解している。すなわちこの部分を、もしすぐにできない場合には〝細かく起請文を書いて〟あるいは〝何度も起請文を書いて〟その理由を申し上げよの意であるとしている。編者としては筧氏の解の方を採りたい。

(36) 「あたる」は接すること。以下の末文は、人が自分に良く接してくれるのは前世に良いことをしておいたからと悦び、人が悪く接して来る場合は前世の報いだと思って自分の前世の所業をうらめしく思えという意。
(37)「つく」は従うの意。
(38)「すく〳〵とあらんずるほどの事をの給（宣）ふ」は、用事の要領を一度でよくわかるよう率直明瞭に述べるという意。つづく文は、始めに言ったことを後になって変更するようなことを言ってはならないということを述べている。「心を見ゑ候事なるべし」は文脈からすると、言を左右にするのは自分の賤しい心を人に見せるようなものだの意。「しんしやく（斟酌）」は遠慮したり辞退したりすること。最後の文は、それも事によりけりであるから、そのつもりで心構えをしているほうがよいの意。
(39)「ちちやう」について筧氏は〃値打〃と傍書して〃値段を決めること。値ぶみ、又値段〃と註記しているが、石井氏はこれを「ぢぢやう」として〃「治定」とすれば、確定的・決定的な値段の意か〃としている。いずれにしても買物の際の値段の交渉は「さのみこと（言）葉をつくすはいやしき事」であるから「一度」にせよということであろう。
(40)この条は「人の心をも（持）つべき事」すなわち人の心の持ち様について述べたもので、人から用を頼まれても少しもつらいと思わず、また自分の持っているものを人から所望されればこれを与えてしまう人の話である。前世での縁という発想が強調されている。文中の「人は世にかなはずば」の「人は」は大系本では「人に」とある。底本に付された原本写真版の第九二条冒頭にある「ばくゑき」の「ば」の書体などを参考にする限りでは、底本通りに「人は」と読むべきなのではないかと考える。また、つづく記述中の「ぼだい（菩提）心」の前が二字分ほど空白となっている。脱文があるものと思われる。

(41) この条冒頭の文中の「なさげき」の「さ」は衍字で、「なげ（歎）き」とあるべきであろう。衍字とは語句中に誤って入った不要の文字のこと。「さいおう（塞翁）」は『淮南子』にある故事に出て来る人物。中国北方の辺塞に住していた塞翁と呼ばれる老人は、彼の飼馬が逃げたので人々が慰めの言葉をかけたが平然としていた。ところが数ヶ月後にその馬が駿馬を伴って帰って来た。人々が祝福の言葉をかけたが、やはり平然としていた。その後彼の息子がその駿馬から落ちて障害をおってしまった。人々が慰めると、やはり平然としていて悲しむ様子はなかった。ところが一年ほどして戦乱が起こり壮年者は皆兵役にかり出されて戦死してしまったが、彼の息子は障害があったためこれを免れて天寿を全うすることが出来た。この故事は人生の吉凶や禍福は予測しがたいことを述べた有名な喩え。末文の「後生もうたが（疑）いなし」は塞翁のような人は必ずその後生もよいに違いないの意。

(42) 「じんぎ（仁義）」については註29参照。「五戒」は仏教に言う不殺生・不偸盗・不邪淫・不妄語・不飲酒といった五つの戒め。「せいたう（政道）」は天下を治める道の意。「ぎ（義）」について筧氏は〟鎌倉時代には、正直にして道理を弁えることを意味した〃と註記している。「道のすゝ（勧）め」は仏道に入ることの勧めの意。「なんこう（何劫）」は数え切れないほどの長い時間のことで、ここは死後「地獄におちて」永劫にわたって「大苦悩をうけ」ることになるということ。末文の「たくは（蓄）へも後生のためにはありがたし」は、この世での名誉や富などはいくら積み蓄えても後世のためには何の役にも立たないということを述べたもの。

（43）「おい給ふ（べ）からず」というように、「べ」を加えたのは、底本における寛氏の判断に従ったものである。「つくり物」は農作物のこと。

（44）冒頭の文中の「蓮華」はハスの花で仏の坐する台となる。「しやうじん（精進）の物」は肉類を用いない食事のことで、以下の文中にある「六さい（斎）日十さい（斎）日」といった潔斎日にこれを食す。六斎日十斎日は、在家の者が身を慎み八斎戒（不殺生・不偸盗・不邪淫・不妄語・不飲酒・化粧や歌舞に接しない・高くゆったりとした床で寝ない・昼すぎに食事しない）という出家の戒律を守るべきと定められた日。六斎日は毎月の朔日から一五日までの白月《びやくげつ》では八・一四・一五の日と、残りの月末までの黒月《こくげつ》では二三・二九・三〇の日の全部で六日を言い、十斎日はこれに一・一八・二四・二八の日を加えた一〇日間を指す。インドでは古くからこれらの日に悪鬼が人を悩害するとされたので、慎んで沐浴断食をする風習があった。条末の「わうじやく（尫弱）」は、小さな、大したことではない、の意。

（45）「弓箭」は弓と矢と、転じて武器・武芸や合戦のことを言う。「上として名をあらはし」は、人々の上に立って名を顕わすこと。「定法」について寛氏は、〃当時の用法は未詳であるが、実法と同じ意味ではないかと思われる。我儘をせず礼儀作法（道理）に従うこと即ち真面目、篤実の意味〃と註記している。「定法正直」で、誠実で正直なという意味になる。「はうしん（芳心）のき」という表現の「はうしん（芳心）」は親切に思う心あるいはよしみに思うの意だが、「き」については寛氏が〃気〃と傍書しているのに対して石井氏はこれを〃「き」は「機」で機根の意か〃としている。また、「子孫つ（継）ぎにや」の箇所について寛氏は〃この「つ」の字は「御」のようにも見えるが、もし「御」ならば「御」と「つ」の草体とが同型のためその一つを脱したものか。脱したとすれば「御つぎにや」となる〃と述べている。「寸善尺魔」は、世の中のことには善いことは少なく悪いことははなはだ多いということを言う語。

(46)「竜女」は竜神の王である竜王の娘のこと。この部分は『法華経』に説かれていて女人成仏の典拠とされる竜女成仏の話。「心ふか（深）き性」は人情や憐みの念の深い性質の意。

(47) 冒頭の「女の心をもつべき事」は、女性はどのように心をもつべきかの意。「いま（今）をはじめとおもふべからず」は、「一夜のかた（語）らひなりとも」すなわち一夜だけの契りを結ぶ場合でも皆これは前世からの深い因縁のしからしめるところであるから、今が初めてと思ってはならないということ。また、「はんゑん（攀縁）」は怒りの意であるから、この部分は気持の上で抑えかねることがあり少々思い通りにならないことがあっても、男性は「心ざま」の善い女性に対しては自らを恥ずかしく思って尊重し、悪い女性からは心が離れて行くものであるということを述べたもの。「昔今ひきか（引懸）けおほし。えん（縁）つきて其男にはな（離）るゝ事も、又えん（縁）はやし」については、昔も今も男女の仲には種々の「ひきか（引懸）け」すなわち機縁が多くあるので、前世からの縁が尽きた時は「心ざま」の善い女性でも連れ合った男性と別れるようなことも起こるが、そのような女性には又すぐに良い縁があるものだの意。

(48)「聖」は出家した僧侶のこと。「一生不犯」すなわち一生涯女性と交わらないというのは彼等に課せられた戒律の一つであった。

(49)「うちをく（送）り」は見送ること。「たちゐ」は立ち上がるの意。まだ後ろ姿の見えているうちに立ち上がったり、弓の稽古を開始しようとしたりして、自らのペースを優先させようとするのは、見送る人に対する敬意が心からのものではないということのあらわれと見られるので、そのようなことをしないように誡めている。

(50)「うやまわゞ」は〝うやまわば〟ないしは〝うやまはゞ〟とあるべきであろう。「ゆんで」は弓手で、弓を持つ手である左手のこと。このことから左側の意となる。「うやまはゞをく（送）るべし」は、尊敬すべき人の場合は相手の行き過ぎるのを見送るべきであるの意。末文の「人より礼をす（過）ごしてすべし」は、このような場合の挨拶は相手より丁寧過ぎるほどに丁寧にしたほうがよいということを述べたもの。

(51)「くばう（公方）」は幕府のことから転じて、ここでは幕府の公事公役のことを言う。「またく恩とおもふべからず」は、かといって庶子達に自分が恩を施してやっているなどと思ってはならないの意。「まめやか」は労苦を厭わずよく努めること。「前生のしゆくしう（宿習）」は前世からの因縁の意。

(52)　この条は庶子として心がけるべきことを述べている。「そう（惣）領のきを思ひ」の「き」に寛氏は〝気〟の傍書を配しているが、石井氏はこれに〝義〟をあてて〝惣領の恩義〟と解している。この部分は、たとえ才能を認められて庶子の身で幕府の役職に就き主君に仕えることになったとしても、我が家の惣領の気持を思いやり、自分は格別優れた者だなどと思って惣領を見下してはならないということを述べたものと思われるから、寛氏の読みを採るべきなのではないかと考える。末文中の「六親不和にして三宝のかご（加護）なし」は、親子兄弟夫婦などが不和な家には仏も加護を加えてはくれないという誡め。

(53) 「いさめ」は励まし元気づけるの意。以下の文中の「じんぐうくわうぐう」は傍書したように神功皇后のことであるが、筧氏によれば〃中世では「神宮皇后」というのが一般に行われた〃とのことである。また、「八まん(た)いないより事を御はからひあり」の挿入した「た」については筧氏の判断に従ったものである。八幡は応神天皇のこと。母である神功皇后の胎内にあって新羅攻撃を指揮したという伝説にもとづいている。

(54) 「かしこ(賢)きかほ(顔)にするとも、ゑんま(閻魔)の使のがれぬかぎりあるべし」を、筧氏は〃いくら賢者ぶって見ても閻魔から派遣された死の使いをまぬかれるに足る程の賢徳をもてよう筈もありません〃と解している。

(55) 「身をつみて」は身体をつねること。「ほんせつ(本説)」は確かな根拠のある説の意。

(56) 「夫」は人夫のこと。「其時(人)をつるゝ」の挿入語「人」も筧氏の判断に従った。

(57) 「状」は書状、すなわち手紙の意。「斟酌」は遠慮して辞退すること。「びろふ(尾籠)」は〃おこ(痴・烏滸)〃の当て字の尾籠を音でよんだもので、愚かなことの意。「ゆづ(譲)り」は所領や財産などを譲り渡す旨を記した譲状のことで、この部分の意は、このようなものは「披露あるまじき」すなわち他人に見せたりすることはないので、たとえ悪筆であっても自筆でもよかろうと言われているが、このことについては慎重であったほうがよい、ということ。以下の文「かな(仮名)とまな(真名)と字のをきどころ(置所)をもし(知)らざらん」は、仮名と漢字の配置の仕方も知らない、つまりまともな文が書けないことを言う。

（58）この条は親や祖父の「仏事」をおこなう際に留意すべきことを述べている。「一紙半銭」は紙一枚と銭五厘のことで、仏家で寄進の額の僅少なことを言う語。これから転じて僅かなものやことの意。この部分は、たとえ千貫二千貫を費やすほどの仏事の営みをおこなっても、僅かでも人の煩いとなるようなことがあれば、その「善根」すなわち善い果報を招こうとする意図は全て炎となって消え失せ、人を弔う営みもかえって地獄に堕ちる種子となり、また生前にあらかじめ後生安穏を願っておこなう法会である「逆修」を意図して営んだつもりでも、かえって現世の苦しみを生じるだけであるとして、自らの「がいぶん（涯分）」すなわち身の程に合ったことをおこなうべきことが述べられている。「ゆ（湯）をわかして水に入たるがごとし」は、湯に水を入れて冷ますのが普通の方法だが、冷ますために湯を水に入れるようなものだということで、世間一般とは逆のことをする喩え。「し（痴）れ事」は愚かなこと。「あはれ〳〵うたてしきかな」は、何とも嘆かわしいことだの意。「ちやう（長）者のまんとう（万燈）よりもひん（貧）者の一とう（燈）」は、貧者のおこなう真心のこもった僅かの寄進は、富者の虚栄からする多額多量の寄進よりもまさっているという警句。

（59）石井氏は大系本において、「てんま（天魔）のけんぞく（眷属）」を〝仏法修行者を妨害し、人の心を悪事に誘惑する悪魔の一族〟と註記している。

（60）「けうくん（教訓）」は、ここではやかましく小言を言うの意。「うら（恨）みあれば我をす（捨）て」以下の末文について筧氏は、あまりやかましく小言を言うと〝その結果召使う者があなたを恨んで、奉公の場を他所にかへ、他所で悪いことをするようにでもなれば、一人の人を害ってしまうことになります。こうしたことは、聖人のなすべきし方ではないのであります〟と現代語訳している。

(61) 「いそ(急)ぎふるま(振舞)ふべし」は、潔く負けを認めてその結果負った義務をすぐに果たしなさいの意。また、「我か(勝)ちたらん時は、せ(責)むべからず」は、自分が勝った場合はやたらに相手の負った義務を果たすべきことを請求してはならないということを述べたもの。

(62) この条では、冒頭の文にあるように、自分と主従関係を結んでもいない人が「きびしくよくあたらん」すなわち自分に骨を折ってよくしてくれる場合は、そこに何かわけがあると思うべきことが述べられている。「しゞう(始終)のしりうど(知人)」は、始めから終わりまで一貫して変わらない知己のこと。「させるしるし(印)もなければ」は、たいした効果も現れないの意。「ふしん(不審)」は信頼し得ないようなこと。

(63) 冒頭の文は、人に物を借りた場合には速やかに返済すべきことを述べている。「かりそめの事なりともさた(沙汰)すべし」は、ちょっとしたことでも返済せよの意。

(64) 傾城は遊女、白拍子は歌舞を事とする遊女のこと。「とめ」るは招くの意。「みち(道)のもの(者)」は芸能を事とする者を指す。

(65) 「すさめ」は嫌い避けること。

(66) 「ひきめ(蟇目)」は引目とも書き、朴や桐の木で造った大型の鏑《かぶら》またはそれを付けた矢のこと。この鏑には孔があけられて笛のように音を発する仕掛けとなっているが、その孔の形が蟇

（ひきがえる・がま）の目に似ているところからこのように呼ばれる。鏃《やじり》の代わりにこれを付けて、犬追物《いぬおうもの》や笠懸《かさがけ》などで射る物に疵《きず》を付けないために用いた。これを弓で射ると大きな音をたてて飛ぶ。

（67）「さならぬよう」は訴えられた者の訴えにもならないような言い分の意。以下の文を筧氏は、〝人から愁訴されでもすると、自分の方に道理があっても、それを訴訟の場で他人にわかるよう筋道を立てて言うことは、下々の者には中々むずかしいので、つい、しどろもどろのことを言うものです。その結果、まさか通るまいと思っていた相手の言分が通ってしまうことは、どんなに悲しいことでありましょう。このような下々の人の心をよく理解して、お上に向って訴えてくれる賢人は中々居ないものです。何故かというと、うっかりして、お上から見て間違ったことを言っていると思われでもしようものなら、罪に処せられるので、それを恐れるためでもありましょう。上に立つあなた方としては、そうした賤しい下々の者に対して、その言おうとする所を汲み取ってやるところの、下に向かっての賢人の役をつとめるのが最もよかろうと思います〟と現代語訳している。

（68）「事か（欠）けざらんには、あらはすべからず」は、その為に別段不自由がないならば盗まれたことを公にして訴えるべきではないの意。

（69）「所領などしる事あらんに」は、所領を知行する時の意。「はぢ（恥）あらん人」は、以下に百姓や百姓の従者とは対応の仕方を分けるべきことを述べているところからすると、武士を指すものと思われる。石井氏も大系本の註でそのように解している。「きびしくいい（言）ふ」は、しつこく勧めること。以下の文中の「くじ（公事）」は、諸種の年貢や課役に関することを言う。

(70) 百姓の「かき（垣）内」は、垣根をめぐらした内にある彼等の住居や畠地を言う。この中に実る果物などを特別の必要もない場合には所望してはならないことを述べている。そうした心懸けが彼等に知られるようになれば、「こゝろざしに出くる」すなわち向こうから進んで持って来てくれるようになるという意。「まめやかなる用の時」は本当に必要になった時のこと。末文の「徳もありつみ（罪）もあさし」は、以上のようなことを心懸けていれば現世では得をするし、また百姓に嫌な思いをさせることによって生ずる罪をつくることもなく後生もよいであろうの意。

(71) 冒頭の文は、人の心は本来どのような性質を持っているかということを喩えをもって言ってみようの意。「月の光くまな（限無）き」は月の光に曇りがないこと。「そゞろなる人」は、これという明確な考えもないような人の意。この条が述べたいのは、悪いことよりも善いことを喜ぶのは人の心の本性であるから、善いと思われることをこそ努めておこなうべきということである。末文手前の「いかにも人の心はすぐ（直）にてよかるべし」は、したがって人は心の本性そのままに素直に従って行けばよいの意。

(72) 「神明は人をかゞみ（鏡）とせんとちか（誓）ひ給ふ」は、神は人を自身の姿をうつす鏡としようと誓っているの意。以下の文は、そのように自身の姿を人の心の鏡にうつすことによって人間世界のことを照らし見ようとしているのであるが、人の心の鏡がねじけたり曇ったりしているとその姿がそのままにはうつらないから何とか人の心を正直に保たせようと誓ったので、その力によって人は正直の心を持つことが出来るようになっているということを述べたもの。「人をかすめたる事あらばそれにまさる事必有也」は、人を欺いたりするような不正直なことがあれば、必ずそのおこなったこと以上の報いがあるの意。「ぐち（愚痴）の者」は愚かな者のこと。
(73) この条は、自身の生活は不足がちであっても人にはけちけちした様子を見せてはならないことを述べている。末文は底本では「よき程なるべし」とあるが、原本写真版を見ると「程」の下に小さく「ニ」の送り仮名があるので改めた。大系本も本書と同じ措置を取っている。
(74)「物をろん（論）ずる事」すなわち論争を誡めた条。「をこ（烏滸）がま敷」は馬鹿げたことの意。「さしもなき事あん（案）ず」は、つまらぬ事にとやかくと心を動かすこと。
(75) 旅の道中で知り合った人と二人連れで行く際に留意すべきことを述べている。「した（下）の心」は心の底からの意。「き（気）もありがほ（顔）に見え給ふ」は、相手を疑って警戒しているように見えること。
(76)「ひらう（疲労）の人」は、おちぶれて不遇な状況にある人のこと。末文の「人の用を大切にする也」は、上述のようにすれば心から用に立とうとするようになるの意。
(77)「雑（臓）物ろけん（露見）の儀なくば、ゆめ〳〵もち（用）ゐ給ふべからず」は、明白な証拠物件のない場合は盗人だという訴えを決して取り上げてはならないの意。それを取り上げた場合、それはそれで済んだとしても、後々において「人のにく（憎）からんずる時」、すなわち憎いと思う人を中傷しようとする手段として「空事」を訴え出て来る者があるだろうと誡めている。
(78)「唐土にくろ（畔）をさると申ことのありし」以下の文は、中国古代の虞と芮の二国の人が田を争って決しないので訴訟の正否を周の文王にただそうとして周の国に入ったところ、人々が田の境界の畔を相手の方に帰属すべきものとして譲り合い、行く者は道を譲り合っているのを見て、恥じて争いをやめたという『史記』に記された故事。周の文王のもとで国内がよく治まっていた様子を示すものとして伝わっており、この故事を「虞芮《ぐぜい》の訴《うった》え」と言う。「さる」は譲ること。つづく文中の「とくゆう（徳用）」は徳のすぐれた作用の意。

（79）「弓矢の事」は武士の道の意。「心ののかう（甲）なると」の文中の「の」の一つは、誤って入った文字である衍字と思われるので「心のかう（甲）なると」とあるべきか。心の剛勇なことを意味する。以下の文中にある「かう（甲）の物」も剛の者の意。また、「車の両輪のごとく」は底本では「車の両輪のごとし」となっているが、底本に付された原本写真版にもとづいて改めた。大系本も「車の両輪のごとく」としている。「いのち（命）も身のなり行事もさだ（定）まれる事也」以下は、人の命には限りがあるので命を惜しんでも死を免れることは出来ないから、神仏に不死を願ったとしても死は必ずやって来るという道理を知って、命を惜しんだがための汚名を残さないようにすべきことを述べたもの。

（80）この条は、冗談でも人の欠点を口にしてはならないことを述べて、冗談めかして言う場合は人の喜ぶようなことを言うべきであるとしている。以下の末文は、底本に付された原本の写真版を見るとこれを別行にして頭に「一」を配しているが、その「一」に抹消の印である「ヒ」の字を添えている。筧氏はこの一文はこの条につづく文として扱うべきとしている。この点について大系本も同じ措置を講じている。

（81）「女のなん（難）」は女性の欠点の意。「はぢ（恥）あらん人」は第七四条にもあるように武士を指す語と思われるので、ここは文脈から言って武士の妻や娘の意か。大系本における石井氏の解も同様である。つづく文の「よき事をば申もさた（沙汰）すべし」について、石井氏は〃よい事ならば言って評判にしてもよい〃と註記しているが、筧氏は「さた（沙汰）すべし」は〃ここでは禁制せよとの意〃であるとして、これを〃人の上のことは、よいことを言うのもやめたがよろしい〃と解している。これについては筧氏の解に従いたい。「是をおもひわかぬ人」は人情の機微がわからない人の意。また、「すこしもかうみやう（功名）ならず」の「かうみやう」を石井氏は〃高名〃としている。これについても編者は筧氏の読みに従う。

（82）「子細をしりたりとも」は、その川のことをよく知っていても の意。「事ありげに」は無遠慮に。「むかばき」は行縢ないしは向縢と書き、鹿などの動物の毛皮で作り腰から脚を覆うために前面に垂らして着用したもので、騎馬で狩猟や遠出をする際に用いた。ここに述べるのは、川を渡った折りに濡れてこれについた水を打ち払う時の誡めである。また、「事にふれて」以下の末文は底本に付された原本の写真版を見ると頭に「一」を冠した独立条の形をとっているが、筧氏はこれも抹消の印こそないものの先の第八九条と同様にこの条の末につづく文であろうとしている。本書は氏の判断に従ってこれをこの条の末尾に配した。原本におけるこのような措置について、氏は全条数をきりのよい百箇条とするために後人がおこなったことではないかとしている。

（83）「くちお（口惜）しき事」は好ましくないこと。「ふしぎ（不思議）に」は何の因縁があってかの意。「あざむ（欺）くべからず」は欺いて勝つようなことをしてはならないことを述べたもの。「びんぎ（便宜）によりて心え（得）給ふべし」は、その時その場の状況によって適宜判断すべきの意。「人の心をとらんため也」は、人と心から馴染もうとするためであるということ。末文中の「しる」は主宰するの意。

（84）「すごしたる事」は越度や過失のこと。「すさみ給ふべし」は口ずさみなさいの意。「浮世には」以下の和歌は、底本の筧氏の註によれば〝続古今和歌集巻十九や増鏡に見える土御門上皇の御製「浮世にはかゝれとてこそ生れけめことわりしらぬ我が涙かな」というのを、僧侶などが説教に用いるため改作して流布したもの〟とのこと。元の歌は、土御門上皇が北条氏による承久の乱（一二二一）の戦後処理の一環として阿波国に配流される際、このような辛い目にあうのは宿世の因縁であって、私は苦しみをうけるべき果報をもってこの世に生まれて来たのだが、しかし涙はこの道理をわきまえることなく落ちるものよと詠んだもの。ここでは、この現世には悲しいことや嘆かわしいことがあることこそがならいであるのに、私はその道理に気づいていなかったのだなあという嘆きの気持を表現したものとして用い、不幸な事態に遭遇した際の心構えを説く材料としている。

（85）「さき（先）にたてゝ出給ふべし」は、物見をする者を先に出した上で出発するようにすべきであることを述べたもの。「弓矢などの時」は戦《いくさ》をおこなう場合の意。

（86）主人の言うことであっても、人から非難されたり人にとって一大事となるような事がある場合は、そうしたことを言わないようによく諫めるべきことを述べた条。「よく〳〵あん（案）ぜさせ給候はゞ」以下は、後で主人がよくよく考え直してみれば、道理にてらして成程もっともだと感心することだろうの意。

(87)「たで（蓼）といふ草から（辛）くして、そのすへ（末）をつぐ也」は、蓼は辛い味がする草だがその次の代のものも辛いということ。つづく文中にある「おとろふれども」は、出来が悪くてもの意。

(88)「かたて（片手）をひき入」は片手を懐《ふところ》に入れること。「びろふ（尾籠）」は、ここでは無作法の意。

(89)「此心のよるところは」以下の文を、筧氏は底本において〝この正直の心に頼る人は、死して冥途の旅に向う時も、この心が道を作ってくれるし、三途川には橋を架けてくれます〟と現代語訳している。「をきど比なき」は置き所なき。末文の「返々夢の世のい（く）程ならぬ事をくわん（観）ずべし」は、くれぐれもこの世のことなどは夢のようなもので常なきものであると観念せよの意。この文中に「く」を挿入したのは、底本における筧氏の判断にもとづいている。

(90)最初の歌は、死後に赴くべき冥途にある険しい死出の山の道も正直の心が作ると思えばそれ程には悪い道ではないの意。二番目は、冥途にある三途の河を渡る橋もかねてより正直の心で渡ると思えば嬉しい橋であるの意。三番目の歌は、極楽へ行く道などというものは人の正直の心の内にあるものであるの意。最後のものは、極楽へ行く道の道標をたずねてみれば人の心の内の正直の心であったの意。

(91)「時にのぞみてのありさま」は、いざ死ぬという時になっての意。「はかなくなる人もあり」は死んでしまう人もあるということで、つづく「弓矢によりて此世をそむくたぐひ（類）もあり」は合戦によって討死にしてしまう人もあるということを述べたもの。以下の文中の「其子」について、寛氏は〃原本には「其子」は「其外」と書いて「外」を消して「子」と改めてある。この字は「な」とも「子」とも読める。しかし「外」の字の草体は「身」の草体と「子」の草体の中間になるような形をしているので元来は「身」とあったものではなかろうか〃と註記している。つづく文の「心におもひいだすをはゞか（憚）らず申也」は、自分もいつ死ぬかわからないから死なぬうちにと思って、心に思い浮かぶことを率直に述べたという意。

（92）「もし百人が中に（一人）にても」の挿入した「一人」は、底本に付された寛氏の註にもとづいておこなった措置である。寛氏は〃或は「誰にても」の「誰」が脱けたものか〃としている。以下の文の「人の親は子にあ（会）ひぬれば、をこがましき事のあると申候」は、親というものは子に向かうと、とかく差出がましい事をしたり言ったりするものだの意。

朝倉敏景十七箇条《あさくらとしかげじゅうしちかじょう》

［解題］　朝倉敏景（もと教景、のちに孝景。一四二八～八一）は、応仁の乱（一四六七～七七）に際してはじめ西軍に属して活躍した後に東軍に転ずるなど、数々の策謀をもって越前国の守護職を主家であった斯波氏から奪い、以後一〇〇年にわたる戦国大名朝倉氏としての基礎を確立した人物として知られている。この「家訓」は、その敏景が守護に任命された文明三年（一四七一）から死までの一〇年の間に制定したものとされ、「朝倉孝景条々」や法名をとった「朝倉英林壁書」などの名称でも伝えられてきた。内容は単に日常の生活上の教訓にとどまらず、戦国の領国支配に際しての基本法規とも言うべき条文を少なからず含んでいる。そのためにこの「家訓」は、戦国時代の武家家法の代表的なものの一つとして取り上げられることが多い。また、条文の中に迷信や因習にとらわれない合理的思考が色濃く見られる点や、「宿老」「奉行」といった重職者の任命には家格よりも実力を優先すべきことが強調されている点に、戦乱の世を自らの実力を頼りに生き抜いた代表的な戦国武将の処世観が表れているという種の評価もなされてきた。

しかしながらこうした評価の一方で、この「家訓」のすべてがはたして敏景自身の制定したものであるか否かについての少なからぬ疑念も提示されている。たとえば第一五条に見られる朝倉家の「塁館」以外の「城郭」を構えることの禁止と「一乗の谷」への集住の強制という条文は、江戸時代になって徳川氏が発令し実行した一国一城令や参勤制の先駆とも言うべき発想のものであるが、歴史学の研究成果に照らしてみれば、現実の朝倉氏の領国において敏景の時代にはそうした政策を実施出来るような条件は整っていなかったのではないかと考えられているからである。また、第二条が強調する「奉行職」の世襲を禁ずる条文についても、朝倉家においてはその時期には未だ奉行制度は整備されていなかったとされている。

こうした問題について、松原信之氏は近年「『朝倉家十七か条』の成立とその背景」（『福井県史研究』第一四号、福井県総務部県史編さん課）という論稿において、福井県立図書館松平文庫所蔵の『朝倉家之拾七ヵ条』という名の写本に着目することで、その成立過程についての注目すべき見解を提示している。その主旨は、この「家訓」は敏景の末子である朝倉教景（法名は宗滴。一四七七［一説には一四七四年の生まれ］～一五五五）が、七十数歳という老境を迎えて朝倉家の行末に深い憂慮感を抱き、天文一七年（一五四八）に一六歳の若さで越前国主の座を継承し自らを頼っても来る、敏景以来五代目になる義景（一五三三～七三）に対して献言するために編集したものというものである。その構成は、すべてが教景の創作によるものではなく、父敏景の後室で自身の生母である桂室永昌から伝えられた父の遺誡に自らが新たな条々を加え、これを「朝倉永林（英林）入道子孫への一かき」（松平文庫本の内題）として権威づけたものであろうとしている。朝倉家の内情や越前国の領国支配の実際についての研究成果にもとづいての推論であるだけに、耳を傾けるべき見解であると考える。

本書が底本としたのは、玉川大学図書館所蔵の『群書類従』巻第四百三武家部三に収めるものである。本書への収録にあたっては漢文表記部分に返り点や送り仮名を施した。振り仮名は、仮名表記の多い松平文庫所蔵写本の記述（松原氏前掲論稿に全文が紹介されている）を参考として付した。

朝倉敏景十七箇条

①一、於《オイテハ》二朝倉之家《ニ》一宿老《シュクロウ》を不レ可《カラ》レ定《ム》。其《ノ》身の器用忠節によりて可《キ》二申付《シク》一之事。(1)

②一、代々持来《モチキタリ》候などゝて、無器用の人に団弁《ウチワナラビ》に奉行職被レ預《アズケラレ》間《マ》敷《ジキ》事。(2)

③一、天下雖《モ》レ為《リト》二静謐一、遠近の諸国に置《キ》二目付《ヲ》一常可レ被レ為レ窺《ニウカガワセラルベキ》二其《ノ》風儀《ヲ》一事。(3)

④一、名作の刀脇指《ワキザシ》等、さのみ被レ好《コノマレ》間敷《ク》候。其故《ユエ》は、仮令《タトエ》万疋太刀《マンビキノタチ》刀を持たりとも、百疋《ノ》鑓百丁には勝れ間敷《ク》候。(4) 然れば万疋を以《テ》百疋の鑓を百丁求め、百人に被レ持《モタサレ》候はゞ、一方《ヒトカタ》は可《キ》二相防《グ》一事。

⑤一、従《ヨリ》二京都一四座之猿楽《サルガク》等切々呼下《ヨビクダシ》、見物被レ好間《マ》敷《ク》候。其価《アタイ》を以《テ》、国の猿楽之内《ウチ》器用ならん者を上《ノボセ》、仕舞をも被レ為レ習《ナラワセラレ》候ば、末々まで可《キ》レ為《ル》二嘉楽一事。(5)

⑥一、於《テ》二城内《ニ》一夜能《ノウ》可レ為《ムヨウタルベキ》二無用一事。

⑦一、侍之役なるとて、伊達白川(ママ)へ使者を立《タテ》、能《ヨキ》馬鷹など被レ求《メ》間敷《ク》候。自然他所より到来《トウライセ》ば、各別に候。それも三箇年過ば他家へ可レ被レ遣《ツカワサルベシ》。長持すれば必《ズ》後悔出来候事。(6)

一、⑧朝倉名字中を初《ハジメ》、年の始の出仕、表着《ウワギハ》可レ為《クル》二布子《ヌノコ》一候。幷《ナラビニ》各《オノオノ》同名《ノ》定紋を付させらるべく候。分限《ブンゲン》有とて衣裳を結構せられ候ば、国の端々《ハシハシ》の侍《サムライ》色を好み、ふきつゞきたる所へ此躰《テイ》にては出にくきなどゝて、構《エ》二虚病《ヲ》一、一年不レ出《イデズ》、二年出仕不レ致《サ》ば、後々は朝倉前《ガ》に伺公の者(候)可レ被《スクナカルベク》レ少候事。(7)

一、⑨家中諸奉公人の内、仮令不器量無朝榜(不調法)に候とも、一心健固の輩《トモガラ》には、別して可《ク》レ被《ル》レ加《エ》二愛憐《ヲ》一候。但《タダシ》儒弱の族《ヤカラ》たりといふとも、容儀《ヨウギ》押立出群《オシタテシュツグン》の者は、尤可《シカルベキ》レ然供使之用候之条、是亦《マタ》被二空捨《ムナシクステラレマ》一間敷《ジク》候。双方不足之輩は、介抱甚《ハナハダ》可《キ》レ為《ル》二無益一事。(8)

一、⑩無奉公の者と奉公の族と同《オナジク》膺荅《アイシラ》はれ候ては、奉公の人いかでかいさみ可《キ》レ有《ル》事。(9)

一、⑪さのみ事闕《カケ》候はずば、他国の浪人などに右筆《ユウヒツ》させらる間敷《キ》事。(10)

一、⑫僧俗共に能芸一手《ノウゲイヒトテ》あらん者、他家へ被《コ》レ越《サレ》間敷《ク》候。但《シ》身の能《ノウ》をのみ本として、無奉公ならん輩は无レ曲《キョクナク》候事。(11)

一、⑬可レ勝《カツベキ》合戦可レ取《キ》城攻《ルシロゼメ》等の時、吉日を選び、方角を考て時日を移《ウツス》事甚口惜《クチオシク》候。如何《イカ》に能《ヨキ》日なるとて、大風に船を出し、大勢に独《ヒトリ》向はゞ、不レ可《カラ》レ有《ル》二其甲斐《ノ》一候。仮令《タトエ》難所悪日《アクジツ》たりとも、細かに虚実を察て、密々《ミツミツ》に奇正《キセイ》を整へ、臨機応変して、謀《ハカリゴト》を本とせば、必可《ズ》レ被《キ》レ得二勝利《ヲ》一事。(12)

一、⑭年中に三箇度計《バカリ》、器用正直ならん者に申付《シケ》、国をめぐらせ、四民諸《モロモロ》の口謁《クエツ》を聞《キ》、其《ノ》沙

汰可《イタサル》レ被《ベク》レ致候。少々形を引替て、自身巡検も可《キ》レ然《ル》事。(13)

⑮一、当家塁館の外《ホカ》、必《ズ》国中に城郭を構《カマエ》させらる間敷《ク》候。惣《ソウジ》て、大身の輩をば悉《コトゴト》く一乗の谷へ引越しめて、其《ノ》郷其《ノ》村には只《タダ》代官下司のみ可《イオカ》レ被《レベキ》二居置一事。(14)

⑯一、神社仏閣 幷《ナラビニ》 町屋《マチヤ》等を通られむごときは、少々馬を留《トド》めて、奇麗なるをば 聊《イササカ》 称美し、破損せるをば稍恵憐《ヤヤケイレン》の詞《コトバ》をも加へられ候はゞ、到らぬ者共は、御詞を懸りたるなどゝて、歓《カン》抃《ベン》に堪ずして、悪《アシ》きをば早く改め、能《ヨキ》は 弥《イヨイヨ》 可《ク》二相嗜《ム》一候乎。(15) 然れば造作も不《イラ》レ入《ズ》して、見事に持なす事も、専可《ク》レ依《ル》二主君の一心《ニ》一候事。

⑰一、諸沙汰直奏《ジキソウ》之時、理非少《シ》も被《マゲラ》レ曲《レ》間敷《ク》候。若《モシ》役人等 私《ワタクシ》 を致す之旨《ムネ》被二聞及《キバ》一候はゞ、堅《ク》可《キ》レ被《ル》レ処《セ》二同罪《ニ》一事。

右之条々能々服膺《フクヨウ》し、昼夜相勤めて、永く子孫に貽厥《イケツ》せらるべく候。諸事内方《ウツロ》を謹厚《ニ》沙汰し候へば、他国の悪党は邪魔せぬものなり云々。(16)

㊑一、諸沙汰在所之時、理非少《シ》も被レ曲まじく候。(17) 若役人わたくしも致候由《ヨシ》、被二聞及《キバ》一候はゞ、同罪に堅《ク》可《ク》レ被《ル》二申付《シケ》一候。しよぢ《（諸事）》うつろ《（内方）》をぎんみ《（吟味）》申《シ》候沙汰致し候へば、他国之悪党出ぬものなり。みだりがはしき所としられ候へば、他家より手を入《イルル》ものにて候。ある高僧の物語せられたるは、人の主人は不動愛染《アイゼン》のごとくなるべし。(18) 其《ノ》故は不動の剣を提《サゲ》、愛染の弓矢を

被《モ》レ持《タレ》たる事、全くつく《（突）》にあらず射るにあらず、ひとへに悪魔降伏の為にして、内に慈悲深《ジン》重《ジュウ》なる人のあるじも、よきをばほめ、あしきをば退治し、理非善悪をたゞしくわくべきもの也。是をぞ慈悲の殺生と申候《シ》はんずれ。たとひ賢人聖人の語を学び、諸文を学したるとも、心へんくつ《（偏屈）》にては不レ可《カラ》レ然《ル》。論語などに、君子不レ重《オモカラザル》時は威なしなどゝあるをみて、ひとつにおもきと計《バカリ》心得てはあしかるべく候[19]。おもかるべきかろかるべきも、時宜《ジギ》時刻によつてふるまひ肝要也。この条々大かたにおもはれては益なく候。入道一箇半身にて不思儀に国をとりしより以来、昼夜目をつながず工夫致し、ある時は諸人の名人をあつめ、そのかたるをみゝにはさみ、今にかくのごとくに候[20]。あいかまへて子孫におゐて此《ノ》条々書をまもられ、摩利支天《マリシテン》八幡の御教と被レ思《オモワレ》候はゞ、かろくも朝倉の名字相《アイ》つゞくべく候。末々におゐて我まゝにふるまはれ候はゞ、たしかに後悔可《キ》レ有《ル》レ之者也。

今川了俊哥

子をおもふ《（思）》親の心のまことあらばいさむる道にまよ《（迷）》はざらめや

（1）「宿老」は家老のこと。「器用」は才能や能力の意。この条は、家老職は世襲とはせず個人の能力や実績によって登用することを規定している。

（2）「団《ウチワ》」は、合戦の際に武将が軍陣の配置や進退などの指揮をするために持つ軍配。

（3）「静謐」は戦乱のない平和な世の意。「目付」はいわゆる監察官のことであるが、ここは「遠近の諸国」の「風儀」すなわち動静を窺うために派遣される横目付のこと。

（4）「疋」は匹とも書く銭の単位で、古くは鳥目（中心に孔があって、その形が鳥の目に似ていることからこの名がある銭。銭の異称となった）一〇文を一疋としたが、後には二五文が一疋となった。

（5）「四座之猿楽」は大和猿楽から出た能の四座で、観世《かんぜ》・宝生《ほうしょう》・金春《こんぱる》・金剛《こんごう》の猿楽師のこと。この「家訓」を含む四十数点の武家「家訓」を収録した『武家家訓・遺訓集成』（ぺりかん社）を編纂した小澤富夫氏は、この「四座之猿楽」について〃大和四座は興福寺に属しており、越前朝倉領内の河口・坪江両庄が興福寺領であった関係から、守護朝倉氏との関係が特に深い〃と註記している。「切々」は節々ないしは折々とも書き、しょっちゅうの意。この条は、京都から猿楽師をしょっちゅう呼ぶよりは、それに使う費用で自国の「猿楽之内器用ならん者」を京に派遣して「仕舞」を習わせれば永くそれを楽しむことが出来て良いということを述べている。

（6）「侍之役」は武士のつとめの意。馬術や鷹狩りは武士のつとめだからといって、奥州の伊達や白河に「使者を立」て、良い馬や鷹を求めるようなことをしてはならないと誡めたもの。文中の「三箇年」は底本では「三箇寺」とあるが、他本との校合をおこなった箟泰彦氏の『中世武家家訓の研究』（風間書房）の註に従って改めた。

（7）「朝倉名字中を初」は、朝倉の一族をはじめとしての意。「布子」は一般には木綿の綿入れを言う語であるが、古くは麻布の袷《あわせ》や綿入れを言った。「各同名定紋を付」は、同じ名字の家それぞれの定紋を付けての意。「分限有とて」は財力があるからといって。「結構せられ候ば」は贅沢を尽くすこと。「色を好み」は、ここでは格好に気を遣うようになりという程の意か。「ふきつゞきたる所」について、寛氏は前掲書の註に〝富貴続きたる所か〟とした上で、他本は〝ふきそゝきたる〟とあることから、これを「ふきそゝきたる所」と改めるべきであるとしている。「そゝく」は〝そそめく、ざわめく、ざわつくの意であるから、「ふきそゝく」とは、「着かざってざわめいている」意となろう〟とのこと。「虚病」は仮病の意。「伺公（候）」は参上して御機嫌を伺うこと。

（8）「容儀押立出群の者」は、容貌や人前に出た時の押し出しが格別にすぐれている者の意。このような者達は「懦弱の族」すなわち体力気力ともになく臆病な者であっても、供や使者として用いれば役に立つのであるから見捨ててはならないと誡めている。

（9）「鷹荅はれ」は底本では「鷹益はれ」とあるが、寛氏前掲書における判断に従って改めた。アイシラウは相手になる、あるいは遇すること。「いかでかいさみ可レ有」は、どうして意欲を持つことが出来ようかの意。

（10）「右筆」は祐筆とも書き、文章の代筆や記録を担当する役職。特に不自由なことがない限り、新たに召し抱えた「他国の浪人など」にはこれを担当させてはならないと言うのは、おそらく機密が外部に漏れることをおそれたためであろう。

（11）「身の能をのみ本として、無奉公ならん輩」は、我が身の才能にあぐらをかいて奉公を怠る者の意。「无レ曲候」は何の役にも立たないこと。

(12) 冒頭の文は、明らかに勝つことの出来る「合戦」や攻略することの出来る「城攻」の時に日の吉凶や方角の善し悪しを検討しているうちに「時日」を経てしまって良い機会を逸してしまうのは甚だ残念であるということを述べている。末文中の「密々に奇正を整へ、臨機応変して、謀を本とせば」は、密かに奇襲策と正攻法の両様の戦術をたてて臨機応変の策を採ればの意。ここには、日や方角の吉凶にこだわる非合理的な思考を排する姿勢が顕著である。

(13) 「口謁を聞」は、人が申し上げようとすることを聞くこと。家臣のうち「器用正直」な者に申し付け「国をめぐらせ」てこれをおこなわせ、その意見を行政に反映させるべきことを述べているが、自らも「巡検」すなわち視察のために国内を巡ることが必要としている。

(14) 「当家塁館」は、越前国「一乗の谷」に置かれた朝倉家の居城のことで、この条は越前国内においては他の「城郭」の建造を許さず、「大身の輩」すなわち有力な武将達すべてを「一乗の谷」に集住させるべきことを説いている。

(15) 「恵憐」は慈しみの気持で、あわれみ、なさけをかける意。「歓抃」は小躍りして喜ぶこと。

(16) 「服膺」は忘れないように常に心にとどめていること。「貽厥」は子孫に残すはかりごとの意。「内方」は同族や家中を言う語。

(17) 十七箇条に加えられたこの条は、他系統本においては最終条と奥書きの形で掲載されている。筧泰彦氏が前掲書に記しているように、本書が底本とした『群書類従』所収本は〃この教訓書の二つの系統を一本にまとめたものとして特色がある〃ものである。他系統本との間で記述が具体的にどのように相違するかについては、たとえば『日本思想大系』21所収のものと比較してみていただきたい。

(18)「不動」は不動明王のこと。宇宙と一体と考えられる汎神論的な密教の本尊である大日如来が一切の悪魔を降伏するために忿怒の相を現したもの。色黒く眼を怒らし、両牙を咬み、右手に以下の文中にあるように「不動の剣」すなわち降魔《ごうま》の剣を持ち、左手に縛の索すなわち捕縛のための縄を持つという姿をとっている。「愛染」は愛染明王のこと。大日如来を本地とする明王。外形は忿怒の形をとるが内証は愛敬によって衆生を解脱させる明王とされる。以下の文中にあるように、手には「弓矢」を持つ。

(19)「君子不ㇾ重時は威なし」は、『論語』学而にある「君子不ㇾ重則不ㇾ威、学則不ㇾ固(君子、重からざれば則ち威あらず、学べば則ち固ならず)」を引いたもの。

(20)「入道」は仏道に身を置く者の称。ここでは文明一一年(一四七九)に出家したとされる敏景を指す。以下の文中の「摩利支天」は陽炎を神格化した神で、インドの民間においては身を隠して障害を除き、常に日に仕えるものとして信仰された。日本においては、つづく文中の「八幡」すなわち八幡神とともに武家の守護神として信仰の対象となった。また、「かろくも」について、筧氏は前掲書において〝或は「からくも」のらがろと誤られたかとも思われる〟としておられる。なお、底本には文末の今川了俊の歌につづけて「右朝倉敏景十七箇条以奈佐勝皐本書写校了」の記述がある。奈佐《なさ》勝皐《かつたか》(一七四五~九九)は幕臣で和学講習所の初代会頭をつとめた考証学者。

多胡辰敬家訓《たごときたかかくん》

【解題】　多胡辰敬（一四九四?〜一五六二）は、戦国時代の山陰地方で大きな勢力を示した戦国大名尼子経久と晴久の二代に歴仕した武将である。多胡氏は元々室町幕府の重職を務めた京極氏の被官として上野国にあったが、辰敬の祖父俊英の代に応仁の乱に際会して上洛し、京極持清が東軍の将帥として活躍したのに従って華々しい武勲をたて、その恩賞として給わった領地のある石見国《いわみのくに》に移り住んだ家と伝えられている。辰敬は明応三年（一四九四）頃、尼子経久のもとで奉行をつとめ出雲大社遷宮の事などにあたった多胡忠重の末子として生まれた。その生涯についてはこの「家訓」の最終第二六条と奥書きに少なからぬ記述があるが、父と同様に尼子氏に仕え数度の合戦に多くの勲功をたてたことにより、重役の地位に抜擢されて刺賀岩山城を居城とする出頭人となっている。この城のある地は石見国と出雲国との間の交通の要衝であり、しかも大森銀山を確保する上でも戦略的に重要な地点であったことから、大内氏や毛利氏による度重なる侵入を受けなければならなかった。辰敬はいわば最前線とも言うべきこの岩山城で石見・出雲の防衛に努め続けたが、ついに永禄五年（一五六二）の毛利・吉川連合軍による攻撃によって城は落ち、彼自身も城と運命をともにしてその生涯をとじた。

この「家訓」は、辰敬が岩山城主となった直後の天文一三年（一五四四）頃に書かれたものではないかと考えられている。この時、辰敬は五〇歳をむかえた頃。人間として円熟し気力も充実した時期であった。その辰敬がこの「家訓」において教誡の対象としているのは、彼の子孫や一族の者ではない。奥書きを見る限りでは、その対象は早くに父親に死に別れ、親しく助言し教導してくれるような親身な味方の者をも持たず、世人からは敬遠されるような境界に沈んでいた名門の出である若年の武士と考えられる。筧泰彦氏は昭和四二年刊の『中世武家家訓の研究』(風間書房)の中で、それを多胡家の主家筋である京極政経の末裔の京極相模守という人物であったのではないかと推測している。

辰敬が教誡することの内容は、項目としては第一七条までに示されるように多岐にわたっている。その内訳は「弓」や「乗馬」「兵法」などの武家として身に付けておくべきものとともに、「連歌」「乱舞」「鞠」や「花」「鷹」などのような公家の教養を基礎とするものも多く含まれている。この時期の武家に求められた教養の質を知る上で興味深いが、それらの中で辰敬が特に強調しているのは、第一条で説かれる「手習学文」と第三条以下で繰り返される「算用」を知ることの重要性である。これらはいずれも「理非」をわきまえ「道理」を知るために必須のこととされる。何時の世においても実はそうなのだが、個々の事象は本質的にすべて異なるものであって、それらに適正に対応するための定まったあらかじめの対応策などというものはない。したがって「道理」にかない「理非」をわきまえた対応策は、個々の事象の本質を的確に見抜かなければ見出せないものである。従来の約束事や準則が一切通用しないような社会的混乱の極《きわみ》にあった戦国の世においては、その能力はなおさら必要なものであっただろう。文字の読み書きの他にも漢文を学び書籍を読むことを内容とする「手習学文」は、人としての普遍的な善悪のあり方や、先人達がそれぞれの所与の現実に対してどのような対応をおこなって生きたかの知恵を学ぶための方法であった。辰敬がこうした方法や「算用」という本来は計算を意味する語を用いて身に付けることを求めているものは、世の一様ならぬ現実に対して折り折りに適正に対応してゆくための一種の知恵とも言うべき能力であったように思われる。

そうした知恵を求める論の中でももう一つ注目すべきは、第一九条で展開される「人ヲツカフ事」すなわち家の維持運営に関する主張であろう。この条で辰敬は家臣を抱える基準を「今用ニ立者」であるかないかに置くのではなく、「ワカキ時用ニ立タル者カ、又親ノ時用ニタチタル者カ、一度用ニ立タル事アラバ、其ヲン（恩）ヲ送ルト思テ抱《かかえ》メシツカフベシ」という考えに置いている。戦国の下剋上の世にふさわしく思える実力主義や能力主義ではなく、このような情誼《じょうぎ》にもとづく主従関係を強調するこの主張も、おそらく彼の言う「算用」にもとづいたものであろう。この「家訓」がその成立後にどれ程の人々の目にふれたかについては必ずしも明らかではない。しかしながら、江戸時代元禄頃の肥前国のあたりには流布していたようで、武士道論の書として有名な山本常朝（一六五九〜一七一九）の口述記『葉隠』は、「聞書十」にこれを「辰敬《ときたか》教訓状の内」として抄録し、家の維持運営の知恵を説いたこの第一九条からはかなりの部分を引いている。この「家訓」には、主従の情誼的結合を最大限に強調したことで知られる後代の山本常朝の心の琴線にも触れ得るものが確かに含まれていたのである。

本書は前掲の『中世武家家訓の研究』資料編に筧氏が翻刻して収録したものを底本とした。その原本は国立公文書館内閣文庫の所蔵する写本（題は「多賀家訓」）である。底本には原本である写本各丁ごとの写真が配されているので、本書に収録するに際してはこの写真版を参看し、註解や振り仮名等を施すにあたっても、筧氏の付した註や補註を参考にした。また原本である内閣文庫所蔵写本に見られる錯簡についても、筧氏の判断に従って修正した。

多胡辰敬家訓

申テモ用ナキ事ト思ヘドモ又モシカバト書ゾ留ル（1）
ワカキ時イラヌ事トテ聞ヲキシ事コソ老テ用ニ立ケレ
ワカキニモ年ヨル心持モアリ年ハヨリテモワカキ人アリ

一、①第一ニ手習学文《てならいがくもん》ナリ。物ヲ書事、手半学ト申故也。（2）人ト生レテ物ヲカ、ヌハ、誠ニアサマシキ事也。筆者ヲヤトヒ候事、時ニヨリ事ニヨレリ。一大事之儀ナド文《ふみ》ニテ申キタランヲ、我ガ身ニモナラヌ人ニアツラヘテヨミ候ハヾ、密々申事有マジ。人ノ身ニハ親子ヲカギリテシラセヌ程ノ事有ベシ。両眼ナキモノニモヲトリタルベシ。ヨク書、悪《あ》敷《しく》書《かく》事ハ先世ノカイギヤウ（戒行）ニテモヤ有ベキ。文ノ本末ヲモ知《しら》ズ、ヲカシキカナ文マデ人ニカ、セテ、女子ノ所マデツカハンハ、只《ただ》人ノカハ（皮）キタルチクルイ（畜類）タルベシ。老テクヤシキシギ（仕儀）ト思ヘドモ、手足ノホネスヂコハクナリ、タカキモイヤシキモ用シゲ（繁）ケレバ、マナバレヌミチナリ。ヒトツモ年ノワカキ時、夜ヲ日ニナシテモ手習学文ヲスベシ。学文ナキ人ハ理非ヲモワキマヘガタシ。理非ヲシラデ物ヲ申ハ、人ノミ、ニイラネバ、犬ノホフル《(吠)》ニハヲトルベシ。犬ハ人カゲヲ見テヨクホユレバ、用ニ立物也。(3)ヨク《(欲)》ガフカケレバ、ミ、モ聞《きこ》ヘズ目モミヘズ、理非ヲモシラヌ物ナリ。チトヨクヲハナレテ、公界《くがい》ノ人ノ申ベキ事ヲモヒ《(思)》ハカル《(量)》ヤウニ、学文セン事肝要也。一字千金ト申事忘ルベカラズ。習タル事書テヲケバ忘ル、事ナシ。

　筆法ヤ信ヲ知リテ物ヲカケ文字バカリハナラベテモウシ《(憂)》

　手習ヲ忘レズカ、バ何トテカ年月ヲヘテタゞニ有ベキ

　タイガイ《(大概)》ニカ、バ手習ヨリモ先《まず》朝ナ夕ナニ文字ヲタシナメ

一(2)、第二弓。武士ヲバ弓取ト申セバナリ。テキアクマ《(敵悪魔)》皆弓ニテシタガユルユヘナリ。

　チカラ《(力)》ダテセイビヤウ《(精兵)》ダテハ無用ナリキリテノ内ヲ習ヲボヘヨ(4)

　人ノ上トカクナイヒソワレ人ニワラ《(笑)》ハレヌ程道ヲタシナメ

一(3)、第三算用事ナリ。算用ト申セバ、天地ヒラケハジマリシヨリ一年ヲ十二月ニ定《さだめ》、一月ヲ卅日ニ定、一日ヲ十二時ニ定ル事、皆算用也。国ヲヲサメ、郡郷庄村里ヲハカラヒ、名田《みようでん》ヲ持作等スルモ、皆算用ナリ。(5)アキナヒ《(商)》利銭ノ事ハ申ニヲヨバズ、奉公シヨクゲイ《(職芸)》モ算用ニモル、事ナシ。算用ヲ知《しら》ヌ物、人ノツイヱ《(費)》ヲモ知ズ。生死ノリンヱ《(輪廻)》ト云事モ、算用ヲシラデハナニゴトモナク、物ヲホシガリ、命ノカギリヲモシラデ生タガリヌルユヘニ、マヨヒ《(迷)》ノ心トナリテウカブ事ナシ。算用ヲシレバ道理ヲ知ル。ダウリヲ知レバマヨヒナシ。道ヲ行トテ、

下ラフ《（朧）》闇ノ夜ニ鳥目《ちょうもく》十銭飛渡《とびわた》リヘヲトス。(6) サグリマハレドモナシ。夜ナレバ尋モ出サズ。其時、カマクラ《（鎌倉）》ノ奉行通ルトテ是ヲキク。タイマツ《（松明）》ヲカハ《（買）》セテ手ゴトニ持《もた》セ、此銭ヲ尋レドモ更ニナシ。其時カヾリ《（篝）》ヲタカセ、大勢ニテ此ミゾ《（溝）》ヲホリアゲ、チリアクタ《（塵芥）》ヲアラヒ《（洗）》アゲテ此銭ヲ尋出ス。皆人申テイハク、料足《りようそく》ハ十銭、尋出ス手間二三百人ノ造作モ入ベシ。松カヾリノ木ナドノ代百文モ入ベシ。ヲカシキ事ヲセラレタリト申ス。此奉行人申サレ(シ)ハ、今夜尋出サズバ、此銭末代尋出ス事有マジ。サアレバ拾銭ト申セドモ、十人ノ手ニ渡セバ百文、百人ノ手ニワタセバ壱貫文ナリ。末世末代マデハイカホド銭《せん》ノ数ニテカ有ベキ。今夜ノタイマツカヾリノ代、人ノ用ニ立也。十銭ハソノマヽクチ《（朽）》ヌベシ、ト申サレシナリ。タイヘイキ《（太平記）》ニ有事ナレドモ、今又書入《かきいるる》ナリ。何事モ人ノ用ニ立事ハ大儀《たいぎ》ニテハナシ。(7) 用ニタ、デクチクサル事、国土ノツイヱトテセヌ事ナリ。作ヲスルモ、一クハ《（鍬）》ノ跡ヲモ大事ニ思ヒ、米一粒ヲモ大儀ト思ヒテヒロイナドスル物ハ、三宝ノカゴ《（加護）》アリ。左様ニ有トテモ、用ニ立事ヲバヲシゲ《（惜気）》モナクスベシ。今、世上ノ人ハサイシン《（再進）》ヲ請テヲシゲモナクワケステ《（捨）》、酒ヲノムヤウニテ畳ノヘリヘステ、ナンバイノミタルナド、テリコウゲ《（利巧気）》ニ申事、是皆国土ノツイヱナリ。食ヲバクフホドサイシンヲ請《こう》ベシ。去ナガラ、チゴ《（稚児）》若衆ニハ似合ズ。主人タル人ハ、末座ノ人ニヨク物ヲクハセンタメニ、クハヌ物ノサイシンヲ請ルナリ。人ニヨリタル事ナリ。何事モツイヘヲ思ヒハカリテヨキナリ。乍去《さりながら》、物知ガホニテ人ノ皆ヲシキ《（折敷）》ヘ食ヲワクルニ、ワケ所モナクテ何ニカナワケント思フモヲカシカルベシ。心ニワロキト知リテ、人ノナミ《（並）》ニヲシキヘワケベシ。酒ヲモシンサク《（斟酌）》スレドモ、ヲシテ入バ見合テ、タヽミノ間ヘモステベシ。ソレヲステヌ事トテスキトノメバ、又人シフベシ。アシキ《（悪）》トシリテダニアラバ、皆人ナミニスベシ。千人ノ中ニモ、心有人ノ目ニハ、悪キト知タレドモ人ナミニステタリト見ベシ。是思ヒ内ニアレバナルベシ。ソウ《（総）》ジテ、何事モヨク知リテ知ヌフリヨシ。イシヤウ《（衣装）》、具足馬ナド持モ、ヒクハン《（被官）》、中間《ちゆうげん》、下人《げにん》、下部《しもべ》ナドハゴクム《（育）》モ、皆其主人ノブンゲン《（分限）》ニ算用シテ、相当ホド持ナリ(8)。過タルハタシナミ《（嗜）》ナリ。ヲトルハブタシナミ《（不嗜）》ナリ。タヾ、人ハ十ノ物十一二ホドハタシナミ、十ノ物八ツ九ツ有ハブタシナミナリ。十ノ物五六ハアタマアハズナリ。十ノ物四五アルハホウケナリ。亦ヌス《（盗）》人ナリ。ホウケトハ内ノ者ニヌスマレテ、知行ヨリハタラキノナキ事也。亦ヌス人トハ、タノシクナラントテ、主ヨリタマハル知行ヨリホソク《（細）》ハタラクハ、我物ヲワレトヌスム心ナリ。ヨキホドニセン事算用ノトク《（徳）》ナルベシ。天ノカゴアリテタノシキトテ、ワガ位ヨリクハビ《（華美）》タル事ヲセヌ事ナリ。乍去、善事善根ナラバイカホドモスベシ。タノシキヲバ心ヤスキト申セバ、タラハヌ人ノ気遣ヲシテ仁儀ヲ調(9)、キヅカヒナシニト、ノ《（調）》ユルヲ申ナリ。身持其身ノ程ヨリイタカニモタバ、天バツ《（罰）》ヲカフムルベシ。亦其クライヨリサノミニ引サゲテイヤシキコトヲマナブハ、我身ノ罰我ニアタルベシ。親、主ノアハレト思召《おぼしめす》ホド思ヒ申サズバ、其罰アタルベシ。仏神ノ御守ニテ有ル身ガ、神仏ヲシンジ《（信）》申サズババチ（罰）アタルベシ。冬サムケレバ夏アツシ。ワカキ人亦年ヨリト成モ、算用ノ入事《いること》ナリ。能々分別有ベシ。田壱反ト云ハ三百六拾歩ナリ。是三百六十日ヲ表《あらわ》セリ。田壱町トアフミ（近江）ナハ（縄）トイフハ、七拾五ヒロ（尋）四方也。京ノ壱町ト云ハ七十八ヒロ四方ナリ。此時ハ、シキ（敷）ノ間六拾間四方ナリ。(10) アフミ縄ノ時ハ五十七間四尺五寸ナリ。京ト近江ト違フ事、ウチヲリソト（内折外）ヲリ（折）ト云事ヲセンタメ也。是ニテ分別有ベシ。田壱歩ト云ハ、畳弐帖敷ノ事ナリ。四間畳ト云ハ柱ノ方中スミト云物也。其四間畳二帖ホド六十合《あわ》スレバ七十五ヒロナリ。京ハ六尺五寸ヲ合テ七十八ヒロナリ。此心持万《よろず》ノ算用ニ入事也。タトヘバ、京ヘ銭ヲ上セルニ、三分ト云ハ十三貫トテ、京ニテ十貫取事也。ソレヲ十貫渡シテ京ニテ七貫取ヲモ、無算用ノ人ハ三分ト云。カヤウノ事ヲ内折外折ト云ナリ。壱反ト云ハ、長サ六十間、広サ六間ノ事也。六尺五寸ノ間ト六尺弐寸五分ノ間トノチガヒ也。京ト近江トノカハリ是也。二畳敷ホドハ田畠取ニ一歩也。地子《じし》年貢ハ地フク（幅）、地性《じしょう》ノ上中下ニヨレリ。上田壱反ニ十分ノ舛《ます》ニテ米壱石弐斗、銭百文納《おさむる》ハ本也。其ヨリヲホクハナシガタキ事ナルベシ。米廿粒ノハカリ目一朱ノ中ナリ。是一才ナリ。十分ノ舛ノハカリ目四百四十四文目也。但《ただし》、米ニヨルベシ。

算用ハスグレタリトモ人中《ひとなか》ニ算用ダテノ物語スナ
算用ニハヅルヽ事ハヨモアラジヘウシ（拍子）ノ数ヤ歌ノ文字数
我年ノ算用ヲシテ物ヲイヘ年ニヨリタル身持フルマヒ

一、④第四馬乗事。昔ハ馬ト云事、ワレニテ乗人ナシ。内裏《だいり》ヨリ御馬ヲ給リテヨリ外《ほか》、乗人スクナシ。サレバ馬ノリトハ申サデ、馬人ト申セシナリ。今、末世トナリテヲホクアレドモ、馬ニノリテクガイ（公界）ヲ行人マレナリ。サレバ馬ノ心ヲモロヲモ知リテ乗ベシ。馬ノ上ニテノ礼シラデカナハヌ事ナリ。道カタノ大事ナレバ、委《くわし》ク書シルサヌナリ。

アラ馬ヤ曲乗ダテハ無用也タヅナヲ知リテ足ナミヲ乗レ
イキヅカヒロクラノ内アブミマデヘウシ（拍子）ホドコソ大事也ケレ
手サキニテ馬持ダテハ成マジヤ我ト心ニイレテカフ（飼）ベシ

一、⑤第五ニ医師《くすし》。其故ハ我ト薬ノ心ヲシラデハ薬ノトク（徳）ヲ知ズ。医師トイヘドモ上中下アリ。薬トイヘドモ、合様《あわせよう》ニヨル物也。一七日《ひとなぬか》ノ薬百疋ノ薬代ニテノムニモ、過分ノ大薬ハイラズ。[11]タヾ合スル人ノ手間ヲリノ心ナリ。又人ノ禁物ナドコノミテクフトモ、我ガ身ニ毒ヲクフマジケレバ、身養生ヲ毎日行物《おこなうもの》也。万能一心トテ、万《よろず》ノ能《のう》有テ国ヲ持、宝ヲ持タル人ナリトモ、其身ヨハリ（弱）タラバ曲《きよく》有マジ。然バ養生ニマシタル宝ナシ。其身命ヲ加フ心也。イカニモ心得ノヨカラン医者ニ知音《ちいん》スベシ。俄ニハナラヌ事也。虫ノ薬一色シリタリトモ、家中ノ者ノ重宝ナルベシ。召遣シ者アマタ（数多）ナヲセバ、主《あるじ》ノ徳也。能々心得ベシ。

医師トハヤクシ（薬師）ノヲコス願ナレバ慈悲ヲナシツヽ人ニ施セ
寒ネツ（熱）ヤ生死ノ脈ヲ取知ラデイシヨ（医書）有トテモ薬アタヱナ

脈取テ上手成トモヨク《（欲）》フカキ人ノ薬ハキクマジキナリ

一、⑥第六ニ連歌。歌道ハ諸道ヲ知リ、諸道ハ一道ヲ知ルト云ヘリ。其故ハ天地ヒラケハジマリシヨリ、後生善所ノ事、神祇仏説マデ、有リトアラユル事歌道ニ有リ。(12)イタラヌマデモナゲクベシ。年ヨリテヒトリイ《（独居）》テ心ヲナグサメ、ユカ《（行）》デ名所ヲ知リ、目ニミヌ鬼神ヲヤハラグルモ歌道也。有ガタキ事也。

連歌座ニイクタリ《（何人）》アラバナン《（何）》句ゾトヲノ《（己）》ガ位ニ句ノ数ヲセヨ

我ガ連歌貴人ノ連歌レンガシ《（連歌師）》ヤチゴ《（稚児）》ノ連歌モ座敷サダマル

初心ニテ句数ダテコソ無用ナレネブ《（眠）》ルナ座敷立ナ語ナ

一、⑦第七ニハウテヤウ《（包丁）》也。レウリテウサイ《（料理調菜）》トイフモ、ハウテヤウヨリ出タル事也。人トナレ《（隣）》バ人来ル。人来レバ似合々《（似合）》ニモテナシヲスル。主人其心得ナケレバ、ザツシヤウ《（雑掌）》ニイラヌヲカイ《（買）》モトメ、入物《いるもの》ヲバスクナク尋テ、ミグル《（見苦）》シキヤウニシテシツツイ《（失墜）》ハ過分ニ入物也。(13)主其ヲシレバ、何ニテモアレヲヽク有物ヲバヲヽキ所ニヲキ、スクナキ物ヲバスクナキ所ニ見《み》合《あわせ》テ、ナリノヨキヤウニスルナリ。客人ニヨリテザツシヤウ《（雑掌）》ヲバスル、所々国々ニテ賞玩ノ物アリ。カラザケナドハ京ニテハヲカシキ様ニ申セドモ、マレ《（稀）》ナル所ニテハ賞玩也。タクサンニ有物ナレドモ、包丁ノ有物ハ賞玩也。食ヲ人ニ申スニ、御マハリ御汁ハ皆々飯ノ供ノ者ノ心也。皆人ソレヲシラデ、飯ヲヲカシクシテ飯ニ心ヲ入ヌハ曲事《くせごと》也。イカニモ内ノ者ニリコンキリヤウ《（利根器量）》ナル者有ルトモ、其主人無器量ナラバヲカシカルベシ。内ノ者ハ不足ナレドモ、主人見事ナレバ其家中ケツカウ《（結構）》ニミユル。ソノゴトク、先食《まずめし》ヲシロク《（白）》ヤハ〱トスベシ。御汁菜ハ鴈《かり》白鳥、鯉鮒《こいふな》、鯛鱸蚫《たいすずきあわび》ナド、其外山河海ノ珍物アリトモ、食クロクナマニ《（生煮）》ヌニシテ、冬ハサメ《（冷）》ヒヱテアルハクフ人有マジ。無用ノシツツイ《（失墜）》ナルベシ。カヤウノコト主人シリテ申付レバ、物モイラネドモケツカウニミユルナリ。不断《ふだん》其心得有テ、干物ドモヲタシナミ置ベキ物也。海河ヲ知行ニ持タリトモ、時ニヨリテ蔵ノ内ヨリ取出スヤウニ、魚物ドモ参事有ベカラズ。其時ハ面目ヲウシナフ事有ベシ。ハヂ《（恥）》ヲカナシキトテ、夜中ニ人ノ所ヘ行テ門ヲタヽキ、何カ有ナド、申サン事、ヲカシカルベシ。天気道《（人気遣ヿ）》リヨリイカホドノ人ノ大儀ゾヤ(14)。少ノ事ニテ用意シテ置テ、過分ノ用ニ立物也。左様ノ分別マデハ書ツクシガタシ。其道々ノカウシヤ《（功者）》ニ能々トフベシ。

　包丁ハ貴人ノ数寄ニ有物ゾ俄ニナラヌケイコ《（稽古）》成ケリ
　料理トハクフ物ゴトノアンバイ《（塩梅）》ヲ其客人ニヨリテスル也
　ザツシヤウ《（雑掌）》ノ中ニ一二ノ有ナレバヨククフ物ノアヂ《（味）》ゾカンヨウ《（肝要）》

一⑧、第八ニ乱舞。一ニ謡《うたい》、二ニ笛、三ニ小鼓《つづみ》、四ニ大鼓、五ニタイコ《（太鼓）》、六ニシカタ《（仕形）》ナリ(15)。謡ハ道具イラズ。笛ハ我ト腰ニサス。其次大鼓ハ、タイコハコト〱シクヨキホドノ座敷ナドニテノハヤシ《（囃子）》ニハ打ズ。サリナガラ大名ナドノ参会ニハ、御似相《おにあい》有ハタイコ也。座中ノハヤシヲシク故也。シカタハワランベ《（童）》ナドノ間ハシラズ、猿楽メキテイラヌ事也。惣ジテ当世ハヤレドモ、侍ノケイコニ乱舞ハ春ノ花ノゴトシ。万木千草ニモ花ナキハマレナリ。人又其ゴトシ。花サカズシテ見グルシ。殊ニフセウ《（不肖）》ナル者人ニシラレンコト此道成ベシ。

ミ山木ノ其木末トハシラネドモ桜ハ花ニアラハレニケリ、ナド申ス歌ノ心ニモカナフベキカ[16]。フシギ《（不思議）》ナル者ノ子ナレドモ、能ナドスレバ人ノヤウニ申也。サリナガラ、花バカリニテミ《（実）》ノナラヌ物ハ用ニ立事ナシ。ミノナラヌトイフハ、我家々ノ道ヲ忘テ乱舞バカリニ心ヲ入《いるる》事、口ヲシキ《（惜）》事ナルベシ。花モ実モ有ト申事、ワカキ時ハ花有リ、又老立テハ其家々ノ道ヲ知リテ、人ニナラント思フベシ。乱舞ニテ身ヲモタン人ハ、上臈《じょうろう》成リトモ下ラウ《（臈）》成トモ、タヾ猿楽成ベシ。猿楽ニナランコト、侍ナドハ口惜事也。花サカズシテ実ノナランコト、又ムク《（麁）》ゲニヤハラギナクテイバラ《（棘）》ナドノスネタルヤウニテハ物ウ《（憂）》カルベシ[17]。返々《かえすがえす》モ花ト実トヲ思フベシ。サノミ乱舞ニ心ヲ入テ、余ノ芸ヲタシナマザラン事無用也。

音曲ヤ笛モツヾミモ習ベシ猿楽ホドハ無用ナリケリ

ヲンセイ《（音声）》モ座敷ニヨリテ入《いる》ナレバ自由ニ声ヲツカフベキ也

程ヒヤウシテウシ《（拍子調子）》ノナセルワザナレバ聞ツクロイテウタフ也ケリ

一、[⑨]第九ニ鞠[18]。

カヽ《（懸）》リアル庭ニ出入シツケ《（躾）》アリナラ《（習）》ハデイカニ人ノ知ルベキ

ケル人ハイフニヲヨバズ見物ヲスル人マデモシツケ有ル也
鞠ケルハ祈禱トゾイフ足シタヤシンキ《（辛気）》積気《しゃくき》ノ薬也ケリ

一、⑩第十ニシツケ《（躾）》。
大名ヤブセウ《（武将）》モ侍官中間モシツケハ時ニヨルトコソキケ(19)
賞玩モ人ニヨルナリ上中下シラデインギン《（慇懃）》スルハブシツケ《（不躾）》

一、⑪第十一ニ細工。(20)
四方ナル座敷ニナヲル寄《より》ノキ《（退）》モサイク《（細工）》心ノイラヌ事ナシ
細工トハコマカニタクム文字ナレバ心カラコソ上手下手アレ
弓法ノ上ニ細工ハ大事也寸モチガフゾ番匠《ばんしょう》ノカネ

一、⑫第十二ニ花。(21)
池ノ坊御前《ごぜん》ノ花ヲサスナレバ一瓶ナリト是ヤマナバン
ズイ《（随）》ニ花タツル文《もん》アミ《（阿弥）》当世ノ人ノ心ニカナフ成ケン
四季ノ花数ヲアマタ《（数多）》ニサスナレバ客人《まろうど》座敷立物ニヨル

一、⑬第十三ニ兵法。
利カタトハ先《まず》第一ニ用心ヲ忘レヌ事ヨ女ナリトモ(22)
ウデツヨキテキ《（敵）》ノチカラヲ其マヽニ取テトルマデ利カタ成ケレ

一、⑭第十四ニスマフ《相撲》。
小スマフハ若侍ノ能ナレバツネ《常》ニ身サバク手ヲナラフ《習》ベシ(23)
セイ《背》ホソク年ワカ《若》キトテ我心ユルサバマ《負》ケン物スマフナリ
何ヨリモ習ノアルハスマフナリチカ《力》ラタノムナカネテタシナ《嗜》メ

一、⑮第十五ニ盤ノ上ノアソビ。
碁将棊ハヤガテセウブ《勝負》ノ有物ゾリコウ《利巧》ハシスナ腹ヲ立ルナ(24)
碁将棊ノソバニテ助言スルモノハ貴人カチゴ《稚児》カサテハタクラダ
客人ノタメ(25)カヒルネヲセンヨリカ用ヲカキツ、碁将棊ナセソ

一、⑯第十六ニ鷹。
出雲衆ノシラヌ道ナリハシタカ《箸鷹》ノスヱヤウ《据様》レイ《礼》ハ習テモヨシ
連歌師ノシラデヤアランタカ《鷹》ノ道マヘ《前》句ニ付ルナラヒ《習》ナリセバ
小鷹ガ《狩》リ蜂鷹ガリハ冬ナレドツギヲシラヲ《継尾白尾》ノタカハ春也

一、⑰第十七ニヨウギ《容儀》。其年頃ニヨル物也。其段心得ベシ。田舎人来年ノ事ヲイハデ、大キナル小袖ヲヌ《縫》イ入テヲサ《幼》アヒ人ニキ《着》スル儀、ヲカシキ事ナリ。フル《古》ニ成テイカヤウニモアレ、先アタラシキ《新》時其人ニニアヒ《似合》タルコソヨケレ。人ノ物ヲカリ《借》テキタルヤウナルハワルシ。ハカマ《袴》、カタギヌ《肩衣》ナドモヌイヤウ《縫様》(26)アリ。ヨキ人ノキタマヒ候ハンヲウツシテヌハスベシ。物

ヲホク《（多）》キル事、ミグルシ《（見苦）》キナリ。ハダ《（肌）》ノ上ニ小袖ヲ二ツカサネテヨリ外キマジキ事也。ハダトハアハセ《（袷）》トイフ小袖ノ下ニキルヲバハダトイフ也。シタテ《（仕立）》ヤウモカハル物也。カサネノ小袖、ヲナジヤウニナキハミグルシキナリ。ハダハスコシイヅル《（出）》ナリ。ハカマノソバ《（稜）》ヲトルモ、モヽタテ《（股立）》ヲ取モ取様《とりよう》有ベシ。何事ヲモ知タラン人ノセンヲ見テ、ナラヒヌベキ事也。スハウ《（素襖）》ハカマノ着ギハ、ソヱモン《（添紋）》ノ取ヤウナド其ハウ〳〵《（法々）》ニヨリテアルヨシ申也。

⑱一、心ヲカシコク、姿ヲバ大ヤウ《（様）》ニ、礼ハ人ニヨルベシ(27)。礼ニヲモテウラ《（表裏）》アリ。インギン《（慇懃）》ニスル時モ有、又ヒタ〳〵ト心ヤスク寄合時モ有ベシ。家ノ内ニテ上下モナクヒタ〳〵トヨリ合タリトモ、其座敷ヲ立テ別ノ座敷ヘモウツリ《（移）》タルハ、アラタマル心有ベシ。コトニ門ヲ出、コウ《（公）》地ニテアフ時ハインギンニスベシ。当世ノ人一度アヒ《（会）》ナレ《（馴）》タルトテ、路頭又貴人ノ御前トモイハズ、ハヂガハシキ事ヲ(28)、大ニ曲事《くせごと》也。人ノヨキ事、コウ《（功）》ニナル物語ナド申タランヲバ、ナンド《（何度）》モカタリ出スベシ。サリナガラソレモ年ニヨルベシカ。ザレゴトナド中、酒ドモノミ、又ウチトケテ物語ナドシタル事ヲバ、其人ニアイテハ語《かたれ》ドモ、ベチ《（別）》ノ所ニテ(ハ)コトハヅカシキ事也。サヤウノ事申セバ今ガ世ハヨキ事ノヤウニ申セドモ、マコトニ田舎ノクガイ《（公界）》ヲ知ラヌ事也。若衆女ノ物語モ座敷ニヨリテ申出スベキ事也。イカニ貴人ノ御前ナリトモ、ウチトケテ御物語ドモアラン時、インギンダテニテクスミマハリ、目ニカドヲタテ礼ダテヲ申サンモ、カヘツテブシツケ《（不躾）》ナルベシ。メシツカフ《（召使）》者モヲナジ事也。朝夕ツカフ者ニモ

其心得ヲナシテ、人ノナキ時ハヒザ《（膝）》ヲタ《（立）》テサセズ、目ヲカケツカフベシ。カリソメモ客人ナドアラン時ズイ《（随）》ナル(サマ)サセマジキ事也。(29) ヲナジ内ノ者ナリトモトザマ《（外様）》ノ者ハチガフベシ。又家中ノ年寄ナド、中者ニハ、主ナリトモ礼有ベシ。殊ニ(外)ヨリ牢人衆ナド、テ抱《かかえ》候ハン人ノ事申ニヲヨバズ。今日ハ人ノ上、明日ヲバ知ラヌ世間ナレバ、ソノサマ《（様）》ミグルシキトテ、、名《な》有《ある》人ナドヲカシキヤウニ申ベカラズ。礼ナドモ其心得有ベシ。身持ノ様、タトヘバ神ノ本地仏ノスイジヤク《（垂迹）》ナド、中ゴトク(30)、イシヤウ《（衣装）》ヲカイツクロイ《（買繕）》、内ノ者ヲモキラビヤカ《（綺羅）》ニツル《（連）》、事モアリ、又引下テカロ〴〵《（軽々）》トスルコトモ有ベシ。百人ツレン人ヲ十廿ツレ、十二十ヲ又二人三人ニナスコトモ有ベシ。昔ハ国ノ主天皇又国司ナドモ、御カリ《（狩）》トテ山河ヲマハリ給シ也。是鹿カセギトランタメバカリニテハナシ。(31) カロ〴〵シケレドモ下ラウ《（臈）》ノ申ス事モ御耳ニ入ナレバ、サヤウノ事ニテ国ノミダリガハシキ事ヲモ御聞アランタメナリ。イハンヤ、今ガ世ニ千貫弐千貫アルイハ一万貫弐万貫ナド持タラン人ノ、大ギ《（儀）》力ダテニテハナルマジキ也。馬ヲセムルトイフカ、遠矢ヲイルトイフカ、或ハ神参仏参ニナゾラヘテカロ〴〵トアリキハタラカバ、イタラヌ人ノ申ス事モキ、、又我ガ身モ無病ガンジヤウ《（頑丈）》ニ成ベキ也。サリナガラ、仏参リハ其坊、神参ハ神主ナド、其外ノ所モ其カタ〴〵ノ人々ザウサ《（造作）》ドモニナルヤウノ事ドモ、又人ノヒマノ入時ドモハ其心得有ベシ。何事モ人ノツイ《（費）》ヘヲ思ヒ、人ノイタム事ヲセヌヤウニタシナムベシ。内ノ者ヲツカフトモ万事其心得肝要也。左様ノヲモヒワケヲ知ヌ人ニハ人ツカハレガタシ。又ツカハズシテカナハヌ事ニ、心イタ《（痛）》キトテサシヲク心有バ、一度ガ数度ノヒツカケニナリテ、人ズイ《（随）》ヲスル也。(32) カリソメモヨキ事ニハ成ガタシ。アシキカタシアシキカタヘハヒカレヤスシ。サレバ少ノ事トテチガヒタルヲ申ツケネバ、次第／＼ニハウ《（法）》モカケ理モスマヌ人トナル也。ハリ《（針）》ホドナリトモチガ《（違）》フ事アラバ、カタク申付ベキ事也。大キナル事ヲバ人ニヨリテトガ《（咎）》ヲユル《（許）》ストモ、少ノ事ヲユルスマジキ事也。其故ハ大キナルコトハ稀、少ノ事ハ日々ニ有ベシ。其段算用也。水ハハウヱン《（方円）》ノウツ《（器）》ハ物ニシタガヒ、人ハ善悪ノ友ニヨルト申セバ、ヨキ事中人ニマジ《（交）》ロヒ、カリソメモアシキヲマナブベカラズ。我ガ召ツカフ者ノ事ナリトモ、ヨキニハシタガヒ、悪キヲキラフベシ。キク《（聞）》カラヤガテ心ヨキニハ、マコトニヨキ事ハマレ成《なる》ベシ。キヽザマニチト心ニアハヌ事ヲ、セイ《（精）》ヲシヅメテアン《（案）》ジマハシテ、サテヨキ事サウナルハ皆ヨキ事ナルベシ。是《これ》ラウヤク《（良薬）》ロニニガシトイフ心ニカナフベキカ。内ノ者ヲセツカン《（折檻）》セバ、先《まず》我身ヲセツカンスベシ。我ガ身ヲセツカンスルトイフハ、我ガ身ヲカナシミズイニセヌ事ナリ。上《かみ》ヲマナブ下《しも》ナレバ、我ガ身ハリ《（針）》ヲカヾメタルホドマガラバ、内ノ者ハクハンス《（鑵子）》ノツル《（鉉）》ホドモマガルベシ。(33) アサ早々ヲキテ手水《ちょうず》ヲシ、ウガヒヲシ、カミヲユイ、カタギヌ《（肩衣）》ハカマ《（袴）》ヲキ、神仏ヲヲガミ、親主ヲヲガムベシ。親死タラバ念仏申、茶湯《ちゃとう》ナドスベシ。朝食ヲクフハ其日ノ我ガタマシヒヲ入ルナレバ、ヨロコビテクフベシ。ハカマカタギヌキズシテ食ニムカフコト有ベカラズ。食ハ是三宝トテ、過去現在未来ノ三世ノ諸仏也。有ガタキ計《ばかり》也。

一[19]、人ヲツカフ事、賃ヲ出シテ一日ニツカフモ、又一年中メシツカフモヲナジ事也。三百六十日ヲ算用シテ、ナニガシ《（何某）》ガ内ノ者ト名付バ、ツカフ日モ又ツカハヌ日モツカフ心也。一日ヲ一銭ノ賃ノ時、一年ハ三百六十文ナリ。其分別カンヤウ《（肝要）》也。何ガシ殿家ト其ウツロ《（内方）》ヲイフ事、作タル家ノゴトシ[34]。主人ハヤネ《（屋根）》ノ心也。親類ハケタ《（桁）》ハリ《（梁）》ノ心也。ヲトナ《（乙名）》代官ナドハ柱ノ心也。ソウシヤ《（奏者）》取ツギヲシ面《おもて》ニ立テマハル物ハ面ノ戸ノ心也。ウチ〳〵ニテハシリマハル者ハ内ノ戸ノ心也。ハシリマハラネドモアル物ハコミガキ《（垣）》ノ心也。百姓ハ畳敷板ノ心也。イヅレカケ《（欠）》テカ其家スナヲ《（素直）》ナラン。先、柱ニナル内ノ者ハウバイ《（傍輩）》ヲキラフ事大キニ曲事也。柱一本ニテハ家ツクラルベキカ。柱ヲホクタテタル家ハツヨキ物也。スグ《（直）》ニ見事ナル柱スクナキヨリモ、フシ《（節）》木ナレドモ、又ハ少ノ木タラ《（足）》ハネドモ、戸ヅキダニモスグナレバ、柱アマタ立タルガ家コロバズ。戸タテグ《（建具）》ハケツコウ《（結構）》ニハナケレドモ、仕合《しあわせ》ヨケレバアケタテヨシ。見事ナレドモ、ツマリヒヅミタルハアケタテナラズ。人モソノゴトシ。立居カロ〳〵ト造作モナク、内ハフスボリタルトモ、アナ《（穴）》、クシテ風モイラヌ様ニスキナク、正直正論ナル人ヲツカヒテヨシ。家フトケレドモ柱スクナケレバ、内ヘ入テアブナキヤウニ見ユル。其ゴトク、其人ノブンゲン《（分限）》ヨリ内ノ者スクナケレバ見ケナス物也。[35]百姓地下人《じげにん》ノアリ〳〵ト有所ハ、旅人ノ一夜ノ宿モ心ヤスシ。タ、ミ《（畳）》シキ《（敷）》物ノナキ家悪キシルシ是也。ヤネガヤブレケレバ、タ、ミ、ハシラモクヅル《（崩）》、ナリ。主ノ心得カケ《（欠）》ヌレバ内ノ者ヤスクモナシ。カツコウスルホド、主モ内ノ者モ心得有人ノ家アブナキ事ナシ。是ヲ思ヒテ親類被官中間百姓地下人マデニモ目ヲカケベシ。イタラヌ者成トモ、ヤネノ下ジ《（地）》アラン物ハ、ヤネノヤブレヌヤウニネガ《（願）》ヒイノ《（祈）》ルベシ。ヤネトハ其所ノ主《あるじ》地頭ノ事也。主ノバチ《（罰）》アタレバ則《すなわち》ホロビヌ。又内ノ者ノバチアタリタルハ、主ハ人ヲツカフ事ナシ。其心得カンヨウ《（肝要）》ナリ。皆此徳ヲ思フベシ。セツ〳〵《（切々）》ニ事ヲ申ニハ人クタビレヌ(36)。肝要ノ事ヲカタク申キカセベシ。矢ノ篦《の》ヲタム《（矯）》ルニ火ノ入ヤウアリ、タメヤウアリ。人ヲタムルモ、ソレ〴〵ノ人ノ心ニヨリテ異見ヲモケウクン《（教訓）》ヲモスベシ。人ヲツカフ事、昔ハ其主人内ノ者ヲ作シナリ。人ヲツクルトハ、家来ノ者ノ子ニ色々ノ能ヲケイコ《（稽古）》サセテ、行義《ぎようぎ》ハツト《（法度）》ヲヲシヘ、其心〳〵ニヨリテ用ヲ申付ベキ事也。タトヘバヨキ番《ばん》匠《しよう》ノ大ナル木ヲバ大キニテヨキ所ヘツカヒ、ユガ《（歪）》ミタル木ヲバユガミタル用ニツカヒ、長キ木ヲバナガクテヨキ所ニツカフゴトクニ、心ノ正直ナル者ニハ蔵ヲアヅ《（預）》ケ、心ノケナゲ《（健気）》ナル者ニハイクサ《（軍）》ノ奉行ヲサセ、見ザマ《（様）》ヨキ者ニハ面《おもて》ムキノ事ヲ申付、細工ゲナル者ニハ細工ヲサセ、ソレ〴〵ニツカフ(37)。亦イカナルヨキ生《（性）》レシヤウノ者ナリトモ、イトケナキ《（幼）》時ヨリナラハズバ曲ナシ。玉ミガ、ザレバ光ナシト云心ナリ。下ラウ《（臈）》ハ一日〳〵ノシンミヤウ《（身命）》ヲツギ《（継）》、其上ハ一月〳〵ノ事ヲイトナミ《（営）》、其上ハ一年〳〵ヲ送ラン事ヲハゲム《（励）》。其上ハ一世ノ事ヲ思ヒ、其上ハ未来ノ事ヲナゲキ、上ボン《（品）》ノ人ハ末世末代マデ其名ヲノコサン事ヲイノ《（祈）》ル。然バ、イトケナキ内ノ者トリ上テ物ヲヲシヘツカヘバ、人ニ事カケ《(欠)》ズ。ヨキ内ノ者ヲホシガレドモ、ヲサナキ時ヨリモメシツカ《(召使)》ハヌモノニハ心ヲカレテワロ《(悪)》シ。ヲサナキ時ヨリモメシツカヘドモ、物ヲモ知ラズヨウギタイハイ《(容儀帯佩)》悪シケレバ、人ノ中ヘ出サレズ。サヤウノ事ヲ分別シテ、異見ケウクンヲモ申付ベシ。扨《さて》廿四五マデモ人ニナラズバ、フチ《(扶持)》ヲハナスベシ。然ドモ、一ツ成トモ用ニ立事アラバメシツカフベシ。一ツノ用ニモタヽヌ物ヲフチヲ仕ル事、無用ノ儀ナルベシ。サレドモ、ワカキ時用ニ立タル者カ、又親ノ時用ニタチタル者カ、一度用ニ立タル事アラバ、其ヲン《(恩)》ヲ送ルト思テ抱《かかえ》メシツカフベシ[38]。サヤウノ者ヲフチ《(扶持)》仕レバ、ハウバイ《(傍輩)》ソネ《(嫉)》ミテ、用ニモタヽヌ者ニフチアランヨリ、今用ニ立者ニフチアレカシトヒ《(言)》、或ハ、用ニ立者モタヽヌ者モヲナジ《(同)》ヤウニフチアレバ、我等モ用ニタヽデソラヤミ《(虚病)》ナドシテアランナド申者アリ。サヤウノ者ノキカン所ニテ、ナニガシ《(何某)》ハ今用ニタヽネドモ、イツノ比《ころ》ナニノヤウニ立タル間、其ヲン《(恩)》ヲホウ《(報)》ゼントテ扶持スルナリ、トナンドモ申聞スレバ、扨ハ我モ年ヨルトモ、今ノ奉公ノカゲニテ心ヤスクアラント思テ、ヨク奉公仕ル物也。サヤウノ心得肝要ナルベシ。

一[20]、物ヲツカフ心持ノ事。チリ〱ト水ノ出ルヲヨキ桶ニタメ置テ、一度ニサラリトウツ《(移)》セバ目ニ立ナリ。其桶ニアナアリテモレ《(漏)》バ、目ニモ見ヘズシテタマラヌナリ。其ゴトク、桶ノソコノ心也。ブセウ《(武将)》ハ女バウ《(房)》ナリ。大名ハマカナヒシヤ《(賄者)》ナリ。板ハ色々ノコトサバク物也。

ワ《輪》竹ハ其主人ナリ。底悪シケレバ水タマラズ。マハリノイタ《板》ニ穴アレバモリテタマラヌナリ。世上《せじよう》モ又其ゴトク也。モラヌヤウナル人ニ申付テ、其油断有時ワ《輪》ヲシムルヤウニセツカン《折檻》ヲスベシ。サノミモラヌヤウニワヲシムレバ、マヽコイタ《継子板》トテワル《割》ヽ物也。(39)人モ亦其ゴトシ。少キコン《機根》ナル物ハセツカンシゲ《繁》ヽレバタマリガタシ。水ノモラヌヤウニダニアラバ、サノミ申マジキ事也。アナノ有ルヲバトリカ(へ)ベシ。サテタメ置タルモノヲ一度ニツカ《使》ヘバ、人ノ目ニ見ヱテヨシ。是肝要ノ心得ナリ。

(21)一、万ノ事ニ付テレウケン《料簡》ナクテハ叶マジキ也。(40)詩聯句歌連歌ノ作ナドヽ云モ、皆レウケン《料簡》ナリ。其故ハ、一年ヲ三百六十日ニサダムレドモ、大小ノ月有リテ六日七日ホド日タラズ。亦、メチ《滅》日《にち》モチ《没》日トテ日ノ数ニイラヌ日有リ。故ニ土用ハ十八日ニ定ルトモ、滅日没日有ル時、十九土用トイヘリ。是又一年ニ二三日程アリ。ソレヲ、三年ノヲアツメテ《集》見レバ廿九日卅日程アリ。其閏《うるう》トイフ月ニナレリ。天地ノ間モレウケン《料簡》シテ三年ニ一度ノ閏月アリ。マシテヤ人ノ身ニ其心得ナクテハカナフマジ。知行ヨリヲサマル物計《ばかり》ニテハタラキ、親主ヨリ給タル物バカリニテ諸事ヲマカナハン事、ユメ／＼曲事成ベシ。人ノ内ノ者ヲヤトヒ、人ノ物ヲカリ《借》、又人ニカシ《貸》、人ニヤトハレナドレウケン《料簡》シテヲモシロ《面白》ク成《なる》。扱クガイ《公界》ヨリ人ノヤウニ見ナスゴトクスベシ。サ有リトテ奉公仕候人ノ、アキナ《商》ヒナド面《おもて》ニスル事見グルシ。所領持タル人ノ知行ヲモヽタヌ人ノヤウニアルモ悪シ。其クライ《位》／＼其トヲリ／＼ホドナレドモ、水鳥ノヤウニ見ヱテ水ノ下ニテ足ヲハタラカスゴトク、油断モナク物ゴトニ気遣スベシ。イカ様ノ大力ナルトモ、亦其上有ルベシ。クハウ《（果報）》能《よく》芸キヨウ《（器用）》ナリトモ此ゴトシ。碁トイフ物ハ目ノ前ニテカチマケ《（勝負）》アレバヒイキヘンバ《（贔屓偏頗）》モ入《いら》ズ。然バ天下一ノ上手トイフハ近代極楽寺ノ重《じゅう》阿弥《あみ》トイフ碁打ナリ(41)。サレバ世上ニ此人ヨリマシテ打人ナシ、上モナキトヤヲモハレケン。イヅクトモ知ラヌ客僧来リテ碁ヲ打テ帰リシナリ。ソレヨリ重阿弥心ウカ〱トナリシトイヘリ。小国トイヘドモ日本ヒロシ。一里二里ノ間、一郡二郡ノ間ニ我程ノ者ナシト思事、マコトニアカリモ知ヌヲカシキ事也。左様ノ事ヲヤ井ノ内ノ蛙ト申ベキ。日月ノ御メグリアルヨリモタカキ天アリ。大海ノ底ヨリ下ニ世界有リ。何トモワカチ申サレザル世中《よのなか》也。

物ゴトニタヾレウケン《（料簡）》ヲ思フベシ器用有トモ身ヲナマンジ《（慢）》ソ
物ゴトニ上ニハウヘノクライアリ我ヨリ下ノ数アマタアリ
小庵ノ坊主山家ノ地頭コソ我カホダテノ身持ヲバスレ

一㉒、我身ヨキ人ニナリ知行ノ主ニモナリテイセイ《（威勢）》ヲセントヲモハヾ、先《まず》人ニヨクアタリテ、人ノ悪事ヲカナシミ、人ノヨキヲヨロコビ、人ノ用ニタツベシ。人ノ用ニ立トハ、我ガタシナミテ持タル物、人ノ尋テカハン《（買）》(42)トスレドモナクテ礑《はたと》事ヲカク者ノ、サスガ過分ノ事ニモナキ物ナドイタス事、又言葉ニモ壱人弐人ノ合力《ごうりき》シナドシテ、人ノ思ヒ所ヲシリテ用ニ立事也。我モ、タ《（持）》ヌ物ヲ人ニコヒ《（請）》テ、又人ノ用トテ出シ、我ガ身ニモタデカナハヌ物ノ又トモガエ《（伴替）》モナキ物ヲ人ニ出シ、タノムナド申テウロン《胡乱》ナル人ノ用ニ立、ダテ《伊達》ヲシ、サギ《鷺》ヲカラス《烏》トアラガヒ、三ケ条ノ人ニクミ《与》シナドスル事ハ、用ニ立ニテハナクテ、我ガ身ノホウケナルニ入タルコトナレドモ、見タル事ヲモ人ノ上ノ沙汰ニ成様ノ事ヲバ、親子ニモイハヌ事也。(43) ハナシ物語ナドスルモ、人ノ上ノ事ヲイハヌヤウニ、ヲカシキ事ヲバ昔ノ人ノナドイヒカヱ《言換》テ語ベシ。ソレモ其座ニテ耳ニアタルヤウノ事ヲバ申サズ、謡ナド連歌ナドニモ其心得有ベシ。然バ又人我ガ事ヲモヨクイヒ、用ニモ立ナリ。ヲサナキ時寺ニヲキナドスル事、必手習学文ノタメバカリニテハナシ。寺ヘハ上下ヲキラ《嫌》ハズ、往来修行ノ人マデモ出入《いでいる》物ナレバ、人ニモマレ、ヲホクノ人ノ立居振舞ヲモ見、物ヲモ申カハセバ、カドナク人ナレ《慣》シ物也。奉公仕人ハ申ニ及ズ、細々《再々》貴人ノ御前ヘモ参リ、チト差出タルヤウナレドモ、主ノ御前ニカシコマレバ、後々ハ御主ヨリモ貴人ヨリモ、日トヒハナド、テ御言葉ニモアヅカリ、ニアヒ《似合》ニメシツカハルレバ、振舞ノヤウニモ成ナリ。(44) 親子親類兄弟成トモ、マレニ寄合ホドハシタシキ心ナシ。火辺ハカハ《乾》キ水辺ハウルヲ《潤》フ、花ヲヲレ《折》バ袖カウ《香》バシ。勧学院ノスヾメナド申事モナレシ故ナリ。ウト《疎》クテハ親子モ他人ナリ。シタ《親》シメバ他人モ近シ。フチ《扶持》ヲウケテ身ヲモタント思フ人ノ方ヘハ、用ナシトモ細々《再々》出入ヲスベシ。出入シゲ《繁》ヽレバ、スコシノ物紙ニツヽ《包》ミタル物持セテモ、仁儀ヲヲギ《補》ノフ。カヤウノ心得モ調法レウケン《料簡》ノ心ナリ。サレバ其力ニテ人ノナルベキ也。タトヘバ梅ノ木ハ一年ニ一丈ノ立枝アリ。楠ノ木ハ一年ニ一寸ヲイノボルナリ(45)。一寸ナガクナルクスノ木ニハ大木アリ。一丈ナガクナル梅ノ木ニハ大木ナシ。其ゴトク、人モコウ《（劫）》ヲツミテ人ニ成者ハ、其代久敷《ひさしく》、末モ繁昌シ、イヨ〳〵ブンゲン《（分限）》ニナル也。俄ニ大キニナリタル者ハ其代久クナシ。タトヘバ、イカヤウノ大竹成トモ、一本二本アラバ雪ニヲレ《（折）》ベシ。竹シゲリタル藪ニ雪ヲレナシ。一人ヨキハタノミ《（頼）》ナシ。親類近付アマタ有人ノ思ヒアヒタルハ、何《いずれ》モアタリヨリソネミ《（嫉）》カキホ《（垣掘）》レドモ、クルシクモナシ(46)。亦テキ《（敵）》取カクレドモ、惣ノ力ニテ理ウン《（利運）》ニスルナリ。其心得諸事ニ渡ル也。一人シテ十日ノ普請トハ、十人シテ一日普請ハ過分ニ仕出ス物也。力石《ちからいし》ヲ一人シテアゲカヌルヲ、八人ヨリテアグルナリ。是、衆力コウ《（功）》ヲナスチカ《（近）》道ノシルシ也。サレバ、シアン《（思案）》ナドモ、知者一人ヨリ愚者三人トイヘリ。アマタノ心ヲ一ツニナシテ申事ニハ、ヲモシロキ事有物也。殊ニ、一モン《（門）》フアン《（不安）》ニシテ三宝ノカゴ《（加護）》ナシト申セバ、カリソメモ親類ナドニムツ〳〵《（睦々）》トチナミテ置ベシ。下ラウ《（臈）》ノタトヘニ、親類ノナキヨリ《（泣寄）》他人ノクヒヨリ《（食寄）》ト申事有(47)。ヲカシキヤウナレドモ、誠ニ親類ハ敵味方ニナリテモ床敷《ゆかしき》心有。他人ハサヾメキテアソブ時ハヨケレドモ、一大事ノ座スル人マレナリ。但、人ニヨル物也。其段ハ故実也。欲ガ敵ナレバ、親類兄弟ナリトモ欲フカキ心アレバ悪シカルベシ。理非ヲワキマユレバ、ヨク《（欲）》フカクハナキ物也。神仏サヘヨクハマシマセバ、人ニヨクノ心ナキハアルマジ。神仏ノヨクト申スハ、他国ヨリ我国、他ノ人ヨリ我ガ氏子《うじこ》ヲ御守有ルハヨクナリ。神事マツリ事トイフハハウ《（法）》也。願ト申ニ御ヨロコビ有ルハ、願申者ノ欲ヲハナル、事ヲ御ヨロコビ有也。昔ハ、ブンザイ《分際》〳〵ノ知行三分一ヲモッテ寺社ヲアガメシナリ。サヤウノアレバ、余儀ニテ諸神諸仏へ御祈念ヲナサレ、嵯峨天皇ノ御時ヨリ十分一ニ定也(48)。其法ヲ心得テ、壱貫文目ノ分限ノ物ハ百マヘ、千貫ノ分限ノ者ハ百貫マヘノ公用ヲ寺社ニホドコス《施》ニヲイテハ、サイナン《災難》アルマジ。ソレヲヲシミ《惜》テホドコサヌ人ハ、不慮ノチウヨウ《懲膺》アッテ過分ニソン《損》ヲシ、物ヲ入ル也。魚ハ一日水ヲノミ《飲》タリトヲモヘドモホウガイ《頬蓋》ヨリヌケ《抜》テ、ハラ《腹》ヘハ少入物也。人モ又其ゴトシ。ヨク《欲》フカクシテ人ノ物ヲトレドモ、理ノマヘニテナキハ、用ニタ、ヌ心有也。カケ《掛》字ナドニ書得失鏡《とくしつかがみ》トイフ物ヲヨミテ、能々分別有ベシ(49)。

㉓一、人ノ身ノ内ノタカラ《宝》トイフハチヱサイカク《智恵才覚》ノ事也。身ノ外ノタカラハ人ノ(コト)ナリ。神ニハ末社、仏ニハ脇立《わきだち》ナド有コソニギ〳〵トアレ、人モ主人バカリ結構ニテ内ノ者ノトモ《乏》シキハアシキナリ(50)。……云モノスクナキハ悪シ。知行ニハ百姓マバユキマデ人数有ル所、隣郷ヨリモ心ニク、モアリ。又主地頭ヨリ扶持ハナケレドモ、家ヤク《役》ナドイフホドノマレ《稀》ナル奉公ヲバ仕ナリ(51)。少ノ事ヲ申テ人ヲウシナ《失》ヘバ、知行スクナク成心ナリ。ソレヲイカニトイフニ、田畑ハツクレドモ、入作人ナドハ其マフケタルヲ他所ヘトレバ、在所ノ用ニ立事ナシ。家ヲ作リテ計《ばかり》アル物ナレドモ、朝夕ノ煙モ里ノニギハヒニナル。マシテヤ道ヲフミ《踏》アケ、夜中ニハ犬ノホフルサヘ用心ニナレバ、人ノ形ノアラン所、先《まず》用心ヨカルベシ。イサゴ《砂》ヲアツ《集》メテ金《きん》ヲアラフ《洗》トイフコトアレバ、人数ノ有所ニハ似合タル用ニ立者ノソレ〴〵ニ有物也。

カリソメノ事ナリトモ、他所ノ者ハ用ニ立ガタシ。畠壱所ニ百文地銭ヲトルホドノ所ナリトモ、屋敷ニシテ人アラバ一月ニ一度モツカハルベシ。人ノ入時ハ、一日ヲ廿銭ホドニヤトフ物也。又人ヲヤトヒ候ト、我ガ内ノ者トテメシツカヒ候事、過分ニチガフコトヲホシ。イカニヨキ知行成トモ、人ナクバアレ《（荒）》ベシ。アルレバ山野ノゴトシ。野ノスヱ《（末）》山ノヲク《（奥）》ニモ人アレバ似合／＼ニ公用ヲナシ、其役ヲ仕《つかまつる》物也。浮世ニ過ル物アキナイ《（商）》ヲシ、サンデン《（山田）》ヲカヽ《（懸）》リ作シテスグル程ノ者ナレドモ、人ヲモテバ其コウ《（効）》ニテ家一ツノ内ニテハ主人ニナルナリ[52]。人ヲモタズバ、何トシテカハ主人ニハ成ベキ。長夜ノ禰覚《ねざめ》、雨ノフリテトゼン《（徒然）》ナル日ナド、ツク／″＼ト此道ヲアンジ《（案）》テ、タカキ《（貴）》モイヤシキ《（賤）》モ持ベキ物ハ内ノ者也。弓矢トル上ニハ申ニ及バズ。ヒトリ高名ハ成ガタキ物也。

　人ノ身ノタカラトイフハ人ゾカシ野山ヲヒラキ田畠トナス
　田畠ノヲホキ所モ人ノナキ知行ニナラヌ物ハカウ《（荒）》ナリ
　カリソメモ人ノ種コソ大事ナレ木ヲキリ竹ニツグハウ《（法）》ハナシ

一[24]、今ガ世、人ニツカハル、者、タカキモイヤシキモ一年／＼ニクライ《（位）》ヲ持アゲ、身ヲモタントスル事大キニ曲事。内裡《だいり》ニハ七星《しちしよう》ノシン《（臣）》ト申テ、七人ノ公家有[53]。其内ニモ四人ト三人トフタクライ《（二位）》アリ。近衛殿、九条殿、二条殿、一条殿ナリ。関白殿下ニ御ナリアル人也。又久我、徳大寺、転法輪ト申シテ三人ハ大政《（ママ）》大臣ニ御成アレドモ、関白ニハ御成ナシ。合テ七人也。又公方様御下ニモ武衛《ぶえい》、細川、畠山トテ三クハンレイ《（管領）》ナリ。山名、一色、京極、赤松、是七人御相伴《ごしょうばん》ノ大名ナリ。七ツノ星ノ心也。然ヲ近代近衛殿御内《みうち》二ツニワカレテ、タカツカサ《（鷹司）》殿ト申テ関白ニ御成アリ。武家ニハ、義澄《よしずみ》サマ御代ニ武田御相伴ニナリ、又義稙《よしたね》サマノ御代ニ大内御相伴ニナリナドシテ、昔ノハウ《（法）》ヤブレ《（破）》テヨリコノカタ、上ナシニナリ、天下ミダリ《（乱）》ガハシクナル。シタ〳〵《（下々）》ノ人モ葉ニシタガフ露ナレバ、其心アルベシ。一年〳〵ニ家ノ年寄ニナリ、ヲトナ《（乙名）》ニナリツレバ、カロ〳〵《（軽々）》ト主ノツカハン人アルマジ。礼儀奉公ノ仕ヤウモ有テヨシ。薪トル程ノ者迄モ今ガ世ニハ身持ガホヲスル故ニ、思外《おもいのほか》ニ世上風儀悪敷モ有。五コク《（穀）》モフジユク《（不熟）》シテ心ヤスキ事ナシ。是、天ヨリズイ《（随）》ナル人ノ心御タメシアラントノ心ナリ。其分別有テ奉公ヲ申サン者ハ、天ノカゴ《（加護）》ニアヅカリテ、タトヒ世上ハ悪シクトモ、似合々ニヲモシロキ事有テ、心安クスグベシ。世上ハヨクトモ、心得ノワロカラン人ニハ其入カヱアリテサイナン《（災難）》ヲコリ、思ノ外ノソン《（損）》ヲシナドシテ心ヤスキ事ナシ。我ガ身ノ上引合《ひきあわせ》思ヒクラベナドシテアンジ《（案）》マハシテ見バ、次第〳〵ニ心得ユキ、加様ニ申事ガッテン《（合点）》スベシ。何ニナリテモ心ヤスキ事ハナキ世中《よのなか》也。タヾ人ノヨソ《（余所）》目ニヨキヤウニミヱントタシナムベシ。ヨソメ《（目）》ニ何トモアレ、我ダニヨキ物ヲクヒ、心ヤスクアラバトネガフハ、タヾクソムシ《（糞虫）》ナド、中物ノ心ナルベシ。人トイフハ、人ノヤウニ分際〳〵ニ人ノ取沙汰スル人ノ事ナルベシ。現在ノクハ《（果）》ヲ見テ未来ヲ知ルト申モ、其心得ナリ。人トナラントタシナ《（嗜）》マバ人トナリ、虫ケラノヤウニ心ヲモタバ虫ケラニ生ルベシ。ソレ〴〵ニ名コソカハレ、座ゼン《禅》、クフウ《工夫》、得道、シユザム《修懺》、クハン《観》念ナド申カユレドモ、皆思案仕出事也。(54)物ゴトニ思案又其上ノサイカン《才鑒》調法アラン事肝要ナリ。

㉕一、人ノタシナミトイフハ、銭ヲ入テヨキ物ヲカヒ、トリ入テナラフ事計《ばかり》ニテハナシ。物モイラヌ事ニテ、人ノ目ニ見ユル事也。先、手足ノツメヲソロヘ、ツマギハ《爪際》ナドニアカ《垢》モナキヤウニシテ、カネハゲヌヤウニツケ、カミ《髪》ソヽケヌヤウニユイ、小袖布子《ぬのこ》カタビラナドハ、フゼウ《補綴》ハツキタリトモエリ《襟》ヲスキ〳〵トヲリテ、ミナリヨキヤウニキナシ、カタギヌ《肩衣》モヲナジ。(55)ハカマ《袴》ハヒザノクチヤブレ《朽破》タルトモ、コシヲユガマヌヤウニキテ、首ノマハリニアカモナク、ヒタヒ《額》ハヘヌヤウニヌキ、ウブゲ《産毛》ノヲツルヤウニスリミガキ、ヒルネ《昼寝》モセヌヤウニタシナミ、カリソメニモ人ノ上ノ事アシキヤウニイハズ、人アヒヨクヒタ〳〵トシテ、サスガニビロウ《尾籠》クハンタイ《緩怠》セヌヤウニ、カリソメニモウソ《嘘》ヲツカズ、アトサキヲ思ヒハカリテ物ヲイヒ、ウラヲモテ《裏表》モナキガ人ノ本也。(56)サリナガラ、当世ハサヤウ《左様》ナルヲモ又過タルトイフ人有リ。其段ハ故実ナルベシ。ニゴリ《濁》タル世中ナレバ、我ガ心ニテガイブン《外聞》スグナラント嗜《たしなみ》ナントモ、ヨキホドハマガルベシ。マヱツイセウ《前追従》ナドモハカラヒテ申テヨシ。サノミアタヽカニ申セバ、後ヲカシクナル物也。(57)正月人ニアヒテ、ワカク《若》御成候、当年ヨリ富貴ニテ候、ナド、中程ノウソ《嘘》ハ折々申物也。ソレハ昔ヨリハウ《法》ナリ。物モイラネドモ、心ニ入テ物

ヲ習人ニハ、坊主モアハレガリテヨキ事ヲヲシユル物也。心ガケヌ人ノ何ヲタガ大事ヲ伝ヘ、インカ（印可）ヲ取タルナド申カヾヤカスニ、ヲモシロキ程ノカン（堪）ハナキ物ナリ。

㉖一、銭セウブ（勝負）ノ事。的ハイテ（射）ヨシ。ソレモ人ニスグレテギ（手際）ハナドコノミテ（好）ハイ（射）マジキ也。其外ニ銭セウブ（勝負）無用也。バクチ（博打）双六《すごろく》ハ正躰《しょうたい》ナシト申也。(58)我ラガセンゾ（先祖）ニ小次郎重俊ト申セシ人、ロクヲン（鹿苑）院殿サマノ御代ニ奉公申候シガ、日本一番ノバクチウチ也。六十余州ニ絵図ニウツシテ、バクチノ名人ト申セシヨリ、多胡バクチト申也。左様ノ名人ニ成テモ、田ノ壱反モバクチニテ勝テハ置ズ。マシテヤ名人ニモ上手ニモナラデウタン事、正躰ナシノテウゼ（頂上）フナルベシ。シユ（酒）バク（博）女トテ三ケ条ノ正躰ナキ事ニ申也。(59)能々此三ケ条ヲワキマヱテ人ニ御成有ベシ。見ルニメウヨク（名欲）サハルニボンナフ（煩悩）ト申セバ、ハヤク立ノキ、正躰ナシニマジハル事、ユメ〱有ベカラズ。重後（ママ）、重行、高重マデ三代バクチノ名人也シナリ。ソレヲ祖父越前守代ヨリモバクチヲヤメテウタズ、応仁ノ乱ニ罷上リテ、天下ニ人ノ知ルホドノ太刀ヲウチ、ソレニ付テ御判ヲ給《たまわり》、今ニヲイテ本領ニアタル守護役儀仕ル事ナレ。又、親ニテ候人ニ宗右兵衛尉忠重入道悉休《シッキウ》トテ、近代ノ名人ノヤウニ申セシガ、バクチヲキラヒシナリ。辰敬《トキリリ》其末ノ子ナレドモ、人ナミニ出頭ヲ仕《つかまつる》事、バクチ銭《ぜ》ニセウブヲキラフ故也。バクチ打、人ニナラヌシルシ是ナリ。

カリソメモスマジキ物ハ銭セウブ（勝負）（負）マクレバ持シザイ（財）ヲウシナフ

ザイホウ（財宝）ヲモタデバクチヲ打ナラバカナラズヌスミガンダウ（強盗）ヲセン
盗人トナラバ知行ヲウシナフカイヤシキ者ハイノチウシナフ

右条々 誠《まことに》手アサナルヲカシキ事ニテ候ヘドモ、親ニテ候人仰置シ事ノハシ〱ドモ也。[60]何事ニテモアレ、一色シリテ人トハ成ガタシ。仁義礼智信ノ五ヂヤウ（常）、春夏秋冬土用、又人ノ身ノ五臓一様有テ事タルベキカ。人トナラバ大ガイ（概）人ノスル事ヲウカヾヒテヨシ。

ヲフカタハ月ヲモメデジ是ゾ此《この》ツモレバ人ノ老トナルモノ

ナド古人ヨマ（詠）レシモ、何事モ一色ニトンジヤク（頓着）シタル事ヲキラフシルシナリ。年月ノウツルゴトニ、ヲノ〱時々、其人々、其座敷〱ニ心持カヘテヨシ。シツケ（躾）、寄ノキ（退）、物申《ものもうし》ナド同事也。田舎ノ人ハ木ニテ仏ナド作付タルヤウニ、ヒトカタギニ定ハ事ヲカシキ事也。亦サダマラヌモヲカシキ。時々人々ニヨリテカハリ、トキ〱人定ル法ナリ。タトヘバ、末世ナレドモ春クレバ花ノサキ、秋ハ実ノナルゴトシ。上タル人ノ御前ニテモ、下ナル者ニアフ時モヲナジ心持ナランハ、夏冬シラヌヤウナルベシ。能々分別有ベシ。辰敬五歳ヨリ将基ヲサスナリ。然バ将基サシトテ人ノサタ（沙汰）アレバ、六歳ノ時御屋形《おやかた》栖雲寺殿《せいうんじどの》御前ニテモサス也。[61]将基バカリニカヽリテ手習ナドウトシ（疎）。十二歳ノ時ヨリ在京ヲ仕、奉公ノ姿アレバ寺ナドニモ居《おら》ズ、其マヽ学文ニウトクテ人ニモナラヌ也。天下ミダリ（乱）ガハシクナリテ本国ヘ帰レドモ、在京ナド仕タルシルシナクテ、身《み》持《もつ》事ナシ。廿五六ヨリモ、雲ヲヒタヒニメデ、諸国ヲメグル。何ニ成テモ心ヤスキ事ナシ。手足ノ隙ノ入中ニ、力ノ入事ヲスルハ下也。力モイラデ手足ヲハタラカスハ中ノ人也。心ヲハタラカシテ、心ニテ事ヲナスハ上ノ人ナルベシ。左様ノ心得ヲ思ヒ、親ノ朝夕仰《おおせ》ラレシ事ヲ思ヒ出シ、アン（案）ジマハシ、日本ハ神国ナレバト思ヒテ、心ヲ正直ニ持、神仏ヲ信ジ申力ニテ、卅八ノ時亦本国ヘ帰リ、命ヲカロ（軽）ク名ヲヲモ（重）ク思ヒテ、数度ノチウ（忠）ヲイタス。亦、誰成トモ刺賀《さつか》ニ御番仕候ハン人ニ、二千貫ノ知行給候ハン間、望次第ニ居候ヘト仰出サレ候時、御請申人ナシ。岩山ヲモタズバ国ノ御大事有ベシ。其時人ナミニ死ナンヨリ一番ニ腹ヲキラント思ヒキリテノゾ（望）ミ申ス。(62) 其天道ニカナヒ候ヤ。雲州ノ西ノ木戸柱トナリテ、石見ノ刺賀岩山ニ居城仕、人ナミ（並）ニ面《おもて》ヲナラブル。ガクモン（学文）アリ文字アラバトナゲキクヤシクヲモヘドモ曲ナシ。

　学文ヤ文字材木デツ(ク)リタル人ノ家コソ本ニテハアレ
　銭米ヤクハホウ（果報）バカリノ人ハタヾウラヤマシクモ手アサ成ケリ

高名ハ相手ニヨレル物ナレバケナゲダテスナカヘス〲モヲソレヲ、キ申事《もうしごと》ニテ候ヘドモ、御親父ニハハヤク（早）御ハナレ（離）有テ、誰ニテアレ異見ドモ申人ナシ。我等サヘヘダヽリ候ヘバ、存寄《ぞんじより》タル事ヲモ申サズ。辰敬ヨキモノニテカヤウニ申ニテハナシ。クヤシキ事ナレバソノカン（勘）ヲ申也。(63) ユメ〱人ニ御見セ有ベカラズ。毎日此ソウシ《（双紙）》ヲ御ヨマセ候ヘテ御聞アリテ、ヨキ人ニ御成アルベク候。其上ニテ辰敬申ス事、フカン《（不堪）》ナル事ニテ有ベシ。御ワラヒ《（笑）》アルマジク候〳〵。穴賢《あなかしこ》々々。

イケン《（異見）》トテロニマカセテ申セドモワガ身ノ上ハシラヌ辰敬

是多賀ノ豊後《ぶんご》作リテ異見セラレシ双子《（ママ）》如レ本写候也。(64)

（1）この「家訓」は、ほとんどの条文に道歌とよばれる歌を置く形式を採っている。道歌とは、訓誡を目的として道徳的な内容のことをわかりやすく詠んだもの。この冒頭の三首は序文の意味で置かれたものであろう。なお、原本（内閣文庫所蔵写本）ではこれらの歌の記述のされ方は様々で、文頭に「一」を冠しているような例もあるが、本書においてはこれらはすべて改行の上で「一」を取り除き、さらに二字下げにするという形の表記に統一した。

（2）「手習学文」は文字の読み書きを習い、漢字漢文を学び書籍を読むこと。この「家訓」を翻刻して収録している『中世武家家訓の研究』（風間書房）の中で筧泰彦氏は、「手半学」について〝多胡家訓と同時代の書である「世鏡抄」には「筆ハ文ノ万能ノ半能ナリ。弓ハ武ノ万能ノ半能ナリ。去バ筆ハ半学文弓ハ半兵法ト云ヘリ」などとあって、当時「弓半兵法、手半学文」といったことが知られる〟と註記している。したがってこの文は、「物ヲ書」く能力を持っているということは「学文」の道の半分程には達していると言われるくらいの基本的なことなので、とにもかくにも「第一ニ手習学文」に励むべきことを強調したもの。以下の文中の「人ノ身ニハ親子ヲカギリテシラセヌ程ノ事有ベシ」の「シラセヌ程」は、原本では「シラセス程」とあるが、誤写であろうという寛氏の判断に従って改めた。「カイギヤウ（戒行）」は仏教語で、戒の定めるところに従って実践修行すること。

（3）「ヨクホユレバ」は原本では「ヨリホユレバ」とあるが、寛氏の判断に従って改めた。以下の文中の「公界」は世間あるいは人なかの意。

（4）「チカラ（力）ダテ」は力の強いことを誇ること。「セイビヤウ（精兵）ダテ」の「セイビヤウ」は弓を射る勢いの強いことを言う語であるから、ここは強弓が引けることを誇るという程の意味か。「キリテノ内」について、寛氏前掲書は〝初歩から切までの一通りの手のことか。或はきりてとは精確に射当てる技能か。（きりとは先の矢目へ後の矢の入る事をいう）〟と註記している。

（5）「名田」は、平安時代から中世を通じての荘園や国衙領の構成単位で、開墾や買い取りなど様々な形で取得した田地に取得者の名を冠してその保有権を表明したもの。その持ち主を名主と呼ぶ。

（6）「鳥目」は穴あき銭で、中央に鳥の目に似た孔があるところからこの名がある。「飛渡リ」は道を横切る流れや溝の上に橋がなく、飛んで渡るようになっている所。以下の「カマクラ（鎌倉）ノ奉行」の話は、後の文にあるように「タイヘイキ（太平記）」に収められたもので、鎌倉幕府の引付衆として執権の北条時頼や時宗に仕えた青砥左衛門藤綱という人を主人公とするよく知られたものである。『太平記』巻第三十五を参照されたい。

（7）「大儀」は、もとは室町時代に幕府の財用不足を補うために諸国の領主に命じて出させた出金を言ったが、これから転じて大きな費えや大きな負担苦労を意味する語となった。以下の文中の「三宝」は仏の異称。したがって「三宝ノカゴ（加護）」は仏が力を加えて護ること。また、「サイシン（再進）」は食べ物をお代わりすることで、「ヲシキ（折敷）」は杉ないしは檜材を薄く剝いだ板であるへぎ製の角盆または隅切盆。四方に折りまわした縁を付けていて、食器や神饌を載せるのに用いる。「何ニカナワケント思フ」は、何とか無理をしてでもわけようと思うこと。「シンサク」は斟酌の訛で、遠慮する、辞退するの意。「又人シフベシ」の「シフ」は〝酔う〟の意であると思われる。

（8）「ヒクハン（被官）」は上級武士に下属して家臣化した武士。「中間」は武士につき従う雑卒で、「下人、下部」は武士の家の雑用をおこなう召使。「ブンゲン（分限）」は身分や社会的立場を言う語。以下の文中の「アタマアハズ」は、考えちがいをしているという程の意か。「ホウケ」は惚けで、鈍くて一人前の働きも出来ない状態にあること。また、「タノシクナラン」は豊かになる、富裕になるの意。「ヨキホドニセン事」に続く文中の「算用ノトク（徳）ナルベシ」と「タノシキトテ」は、原本ではそれぞれ「算用ノトクナリベシ」「タノシキトラ」とあるが、寛氏前掲書の誤写であろうとの指摘に従って改めた。

（9）「仁儀」は世間の義理を言う語であるが、この句の続きには脱文があるようで意味がよく通じない。以下の文中の「イタカ」は豊かの訛であろう。筧氏は〝或は威高か〟としている。また、「サノミニ」は概してという程の意か。

(10)「シキ（敷）」は敷地の略語で面積の意。続く文中の「ウチヲリソトヲリ（内折外折）」について、筧氏は〝柱の内隅から内隅までの長さで面積を計るのを内折といい、柱の外隅から外隅までの長さで面積を計るのを外折という〟と註記している。また、「方中スミ」については〝柱の中心を隅とすることか。未詳〟としている。この条の末に近い文の中の「地子」は、土地に対して課せられる地子銭、地子米などの雑種の税のこと。「地フク（幅）」は田地の地味の意。「朱」は重量の単位で、「才」は容積の単位。

(11)「疋」は匹とも書く銭の単位で、古くは鳥目一〇文を一疋としたが、後には二五文が一疋となった。以下の文中の「曲有マジ」は、何の面白味もない、何の役にも立たない、何の取り得もないこと。「知音スベシ」は親しい間柄となっているべきだの意。「虫ノ薬」は腹中にわく回虫などの駆除のために服用する虫下しの薬。条末の最初の道歌にある「ヤクシ（薬師）」は薬師如来のこと。衆生の病苦を救うとされた如来で、古来より医薬の仏として尊信されて来た。最後の道歌の「脈取テ上手成トモ」は、たとえ診断は上手で正確であっても の意。

(12)「後生善所ノ事」は死後に行くべき浄土、すなわち来世の意。続く文中の「ナゲク」は切に心にかけること。「鬼神」は死者の霊を言う語だが、人の耳目では接し得ない超人的な能力を有する存在を指しても言う。『古今和歌集』仮名序には、「力を入れずして天地を動かし、目に見えぬ鬼神をもあはれと思はせ、男女の中をもやはらげ、猛きもののふの心をも慰むるは歌なり」とある。

(13)「ザッシャウ」は雑掌と書き、室町時代に将軍が大名の邸に赴いた際、その家で将軍に饗する酒饌の費用を掌らせた臨時の職の名であったが、転じて饗応のために用意される酒や食物を言うようになった。ここでは単に料理の材料の意で用いている。「シッツイ(失墜)」は無用の出費のこと。以下の文中の「賞玩ノ物」は珍重される物。また「カラザケ」は乾鮭や干鮭と書き、鮭の腸《はらわた》を取り除き素乾《しらぼし》にしたもので、当時は松前や秋田や新潟の特産品として京に運ばれた。京の人にとっては珍しくもない誰でも食べられる食品であった。「御マハリ」は女房詞で御回、すなわち食事の際のおかずのこと。

(14)「天気道リヨリ」では意味不明であるが、筧氏は前掲書でこのくだりは〝これはもと「一人気遣フヨリ」とあったのを、「一」と「人」とが接していたものが一字と思い誤まられて「天」と読まれ、それに伴って「遣」の草体と道の草体とが極似しているところから遣を道と誤り、又それにつれて「フ」と「リ」の筆体の近似から「フ」を「リ」と誤ってしまったものと考えられる。「一人気遣フヨリ」と訂正すべきものであろう〟としている。本書はこれを傍書の形で紹介しておいた。

(15)「シカタ(仕形)」は所作を交えた舞。仕舞のこと。以下の文「其次大鼓ハ、タイコハ」の間には少なからぬ脱文があるようで意味が通じない。「座中ノハヤシヲシク」の「シク」は〝敷く〟で、広く及ぼす、触れ示すの意。また「猿楽」は能と狂言のことであるが、ここでは芸能を専門とする者という意味で用いられている。彼等が身分的には賤しい存在と捉えられていたことは、後の文「フシギ（不思議）ナル者ノ子ナレドモ、能ナドスレバ人ノヤウニ申也」というくだりからも知られよう。「フシギナル者」は身分の賤しいことを指す語であるからである。

(16) この文以下は原本では頭に「一」を冠しているが、文脈からするとこの第八条に続くものなので、本書では「一」を除き改行した形でこの条に含めた。冒頭の歌は『詞花和歌集』巻第一春に「題不知」として収録されている源頼政の詠んだ「深山木のそのこずゑともみえざりしさくらは花にあらはれにけり」を引いたもの。続く文中の「フシギ（不思議）ナル者」は、出自も明らかでない身分の賤しい者の意。

(17) 「ムクゲ（毳）」は薄く短く生えた柔らかい産毛のことであるから、本来柔らかいものであるはずの毳が柔らかくなかったり、本来真っ直ぐで尖っているものである「イバラ（棘）」が「スネタルヤウ」すなわちネジ曲がっているようでは「物ウ（憂）カルベシ」。つまりこのくだりは、物が本来のあるべきあり方にないということはスッキリしないことであろうということを述べたものか。

(18) ここに言う「鞠」は蹴鞠のこと。古代以来、主に朝廷、公家の間でおこなわれた遊戯で、通常八人が革の沓《くつ》をはいて鹿革の鞠を足の甲で蹴り上げ、地面に落とさないように受け渡しをして蹴る回数の多少や鞠の軌跡や蹴手の姿勢の優美さなどを競った。この遊戯は鞠壺《きくつぼ》または懸《かかり》と呼ばれる七間半（約一四メートル）四方の、東北の隅に桜、東南に柳、西南に楓《かえで》、西北に松を植えた庭でおこなわれた。最初に置かれた歌は、そのような庭に出入りする際には「シッケ（躾）」すなわちマナーがあることを詠んでいる。最後の歌の中の「シンキ（辛気）」は気分が鬱すること。

とを説く。

また、「積気」はかんしゃくを起こすこと。蹴鞠はこうした気分を晴らすための「薬」になるこ

(19)「侍官」は被官の侍。「中間」ともども註8を参照されたい。

(20)最初の歌にある「寄ノ（退）キ」は座敷に居る際の身の処し方、すなわち立居振舞いの作法を言う語。最後の歌の中の「番匠ノカネ」は大工の用いる長さなどを計る道具。曲尺《かねじゃく》。

(21)最初の歌の「池ノ坊」は室町中期、京都三条頂法寺（六角堂）の池坊専慶に始まる生け花の流派。「御前ノ花ヲサス」は将軍家の花をさすことか。続く歌の「ズイ（随）ニ」は自由自在に。「文《もん》アミ（阿弥）」について、筧氏は前掲書の中で〝室町時代の花道の名手。堺の人。瓶花をよくし、将軍義輝の命で「花論」編輯に当った〟と註記している。『国書人名辞典』（岩波書店）によれば、生年は未詳だが、歿年は永正一四年（一五一七）とある。

(22)「利カタ」について、筧氏は前掲書で〝利形又利方。元来は利益のある方の意味だが、戦国時代の用語としては、相手の意表に出て敵を容易に打負かすような、有利な方法や新兵器をいった〟と註記している。また「忘レヌ事ヨ」は原本では「忘レヌ事モ」とあるが、筧氏の〝「モ」と「ヨ」は字形が似しているところから、もと「事ヨ」とあったのが「事モ」と誤られたのではなかろうか〟という指摘に従って改めた。

(23)この歌の「身サバク」は原本では「身サソク」とあるが、この箇所についても筧氏の判断に従って改めた。

(24)「リコウ（利巧）ハシスナ」は、利巧ぶって小手先の勝負をするなという程の意か。二つ目

の道歌の中の「タクラダ」は田蔵田と書き、この時代の用語で、馬鹿者、うつけ者の意。

(25)　ここに言う「鷹」は鷹狩りのこと。飼い馴らした鷹を放って野禽や小獣を捕えさせる狩猟で、古く高麗から伝来したものとされている。公家や武家の間で盛んにおこなわれた。この条の三首の歌の中の「ハシタカ（箸鷹）」は鷂《はいたか》とも呼ばれる小形の鷹のことで、蒼鷹《おおたか》を用いる大鷹狩りにではなく隼や雀鷹《つみ》などとともに「小鷹ガ（狩）リ」の鷹として用いられる。三首目に「蜂鷹」とあるのは箸鷹の当て字か。なお、「ツギヲ（継尾）シラヲ（白尾）」について、筧氏は〝尾羽を他鳥のもので続いだものをつぎ尾の鷹といい特に鵠羽を以て続いだものを白尾という〟と註記している。鵠はクグイのことで、白鳥の古称。二首目の道歌を見ると、当時においては「連歌師」も、「マヱ（前）句ニ付ルナラ（習）ヒ」すなわち歌に詠み込むことがあるので「タカ（鷹）ノ道」に通じている必要があったのであろうか。

(26)　「カタギヌ（肩衣）」は袖なしの胴衣《どうぎ》で、室町時代の末からは武家が幕府に出仕する際の正装であった直垂《ひたたれ》の一種の素襖《すおう》の代用として用いた服。以下の文中の「ハダ（肌）ノ上ニ」は原本では「バタノ上ニ」とあるが、誤記として改めた。「ハダ」は肌着のこと。また「アハセ（袷）」は裏のついた着物。「ハカマノソバ（稜）」は袴の股立《ももだち》、すなわち袴の左右の開いている所を縫い止めた場所のことで、衣の折り目という意もある。したがって「ハカマノソバヲトル」は袴の股立を取るという意となるが、衣の折り目を手でつまみ挟むという意味でも用いられたようである。続く「モ、タテ（股立）ヲ取」は、左右の股立をつまみ上げて帯または袴の紐に挟んで活動しやすくした状態を言う。「ソヱモン（添紋）」は定紋に添えて用いる家紋。

(27)「大ヤウ(様)」は落ち着いて穏やかな様子。鷹揚とも書く。以下の文中の「コウ(公)地」は、公界に同じく世間あるいは人なかの意。

(28) この「ハヂガハシキ事ヲ」と続く「大ニ曲事也」の間には脱文があると思われる。また、以下の文中の「年ニヨルベシカ」について、寛氏は前掲書で〝今日の用法では「年ニヨルベキカ」とすべきである〟としているが、当時の用法のままに残して改めなかった。続く文中の「ベチ(別)ノ所ニテ(ハ)」の「ハ」を加えたことは寛氏の判断にもとづいている。「クスミマハリ」は生真面目過ぎる態度で振舞うこと。

(29) この文中の「ズイ(随)ナル(サマ)」の「サマ」も、寛氏の判断に従って挿入したものである。「ズイ」はここでは我儘勝手の意。以下の文中の「殊ニ(外)ヨリ牢人衆ナド、テ抱候ハン人」は、原本では「殊ニヨリ牢人衆ナド、テ拘トハン人」とあるが、「拘」は「抱」の当時の慣用体であり「ト」は「候」のくずし字の誤写であろうという寛氏の判断に従って改め、「外」を挿入した。

(30) この文中の「神ノ本地仏ノスイジヤク(垂迹)」は、本地すなわちその真実身が仏や菩薩であるものが衆生を済度するために迹《あと》を垂《た》れて我が国の神祇となって現れるとする神仏同体説である本地垂迹説を言うものであろうが、ここは文脈から見て「身持ノ様」すなわち処世のあり方としては「イシヤウ(衣装)ヲカイツクロ(買繕)イ」以下に述べているようなことをおこなわなければならない場合もあるということを言うために置かれているので、単に形やあり方を飾ることも、また逆のことも場合によっては必要であることを言うためのたとえのつもりで用いているのではないかと思われる。

(31)「鹿カセギ」について、筧氏は〝鹿角をいう。鹿角は薬猟の対象であった〟と註記している。以下の文中の「大ギ（儀）カダテ」は、原本では「大ギカダテ」と読めるが、筧氏の判断に従ってこのようにした。「馬ヲセムル」は馬を乗り馴らすこと。また、「ザウサ（造作）」は手数をかけること、面倒をかけることを言う。

(32)「心イタ（痛）キトテ」は不憫であるからといって。「ヒッカケ」はひっかかり、転じて機縁の意。以下の文「アシキカタシアシキカタヘハヒカレヤスシ」については意味が通じない。筧氏は冒頭の「アシキカタシ」を誤って書き入れられた不要の衍文であるとして、削除すべきとしている。

(33)「クハンス（鑵子）」は湯を沸かすために用いる金属製の薬鑵。「ツル（鉉）」はそれを持ち上げるための弓形ないしは半円形の取っ手のこと。続く文中の「手水」は洗面あるいは手洗いに行くことを言う。「茶湯」は仏前に煎じ出したお茶を供えること。

(34)「ウッロ」は内方あるいは洞とも書く戦国時代の用語で、一家、一族、同族の意。以下の文中にある「ヲトナ（乙名）」は中世末期の名主層である郷村の代表者で、大小名の家の家老・宿老・年寄を務める類いの者を言う。「ソウシヤ（奏者）」は室町時代以後の諸家における申し次ぎの役を言う語。主人に謁見の者の名を取り次ぎ、謁見に関する雑務を担当した。

(35)「見ケナス物也」は、人は悪く見るものだの意。続く文中の「地下人」は殿上人《てんじょうびと》に対する語で、官位のない者すなわち庶民のこと。

(36) 「セツ〳〵（切々）ニ」は、あるいは節々にか。切々にの場合は一々のことごとに当たって懇《ねんごろ》に情に訴えての意、ないしはこせこせと小事にかかわるさまを言う屑々を切々とも書くのでこの意味であろうが、節々の場合は一々のことごとに当たって折り折りにの意となる。以下にある「矢ノ篦ヲタ（矯）ムルニ火ノ入ヤウアリ」の文中の「矢ノ篦」は矢柄すなわち矢の幹のことを言う。弓矢は主として篠竹《しのだけ》で作ったが、節のところで少し歪んでいるのでこれを火で焙《あぶ》って矯正しなければならなかった。

(37) 「細工ゲナル者」は手先の器用な者の意。続く文中の「曲ナシ」は本来は面白味がないということだが、ここは文脈から見て〝才能を発揮することもなくつまらないことだ〟という程の意か。以下の文の中の「上ボン（品）ノ人」は極楽浄土の最上級のところに往生する人、すなわち最上級の立派な人物を言う語。「心ヲカレテ」は気兼ねや遠慮があっての意。「ヨウギ（容儀）」は礼儀にかなう身のこなし。「タイハイ（帯佩）」は太刀などを身に帯びること、またその容姿を言う語であったが、後に転じて弓馬等の技芸の型、さらには身の取りまわし方や行儀作法を言うようになった。ここでは行儀作法の意。「人ニナラズバ」は武士として一人前にならなければ。

(38) 「抱メシツカフベシ」の「抱」は原本では「拘」とあるが、註29にも示したような筧氏の判断に従って改めた。続く文中の「ヒ、」は「イ（言）ヒ」の訛であろう。「ソラヤミ（虚病）」は仮病のこと。

(39) 「マ、コイタ（継子板）」は、桶の板が一枚板ではなくて数枚の板を継いで組み合わせてある状態を言うものか。この文は、したがって「サノミモラヌヤウ」に輪竹をきつく締め過ぎれば割れて、すなわちバラバラになってしまうとしている。以下の文中の「キコン（機根）ナル物」の「キコン」は元々は仏教語で能力や素質を言う語。ここは能力や素質にあふれた怜悧な者の意。「トリカ（ヘ）ベシ」の挿入は筧氏の判断にもとづく。

（40）「レウケン（料簡）」は考えをめぐらすこと、ないしは思案や心得といった意味の語。続く文中の「聯句」は幾人かの人が一句ずつ作ったものを集めて一編の詩とすること、またはその漢詩で、聯詩とも言う。したがって「詩聯句歌連歌」のくだりは、詩でいうと「聯句」、歌の場合でいうと「連歌」を作る際には、いずれも幾人もの人でおこなうので、「レウケン」することが必要なことを説いたものであろう。また、「日タラズ」は原本では「日タラヌ」とあるが、誤写であろうとする筧氏の判断に従って改めた。「メチ（滅）日」は滅門日のことで、陰暦上で一ヶ月の三〇日と実際の月の運行の周期が異なることから生ずる残余の日を言い、六三日あるいは六四日ごとにある。この日は陰陽不足として、陰陽道では百事に凶であるという悪日とした。「モチ（没）日」は〝ぼつにち〟とも呼ばれる一・二月の辰・酉・亥、三・四月の未、五月の戌、六・七・八・九月の寅、一〇月の丑、一一月の巳、一二月の丑の日を言う。陰暦の一年は三六〇日であるが太陽の周期は三六五日四分の一であることから生ずる残りの五日分を言い、七〇日あるいは七一日ごとにそれぞれの月の上記指定の日にあてた。この日についても陰陽道では陰陽不足として事業の凶日とした。これらの日は仕事をしない日で、人を使わない休日とした。

（41）増川宏一氏の『碁打ち・将棋指しの誕生』（平凡社ライブラリー）における「山科言国の日記」にもとづいた「重阿弥（チュウ、チュ阿、重阿とも記されている）」という記述から、「極楽寺ノ重阿弥」の名の読みについては〝じゅうあみ〟とした。この著は、彼の経歴についても詳しい。「心ウカ〳〵」は気がぬけてぼんやりすること。また「井ノ内ノ蛙」については原本では「井ノ内ノ蛭」とあるが、誤写として改めた。

（42） 原本のこの部分には錯簡がある。筧氏前掲書の指示に従って、原本二〇丁表一一行目の「スレドモ」から二二丁裏六行目の「トモ（乏）シキハアシキナリ」（第二三条）までを、「人ノ尋テカ（買）ハント」につなげて挿入した。以下の文中の「合力」は、力を添えて助けること。

（43） この文中の「又人ノ用トテ出シ」と「トモガ（伴替）エモナキ物ヲ人ニ出シ」は原本ではそれぞれ、「又人ノ用トテ出ス」「トモガエモナキ物ヲ人ニ出ス」とあるが、筧氏の判断に従って改めた。「トモガエ」は代替のものの意。「ウロン（胡乱）ナル人」は疑わしいあやしい人を言う。「ダテ（伊達）ヲシ」は見栄を張って。「サギ（鷺）ヲカラス（烏）トアラガヒ」は、白を黒と言いくるめて無理を通すこと。「三ケ条ノ人」は酒や博打や女性に溺れたまともではない人を言う。「我ガ身ノホウケナルニ入タルコトナレドモ」の文中の「ホウケ」は惚け。註8を参照されたい。なお、この文と続く「見タル事ヲモ」以下の文との間には若干の脱文があるようで、意味が通じない。

（44）「細々」は再々の当て字。「日トヒハ」について、筧氏は〝「日」は「ヒ」の変体仮名とすれば、「ヒトヒハ」となり一日の意味かとも思われるが、不明〟と註記している。文脈からすると、あるいは〝いつぞやは〟という程の挨拶言葉の意か。以下の文「マレニ寄合ホドハシタシキ心ナシ」の「心ナシ」は、原本では「心ナリ」とあるが、これについても誤写であろうという筧氏の判断に従って改めた。「勧学院ノスヾメ」は〝勧学院の雀は蒙求を囀《さえず》る〟という諺にもとづいている。勧学院は平安時代に藤原冬嗣が藤原氏一門の子弟のために創立した学校であるが、いわゆる教科書として唐の李瀚が中国古代から南北朝までの有名な人物の言行を記し様々な故実を初学者に知らせるために撰述した『蒙求』を用いたところから出た諺。常に見慣れ聞き慣れていることは自然に覚えるというたとえで、〝門前の小僧習わぬ経をよむ〟と同趣旨。

(45)　「丈」も「寸」も長さの単位。丈は一〇尺で約三メートル。寸は尺の一〇分の一。以下の文中の「コウ（劫）ヲツミテ」の「コウ」すなわち劫は仏教語できわめて長い時間の単位。したがってこのくだりは長い年月を経て、ないしは年功を積んでの意となる。

(46)　「カキホレドモ」の〝カキホル〟を筧氏前掲書は〝垣掘る〟として、邪魔だてする、嫌がらせをする意としている。続く文中の「理ウン」については〝元来は道理にかなっている意。この場合は利運と同じ。有利ななりゆき〟と註記している。「力石」は力試しに抱え上げる石で、神社の境内などに置かれる。

(47)　この成句は正確には〝親《しん》は泣き寄り他人は食い寄り〟で、不幸に際して肉親や親族は実意と同情とをもって哀悼のために集まり、他人は食物にありつくために寄り集まるということを述べる。「其段ハ故実也」は、その点はこれまでに経験したことにもとづいて判断するほかないという程の意か。以下の文中の「理非ヲワキマユレバ」は原本では「理非ヲハキマユレバ」とあるが、筧氏前掲書の判断に従って改めた。

(48)　このくだりについて筧氏は前掲書の補註で、〝余儀（ヨギ）とは他にとるべき方法をいうが、この時代には末代相違なしという意味に用いられた。即ちこのところでは、嵯峨天皇の時以来、末代相違ないところの定として知行の十分の一を出すということになったという意味である。ただそのように解釈した場合「サヤウノアレバ」という句が稍々浮いた感じになる。ところが、葉隠に引用された抄録のこの部分を見ると、「左様にありては余りなりとて」となっている。これだと、知行の三分の一を以て寺社の用に供するのはあまり負担が過重であるから、という意味になる。若しこのように解するとならば、「余儀」は「アマリノギ」と訓むべきであり、「ニテ」は「トテ」の誤と見て改めた方がよいということになる。この場合には「サヤウノアレバ」という一句との意味の続き具合はよくなるのである。今私は内閣文庫本の「余儀ニテ」をそのままにして、前者の意味に従った〟と述べている。以下の文中の「公用」は公の費用のこと。「チウヨウ(懲膺)」は、こらしめの意。

(49)「カ(掛)ケ字ナドニ書」は掛軸などに書かれるの意。「得失鏡」は徳失鏡とも言い、室町時代から戦国時代にかけて神仏習合の神道家の手により日常の教誡として広く流布したもので、作者は聖徳太子や菅原道真に仮託された。この書の成立については中世の聖徳太子信仰や天神信仰が係わっており、内容的には『十七条憲法』の影響が深いとされている。箟氏は前掲書補註の中で〝この得失鏡は、尼子氏の下に進められた出雲大社の神仏習合化政策の思想的支えをなした、明星客院の禱祈《(マヽ)》師により出雲地方に流布されたと考えられ、習合化政策実施の奉行を勤めた辰敬の父多胡宗右兵衛尉忠重入道悉休を通じて、辰敬にも大きな思想的影響を与えているものと考えられる〟と述べている。

(50) 上の文中の「身ノ外ノタカラハ人ノ(コト)ナリ」の挿入は筧氏の判断に従った。「脇立」は夾侍《きょうじ》のことで仏の左右に侍しているもの。弥陀には観音と勢至、釈迦には文殊と普賢、薬師には日光と月光といった菩薩が侍す。註42に示した挿入はこの文までで、ここから再び原本の一六丁裏八行目の記述に戻るが、文の冒頭部分は脱文があるようで意味が通じない。

(51) 「家ヤク(役)」は家抱(いえかかえ、けほう)とも言い、田地を持たずに家だけを持っている者のこと。「マレ(稀)ナル」は原本では「マレナリ」とあるが、誤写であろうとする筧氏の判断に従って改めた。以下の文中の「入作人」は他所から入って来て耕作をする小作人。「在所」はここでは自らが住んでいる所の意。「イサゴ(砂)ヲアツ(集)メテ金ヲアラ(洗)フ」は、川砂を集め洗って砂の中に混じっている砂金を採取することで、「人数ノ有所ニハ」砂の中に金が混じっているように「用ニ立者」があるものだと言うためのたとえ。

(52) 「カヽリ作」は懸作ないしは掛作と書く。中世末には貨幣の賦課を一般に懸銭またはカヽリと呼んだ。このことから「カヽリ作」はカヽリを納めて田地を耕作することや、それをおこなう小作人のことを言う語としても用いられた。以下の文中の「禰覚」は寝覚の当て字。「トゼン(徒然)」はつれづれ。条末の最初の道歌の「タカラトイフハ」は原本では「タカキトイフハ」とあるが、誤写であろうという筧氏の判断に従って改めた。

(53) 「内裡」は内裏とも書き、御所のこと。「七星(しちせい、しちしょう)」は中国の星学において北極星の属星の中で最も有力なものとして崇拝された七つの星で、貪狼星《とんろうせい》・巨文《こもん》(門)星《せい》・禄存星《ろくぞんせい》・文曲星《もんごくせい》・廉貞星《れんじょうせい》・武《む》曲星《ごくせい》・破《は》軍星《ぐんせい》を言う。以下の文中の「転法輪」は筧氏前掲書によれば〝三条家をいう〟とのこと。「公方様」は将軍。「武衛」は左右兵衛府の唐名であるが、斯波義重が左衛門佐となって以来、斯波氏は代々兵衛督《ひょうえのかみ》または佐《すけ》に任ぜられたことから、この名は斯波氏をさすようになった。「御相伴ノ大名」は室町幕府の上記「三クハンレイ（管領）」と、その次位にある「山名、一色、京極、赤松」の相伴衆のこと。相伴衆は将軍が殿中に宴を催したり諸将の宴に赴く際に陪席する資格を持つ。また、「御内ニツニワカリテ」とあるが、筧氏の判断に従って改めた。「義澄サマ」は室町幕府一一代将軍の足利義澄で、「義稙サマ」は一〇代将軍の足利義稙。

（54）「シュザム（修懺）」は原本では「シュサイ」とあるが、筧氏は前掲書に〝「シュサイ」（修斎）物いみして祈って福を求めること〟とした上で、〝或は「シュザム」（修懺）の誤写とも考えられる。「イ」と「ム」の筆字体が相似しているところからの誤であろうか。意味からいえば修懺の方がよいと思われる〟と註記している。本書は氏の判断に従って改めた。なお修懺は仏教語で、自分の犯した罪過を仏祖の前で懺悔することを言う。また、「クハン（観）念」も仏教語で、仏陀の姿または真理を思い浮かべてよく考えること。以下の文中の「サイカン」を筧氏前掲書は才鑒として〝物事の道理を見分けること〟と註記している。「調法」は考慮をめぐらすこと。

（55）「カネ」は鉄片を茶の汁または酢の中に浸して酸化させた液である鉄漿《てっしょう》のことだが、これに五倍子《ふしのこ》粉をつけて歯に塗り歯を黒く染める御歯黒《おはぐろ》のことをも言う。古く上流婦人の間に起こり、白河院の頃からは公卿、さらには武家の男子などもおこなうようになり、後には民間にも流布した。また、「小袖」は袖口を細くした服で、平安末から朝廷に出仕する際に着用する朝服の肌着に採用されて重ね小袖として公武上下男女に広く用いられた。「カタビラ」は帷子と書き、裏を付けないひとえものの衣服の総称。「フゼウ」について筧氏は補綴（ほてつ、ほてい）として、〃着物のやぶれにあてたつぎをいふ〃と註記している。「カタギヌ（肩衣）」については註26を参照されたい。

(56)「ビロウ（尾籠）」は痴・烏滸《おこ》の当て字の尾籠を音読したもので、ここでは無作法、無礼、不潔なことを意味する。「クハンタイ（緩怠）」は怠ることという意とともに、無作法、不届き、失礼なことといった意味がある。以下の文「其段ハ故実ナルベシ」については註47を参照されたい。「マヱツイセウ（前追従）」は、後々の利益や効果を計算してあらかじめつかうお世辞やおべっかの意。

(57)「ワカク御成候」は原本では「ワカク御成ト」と読めるが、誤記であろうとの筧氏の判断に従って改めた。「インカ（印可）」は仏教語の印信許可《いんじんこか》の略で、師僧が弟子に悟道の熟達を証明認可することを言う。この条末文中の「カン」に筧氏前掲書は〃堪〃をあてている。堪には勝るとか優れるという意があるからであろうか。なお、この「家訓」末尾の奥書きの文中の「フカンナル事」の「フカン」に筧氏は〃不堪〃をあてて、その意を〃役にたゝないこと〃としている。このことからすると〃堪〃は役に立つことという意となるので、こちら方の意味をとるべきであるかもしれない。また、同じ末尾の奥書きで「フカン」の語を含む文のいくつか前の文中に「クヤシキ事ナレバソノカンヲ申也」というくだりがあり、そのカンに筧氏は〃勘〃をあてて、〃考え、覚り得たこと。体得会得したこと〃の意であるとしている。あるいはここでもこの〃勘〃をあてるべきか。いずれにしても註63を参照されたい。

（58）「銭セウブ（勝負）」は金銭を賭けて勝負をすることを言う。ここでは弓の勝負だけはこれを認めるが、他は一切そのようなことをおこなってはならないことを述べている。「正躰ナシ」はまともではないことの意。以下の文中の「ロクヲン（鹿苑）院殿サマ」は室町幕府三代将軍の足利義満のこと。

（59）「シュ（酒）バク（博）女」は、いわゆる〝飲む打つ買う〟のこと。これらを「三ケ条」と言い、註43でふれた「三ケ条ノ人」といったような用いられ方をする。続く文中の「人ニ御成有ベシ」については註37を参照されたい。また以下の文中の「重後」は「重俊」が正しい。「御判」は御《ご》判物《はんもつ》のことで、室町から戦国にかけて将軍や武将などが花押《かおう》を自署して出した文書を言う。知行の安堵《あんど》や宛行《あておこない》、その他重要な政治向きの命令を発する時に用いられた。「守護役儀仕ル事ナレ」は原本では「守護役儀仕ル事ナシ」とあるが〝筆体の極似から生じた誤〟とする寛氏の判断に従って改めた。条末近くの文の中の「辰敬」に「トキリリ」という振り仮名がふられているが、寛氏はこれを後人の誤写としている。「出頭ヲ仕」は幕府または大名の家で君側に侍って政務に参与する出頭人《しゅっとうにん》となること。条末最初の道歌中の「マ（負）クレバ」は原本では「マフレバ」とあるが、これについても寛氏の判断に従って改めた。

（60）「手アサ」の手は技倆能力の意で、手あさとはあまり能がないこと、つまらないことを言う。「五ヂヤウ（常）」は儒教に言う人の常に守るべき五種の正しい道のことで、通常はここにあるように「仁義礼智信」をさす。以下に引く歌は、「おほかたは月をもめでじこれぞこのつもれば人のおいとなる物」という『古今和歌集』巻第十七雑歌上に収められた在原業平のもの。『伊勢物語』八十八段にも見える。「トンジヤク（頓着）」は深く心にかけて気にすること。「寄ノ（退）キ」については註20を参照されたい。「ヒトカタギニ」は一括しての意か。

(61)「御屋形栖雲寺殿」は京極氏の総領職で最後の出雲国の守護であった京極政経のこと。この人物とこのくだりについて、箟氏は前掲書補註の中で〃京極氏は京極高詮が出雲隠岐両国の守護として元中九年（一三九〇《ママ》）出雲に入部して以来室町戦国を通じて守護として知行したが、政経の時代となるや、同族で守護代を勤めていた尼子経久はその実力により政経を京都に追放し、京極政経の出雲国の守護は名目上のものとなった。しかし明応元年（一四九二）には政経は幕府と衝突して再びその子経秀を伴って出雲国に下り、却って尼子氏に頼ることとなった。そしてその後文亀二年（一五〇二）五十歳で歿するまでこの地を離れなかった。辰敬が御屋形栖雲寺殿の御前で将棋をさしたのは、この時のことであろう〃と述べている。「雲ヲヒタヒニメデ、諸国ヲメグル」は、修行のために諸国を雲が移り動くようにあてもなく旅をすること。雲遊。

(62)「刺賀」は石見国安濃《あんのう》郡にあった地名。現在は刺鹿と書き島根県大田市に含まれる。以下の文にあるようにその地は「雲州ノ西ノ木戸柱」、すなわち石見国から出雲国へ通ずる山陰道の交通の要衝の地であった。「岩山」はこの地に置かれた城で、辰敬が居城とした。「其天道ニカナヒ候ヤ」は原本では「其天道ニカナヒトヤ」とあるが、箟氏前掲書の指摘に従って改めた。また、「曲ナシ」については註11を参照されたい。道歌の最初のものの「ツ（ク）リタル」の「ク」の挿入は箟氏の判断に従った。

(63)「カンヲ申也」の「カン」に筧氏前掲書は〃勘〃をあてて、〃考え、覚り得たこと。体得会得したこと〃の意と註記している。また、以下の文中の「フカン」については〃不堪〃をあてて、〃役にたゝないこと〃としている。

(64) この奥書きにある「多賀ノ豊後」について、筧氏は〃多賀豊後守高忠のこと。室町時代の高名な武将且つ政治家で武家故実に精通し、多くの武家故実書を著し武家の師範と仰がれた人〃と註記している。解題にも記しておいたように、原本である内閣文庫所蔵写本の題は「多賀家訓」となっている。このようにこの「家訓」とは何の関係もない人物の名が題や奥書きに誤って記された理由について筧氏は、多賀氏は累代京極氏の重臣として仕えた家で、高忠は多胡氏と同じく出雲や京極政経と種々の深い縁故を持っていた人であったところから、この「家訓」が京極氏の末裔の一家一門の間に伝えられているうちに、同家の最高顧問の地位にあり且つ作法故実の師範と仰がれ教訓的著作も多い高忠の作と思い込まれ、元来は題名のなかったこれに「多賀家訓」という題や多賀豊後の作とする奥書きなどが付けられるに到ったか、あるいはまた最初に便宜的に「多胡家訓」という題名が付けられていたものが、多胡と多賀は文字も読みも類似しているので、先に述べた仮説と同様の理由から、いつしか多胡を多賀の誤記と考えるようになり、題を「多賀家訓」と改めたため、その後こうした奥書きも加えられるに到ったのではないかと推測している。なお「双子」は双紙が正しい。

黒田《くろだ》長政遺言《ながまさゆいごん》

［解題］　黒田長政（一五六八～一六二三）は、織田信長や豊臣秀吉に従って数々の戦功をあげたことで知られる黒田官兵衛孝高《よしたか》（号を如水。一五四六～一六〇四）の長男である。元服以前は信長のもとで人質として過ごし、後には秀吉に仕えて中国地方の毛利攻めに始まり賤ヶ岳の合戦から朝鮮出兵への従軍など、様々な戦いを経て関ヶ原・大坂夏の陣までその生涯のほとんどを戦乱の渦の真っ只中に生きている。長政はこの遺言にも記されているような関ヶ原の合戦時における勲功によって、遂には筑前国五二万余石を賜り筑前国福岡藩の藩祖となった。その死は元和九年（一六二三）八月四日のことと伝えられている。奥書きにある「元和九年八月二日」の日付が確かなものであるとするならば、この遺言はまさしく死の直前に認《したた》められたものということになる。

　そうした事情もあってか、遺言という形をとったこの遺訓の内容はまことに個性的なものである。長政は直接的には家老の小河内蔵丞と嫡子忠之の治政の補佐役を命じていた重臣の栗山大膳の二人に対して、「若《モシ》後代我等之子孫、何ぞ不慮之無調法悪事在《リ》レ之、黒田家之一大事、此時なりと存《ゾンズル》事あらば、其節天下之老中内所縁《ノウチショエン》有《ル》衆へ、此方家老共参《リ》候て」、次のように述べることを指示している。それは長政自身の言として、関ヶ原の合戦に際して父の如水と自身が果たした役割の重要性を強調し、徳川将軍家は「偏《ヒトエ》に如水長政が忠功を以《モッテ》、御心安《ク》天下之主《アルジ》」となったのであるから、黒田家が「筑前国を賜《リ》候は、誠に大分之御加恩なれ共、右之大功にくらぶれば、相当之御恩とは云《イ》がたかるべし」として、「然ば後代我等が子孫末々に至《リ》、大なるあやまり、国家之大事に及《ビ》候共、此大功を思召《オボシメ》さば、上に対し逆心をさへ企《クワダテ》不レ申《サ》ば、其外之義は御免許を蒙《リ》、筑前一国之安堵《アンド》は相違あるまじき」と述べることである。関ヶ原の合戦において勝敗の行方を決したのは、毛利氏の一族である吉川広家と福原広俊の東軍方への内通と小早川秀秋の寝返りであったと言われる。この件について果たした長政の役割の大きさは様々な歴史書の認めるところでもあるが、長政はこのことを楯に取り大胆にも幕府に対して「筑前一国之安堵」すなわち自家の永続の保証を求めている。こうした徳川将軍家に対する意識は、おそらく江戸時代初期の大名のあり方としては他に類を見ないものであろう。

一方で長政は、巻末にこの遺言は「各家老共此旨《コノムネ》心得候て、必《ズ》我等子共には申《シ》聞《カス》まじ」きものとして、家老達の「各が子孫之内、銘々《メイメイ》家を継《ギ》申《ス》者」だけに「密《ヒソカ》に相伝へ」るべしとする細かな指示を置いている。長政の姿勢には豪胆さと共にこのような細心さが同居している。この指示は「か様之事を無分別なる者に聞《カ》すれば、かならず公儀之御奉公をゆるがせに仕《ル》事あるもの」という判断にもとづくものであるが、戦乱の世を生き抜いてゆくためには、そうした両様の対応が必須だったのである。

本書は、昭和五八年に財団法人西日本文化協会が刊行した『福岡県史近世史料編』福岡藩初期(下)の収めるもの（原本は九州文化史研究所蔵「吉田家文書」一三九〇号）を底本とした。収録にあたっては漢文表記部分に返り点や送り仮名を付し、いくつかの語句には振り仮名や註解を施したが、これらをおこなうに際しては東京大学附属図書館南葵文庫所蔵写本を翻刻した『日本思想大系』27（岩波書店）の収録するもの（石井紫郎氏校注）や小澤富夫氏の『武家家訓・遺訓集成』（ぺりかん社）が収める宮内庁書陵部所蔵「武辺叢書」所収写本の翻刻と、それらに付された註解を参考にした。

黒田長政遺言

遺言覚

一、我等死期可《ク》レ為《ル》ニ不《フ》日《ジツ》一候(1)。生死は覚悟之前に候得ば、今更改《メ》て可《キ》ニ申《シ》置《ク》一事なし。右《ウ》衛門《エモンノ》佐《スケ》若けれども、各《オノオノ》家老共堅固に相従候《イ》へば、国之政《マツリゴト》、又は武者事《ムシャゴト》有《リ》レ之《レ》共、心がゝりなし。但《タダシ》我等が子孫末々に於て、如《イ》何《カ》様《ヨウ》之悪人、又はうつけ者出来し、如水、某《ソレガシ》が大功を無になすべきもはか（計）りがたし。後代之事を気遣《キヅカイ》思ふ也。依レ之《コレニヨリ》一つの遺言あり。何《イズレ》も能《ヨク》々聞《キ》置《キ》、各が子孫にも申《シ》伝《ウ》べし。若《モシ》後代我等之子孫、何ぞ不慮之無調法悪事在《リ》レ之《レ》、黒田家之一大事、此時なりと存《ゾンズル》事あらば、其節天下之老中内所縁《ノウチショエン》有《ル》衆へ、此方家老共参《リ》候て可《キ》レ申《ス》(2)は、（ママ）々抑御当家天下を御しき（領）被レ成《ラ》候は、家康公御武徳故とは申《シ》ながら、偏《ヒトエ》に如水長政が忠功を以《モッテ》、御心安《ク》天下之主《アルジ》とは成《ラ》せ給ふ者也。其子細は、去る石田が乱之時、如水は九国を切《リ》したがへ、某は関東え御供《オトモ》申《シ》、関ヶ原御一戦前、関東より先立《チ》て、美濃国へ駈《ハ》せ上り、加藤、福嶋、浅野、藤堂等を申合《モウシアワセ》、武を張《リ》申《ス》故、其勢ひに恐《レ》て石田方川を越《テ》働《キ》候事不レ成《ラ》候(3)。尤《モットモ》 合渡《コウド》を一番に渡し、敵を切崩《リ》し、関原一戦之日は粉骨を尽し、石田が本陣を追《イ》立《テ》候。然共《シカレドモ》此等は不レ珍事《メズラシカラザルコト》に候。第一某智謀を以《テ》、毛利家幷《ニ》金吾中納言御方《ミカタ》と成《リ》候。是に付《キ》其外《ホカ》御方仕《ル》者多成《クリ》(4)候。此節先立美濃路え馳せ上り候輩《トモガラ》多は、太閤御取立《オトリタテ》之大名共なれば、此時我等心を変じ、かくとすゝめ候はゞ、福嶋、加藤、浅野、藤堂を始《メ》、何《イズレ》も悦《ビ》いさみ、(ママ)則日大坂方と可《キ》レ成《ル》事案の内也。右之者共、上方勢《カミガタゼイ》に加《ワ》り、嶋津我等先手《サキテ》として打《チ》出るものならば、其外之東国勢一戦に不レ及《バ》、敗北は眼前也。其上大略大坂方と成《ル》べし。是を聞《カ》ば国々にて日和《ヒヨリ》を見たる大名小名悉《コトゴトク》大坂方に参《ル》べし。されば家康公も我々心中《ヲ》御気遣《イシ》故、百里に余《リ》たる大敵に先手斗《バカリ》を被レ遣《ツカワサレ》、其後各《ノ》無《キ》二二心一働《ハタラキ》御見届《ケ》候てこそ御出馬候也。然ば右之通《リ》、某、諸大名をすゝめ、嶋津、福嶋、加藤、浅野、浮田等を先として押《シ》て下らば、関東方より誰か此者共に出向《デムカイ》、快《ココロヨク》一戦をとげんや。家康公弓矢之御長者と申《ス》共、御自身先手被レ成より外はあるまじ。万一右之大将共、猶《ナオ》も関東方仕《ル》共、我等上方勢に加《ワ》りたらば、毛利家も金吾中納言、其外之者共も安堵《アンド》候て、無二《ノ》大坂方可《ク》レ仕《ル》候。嶋津、某、浮田等諸勢を働《カ》し、先手として打《チ》出ば、岐阜之城ぜめは扨置《サテオキ》、誰か一人も美濃路に足をたむべき。這々《ホウホウ》関東へ引《キ》取《リ》候が上之仕《シ》合《アワセ》なるべし。(5)是等をたやすく追《イ》立《ツレ》ば、諸国之大坂方日々蜂起すべし。さあらば家康公、箱根より西へ御出馬は思よらず。扨又西国《サイゴク》にて如水と加藤肥後守申《シ》合《ウ》は、清正は無二之大坂方なれば、同心云に不レ及《バ》。已《スデ》に豊後立石《タテイシ》にて、如水、大友と合戦之時、肥後より大勢、大友加勢として差《シ》越《シ》候へども、参着《サンチャク》已前義統《ヨシムネ》を生捕《イケドリ》し故、肥後之者共不レ及《バ》レ力。如水へ之加勢に参《リ》候由《ヨシ》使を立《テ》候得共、如水合点にて、追《イ》返し被レ申《サ》候事各存《ジ》たる事に候。(6)されば如水大坂方と申《シ》遣《ワ》さば、清正悦《ヨロコビ》一味申《ス》べし。某外九州大名、嶋津、鍋嶋、立花等に至迄、皆大坂方なれば、西国一同し、如水清正押《シ》上らば、中国所々の軍勢相加《ワ》り、凡《オヨソ》十万騎に可《シ》レ及《ブ》。上方之大勢に此大軍一《ヒトツ》に成《リ》、家康公一人と戦《ワ》ん事は、たとへば玉子の中に大石をなげ(投)うつが如くならん。若《モシ》万一家康公御良将なれば、三河遠江へ早く御打《チ》出《シ》、不思義にも我々一戦仕《シ》まけ(負)たりとも、同勢之大名共志を変ずまじければ、中〱関原敗北之躰《テイ》にきたなき負はすまじ。仕損《シソンジ》たりとも江州辺《アタリ》へ引取《ヒキトリ》、所々城を堅くし、嶋津を大坂に籠《コメ》、我等と浮田、伏見に相さゝへ、家康公を待《チ》申《ス》においては、関東勢せた(瀬田)より此方へつら出し成《ル》間敷《ク》候。嶋津を始《メ》、歴々大坂に在《リ》レ之《レ》、我等伏見城に居《オリ》、扨又西国より如水清正大軍にて後詰《アトヅメ》せば、日本は扨置《サテオキ》、仮令《タトエ》異国之孔明、太公、項羽、韓信が来《キタ》り向ふとも、我《ガ》陣に対して、勝利を得ん事思《イ》もよらず。(7)我朝近代の武将信長、信玄、謙信等を家康公に加へたりとも、漸《ヨウヨウ》無事にて被二引《キ》取一候が十分ならんか。然《シカラ》ば、家康公之御浮沈危《アヤウ》き所にあらずや。此等は皆あるまじき事なれども、万一如《ク》レ此《ノ》に我等二心之時は如《キ》レ此《ノ》の次第なる事を各《オノオノ》にも語《リ》聞《カ》せて、さては如水我等之忠義大切なるよと合点させ置度《オキタク》思ふ故、かくは語《リ》聞《カ》する也。武に於《テ》偽《イツワリ》なし。更に広言にあらず。其時を見聞《キ》候者は、うたがひなき事共各も存《ジ》之通《リ》也。爰《ココ》を以《テ》家康公之天下を知《リ》給ふは、我々を初《メ》武勇ほまれ之大名共五三人御方《ミカタ》仕《リ》たる故とは云ながら、つゞまる所は、如水某二人が力にあらずや。げにも関原御勝利之上、家康公某が手を御取《リ》、今度之御利運《リウン》偏《ヒトエ》に長政が忠義故也と、上意ありしも是也。(8) 豊前六郡を転じ、筑前国を賜《リ》候は、誠に大分之御加恩なれ共、右之大功にくらぶれば、相当之御恩とは云《イ》がたかるべし。然ば後代我等が子孫末々に至《リ》、大なるあやまり、国家之大事に及《ビ》候共、此大功を思召《オボシメ》さば、上に対し逆心をさへ企《クワダテ》不レ申《サ》ば、其外之義は御免許を蒙《リ》、筑前一国之安堵《アンド》は相違あるまじきと存《ズ》る也。右之趣《オモムキ》我等申置たる由詳《ツマビラカ》に可《キ》二申述《シブル》一也。扨又筑前拝領之前、四国筋にて両国も可レ被レ下哉《クダサルベキヤ》、又筑前にて一国可《キ》レ被レ下《サ》哉、筑前は古来探題所にて各別之国なれば、我等を被二差置《サシオカレ》一度《タク》思召《オボシメシ》候故、内存《ナイゾン》御尋《ネ》候由、本多中書《チュウショ》を以《テ》被二仰《セ》聞《カサ》一候。(9) 我等申上《シゲ》候は両国は可《キ》レ奉《ル》レ望《ミ》事に候へども、如《ク》レ此《ノ》天下平均に成《リ》候間、日本国中に於て、家康公に敵し背《ソム》き申《ス》者あるべからず。指《サシ》たる御奉公可《キ》レ申《ス》時節有《ル》間敷《ク》候。筑前は大唐之渡口《ワタリクチ》にて殊《コトニ》探題所にても候へば、他之国両国にも増《シ》申《ス》と存《ジ》候。(10) 大唐之御先手と思召《オボシメシ》、筑前を被レ下《クダサレ》候ば、可《キ》レ為《ル》二本望一由申上《シゲ》候へば、尤に思召、上意に相叶《イ》候由にて、筑前国拝領被二仰付《オオセツケラレ》一、外に如水へ別段領地可レ被レ下《クダサルベク》候。如水可《キ》レ奉《ル》レ望《ミ》由御内意被二仰下《オオセクダサレ》一候得共、如水老躰聊《イササカモ》領地之望無《ミク》レ之《レ》、安楽に余命を終申度候由、重々御断《オコトワリ》被レ申《サ》拝領なし。か様之御約束共、天下之老中も、後代には不《ル》レ被《レ》レ存《ゼ》様に可二成行《シリク》一と存《ジ》申《シ》置《ク》也。扨又か様之事を無分別なる者に聞《カ》すれば、かならず公儀之御奉公をゆるがせに仕《ル》事あるもの也。各家老共此旨《コノムネ》心得候て、必《ズ》我等子共には申《シ》聞《カス》まじ。但《シ》各が子孫之内、銘々《メイメイ》家を継《ギ》申《ス》者斗《バカリ》に、密《ヒソカ》に相伝へ可《キ》レ申《ス》者也。尤此義国元《クニモト》之家老共へも具《ツブサ》に可《キ》ニ申《シ》聞《カス》一也。以上。

元和九年八月二日　　　　　　長政　御印判

小《オ》河《ゴウ》内蔵允《クラノジヨウ》どの(11)

栗山大膳《ダイゼン》どの

(1)「不日」は、まもなくの意。以下の文中の「右衛門佐」は長政の嫡子の忠之のこと。「如水」は長政の父の孝高。

(2)「所縁有」はゆかりがある、ないしはつてがあるの意。底本は以下を改行しているが、その冒頭の「々抑」は抑々《そもそも》の誤記。続く語の「御当家」は徳川将軍家をさす。また「御しき」の「しき」は領で、治めるの意。

(3)「石田が乱」は慶長五年(一六〇〇)七月の石田三成の挙兵のこと。この折りに長政の父の如水は「九国」すなわち九州で大友義統《よしむね》(吉統)らと戦い、これを打ち破った。「先立」は先頭に立っての意。「加藤、福嶋、浅野、藤堂」は、加藤嘉明、福島正則、浅野幸長、藤堂高虎のことをさす。長政は「関ヶ原御一戦前」に先陣として彼等と申し合わせ、岐阜城に対して布陣して合渡付近で「石田方」と戦った。

（4） このくだりは、「毛利家」すなわち毛利輝元の一族である吉川広家と福原広俊を内通させ、さらに「金吾中納言」すなわち小早川秀秋を寝返らせたことによって、合戦の勝敗の行方が変じたことを言う。以下の文中の「則日」は即日の誤記。「案の内」は予想の範囲内であるの意。「嶋津」は関ヶ原の合戦では西軍に加わった島津義弘のことをさす。「浮田」はやはり西軍に属した宇喜多秀家のこと。

（5）「這々」は辛うじて。「仕合」はここではやり方の意。以下の文中の「加藤肥後守」は加藤清正のこと。

（6） このくだりは、長政の父の如水が豊後国速見郡立石（現在の別府市内）付近の石垣原で大友義統と戦い、彼を生け捕りにしたことを述べている。加藤清正はこの時、大友方に援軍を差し向けた。「参着」は到着すること。以下の文中の「鍋嶋、立花」は肥前佐賀城主の鍋島直茂と筑後柳川城主の立花宗茂のことをさす。

（7）「孔明」は諸葛孔明のこと。中国三国時代の蜀の丞相で軍師としての才能を充全に発揮したことで知られる。「太公」は太公望で、周の文王に見出され、武王を助けて殷を討つ際に軍事面で活躍した人物。「項羽」は秦末の楚の武将。秦を滅ぼす際に大きな役割を果たした。「韓信」は漢の武将で、大将軍として高祖すなわち劉邦に従って、項羽との天下をめぐる争いにおいて大きな戦功をあげた。以下の文中の「漸無事にて」と「被二引取一候が十分ならんか」の間に、『日本思想大系』27所収のもの（底本は東京大学附属図書館南葵文庫所蔵写本。以下「大系本」と略記する）には「関東へ」という記述がある。

（8）「利運」は良い巡り合わせ、すなわち好運のこと。続く「豊前六郡」は、島津征討後の天正一五年（一五八七）七月に如水が豊臣秀吉から分与された豊前国京都《みやこ》・築城《ついき》・中津・上毛・下毛・宇佐の六郡。黒田家はこれらの領地にかわって慶長五年（一六〇〇）一〇月に「筑前国を賜」った。なお、大系本には「誠に大分之御加恩なれ共、右之大功にくらぶれば、相当之御恩とは云がたかるべし」の文中の、「御加恩」から「相当之」までの記述はない。

（9）「筑前は古来探題所にて各別之国なれば」は、この筑前の地に永仁元年（一二九三）、鎌倉幕府が鎮西探題を設置し九州地方の行政と軍事を統括し海防にあたったことを言う。「各別」は格別に同じ。また、大系本には「内存御尋候由」の記述がない。「内存」は考えないしは存念の意。「本多中書」は家康の信任あつく井伊直政や榊原康政らとともに関ヶ原の戦後処理にあたった本多中務大輔忠勝のこと。「中書」は中務の唐名。

（10）「大唐之渡口」は、中国大陸に渡るための出口の意。以下の文「筑前国拝領被㆓仰付㆒、外に如水へ別段領地可㆑被㆑下候」のうち、「被㆓仰付㆒、外に」の記述は大系本にはない。

（11）「小河内蔵允どの」は長政の家老の一人で、財政を担当した小河之直。「栗山大膳どの」は藩の重臣で、長政の遺言によって次の藩主の忠之の補佐の任にあたった栗山利章。後に忠之と意見が対立し、また忠之の行動が幕府の法に背くことも多かったことから、これを幕府に訴えた。寛永一二年（一六三五）将軍家光の直裁判で忠之は謹慎、大膳は東北の南部家に預かりとなり盛岡で客死した。この一件が世に言う〝黒田騒動〟である。

井伊《いい》直孝《なおたか》遺訓《いくん》

〔解題〕　井伊直孝（一五九〇～一六五九）は、家康に仕えた〝徳川四天王〟の一人として知られる井伊直政（一五六一～一六〇二）の次男である。一四歳の頃から二代将軍秀忠に仕え、大坂冬の陣に際しては病身の兄の直勝（初名は直継）に代わって出陣し、その結果家康より父の領する近江国のうち一五万石を襲封することを命ぜられ彦根藩主となった。後には大坂夏の陣における功績などによって度々の加増を受け、合わせて三〇万石を領有することとなる。秀忠歿後の寛永一一年（一六三四）に三代将軍家光により江戸に召されて以後、在世中は江戸にあって帰国せず、幕閣の重鎮として幕政に参与した。家光の歿後も四代家綱の後見役として幕政を補佐した。直孝には四男があったが、晩年になって自家の家督相続をめぐり、その処置に苦慮しなければならなかった。長男で嫡子としていた直滋との間が不仲で、これにわだかまりを持っていた直滋が万治元年（一六五八）閏一二月、病を理由に嫡を辞すことを申し出て出家してしまったからである。この遺訓はこうした状況の下にあった直孝が、新たに嫡子とした四男の直澄（一六二五～七六）に対して与えたものである。認《したた》められた正確な時期は明らかではないが、直澄が正式な嫡子となったのが万治二年（一六五九）になってのこととされており、しかも直孝が歿したのもこの年の六月二八日であったことからすると、執筆されたのは死の直前のあたりであったと考えてよかろう。

その直孝がこの遺訓において第一に述べるのは、主家徳川将軍家への「御奉公」すなわち「忠節」

の尽くし方についてである。第二条において直孝は、もしも将軍家に対する謀反が発生するようなことがあった際には「為二御誅伐《ゴチュウバツノタメニ》一、其方被レ為二仰付《オオセツケサセラレ》一候はゞ、早速打《チ》立《チ》候様に、常々可《ク》レ為《ル》二覚悟一候」という指示をおこなっている。これは第一条が述べるように「御代々の御厚恩」に報いるために心してなさねばならないことであった。以下の条々でおこなわれる家臣の扱い等に関する細かな指示は、いずれもこのことを充全になすがために留意すべきこととして置かれたものと考えることが出来る。そこでは第五条の「縦《タトエ》家老之雖《モ》レ為二嫡子《リト》一、其人之作法不《ヨロシカラズ》レ宜候はゞ、家老職は可《ノゾカセルベク》レ為レ除候」という指示に見られるような実力主義・能力主義の発想が顕著である。その一方で直孝は第三条にあるように直澄自身の縁組みのことに触れたり、次期の家督相続についての具体的な案を示したりもしている。さらに第四条には、この遺訓が成立した時点においては存命していた直滋に対する「天下兵乱之時」の対応の仕方までもが教示されている（直滋は直孝歿後の寛文元年［一六六一］六月にこの世を去った）。我々はそれらの書きぶりの内に、死を前にした直孝の我が子達への一様ならざる思いの表出を看て取ることが出来よう。

本書は明治四四年に出た『史籍雑纂』（国書刊行会）第二所収の「松のさかへ」の中に収められたものを底本とした。ただし、その原本である国立公文書館内閣文庫所蔵本と、底本とした翻刻をつき合わせて、底本中にあるいくつかの誤りはただしておいた。また、本書への収録にあたっては漢文表記部分に返り点や送り仮名を付し、少なからぬ語句に振り仮名や註解を施した。これをおこなうに際しては、小澤富夫氏が編纂した『家訓』（講談社学術文庫）の収める前田育徳会尊経閣文庫所蔵写本の翻刻を参看した。表題については「井伊直孝遺訓」とした。

井伊直孝遺訓

井伊直孝息玄蕃頭え遺訓

覚

一、①上意《ジョウイ》之義不レ覃《オヨバ》レ申《スニ》、御老中私《ワタクシ》にて、無心千万成《ル》事御申付《シケ》候共、毛頭不レ懸《ケ》レ心《ニ》、一向に御奉公第一に相勤義《アイツトムルギ》可《ク》レ為《ル》二本望一候。(1)尤《モツトモ》忠節又は我等え之孝行不レ可《カラ》レ過《グ》レ之《ニ》候。御代々の御厚恩、子々孫々迄、仮初《カリソメ》にも可《キ》レ奉《ル》レ忘《レ》義に無《キ》レ之《レ》事。

一、②大権現様以来、泰安我等御用に相立来《チタル》段、無《ク》二其隠《カクレ》一候。(2)其方事差詰《サシツマリ》之事候間、武道昼夜不レ有《ラ》二忘却一候。御静謐《セイヒツ》故、大猷院《タイユウイン》様、当《トウ》　公《ク》方様《ボウサマ》へ戦場之御奉公不レ仕《ラ》、相果《アイハテ》候事残心《ザンシン》之義《ニ》候。自然逆心《ギャクシン》之有《ル》レ之《レ》節、為二御誅伐《ゴチユウバツノタメニ》一、其方被レ為二仰付《オオセツケサセラレ》一候はゞ、早速打《チ》立《チ》候様に、常々可《ク》レ為《ル》二覚悟一候。(3)軍法之義、兼て定《メ》置《キ》候通《リ》、不レ可《カラ》レ有《ル》二相違一候。尤依《リ》レ所《ニ》射少々見合《ミアワセ》有《リ》レ之《レ》候。相伝《エ》候軍法、幷《ナラビニ》別書一巻之通《リ》、合戦可レ然《シカルベク》候事。

一、③其方縁辺《エンペン》被レ組《クマレ》候義、同者無用に存《ジ》候。⑷吉十郎養子被レ仕《ツカマツラレ》、実子出来候はゞ、一二万遣《ツカワ》し家願《ネガイ》可《キ》レ然《ル》事。

一、④若《モシ》天下兵乱之時、靭負佐《ユキノスケ》被レ立《レルテ》二別旗《ヲ》一之事被レ届《レケ》候はゞ、全《マッタク》不レ可レ任《カラス》二其意《ニ》一候。⑸金銀所《ショ》望《モウ》被《レ》レ仕候共、定《メ》置《ク》員数之外《ホカ》、合力《ゴウリキ》可レ為《クル》二無用一候。尤一度被二相渡《ニサ》一間敷《キ》事。

一、⑤縦《タトエ》家老之雖《リ》レ為《モ》二嫡子《リト》一⑹、其人之作法不レ宜《ヨロシカラズ》候はゞ、家老職は可レ為《ノゾカセルベク》レ除候。物頭も可レ為《クル》二其通《リ》一候。年若に候付《ニキ》、武辺心懸《ケル》有レ之者は、物頭可レ然《シカルベク》候。其外諸侍之子共之義、其身覚悟次第、諸役可《ク》二申付《シク》一候。惣《ソウジ》て侍大小共に、奉公振《ブリ》弁《ニ》身体之格定《ヲメ》被レ申《サ》間敷《ク》候。格定《ヲメ》候得共、少《スコシ》之事恨《ウラミ》出来、又奉公人の儀も無《ク》レ之《レ》相成《リ》候事。

一、⑥譜代新参《フダイシンザン》⑺共に、子共幼少に候て、跡目不レ可二相違《アイタガウベカラズ》一候。人に勝《スグレ》不作法成《ナル》輩《トモガラ》を見合《ミアワセ》可レ被二宛行《アテガワレルベキ》一事。

一、⑦賞罰之義は不レ及《バ》レ申《スニ》。乍《サリナガラ》レ去賞は厚《ク》、罰は薄く有《リ》レ之《レ》度《タキ》事《ニ》候。可レ為《キル》二大将一人は、外様遠《キ》所罷在《ニマカリアル》者迄、善悪を能弁《ヨクワキマ》へ、夫々に召仕《シウ》事、本意之由に候。⑻大体《ダイタイ》之人も宜人《ヨロシキヒト》も同篇《ドウヘン》に召仕《シイ》候得ば、善士《ヨキ》退屈仕《ル》物にて、大形《オオカタ》自分召仕《シウ》、侍之善悪可レ被《ク》レ伺《ワ》候。及《ビ》レ聞《キ》たる斗《バカリ》にては、相違有《リ》レ之《レ》、人を見損《ミソコナウ》事多き物にて候。能々可レ有《クル》二思慮一候。兎角《トカク》大将は、欲を浅《ク》慈悲を深く可レ在《アルベキ》義肝要に存《ジ》候事。

一、⑧武勇之心懸《ココロガケ》ル有レ之レ者見立テ、軍法可レク被レル感ゼ候。（9）押込《オシコメ》に仕リ候得ば、侍之心むさく、武道之嗜《タシナミ》無レク之レ、商人の作法の様に成リ行キ候。家の子他所《ヨソ》へ遣ス間敷ク候。末々の者迄相応に召シ仕イ可レク被レ申サ候。新参者抱被申《カカエモウサレシ》事無用ニ候。乍レラ去リ可レキ然ル奉公人は、侍は武芸心懸ケ、武具馬具嗜ミ申ス様心得可レク有レル之レ候。武具は一通《ヒトトオリ》之外《ホカ》無用之事。

一、⑨譜代新参之隔《ヘダテ》無レキ之レ様に、諸侍善悪に随ひ可レク被二召シ仕ワ一候。能キ奉公人有レリ之レ候ても、贔負《ヒイキ》無レキ之レ者、埋《ウズモレ》て不レル知ラ事多きものにて候。此段別《ベッシ》て残多《ザンキ》ニ事候。（10）又為レ差《サシタル》義無レキ之レ者も、執成《トリナシ》にて、能キ様に相聞《キコエ》候。目見《メミエ》仕ル義難レ成《ナリガタキ》程之者成ルと善人の撰出召仕《ビシシウ》事、大将之手柄之由、古《イニシエ》より申シ伝エ候。軍功之儀は不レ及レバ申スニ、常体《ツネテイ》之奉公少シ之事にても、其程々に可レク有二ル心付キ一候。少シ之義にて差シ置キ候得ば、奉公人之勇《イサミ》無レク之レ罷リ成リ候事。

一、⑩文通（ママ）之義、不レ知而勿論《シラズシテモチロン》不レル叶ワ之由。（11）乍レラ去リ武道を忘れ学文迄とかた（傾）ぶき候得ば、出家作法の様にて、家風悪敷《アシク》罷リ成リ候事。

一、⑪彦根へ之御《オ》暇《ヒマ》被レ下《クダサレ》候得ば、一段の仕合《シアワセ》にて、継目《ツギメ》之後、其儘《ママ》江戸《エド》詰《ヅメ》被レ二仰付ケ一ては、在所《ザイショ》之御暇被レ二申シ上ゲ一候事無用ニ存ジ候。（12）禁中《キンチユウ》日光　御名代《ゴミヨウダイ》、并ニ火消番被レ二仰付ケ一候共、万端餝《カザリ》無レキ之レ様に被レル二相勤メ一、尤《モツトモ》之事。

一、⑫寺社建立《コンリユウ》、并ニ法事祭礼不レ可レカラ有二ル懈怠《ケタイ》一候。雖レモ為二リト領内之寺社公事《クジ》一、心儘《ココロママニ》落着《ラクジヤク》可レク有二ル遠慮一候。（13）依リ二様体《ヨウダイニ》一本寺社え可レキ被レル任セ二裁判《サイバン》一之事。

一、⑬自分之行《オコナイ》不レ正《シカラ》候ば、下知《ゲチ》諸法度立《チ》申《ス》間敷《ク》候。(14)御奉公之心懸《ココロガケ》、世上《セジョウ》之勤《ツトメ》、家中《カチユウ》之作法、我等仕来《シキタリ》候様に被レ仕《ツカマツラレ》尤《モツトモニ》存《ジ》候。兎角偽《イツワリ》気随《ズイ》無《キ》レ之《レ》様、昼夜嗜《タシナミ》肝要《ニ》存《ジ》候。申《シ》置《キ》候趣《オモムキ》無《ク》二異義一被二相守一候ば、可《ク》レ有《ル》二天之加護武道之冥加《ミヨウガ》一候。以上。

月　日

彦根中将(15)

井伊玄蕃頭《ゲンバノカミ》殿

参《マイル》

(1)「無心千万成事」は、この上もない無理なことという程の意。小澤富夫氏編の『家訓』（講談社学術文庫）収録のものは前田育徳会尊経閣文庫所蔵写本（以下「尊経閣本」と略記する）を書き下して翻刻したものだが、この部分は「無心千万存候事」となっている。

(2)「大権現様以来、泰安我等御用に相立来段」は、尊経閣本では「大権現様泰平以来、我等御用に立来候」とある。また、以下の文中の「武道昼夜不レ有二忘却一候」も「武道昼夜忘却有る可からず候」となっている。「其方」はこの遺訓の対象である嫡子の直澄のこと。「差詰之事候間」は、差し迫ったことがあってもの意。「静謐」は世の中がおだやかに治まっていること。「大猷院」は三代将軍家光の諡号《しごう》。「当公方様」は四代将軍家綱をさす。「残心」は心残り、未練の意。なお、このくだりは尊経閣本では「残念此事候」とある。

（3）「自然逆心之有レ之節」の「自然」はもしもの時の意。「逆心」は謀反のこと。「打立」は出発するの意。尊経閣本には条末の文「相伝候軍法」の前に、「必々新法有る可からず候。累年直々」という文がある。

（4）尊経閣本では、この条と次条は順序が逆に置かれている。また、冒頭の文も「其方縁組仕まつられ候義、同心無用に存候」とある。本書の底本にある「同者無用」では意味が取れないので、同意は無用であるという意味の尊経閣本の「同心無用」の方を採るか、あるいは「同意無用」とするべきなのではないかと思われる。原本自体が伝写の際に、「意」を「者」と誤り、「同意無用」を「同者無用」とした可能性もある。「意」と「者」のくずしは似た字体をしているからである。「縁辺被レ組」は夫婦の縁を結ぶ、すなわち結婚すること。「吉十郎」は直澄の兄で早世した直時（『寛政重修諸家譜』第十二では直縄《なおつな》の名を採っている）の子。ここにある通りに直澄の養子となって、直興を名乗り直澄の跡を継ぎ彦根藩主となった。条末の文は底本では「一二万遣し分家願可レ然事」とあるが、原本によって改めた。なお、尊経閣本では条末の文は「壱二万石遣し家来然る可き事」となっている。おそらく原本は、伝写の際に「家頼（来）」とあったのを「家願」と写し誤ったのであろう。「頼」と「願」のくずしの字体も似た形をしているからである。

（5）「靫負佐」は直孝の長男である直滋。江戸において幕政を担当する父に代わって藩政を裁決したが、父からうとまれたこともあって嫡を辞して出家し、数年を経ずして卒した。この条は、この遺訓が書かれた時点では存命していた直滋に対して「天下兵乱之時」にいかに対応するかを、弟で新たに嫡子とした直澄に指示したものである。なお、「被㆑立㆓別旗㆒之事被㆑届候はゞ」の箇所は、尊経閣本では「別立の事御座候共」とある。「合力」は加勢ないしは援助の意。

（6）「物頭」は弓組や鉄砲組など足軽隊の長のこと。また、条末の文は尊経閣本では「格を定候へば、少の事恨出来、奉公人の励もこれ無く罷成候事」とある。「奉公人の励も」の箇所については、底本よりも意味が通じやすい。

（7）「譜代」は代々その家に仕えて来ている者。「子共幼少に候て」は、尊経閣本では「子ども幼少候共」とある。文脈からすると尊経閣本の方を採るべきであろう。「見合」はしばらく控えて様子を見ること。「宛行」は領主が家臣に所領や俸禄を与えることを言う。

（8）「本意」はここでは本来のあるべきさまの意。続く文の「大体之人」は大抵の人で、普通の並みの人のこと。「同篇」は変わりのないことを言う語。「退屈」はここでは嫌気がさすこと。

（9）この冒頭の文は、尊経閣本では「武勇心懸これ有るものを見出し、感有る可く候」とある。「感」は誉めたたえること。続く文中の「押込」は、ここでは心におさめて口に出さないという意。「むさく」は不快である。以下の文中の「家の子」は、尊経閣本では「家来子ども」。「乍㆑去可㆑然奉公人は」の箇所も「自然奉公人に依る可く候」となっている。

（10）「贔負」は目をかけ力を添えて助けることを言う。「残」は損なうこと。以下の文中の「目見仕義難㆑成程之者」は、主君に謁見することがかなわない程の身分の者の意。このくだりは尊経閣本では「同参仕義成難きほどの者成とも」となっている。また、末文近くの文「少之義にて差置候得ば」は、「少の事も捨置候得ば」とある。「勇」は気力、励みの意。

(11) 「文通之義」は尊経閣本では「文道の儀は」。底本の誤記であろう。以下の文中の「出家作法の様にて」は、僧侶のあり方のようであっての意。

(12) このくだりは、国元の彦根への帰国を幕府から許されればこれ以上の幸いなことはないが(直孝は解題にもふれたように、寛永一一年[一六三四]以来、歿するまで江戸にあって遂に帰国することなく、幕政の中心としての任務を果たした)、直澄が「継目」すなわち跡目を相続した後、直孝同様に「江戸詰」を命じられたとしても、国元への帰国許可を願い出てはならないことを言い聞かせている。以下の「禁中日光御名代」は将軍の代理として京都の朝廷や日光の東照宮に赴くこと。「万端餝無レ之様に」の「餝」は飾に同じ。この部分を尊経閣本は「謗これ無き様に」と記している。

(13) 「公事」は訴訟の意。「心儘落着」は恣意的に決定すること。「遠慮」は深い慮《おもんぱか》りの意。続く文中の「様体」は状態ないしは様子。「裁判」は正邪曲筆を判定すること。

(14) 「下知」は命令の意。続く文「御奉公之心懸」は将軍家に対する奉公の「心懸」のこと。以下の文中の「気随」は気ままに振舞うこと。条末の「冥加」はおかげを蒙るの意。

(15) 直孝は最終的には官位としては正四位上中将にすすんだ。「玄蕃頭」は直澄の官職名。「参」は書状や文書の宛名の左下に書き添えて敬意を表す語である脇付《わきづけ》の一つ。

水戸《みと》黄門光圀卿示家臣条令《こうもんみつくにきようかしんにしめすじようれい》（明君家訓）

［解題］　この条令は、題名が示すように黄門伝説で知られる水戸の徳川光圀（一六二八～一七〇〇）が家臣に対して示した訓誡の書という体裁をとっている。江戸時代においてはこの題の他にも「水戸条令」「水戸家訓」「西山公御家訓」などの名で流布したことが知られているが、題名に反して著者は光圀ではない。この書物の著者は、加賀藩主前田綱紀に仕え、後に自身が学んだ木下順庵門の兄弟子である新井白石の推薦で幕府に仕えた室鳩巣（一六五八～一七三四）で、原著は元禄五年（一六九二）正月の日付の序文を持つ『楠諸士教』（内題は「仮設楠正成下諸士教二十箇条」）という名のものである。この書物は正徳五年（一七一五）になって、経緯は詳《つまび》らかではないが鳩巣の序文や「火葬停止」を説いた条の一部を省き、振り仮名を施す等の手を加えられ、題名も『明君家訓』と改められて著者名を記さないままに京都の柳枝軒という書肆から版行された。

版行後には海賊版までもが現れる程の流布を示したようで、直後から著者の名をめぐって少なからぬ論議がなされている。著者として推定されたのは、八代将軍の徳川吉宗（一六八四～一七五一）や当時武家教訓書の著者として名が知られていた井沢蟠竜子長秀（一六六八～一七三〇）、そして光圀であった。これらの中で最も有力として人々の口にのぼったのが、版行時にはすでに世を去っていた光圀で、他の二人とは異なり実際に彼の名を冠した少なからぬ数のものが先述したような様々な題の写本として残されている。『明君家訓』の版元の柳枝軒が多くの水戸関係の書物を独占版行していた書肆であったということも、光圀著者説を口にする者の多かった理由の一つだったのであろう。

しかしながら、この書物の著者問題の詮議はこれでは終わらなかった。江戸時代も後期になって、白河藩主で幕府の老中をつとめた松平定信（一七五八～一八二九）の著作という説が現れるからである。この説は時代的に見て明らかな誤りだが、こうした声が出て来た理由は『明君家訓』とほぼ同内容の『白川侯家訓』という名の書物の存在にある。これは何者かが『明君家訓』の数条を省き著者を定信に仮託したものであるが、こうした形で作られた大名家訓は実は他にもいくつかある。陸奥国磐城泉藩主で老中をもつとめた本多忠籌《ただかず》の名を冠する『忠籌公家中掟書写』や若狭国小浜藩酒井忠進《ただゆき》家の手になるとされる『酒井讃岐守殿家訓』、肥後国熊本藩主の細川宣紀《のぶのり》が定めたとされる『細川家訓』などがそれである。これらはいずれも『白川侯家訓』の場合とは異なり、自ら意図的に『明君家訓』を下敷きとして、それぞれ自家の実情に合わせて必要としない条々を削ったり構成を変えたりすることで成ったものなのではないかと考えられている。江戸時代後期における武家の家訓には、このようにして制定されたものもあったのである。

本書はこうした『楠諸士教』『明君家訓』の系統の大名家訓の中から光圀の名を冠するものを選んで収録した。他のものはいずれも原著『楠諸士教』や版本『明君家訓』にあった条目の全てを備えておらず、また『明君家訓』が除いた「火葬停止」の記述を含んで原著に最も近い形を持っているのは光圀にかかわるものだけだからである。その内容は、第一条の冒頭に「自今以後某《ソレガシ》も各と互に善に進み悪を改め、各は古《イニシエ》の忠臣義士にも不レ恥《ジ》、某も明君賢主の跡をしたひ、後代迄も君臣ともに能《キ》ためしにも引《カ》れ候様にと、真実に存《ジ》入《リ》候」とあるように、君臣がそれぞれ「明君賢主」「忠臣義士」たらんと努めるべきことを説いたものである。家臣に対しては「何事によらず機嫌をはからず諫言《カンゲン》を頼《ミ》申《シ》候」と述べるように、主君への「諫言」の重要性を強調しているが、これをおこなうために必要なものとして要請されるのが学問であった。それは第二条が「小学四書近思禄《(ママ)》の類ひを熟読致し、余力あらば五経などにも及《ビ》、其義理を尋《タズネ》、一字一句も今日の上に引《キ》受《ケ》て悉《コトゴト》く修行の為に致《シ》候こそ真《マコト》の学文と可《ク》レ申《ス》候」としているように儒学を学ぶことである。これに対して武芸の修練に関する言には、学問についての場合ほどの熱意を感ずることが出来ない。第一〇条には「射騎剣鎗《シャキケンソウ》の技術も無案内に無《キ》レ之《レ》程に稽古可《ク》レ有《ル》候。但し其通りの師を致す者の外、余り精々相究《アイキワメ》候儀は無用に候。不断手馴《フダンテナレ》候様に可《ク》レ致《ス》候」という言及が見える。葬礼や服喪の法、会合や宴席の料理と作法などについて細かに説く他の条々とそうした傾向を重ねてみれば、この系統の書物の出現は明らかに戦乱が終熄してから久しい時代相を映し出したものと言うことが出来よう。

以下に収めたものは編者所蔵写本の翻刻である。この写本は題簽が失われているので表題が明らかではないが、内題にもとづいて「水戸黄門光圀卿示家臣条令」とした。翻刻に際しては小澤富夫氏よりお見せいただいた御所蔵の『明君家訓』版本（正徳五年刊の刊記があるが、巻末に付された蔵板目録の末尾には「享保六孟春吉日」の記述があるもの）と、『日本思想大系』27（岩波書店）の収録する刊行年不明の東京大学附属図書館所蔵の『明君家訓』版本の翻刻（石井紫郎氏校訂）を参看し、これらを参考にして漢文表記部分には返り点や送り仮名を付し、少なからぬ語句に振り仮名や註解を施した。この書の成立事情やその流布の実態については、近藤斉氏の著『武家家訓の研究』（目黒書院）や『近世以降武家家訓の研究』（風間書房）から多くを学んだ。

水戸黄門光圀卿示家臣条令

水戸黄門光国（ママ）卿示《ス》ニ家臣《ニ》一条令

一①、今度《コノタビ》愚意之趣《オモムキ》一々左に書顕《カキアラワ》し、各《オノオノ》え申聞《シカシ》候故、自今以後某《ソレガシ》も各と互に善に進み悪を改め、各は古《イニシエ》の忠臣義士にも不レ恥《ジ》、某も明君賢主の跡をしたひ、後代迄も君臣ともに能《キ》ためしにも引《カ》れ候様にと、真実に存入《ジリ》候(1)。各も某が此心底を能々《ヨクヨク》被レ致ニ推察《サ》一、常々異見を被《レ》レ加《エ》、諸事差引《サシヒキ》頼《ミ》中《ス》外無レ他《タナク》候。勿論各も其心得肝要に候。然ればいにしへの　聖賢の君さへ群臣の諫《イサメ》を求め給ふ。況《イワン》や某ごときの者先祖の積善により君位に昇り、各の上に居《ル》といふとも、生質不肖にして君たるの道に違《タガ》ひ、各の心に背かん事を朝夕恐れ入《リ》候。某身の行ひ領国の政《マツリゴト》、諸事大小によらず少しも宜《ヨロ》しからぬ義、又は各存寄《ジリ》たる儀、遠慮なく其儘《ソノママ》可《ク》レ被《ル》ニ申聞《シケ》一候。其内国政の義は、仮初《カリソメ》にも民臣に係《かゝ》り候得ば、小事も大切成る儀に候間、各の差図《サシズ》を承り候筈に候。各も遠慮可《キ》レ有《ル》義にあらず候。但《タダ》し身の上の儀、右の通申渡《リシ》候間、某にあたり可《キ》レ申《ス》歟《カ》と計らひ可《キ》レ被レ申《サ》義可《キ》レ有《ル》レ之《レ》哉《ヤ》と気遣ひ無ニ心元《ココロモトナク》一候。(2) 生質不肖に候間、ケ様申《シ》ても我《ガ》身の悪事を強く諫《メ》られば、不快の顔色《ガンショク》も見へ可《キ》レ申《ス》義可《ク》レ有《ル》レ之《レ》候間、重《カサネ》てこり(懲)被レ申《サ》ぬやうに致しなし可《キ》レ申《ス》哉。其段は相嗜《アイタシナミモウスベク》可レ申候。万一其気味《キミ》見へ候とも、一旦の儀にて始終の心底は弓箭《キュウセン》を以て唯今申《ス》通《リ》に候間、惣《ソウジ》て内外の儀に付《キ》、己が悪事を人に隠し申《ス》義は無《ク》レ之《レ》候間、見及《ビ》聞《キ》及《ビ》被《シ》レ申《サ》処、何事によらず機嫌をはからず諫言《カンゲン》を頼《ミ》申《シ》候。(3) 仮令《タトイ》某事不《タシカナ》レ慥《ラザル》に候共、虚実は不レ構《カマワズ》候。仮令遊興を致《シ》候歟《カ》、少にても自由の振廻《フルマイ》候歟、女色に耽《フケ》り候歟、奥方に驕り在《ル》レ之《レ》歟、己が威勢に募《ツノ》り候歟、寸智(才)にほこり候歟、諫言を不レ用《イ》候歟、賞罰不レ正《カラ》候歟、賢を嫌ひ佞人《ネイジン》を近付《ケ》候歟、文道に疎《ウトク》候歟、(4) 無用の器物を翫《モテアソビ》候歟、金銀を費し候歟、作事《サクジ》を好《ミ》候て人力《ジンリョク》を破り候歟、ケ様の義自分に存寄《ジリ》候分に候。此外にも思ひよられ候事有《リ》レ之《レ》候はゞ、対面の節直《ジキ》になりとも、又は書付になりとも可《ク》レ被ニ差越《シサ》一候。秘し申度《シタキ》事有《ラ》レ之《レ》ば封じ候て尤に候。取次の者少も延引候はゞ可《ク》レ為《ル》ニ不届《フトドキ》一候。勿論一覧にも不レ及《バ》其儘可《シ》レ達《ス》レ之《ヲ》。

一②、凡《オヨソ》家中の士、不レ撰《バ》ニ貴賤《ヲ》一学問可《ク》レ致《ス》候。学問とは別に替る儀無《ク》レ之《レ》候。人たる所の道にて候へば、朝夕第一に可《キ》ニ心得一処に、脇々の儀の様に心得、学問不レ仕《ツカマツラズ》候ても其分と存罷《ゾンジマカリ》在《アリ》候体《テイ》、不吟味成る義不レ過《ギ》レ之《レニ》候。乍《サリナガラ》レ去当代学問仕《ツカマツル》由申《ヨシモウシ》、結句不学の人より劣り申《ス》者有《リ》レ之《レ》候。(5) 其故は此人元来己が才智にほこり名利《ミョウリ》の心深くして、不学なりと人の申《ス》を無念に存じ、書籍を取扱《リ》ひ少々文字を知り、古事《コジ》共《ドモ》端々《ハシバシ》覚《エ》候て、人を侮《アナド》り己に傲《ゴウ》する助《タスケ》と致し、才智有《ル》レ之上又芸も有《ル》レ之上に候得て、(6)能《ヨキ》士の様《ヨウ》見へ候得共、実は仁義の心なくして偏《ヒトエ》に盗人の振廻《フルマイ》に候。さればこそ抜群不学の人には劣り候。其外は或は詩文を作り、或は書籍を翫《ビ》て、徒《イタズラ》に月日を送る輩《トモガラ》有《リ》レ之候。是は一向《イッコウ》慰《ナグサミ》に仕《ル》迄にて、何の益《エキ》無《キ》レ之事に候。各へ申《シ》渡《ス》は右の通《リ》の義《ギ》共《ドモ》にては無《シ》レ之。学問は右《ニ》申《ス》通り之人たる所の道にて、人と生れたる者是をしらず不レ行《ワ》候ては、偏に禽獣の有様《アリサマ》にて候。然れば朝夕の衣食よりも急用の儀と可《ク》ニ心得一候。扨《サテ》其修行の法は身心の工夫とて、心の邪心(ママ)正身に行《ウ》所の善悪、此等の吟味を致し、心を正しく身を治《オサメ》て、古《イニシエ》の賢人君子にも及《ビ》、または其人の心懸次第《ココロガケシダイ》にて聖人にも至る道にて候。先《マズ》学問は必斯《ズコ》の訳《ワケ》にて此外に学問といふもの無《ク》レ之候と心得申《ス》事肝要に候。(7)然らば書を読《ミ》候も古の　聖人の御言葉を種として心の工夫をせん為なれば、小学四書近思禄(ママ)の類ひを熟読致し、余力あらば五経などにも及《ビ》、其義理を尋《タズネ》、一字一句も今日の上に引受《キケ》て悉《コトゴト》く修行の為に致《シ》候こそ真《マコト》の学文と可《ク》レ申《ス》候。(8)殊《コト》に四十以上の人は勢力もすくなく候得ば、小学四書近思禄(ママ)計《バカリ》にて能《ヨク》候。併《シカシナガラ》　其段は気根《キコン》次第にて候。六七十より八九十は大形《オオカタ》老衰致すものに候得ば、大学論語までにても、又は大学一冊にても自分に熟読いたし、(9)其外は人の物語にて聞《キ》候ても同じ事にて候。学問は必《ズ》しも文字の上に有《ル》事にては無《ク》レ之候。一日なりとも命の中《ウチ》に此道を悟り候て相果《テ》候はゞ、生《イキ》たる甲斐も可《ク》レ有《ル》レ之候。百年存命候とも無学にて人たる道も不レ存《ゼ》候は、何の益なき事にて候。されば志《ココロザ》しある士は勤学《キンガク》油断仕《ル》間敷《ク》候。

一③、各父母には孝順を尽し、兄弟には友愛を専らとし、親族は遠類たりといふとも筋目を違《チガ》へず懇《ネンゴロ》に申通《シツウ》じ、傍輩《ホウバイ》には互に真を本として心底に偽《イツワリ》を不レ挟《サシハサマズ》、家来には憐愍《レンビン》を可《ク》レ被《ル》レ加《エ》候(10)。此等は肝要の儀にて候間、常々心懸《ケ》尤に候。右申《ス》通り学問致され候得ば、聖賢の書皆此等の詮義にて候。某が口舌をついやすに不《ル》レ及《バ》事。

一④、家中の士常々不レ懈《オコタラズ》節儀を嗜《ミ》可《ク》レ申《ス》候。一言《ゲン》一行《コウ》も士の道におゐて不詮義成る事不レ可《カラ》レ有《ル》レ之《レ》。節儀の嗜《ミ》と申《ス》は、口に何も不レ言《ワ》、身に私《ワタクシ》を不レ構《エ》、心直《スナオ》にして外《ホカニ》飾りなく、作法不レ乱《レ》、礼儀正敷《タダシク》、上《カミ》に不レ諂《ヘツラワズ》、下《シモ》を不レ慢《アナドラズ》、己が才智に不レ誇《ラ》、約諾《ヤクダク》をたがへず、人の患難を不二見捨《テ》一、甲斐〳〵敷頼母《タノモ》敷《シク》、仮初にも下《シモ》ざまの賤しき物語り悪口抔言《アッコウナドコト》の端《ハシ》にも不レ出《サ》、扨《サテ》恥を知り首《コウベ》を刎《ハネ》取らるゝとも、己がすまじき事はせず、死《シス》べき場をば一足《アシ》も不レ引《カ》、常に義理を重んじて、其心鉄石のごとく成るものから、智も又温和慈愛にして、物の哀《アワレ》をしり、人に情《ナサケ》あるを節義の士と申《シ》(11)候。平生心懸《ココロガケ》なくうか〳〵と日を送り候をば、誠に以て所謂《イワユル》酔生夢死に候ぞや。

一⑤、士は右《ニ》申《ス》通《リ》、節儀を嗜む人柄貞心(信)にさへ候得ば、世話《セワ》うとく立居振廻《フルマイ》不調法にして物言《モノイイ》悪《ア》敷《シク》候ても、士の疵《キズ》に無《ク》レ之《レ》候。少しも不レ苦《クルシカラズ》候。当代多くは貞心(信)に無《ク》レ之《レ》、慭《ナマジイ》に指当《サシアタ》りさかしく(12)、あくまで自慢いたし、貞信《テイシン》なる者を却《カエツ》て初心なりと見下《クダ》し、其有様軽薄の輩有《リ》レ之《レ》。

其内剰《アマッサエ》老功にて様子静《カ》に取繕《リツクロ》ひ、能《ヨキ》人柄に化したるも有《リ》レ之《レ》。不功にてう《(浮)》は気に見ゆるも有《リ》レ之《レ》。其品色々替り候へども皆同類の人にて候。ケ様の人才智有《ル》のみならず、血気にてこそ候へ、似合相応に勇力《ユウリキ》も有《ル》故に、或は己が役義或は傍輩の事に付《キ》、苦労成る義をも己が名利有《ル》レ之《レ》内は、身に引《キ》請《ケ》て情《(精)》を出すものにて候。(13) 夫《ソレ》故頼母敷人柄の様にも見へ候得共、元来佞人にて一筋に義理を守る心なく候ゆへ、大事に懸《カカリ》ては必《ズ》時の模様を見合《ミアワセ》、真実に志《ココロザ》しなきものにて候。一命を捨《テ》候て専途《センド》の用に立《チ》申《ス》義抔《ナド》は存《ジ》寄らず候。某が家来にも如レ斯《カクノゴトキ》の人有《リ》レ之《レ》候哉。大《オオイ》に政教の妨《サマタゲ》にて候。周公の(才)孟賁《モウホン》が勇候とも珍重に不レ存《ゾンぜズ》候。(14) 又は世に結構人《ケッコウジン》と称し申《ス》内に、生質柔弱にして寸《(才)》智も無《ク》レ之《レ》、礼法も不レ存《ぜ》、言行に付《ツキ》正しきをば嫌ひて酒宴遊興に日を送り暮す輩有《リ》レ之《レ》候。是《コレ》はさながら悪敷人柄と顕《アラワレ》候へば、前の佞人よりは憎からず候へ共、某《ソレガシガ》政教を破り申《ス》処は同事《ジ》にて候。此両様の人の行《オコナイ》に似候はぬやうに可《ク》レ被ニ相嗜《マ》一候。

一⑥、家中の士別《ベッシ》て礼譲謙退を本とすべく候。(15) 昔文王は鰥寡《カンカ》をも侮《アナド》らずして、賤しき男賤しき女をも侮り給はず。其比《コロ》天下を三分《ブン》にわかち二つを有《タモ》ち給ひて、聖人にておはしますれども如レ斯《カクノゴトク》にて候。増《マシ》て夫《ソレ》より以下の者、如何《イカ》様《ヨウ》の賤しきものをも侮《ル》心あるべからず候。殊《コト》に士は何《イズ》れも替《ル》事無《ク》レ之《レ》候。時の仕合《シアワセ》にて貴賤のわかちあるは、其差別にて本より可《キ》レ有《ル》レ之《レ》事に候へども、然ればとて己が貴《タット》きに驕《オゴリ》候て、事を軽《カル》しめ人を侮《リ》申《ス》躰《テイ》は浅はかに見《ミ》苦敷《グルシキ》義に候。

たとへば参会の節《セツ》人を上座《ジョウザ》に勧め、己は下座《ゲザ》へへり下り可《ク》レ申《ス》候。何様《イカヨウ》位別違《イ》候共、式台《シキダイ》もなく上座へ上《アガ》り申《ス》事可《ク》レ有《ル》二用捨一候。(16) 一往も二往も辞退に及《ビ》候て、其上は兎《ト》も角《カク》もにて候。路次《ロジ》通《ドオ》りの節も此方《コナタ》は人をよけ候こそ本意にて候。己は供廻《トモマワ》り多きに任せ威勢《ニ》振舞候て、小身成るものに無礼《ブレイ》仕る事不レ可《カラ》レ有《ル》候。左様の節は大身なる者より諸事引下《キゲ》候て候て(ママ)こそ、おとなしく見へ尤とも聞へ候。此段は別《ベッシ》て家老頭分《カシラブン》の者、其外《ホカ》家中の暦《レキレキ》〳〵可レ有《ル》二心得一事にて候。

一⑦、当代《トウダイ》士の風俗、質直《シッチョク》にして朴素《ボクソ》の気味少く、外見《ガイケン》を飾り身を豊に持《チ》返《シ》候。(17) 我《ワガ》同列又は下《ゲ》輩《ハイ》の者に対し候ては高位に取繕《リ》ひ、偏《ヒトエ》に飾りたる木人形《キニンギョウ》のごとく見へ候由《ヨシ》及《ビ》レ承《ワリ》候。ケ様六《ムッ》ケ《カ》敷《シク》取《リ》なし候は、余程苦労成《ル》義に候。夫《ソレ》も侍の作法に叶ひたる儀に候はゞ尤に候。士は分限より身を引《キ》下げ候て、諸事仕方無造作に形をつくろい身を飾り、心なく候といへば必《ズ》本書の通《リ》対面し給ふ。(18) 髪洗《イ》給ふ時人来《キタ》れば半洗《ナカバアライ》手に握りて出《イデ》給ふ、食《ショク》し給ふ時来れば口にある食を吐《キ》て出給ふと也。時の天子成王《セイオウ》の叔父にて天下の摂政にておはしませども、勢ひを忘れて形にかゝはらず、如《カクノゴトク》レ此無造作に振廻《フルマイ》給ふ。況《イワンヤ》少々の所帯を持《モッ》て高躰《タカキテイ》の振廻を致すは、偏《ヒトエ》に井の内の蛙《カワズ》にて、昔より和漢ともに世間を広く見、人情を能《ヨク》存《ジ》候者、いづれかケ様に六《ムッカ》ケ敷《シク》取《リ》なしたる振廻候や。(19) 某が家臣たる者は諸事無造作《ニ》繕ひなき様に可《ク》レ致《ス》候。

一⑧、昔孔子の門人子《シ》游《ユウ》、魯《ロ》の武城《ブジョウ》の宰《サイ》となりし時、孔子の能《ヨキ》人を得ぬかと尋《ネ》給ひければ、澹《タン》台滅明《ダイメツメイ》と言《イウ》者候、路次を行《ユク》に必ず本道よりして近道を不レ行《カ》、公用にあらざれば終《ツイ》に某が家に不レ来《タラ》とて、是を以て能《キ》人に定《メ》し也(20)。古人《コジン》の風儀大形《オオカタ》如《ク》レ此《ノ》に候。是式《コレシキ》の義に候得共、此両事にて滅明が心様《ココロザマ》正しく大様《オオヨウ》にして、身の便《タヨリ》を不レ求《メ》、才覚を専《モッパラト》せず、己を枉《マゲ》て人に諂《ヘツラ》はぬ所あらはれ候。今時ケ様の者候はゞ鈍《ドン》なる振廻《フルマイ》の様に可《ク》レ申《ス》候。又人の頭《カシラ》として其外の者我方《ワガカタ》へ公用《コウヨウ》の外《ホカ》付《ケ》届け無《ク》レ之《レ》候はゞ不快に可《キ》レ思《ウ》所、流石《サスガ》孔門の学者にして、是《コレ》を以て称美するにて子游がおふやけなる心の程も知られ候(21)。如《ク》レ斯《ノ》にてこそ賢否《ケンピ》も有《アリ》やうに知れ申《ス》筈にて候。ケ様の義は何《イズレ》もとり〴〵に無《ク》レ限《リ》やさしき事どもに候。某論語を読《ミ》候て、此所に至りては大方感涙《カンルイ》をおさへ候。某家臣たる者は家老頭分は子游を鏡にいたし、諸士は滅明を手本に可《ク》レ致《ス》候。させる事なきに、家老頭分たる方《カタ》へ音問《オンモン》無《ム》用《ヨウ》に候(22)。有《アリ》べかゝりの礼をつくして可《イ》レ居《ベク》候。家老頭分たる者も、一円下《シモ》の追従《ツイショウ》を不《ル》レ悦《バ》心得肝要に候。何とぞ筋目有《ル》レ之《レ》　親　者《シタシキモノ》には自己の心ざし尤に候。某に替《カワ》りて人を撰《エラビ》候節は、親疎《シンソ》の構《カマイ》なく、其者の平生《ヘイゼイ》の行ひを考ひ善悪を定《ム》るは、家老頭分たる者の役にて候。本《モト》より依怙贔屓は士の仕《ツカマツ》る義にて無《ク》レ之《レ》候得共、万一左様の仕方《シカタ》有《リ》レ之《レ》候はゞ、急度《キット》可《ク》レ遂《グ》二詮議《ヲ》一候。能々《ヨクヨク》心得可《ク》レ有《ル》候。

一⑨、当代士の寄合《ヨリアイ》を聞及《キビ》候に、賓主《ヒンシュ》共に礼義不レ正《カラ》、訳《ワケ》もなき事どもロに任せ、声高に笑ひ訕り(23)、又は人の噂好色の咄《ハナシ》、或《アルイ》は酔狂をし、或は小歌三味線座上《ザジョウ》に取《リ》はやす族《ヤカラ》も有《ル》レ之《レ》由、是等は一つとして士の作法にて無《ク》レ之《レ》候。偏《ヒトエ》に下臈《ゲロウ》の寄合にて候。士の交《マジワ》りは礼法正敷《タダシク》、一言《ゴン》申も跡先《アトサキ》をふまへて、多《ク》は古書《コショ》の穿鑿《センサク》、義理の物語抔《ナド》を好み、仮初《カリソメ》にもそゝけたる躰《テイ》を不《ル》レ致《サ》こそ本意にて候。然れば迚《トテ》、心安き友とは互にくつろぎ打解《チケ》て語る義は格別にて候。其内にも不行義《フギョウギ》なると作法能《ヨキ》とは差別可《キ》レ有《ル》事に候。家中の士ども寄合候節は、右の心得可《ク》レ有《ル》候。

一⑩、家中の士寄合候節、武備を忘るまじく候。(24) 武備とは分限相応に人馬其外武用《ブヨウ》の道具所持致し、射騎《シャキ》剣鎗《ケンソウ》の技術も無案内に無《キ》レ之《レ》程に稽古可《ク》レ有《ル》候。但し其通りの師を致す者の外、余り精々相究《アイキワメ》候儀は無用に候。不断《フダン》手馴《テナレ》候様に可《ク》レ致《ス》候。軍法は常々詮義可《キ》レ有《ル》レ之《レ》事に候。但し軍中《グンチュウ》の法令は内々定置通《サダメオクトオリ》に候。平生《ヘイゼイ》被レ致二存知一《ゾンジイタサレ》、戦場にかゝり候ては失念無《キ》レ之《レ》様に可《ク》レ被二心得一候。武備を忘れ申さる(ママ)ゝは平生の嗜《タシナミ》にて候。(25) 常躰《ツネテイ》保(ママ)りに致罷在《イタシマカリアリ》候て、しかも其心得可《キ》レ有《ル》レ之《レ》事に候。然るに我こそ武備を不レ忘《レ》とて、少しの義にも其思はく致し、為《サ》レ差《セル》事もなきにはやり過《ギ》候て、異形《イギョウ》に見へ候者有《リ》レ之《レ》候。是等は血気におかされ候て一向に落付《オチツカ》ざる躰《テイ》にて候。却《カエツ》て未練《ミレン》の士と可《ク》レ申《ス》候。武士の嗜《タシナミ》は、心に有《アル》事にては無《ク》レ之《レ》候。されば能《ヨキ》士は姿ものいひ柔《ヤワラカ》に少《スコシ》の出入には心を懸ず、大形《オオカタ》は堪忍《カンニン》を専《モッパラ》と致《シ》候故、当分心おくれたる様に見へ申《シ》候得共、死すべき場に懸りては血気にはやり申《ス》者には少しも越られず候。一旦の血気にては下臈《ゲロウ》さへ死する習《ナライ》にて候得ば、増《マシ》て士の死するは珍しからぬ事にて候。最期《サイゴ》まで取しづめて常々のごとく聊《イササ》かもせきたる気《ケ》(色)しきこれなく、一際《ヒトキワ》潔く見ゆるこそ士の最期と下臈の最期と違《チガ》ふたる処にて候へ。大形は武備を心懸候へども、血気におかされ候間、其用心可《ク》ㇾ被ㇾ致《サ》候。

⑪一、父母兄弟妻子等死去致《シ》候節、葬送《ソウソウ》の礼法行《オコナイ》(26)候。追《オッ》て直《ス》ぐ相計《アイハカラ》ひ可《ク》㆓申《シ》出《ス》㆒候。先《マズ》其内寺僧を頼《タノム》とも火葬停止《ニ》候間、其旨《ソノムネ》急度《キット》相守り候様可《ク》ㇾ致《ス》候。誰によらず死去仕《リ》候ば、一統《イットウ》に土葬に取《リ》置《キ》可《ク》ㇾ申《ス》候。相背《ソムク》者有《リ》ㇾ之《レ》候はゞ、急度可《ク》㆓申《シ》付《ク》㆒候。

⑫一、父母兄弟親族等死去の節、喪服《モフク》の月数《ツキカズ》は聖人の御代《ミヨ》には父母に三年、其外兄弟親族にも夫々《ソレゾレ》に制法有《リ》ㇾ之《レ》候。某が家臣たる者は、一統に聖人の法のごとくに喪服相勤《メ》候様致度《イタシタク》候得共、是又急に執行《トリオコナ》ひがたく候。時節を待《チ》可《ク》㆓申《シ》出《ス》㆒候。其内志《ソノウチココロザ》し有《リ》ㇾ之《レ》、三歳の喪服其外の喪《モ》も如《ク》㆓古法《ノ》㆒之相務申度《コレアイツトメモウシタキ》と願《イ》申《ス》者有《リ》ㇾ之《レ》候はゞ、珍重に可《ク》ㇾ存《ズ》候。其外は父母に五十日、兄弟親族にも俗令《ゾクリョウ》定《メ》置《キ》候て可《ク》㆓相勤《ム》㆒候。若不《モシフ》行義《ギョウギ》成《ナル》躰《テイ》承《ウケタマワ》り候はゞ、所により急度《キット》可《ク》㆓申《シ》付《ク》㆒候。古へは喪といへば必ず声を揚《アゲ》て歎《ナゲ》き悲しみ、引籠《ヒキコモ》り申《ス》内は酒を不ㇾ呑《マ》、女色《ニョシキ》に近づかず、なげきの心までにてものごと隠便(ママ)に致《イタス》(27)。就中《ナカンズク》父母の喪は一代の大事これに過《スギ》ぬ悲みに候。其故は父母は骨肉を分けし親《シタ》しみ有て我身の出来《イデキ》し本にて候得ば、我身より大切なる義にて候。其上襁褓《キョウホウ》のうちより臂下(ママ)に撫育《ブイク》せられて、成長の後《ノチ》も二六時中忘るゝ隙《ヒマ》なく、あはれ成迄《ナルマデニ》懇成《ネンゴロナル》心ざし、泰山《タイザン》よりも高く滄海《ソウカイ》よりも深く候(28)。夫《ソレ》に別《ワカレ》候はゞ、十方《トホウ》を失ひ諸事打捨《ウチステ》、一筋のかなしみに心腸《シンチョウ》を傷裂《ショウレツ》する程に覚へ、幾年《イクトシ》過《ギ》候ても名残《ナゴ》りおしく思ふ心は止《ヤム》べきや。然《シカ》るに当代の風俗、其砌《ミギ》りは哀傷《アイショウ》の顔色《ガンショク》有《リ》ㇾ之《レ》候得共、程過《ホドスギ》候得ば最早《モハヤ》父母の事は打《チ》忘れ候

て、己が気儘《キママ》を振廻《フルマイ》、纔《ワズカ》の五十日さへ仮令《ケリヨウ》に致し、深く歎き候者を見ては結句《ケック》鈍成《ドンナル》事の様に申《シ》、ケ様の義に気の弱きは武士の法にあらず、女童《ワラベ》に同じ抔《ナド》と誹《ソシ》り候。(29)放逸無慙《ホウイツムザン》の有様《アリサマ》には、無《キ》二是非一風俗なげきても余り有《リ》候。今友達抔の内に介抱《カイホウ》を心ざし深き者有《リ》レ之《レ》候得共、(ママ)夫《ソレ》も父母の恩愛には日をおなじく語らぬ事にて候得共、慇懃《インギン》の礼法を仲心《チユウシン》にも難レ忘《ワスレガタク》存《ズ》間敷《キ》哉。増て父母には如何様《イカヨウ》の報恩を致し候ても尽《ツキ》ぬ事にて候へば、父母の情《ナサケ》余り深くして其全義(ママ)に不レ及《バ》候故、其儀は無《ク》レ之《レ》候得共、名残《ナゴ》りを憎て(ママ)泣悲《ナキカナシミ》候は、子たる者の心、恩を思《オモイ》、情《ナサケ》を感《カンジ》候て何とも忍び得ぬ故に候。(30)死《シシ》たる人の益の有無《ウム》穿鑿《センサク》に及可《ビキ》レ申《ス》事にては無《ク》レ之《レ》候。又武士は戦場に懸《カカ》りては、親をも打《ウタ》せ子を先《サキ》だつるも習《ナライ》に候へば、左様心よはき(弱)は武士の法にあらずとの申分《モウシブン》こそ尤なるかこつけに候得ども、是程《コレホド》の事にさへ哀《アワレ》を知らずしては、君の恩、人の情思ひ初《ハジメ》しとも不レ存《ゼ》候。何程強《イカホドツヨク》して武士の法に叶ふたるとて、己は可《ク》レ存《ズ》候得共、一向《イッコウ》頼母《タノモ》しからぬ士に候。又兄弟は幼少より一集《ヒトアツマリ》にそだち、一日も不二相離《レ》一、左右の手のごとく成《ル》ものに候。親に次《ツギ》候ては誰か兄弟ほど親しきもの候はんや。其外の親族何《イズ》れも筋目候へばこそ平生《ヘイゼイ》申通《スリ》に候処、相果《アイハテ》たるに一向歎《ナゲ》く気色《ケシキ》もなく、残念にも存じざらん人は、平生も真実ならぬ心のほども知られ候。尤《モットモ》恥かしき事に候。

一、(13)自今《ジコン》以後、父母妻子兄弟親族の内、国法を背《ソム》き罪科《ザイカ》有《リ》レ之《レ》候を能々《ヨクヨク》承知候得共、親しき者として申出《モウシデ》候はゞ、士の法とは存《ズ》間敷《ク》候。且又《カツマタ》一門のみにあらず、平生別《ベッ》して咄し申《ス》友達の内にても申《シ》出候儀、是又尤と不レ存《ゼ》候。但《タダ》し左様に国法を背き不忠のものを強《シイ》て隠《シ》置《キ》、才覚を以て罪を遁《ノガレ》候様に致《シ》候はゞ、承《ウケタマワ》り届《トド》け罪に可《ク》二申《シ》付《ク》一候。若《モシ》反逆のたくみ致し候歟《カ》、何《イズ》れ国の騒《サワギ》にもなり、某大事にも成る程の義は、国にも不レ構《カマワズ》、某にも思い替《カエ》、見遁《ミノガ》し置《キ》候義は不レ可《カラ》レ然《ル》候。其段は某が申《シ》付《ケ》候に不レ及《バ》候。各の了簡《リョウケン》に可《ク》レ有《ル》レ之《レ》候。夫《ソレ》程の義にても、子として父を申出《モウシデ》候は同心に不レ存《ゼ》候。君父は義理の重き事何《イズ》れも劣らぬものに候。忠孝は偏《ヒトエ》に闕《カキ》がたき事に候。(31)其《ソレ》事の品により時の首尾《シュビ》により子たる者の可《キ》レ有《ル》二了簡一儀に候。一筋に申《シ》がたく候。縦《タトエ》父子兄弟たりといふとも、罪人《ザイニン》を申出《シ》す様に相定《メ》申《ス》こそ、某が為《タメ》には宜《ヨロシク》候へ共、士の風儀は左様の仕方《シカタ》は悪敷《アシク》候。惣《ソウジ》て某が心底《シンテイ》、各《オノオノ》の被《ル》レ立《テ》義理まげて、某一人に被レ致《サ》二忠節一候へば迚《トテ》、夢々不レ存《ゼ》候。某に背かれ候ても、各義理さへ不レ違《タガエズ》候へば、於《テ》レ某《ニ》珍重に存《ジ》候。

一[14]、家中の士常々寄合《ヨリアイ》て料理内々定《メ》置《キ》候通《トオリ》、一汁一菜夫《ソレ》も成程《ナルホド》麁《ソ》相《ソウ》に越《コエ》たる儀は無《ク》レ之《レ》候。塩梅《アンバイ》取合《トリアイノ》能《ヨキ》悪敷《アシキ》は、さのみあひさつにも及《ブ》間敷《キ》事に候。士の寄合遊《アソビ》候は、親《シタシ》みを求め思《オモ》はくを述《ノベ》、異見《イケン》をも聞《キキ》て慰《ナグサ》むため計《バカ》りにて候。馳走《チソウ》は亭主の礼義を調《トトノエ》候て、懇《ネンゴロ》に饗応《キョウオウ》をこそ可《ク》レ申《ス》候。当代は馳走とて料理を取合《トリアイ》、座上《ザジョウ》の物数《モノズ》寄《キ》抔《ナド》に心を尽し、隙《ヒマ》を費し、何の為に候や難《ク》二心得一候。北条時頼有宵《アルヨイ》の間《マ》、平《タイラ》の宣時《ノブトキ》を呼《ヨバ》るゝ事ありしに、頓《ヤガ》てと申《シ》ながら直垂《ヒタタレ》のとかくせしに、亦《マタ》使来《キタ》りて、若《モシ》直垂のさむらはぬにや夜なればことやう成《ナリ》ともとく《(疾)》、と有《アリ》しかば、なえたる直垂うち〳〵の儘にて参りたりしに、銚子《チョウシ》に土器《カワラケ》取添《トリソエ》てもて出《イデテ》、此酒を独り給人《(ママ)》がさう〳〵しければ申《シ》つる也、肴《サカナ》こそなければ人はしづまりぬらん、さりぬべきものやあるといづくまでも求《メ》給へ、と有しかば、しそく《(紙燭)》さしてくま〳〵を求《メ》しほどに、台所の棚に味噌のみ付たる土器を見出《ミイダ》して、事たりなんとて、心よく数献《スコン》に及んで興《キョウ》に入《イ》られ侍《ハベ》りきと吉田兼好がつれ〳〵《(徒然)》草に書載《カキノセ》候。(32) 時頼は其比《コロ》天下の執権にて、ケ様に無造作にして身の栄耀《エイヨウ》なき振舞是《フルマイコレ》に過たる事や候べき。比類《ヒルイ》なき殊勝《シュショウ》の儀に候。時頼程の人にケ様のためし異国にも不《ル》レ及《バ》レ承《リ》事に候。土器に付《キ》たる味噌をなめて酒を呑《ノム》やうの事は、今の世には下臈《ゲロウ》さへ不レ仕《セザル》事に候得ば、まして少しの所帯を持《チ》候者、思ひもよらず候。少し有《アル》酒を呑《ノマ》んとて早くも思ひ付《キ》て呼《ヨバ》れしを、宣時も嘸《サゾ》嬉しく可《ク》レ被レ思《ワ》候。惣じて物を送り候にも、振舞候にも、不図《フト》思ひ付《キ》て手軽く致《シ》候こそ誠の志《ココロザ》しは顕《アラワ》れ候。こと〳〵く取繕《トリツクロ》ひたるは、軽薄と見へて不二面白《カラ》一候。(33) 友達の交《マジワ》りは唯《タダ》礼義正しく、しかもおのづから親《シタシ》みの有様《アルサマ》こそ幾度《イクタビ》もあかぬものにて、宣時が夜ともいわず直垂《ヒタタレ》を取《リ》求《メ》しを、遅きにてはや推計《オシハカ》りて、其儘《ソノママ》参られよと言《イイ》おこせられし、其比《コロ》の風俗《フウゾク》仮初《カリソメ》にも作法の正しき事をしりぬ。亦《マタ》時頼の銚子土器自身に持出《モチイデ》られしこそ、是に過たる馳走やあるべき。扨《サテ》なへたる直垂着《チャク》して、土器の味噌をなめし宣時が有様《アリサマ》、たぐゐなくやさしく覚へ候。人のしづまりぬるを起さざりしも、下《シモ》をいたわりしありさまに候。士の交《マジワ》りは今迚《イマトテ》もケ様に有度《アリタキ》ものに候。

一⑮、家中の士不《ル》レ可《カラ》レ好《ム》ニ綺羅《ヲ》一を、武具馬具太刀《タチ》かたなをも用に立《ツ》を専《セン》に可《ク》レ仕《ル》候。(34)拵《コシラエシ》仕立《タテ》も成程《ナルホド》麁《ソ》末《マツ》に可《ク》レ仕《ル》候。増て常躰《ツネテイ》の衣装如何様《イカヨウ》にても不レ苦《シカラ》候。兎《ト》角《カク》麁《ソ》相《ソウ》に超《コエ》たるは無《ク》レ之《レ》候。但し貴賤に仍《ヨリ》て衣装の式《シキ》は別紙に定《メ》置《キ》候。

一⑯、家の作事《サクジ》不レ可《カラ》レ好《ム》。実意《ジツイ》は風雨さへ覆《オオ》ひ候へば、是又麁《ソ》相《ソウ》に超たる事無《ク》レ之《レ》候。(35)但し分限により家大小は可《ク》レ為《ル》ニ格別一候。

一⑰、衣食住の外《ホカ》、武士は武具馬具用意なくては不レ叶《カナワザル》物にて候。其外は常に用ひ申器物《スキブツ》は格別、夫《ソレ》も用に立《ツ》物迄にて、結構成《ル》物一円不レ入《イラザル》事にて候。(36)たとへば掛物茶碗茶入《チャイレ》等の類《タグイ》、多くあつめ持《チ》候て何の用に立《チ》申《ス》義にて候や。世に交《マジワ》る習《ナライ》にて候へば、少しは不レ苦《クルシカラズ》候へども、夫も一向に不レ構《カマワズ》候はんは、結句悪敷《アシキ》仕方に可《ク》レ存《ズ》候。

一⑱、家中の士勝手《カッテ》続き申《ス》様に諸事分限相応にいたし、所納《ショノウ》の分量を積《ツモ》り候へて、金銀の用を加減いたし尤《モットモ》に候。(37)親族等に貧窮成る者候歟《カ》、又は他人にても存《ゾンジ》の者の中《ウチ》迷惑いたす者候て、難《ク》ニ見捨《テ》一候故、左様の義にて自分の勝手悪敷成《リ》候は結句奇特《キドク》に存《ジ》候。左様の処《トコロ》不ニ見届《ケ》一、勝手能《ヨク》候ても、士の本意に無《ク》レ之《レ》候。右の趣《オモムキ》にて勝手不レ調《トトノワズ》候ば、様子承り届け、幾度《タビ》も続《キ》候様に可《ク》レ致《ス》候。其外不慮《フリョ》の不仕合《フシアワセ》にて損《ソン》じ申《シ》候はゞ、是又格別に候。延引《エンインシ》候ば可《ク》レ為《ル》ニ不届《フトドキ》一候。

一⑲、古《イニシエ》より四民とて天下の人を士農工商の四《ヨ》色《イロ》に分けて、主《ツカ》さ取《ド》る所の職をつけ申《ス》事にて候。然る処に農は耕作を勤めて米穀を出《イダ》し、工は或《アルイ》は梓匠《シシヨウ》とて室屋《シツオク》を構へ、或は陶冶《トウヤ》と成て器物《キブツ》を作り、商は売買をいとなみて土産《ドサン》の有無を通じ、此三民にて天下の用をたし(38)、扨《サテ》士は義理と申《ス》もの色もなく香《カ》もなきものにて候故、彼《カノ》三民の業とは事替《カワ》り候て、急度主《ツカサ》どる人を定め不レ申《サ》候ても、其分《ブン》の様《ヨウ》に候へども、此義理の筋目天下にほろび候ては人に廉耻《レンチ》の心なくなり、互に相慾《アイムサボリ》、互に相掠《カス》め、おのづから畏憚《オソレハバカ》る所もなく、終《ツイ》に子も父を父とせず臣も君を君とせず、大乱に及《ビ》申《ス》事にて候。夫故《ソレユエ》士と申《ス》者を立て義理を守らせ、彼《カノ》三民の上に置《キ》申《シ》候。平生手を遊ばしめて居《オリ》ながら百姓町人を思ふ様《サマ》に押下《オシサゲ》し候得共、彼等も恐れ敬ひ申《ス》事は、士は職とする処の高故《タカキユエ》にて候。然る所に当代士として飽《アク》まで利慾にふけり、深く金銀を貪《ムサボ》り、町人等に対し権柄《ケンペイ》を以て押掠《オシカスム》る輩《トモガラ》有《リ》レ之《レ》候。或《アルイ》は馬を好み或は道具をすき(数寄)候躰《テイ》にもてなし時の利を以て懸《カカ》り候者は、さながら取売伯楽《トリウリハクラク》の仕方《シカタ》にて候(39)。是はとかふの僉議《センギ》に不レ及《バ》候。夫《ソレ》程《ホド》にこそなく候得共、大概《タイガイ》己が勝手を専らとして、人にそこなひある事を知らず、諸事に付《キ》身勝手に振廻《フルマ》ふ者多く候。ケ様の人は常に利害をのみ簡弁《カンベン》いたし候故、義理の方《カタ》には必ずうとき者にて候。利にてもそこに心を付《ケ》ずして、一筋に心ざす儘《ママ》に行ひ申《ス》にてこそ義理は立申《チシ》候。されば義理にさときは利慾にうとく、利慾にさとき者は義理にうとく、義理にさときを以て士とし、利慾にさときを以て町人とす。士としては利慾にさときは一向《イッコウ》うけられぬ事にて候。義理にうとかるべきとおしはかり候。もとより利慾のことをいろは(綺)ずして、勇士の振《フル》廻《マイ》せん為にこそ君より常の録(ママ)を給《タマ》はるにてはなく候や(40)。左候はゞ名字を捨て弓箭《ユミヤ》折《オリ》て科錘(ママ)を腰にもさす(ママ)、其儘《ソノママ》士のさまにも有ながら町人の所行《ショギョウ》は難《ク》ニ心得ー候。昔公儀休《コウギキュウ》と申《ス》者、魯《ロ》に仕《ツカエ》し時、其家の菜園にある葵《アオイ》を喰《ク》ひてむまく覚へければ、即時に植し葵を抜《キ》て捨《ステ》候(41)。又家にて織し布の能《ヨ》きを見て機織《ハタオリ》し女を追出し、其機《ハタ》を燔《ヤキ》申《シ》候。扨申様《サテモウスヨウ》は、士たる者の家に衣食をつくりなば、夫《ソレ》を業《ワザ》とする人の如何《イカガ》して其利を得てすぎはゐ(生業)とせんやと言《イエ》り。其魯国の執権をも仕《ツカマツ》りけるにより、惣《ソウジ》て禄《ロク》を食《ハム》者は下民《カミン》争《トウ》レ利《ヲ》ことをいましめけると也。今某が家臣の面々、日来《ヒゴロ》夫々《ソレゾレ》相応の禄をあたへて、国中百姓町人等に仮初《カリソメ》にも慮外《リョガイ》不《ル》レ致《サ》様に堅く申付《シケ》候。然る上は利慾の志《ココロザ》しを捨《ステ》て、廉恥《レンチ》の行《オコナイ》を励《ハゲマ》し、百姓町人等に対し聊《イササ》かも恥しき振廻《フルマイ》なく、公儀休がむかしをしたはるべく候。尚又委敷《クワシク》穿鑿《センサク》いたし候はん。惣じて利慾と申《ス》時は、金銀にかぎらず所詮(カ)己が手《テ》よりを求めば利慾にて候。同様の事を執行《リイ》候ても、私の手よりを以《モッテ》するとおふやけの義理を見て行《オコナウ》とは、一念の上にて毫釐《ゴウリ》の差《タガイ》にて候得共、畢竟《ヒツキョウ》君子小人、王覇《オウは》治乱《チラン》のさかひもなく、是より別れ候へば、末は千里の謬《アヤマリ》にも成申候。去《サ》るによつて義理弁《ギリノベン》とて、先《セン》賢《ケン》もくわしく箇腰(ママ)の事に沙汰し置《カ》れ候(42)。各《オノオノ》書を読《ミ》て其義を悟り、無《ク》ニ油断ー工夫致し可《シ》レ申《ス》。事永《ナガ》く候間、今爰《ココ》に令《セシメ》ニ省略ー候。

光国(ママ)卿条令終

（1）底本（編者所蔵写本）にはこの条の頭に「一」の表記がないが、他本を参考にしてこれを加えた。「書顕し」は書著しの当て字。

（2）「某にあたり」以下は『明君家訓』版本（以下「版本」と略称する）では「某気《き》にあたり可レ申かとはからひ被レ申儀可レ有レ之と無《なく》二心許《こゝろもと》一候」となっている。

（3）「一旦の儀」は一時のこと。「弓箭」は弓と矢。転じて武器や武芸の意ともなり、さらに弓矢を取る者すなわち武士をも言う語となった。続く文頭の「仮令某事」は、版本では「たとひ其事」とある。

（4）版本にはこの後に「武備《ぶび》をわすれ候か、家臣百姓《かしんひやくしやう》にいたるまで憐愍《れんみむ》これなく候か」という文がある。一行分に相当するので、伝写の際に書き落としたのであろう。またこの文中の「寸智」は才智の誤記。

（5）版本のこの部分は「さりながら当代学問《とうだいがくもん》仕《つかまつる》由《よし》申輩《ともがら》に、結句不学《けっくふがく》の人よりおとり申もの有レ之候」となっている。

（6）「己に傲する」は版本では「をのれに傲《ほこ》る」となっている。また、「才智有レ之上に文芸も有レ之上に候得て」のくだりは、「才智《さいち》有レ之上《うへ》に文芸《ぶんげい》も有レ之候へば」とある。

（7）「心の邪心正」は、版本にもあるように「こゝろの邪正《じやせう》」の誤りであろう。また「先学問は必斯の訳にて」についても「版本」では「先学問《まづがくもん》はかくのごとくのわけにて」とある。以下の文中にある「小学」は中国の宋代に劉子澄が朱子の指示で編纂したとされる書。「四書」は『大学』『論語』『孟子』『中庸』の四つの書物を言い、儒学の基本となる経典。「近思録」は正しくは『近思録』で、朱子が呂祖謙と共に編んだ書。「五経」は儒学を学ぶ者達が聖人の述作として尊重した五部の経書で、『易経』『詩経』『書経』『春秋』『礼記』を言う。

(8) この文と以下の文との間に版本では「右の外書籍《ほかしよじやく》あまり不《ざる》レ入《いら》事《こと》に候」という一文が見える。また続く文中の「勢力」は版本では「精力《せいりよく》」。

(9) このくだりは版本では「又は一部《いちぶ》にても自分《じぶん》に熟読《じゆくどく》いたし」とある。

(10) 「互に真を本として」は版本では「たがひに信《しん》を本《もと》として」。以下の文中の「詮義」は正しくは詮議で、評議して物事を明らかにすること。

(11) 文中の「口に何も不レ言」は版本では「口《くち》に偽《いつはり》をいはず」とあり、「才智に不レ誇」の記述は版本にはない。「約諾」は約束して承知したこと。条末の文中の「酔生夢死」は『程子語録』にある語で、何の為す所もなく徒らに一生をおわること。

(12) 「愁に」に底本は「本ノマヽ」と傍書している。なおこの文と続く「あくまで自慢いたし」以下の文との間に、版本では「世話《せわ》賢《かしこ》く、立居振舞《たちゐふるまひ》見ぐるしからず候故《ゆへ》、をのれが才智《さいち》に」という文がある。伝写の際に一行分を書き落としたのであろう。「世話」という語は本条冒頭の文中にもあるが、世間的なことの意。以下の文中の「不功」は未熟の意。「うは（浮）気」は、あるいは心が浮ついて変わりやすいことを意味する上気をあてるべきか。

(13) 「似合相応に」は適当にの意。「己が名利有レ之内は」のくだりは版本では「をのれが名利《めうり》の頼《たのみ》有レ之内《うち》は」とある。「情を出す」は慣用で、精を出すが正しい。以下の文中の「専途」は勝負の決する大事の場合を意味する先途の当て字。

(14) 底本は「周公の孟賁が勇」となっているが、版本を参考として「才」を加えた。また、続く文中の「結構人」はおとなしい性質の好人物のことを言う。

(15) 「礼譲」は他人に対して礼をつくしてへりくだることを言う。「謙退」は謙譲に同じで、へりくだり退くこと。以下の文中の「鰥寡」は配偶者のいない男女。

(16) 「何様位別違候共」は版本では「何程《なにほど》位列《いれつ》ちがひ候共」とある。「式台」は当て字で、正しくは色代・色体・式体などと書き、挨拶の意。また、末文近くの文「引下候て候てこそ」の「候て」の一つは衍文。これを除いて読まれたい。

(17) 「質直」は質実で正直で飾り気のないこと。「朴素」は素朴に同じ。「身を豊に持返候」は、版本では「身《み》をゆたかに持《もち》なし候」とある。

(18) 「分限より」は版本では「分際《ぶんざい》より」。底本には、「形をつくろい」以下の文中の「必本書の通」の脇に「闕文多し」の傍書がある。事実この部分は、版本では「形《かたち》をつくろひ身《み》をかざる心なく候こそ本意《ほんゐ》にて候。伝聞周公《つたへきくしうこう》は、いやしき士《さぶらひ》にても来《きたる》といへば必対面《かならずたいめん》し給ふ」という記述になっている。

(19) 「況少々の所帯を持て高躰の振廻を致すは」は、版本では「いはんや少《すこし》の所帯《しよたい》をもつて高位《かうゐ》の躰《てい》をいたすは」とある。また「いづれかケ様に」については「いつかかやうに」となっている。

(20) これは『論語』雍也にある「子游、武城の宰たり。子の曰わく。女《なんじ》、人を得たりや。曰わく。

澹台滅明なる者あり、行くに径《こみち》に由らず、公事《こうじ》に非ざれば未だ嘗て偃《えん》の室に至らざるなり」を引いたもの。以下の文中の「才覚を専せず」は、版本では「才学《さいがく》をもつはらとせず」とある。

(21)「又人の頭として其外の者」は、版本では「又人の頭《かしら》として、其下《そのした》の者《もの》」となっている。「おふやけなる」は公明で偏りのないこと。以下の文中の「賢否も有やうに知れ」は、賢愚もありのままに知ることが出来るの意。

(22) このくだりは、たいした用事もないのに上役である「家老頭分」のもとを訪問してはならないことを述べる。続く文の「有べかゝり」は型どおりの意。

(23)「訇」は大きな声を出すという意味の語であるが、送り仮名が「り」であることからすると、版本にあるようにノノシリと読ませたいのであろう。以下の文中の「下臈」は身分の賤しい者の意。「跡先」は後先。「そゝけたる躰」は乱れた様子を言う。

(24) 版本には「寄合候節」の記述はない。以下の文中の「但し其通りの師を」は版本では「但《ただし》其道《みち》の師《し》を」とある。また「余り精々」は版本では「あまり精出《せいだ》し」とある。

(25) 版本ではこの文以下は独立した一条となっているが、本書においては底本の姿を残した。なおこの文中の「忘れ申さるゝは」は、版本では「わすれ申さゞるは」とあり、文脈からすると版本の記述の方が正しい。続く文も底本は「常躰保りに致罷在候て」とあり、しかも「保り」の左脇には「本の儘」という傍書がある。底本のままでは意味がとれない。版本ではこの部分は「常《つね》躰《てい》にやすらかにいたしまかり有候て」となっている。「異形に見へ」は普通ではない姿、すなわち異様に見えること。

（26）版本では、この文の「葬送の礼法」の記述と続く「追て直ぐ相計ひ可二申出一候」との間に、「古《いにしへ》の聖人《せいじん》定置《さだめをき》たまへりといへども、いま急《きふ》に執行《とりをこなひ》がたく候」という文が入っている。ただし、そのかわりに版本には、底本にある「先其内寺僧を」以下の火葬を禁止することを述べた文はない。

（27）「隠便」は穏便《おんびん》の誤写。

（28）「襁褓」の襁も褓も、むつき、すなわち小児を背負う帯やおむつを意味する語で、「襁褓のうち」で赤子の間のうちという意となる。「臂下」は膝下《しつか》の誤記であると思われる。膝下は直接的にはひざもとの意だが、父母のもとという意味もある。「泰山」は中国山東省にある名山で、高く大きな山の代名詞。「滄海」は大海のこと。続く文中の「夫に別候はゞ」は版本では「それにはなれ候はゞ」とある。「十方」は途方の当て字で、方向や方針の意。「心腸」は心の中のことを言う語。

（29）「哀傷」は人の死を悲しみ悼むこと。「仮令に」はかりそめに、大概にまたはなおざりにの意。続く文中の「放逸無慙の有様」は、締まりもなく恥をも知らないありさま。また「介抱を心ざし深き者有レ之候得共」は、版本では「介抱《かいはう》を得《ゑ》、心ざしふかきもの有レ之候へば」とある。文脈からすれば「候得共」についても版本の「候へば」の方を採るべきであろう。「仲心」は衷心の当て字か。

（30）「全義」は詮議の誤記。「名残りを憎て」は版本では「名残《なごり》を惜《おし》み」とある。くずした字体が似ているので、底本が他本を誤写したのであろう。以下の文中の「かこつけ」は格好をつけた言い方の意。

(31) この「忠孝は偏に闕がたき事に候」の記述は、版本では「忠孝《ちうかう》は偏《かた〳〵》闕《かゝ》しがたき事に候」となっている。また以下の文「某一人に被ㇾ致㆓忠節㆒候へば迚、夢々不ㇾ存候」は、版本では「某一人に忠節《ちうせつ》いたされ候へとは努々《ゆめ〳〵》不ㇾ存候」とある。底本の「迚」の左脇下には「欠文アルカ」の傍書がある。

(32) これは『徒然草』第二一五段にある話。「平の宣時」は北条時政の曾孫で陸奥守であった大《おさ》仏宣時《らぎのぶとき》。弘安一〇年(一二八七)から正安三年(一三〇一)の間、鎌倉幕府の連署として執権の北条貞時を補佐した。北条時頼は鎌倉幕府五代執権を務めた人で、三代執権泰時とともに仁政をたたえられた。出家後は最明寺殿と称し数え年三七歳で歿したが、その後いつの頃からか、時頼が生前変装して諸国を巡り地方の実情を視察し人々の疾苦を救ったという廻国伝説が広まった。謡曲「鉢の木」で有名。「頓てと申ながら直垂のとかくせしに」は版本では「やがてと申ながら直垂《ひたゝれ》のなくて、とかくせし程に」とある。「直垂」は鎌倉時代の武士が幕府に出仕する際の公服として用いた衣装。すぐに参りますと返事をしたものの外出用の直垂がないのでぐずぐずしているうちにの意。「さむらはぬにや」は候はぬにやで、無いのですかという意味。「なえたる」はよれよれになった。「うち〳〵の儘にて」は普段のままの姿で。「土器」は素焼きの小皿。また、「此酒を独り給人がさう〴〵しければ申つる也」の部分は、版本では「此酒《さけ》をひとり給《たべ》んがさう〴〵しければ申つるなり」となっている。底本はおそらく他本にあった「給ん」を「給人」と写し誤ったのであろう。なお、このくだり、『徒然草』では「この酒をひとりたうべんがさうざうしければ、申しつるなり」とある。この酒を独りで飲むのがさびしいのでお呼びしたのだの意。「人はしづまりぬらん」は家の者達は寝静まったことだろう。「さりぬべきものやある」は、ちょうど良さそうな物があるかどうかの意。「しそく」は紙燭のこと。照明具の一つで、松の木を長さ一尺五寸（約四五センチメートル）程の棒状に削り、先のほうを炭火で黒く焦がして油を塗り、点火して用いる。「くま〳〵を」はすみずみを。版本では底本の「土器を見出して」と「事たりなんとて」の間に、「これぞ求得《もとめえ》てさふらふと申しかば」という文がある。底本はこれを他本から写し落としたのであろう。「数献に及んで」は、酒を盃に三杯飲むのを一献と言ったので、それを数回繰り返したということ。「興に入られ侍りき」はよい機嫌になられたの意。以下の文中の「不レ仕」に付した振り仮名「セザル」は、版本のものによっている。

(33)「こと〳〵く取繕ひたるは」は、版本では「こと〳〵しくとりつくろひたるは」とある。文脈からすると版本の記述の方が正しい。

(34) この文を版本は「家中《かちう》の士《さぶらひ》、綺羅《きら》を好《このむ》べからず。馬武具太刀《むまぶぐたち》かたなも用《よう》に立《たつ》を専《せん》と可レ仕候」と記している。このことからすると、底本の冒頭部分の読み方は「家中の士不レ可《カラ》レ好《ム》ニ綺羅を一」とするべきか。以下の文中の「常躰の衣装」は普段の身なりの意。

(35)「家の作事」は家を建てたり修理したりすること。「実意は」の箇所を版本では「畢竟《ひつきやう》」としている。続く文中の「分限」は身分や資産を言う語。

(36) 版本ではこの文と続く文との間に「まして無益《むやく》の物《もの》、用意《ようい》不レ仕候ても其分《そのぶん》に候」という一文がある。底本は他本からの伝写の際にこれを書き落としたのであろう。

（37）「勝手」は暮らし向き、生活のこと。「所納の分量を積り」は、年貢等で納入された収入の額を計算しての意。以下の文中の「左様の処不㆓見届㆒」は、版本では「左様《さやう》のところ不届《ふとゞき》にて」となっている。また、版本には本条末文「延引候ば可㆑為㆓不届㆒候」の前に、「其時《そのとき》に当《あたり》て相談《さうだん》いたすべく候。此心得《こゝろへ》は頭分《かしらぶん》の者《もの》よく〳〵承知《せうち》仕、自然《しぜん》右両様《りやうよう》にて勝手《かつて》めいわくいたし候もの有㆑之候はゞ、早速《さつそく》申きかすべく候」という長い文がある。底本は他本からの伝写の際にこれをも書き落としている。

（38）「梓匠」の「梓」は梓人《しじん》すなわち建具工ないしは大工の棟梁を言い、「匠」は匠人《しようじん》すなわち大工または広く職人のことを言う。「室屋」は家屋の意。「陶冶」は陶器あるいは鋳物を作る人。「土産」はそれぞれの土地の産物の意であるから、「土産の有無を通じ」は、それぞれの産物を多く生産される所から不足している所に運んで、人々の便をはかること。また、続く冒頭の「扨士は」と「義理と申もの色もなく香もなきものにて候故」の文の間には、版本では「義理《ぎり》と申もの一つをば、士《さぶらひ》の職《しよく》と定《さだめ》申事にて候。此」という記述がある。ほぼ一行分に相当し文頭が同じなので他本を伝写する際に写し誤ったのであろう。なお、「色もなく香もなき」は版本では「色《いろ》もなく臭《か》もなき」となっている。「廉恥の心」は恥を知る心。「互に相慾」は版本では「互《たがひ》に相《あい》欺《あざむき》」。

（39）「取売」は骨董品の売買の周旋をする人、ないしは古道具屋を言う語。「伯楽」は馬の売買や周旋をする人。馬喰《ばくろう》（ないしは博労）とも言う。以下の文中の「簡弁」は勘弁に同じで、熟考することを言うが、特に経済的な面でのやりくり算段や計算をするという意味もある。

(40)「録」は禄の誤記。続く文中の「科錘」も秤錘《ひようすい》の誤記。また、このくだりは版本では「さらば又名字《めうじ》を捨《すて》て弓箭《ゆみや》を折《をり》て、秤錘《はかり》を腰《こし》にもせず」となっている。文脈からすると、版本の方の記述を採るべきだろう。

(41)「公儀休」は中国の戦国時代、魯国の宰相。この話は『史記』循吏列伝第五十九にみえる。ここでの「葵」は「菜園にある」とあるので野菜の名として用いられている。底本には、以下の文中の「下民争レ利」の箇所の左脇に「本ノ儘」という傍書がある。「慮外」は思いもよらない不法で不当なおこないや態度をとること。

(42)「毫釐の差」は以下にある「千里の謬」とともに一つの成句をなす。はじめには少しの違いだが終わりには甚だしい相違を生ずることを言う。「簡腰」は肝心要《かんじんかなめ》を意味する肝要の当て字、というよりも誤記であろう。

肥後《ひご》侯訓誡書《こうくんかいしょ》

［解題］　この訓誡書を著した細川重賢《しげかた》（一七二〇［一説には一七一八年の生まれ］～八五）は、肥後国熊本藩の四代藩主であった宣紀の五男として生まれた。通常ならばいわゆる部屋住みのままで終わるはずの身であったが、三人の兄の早世と、ただ一人残って五代藩主となっていた兄の宗孝が延享四年（一七四七）八月に江戸城中で板倉勝該《かつかぬ》に刺殺されるという不慮の事件によって、当時兄の仮養子となっていた重賢は遺領を相続して藩主に就任した。

重賢が藩主となった時期の熊本藩の財政は窮乏の極《きわみ》に達した状態にあった。先代宗孝の在任中には藩主の参勤交代の費用すら捻出できず、しばしば出発が延期となるようなことさえあったと言われている。こうした時期に藩主となった重賢は、何よりもまず財政の再建のための藩政改革に着手しなければならなかった。後に言う〝宝暦の改革〟である。長く部屋住みの身を経験したことから、重賢には具体的な生活の実感があり、さらには下情にも通じていた。そうした重賢が採った改革の方法は、従来の家格職分によらず有能な中下級武士を重要なポストに抜擢することを手始めとするものであった。さらに財政再建のために、藩士の家格によって知行の相続を減ずるという政策までが実施されている。もちろんこうした政策へは、これまでの藩政を壟断《ろうだん》していた門閥の世襲家老らからの反発と批判が集中した。しかしながら、重賢はこうした勢力からの抵抗にあいながらも、職制の整備やさらなる財政の緊縮をおこない、藩学時習館の設立や農村の復興策の徹底など、粘り強く広汎な改革を断行することによって藩政刷新に大きな成果をあげ、名君とたたえられた。

この訓誡書は、その重賢が嫡子の治年《はるとし》に与えるために著したものである。平成一〇年刊の『武家家訓・遺訓集成』（ぺりかん社）において、小澤富夫氏は翻刻の原本とした前田育徳会尊経閣文庫所蔵写本の冒頭の記述「安永八年弥生中旬御家老細川勘解由迄御渡中務太輔殿江披露ス」「細川越中守殿御息中務太輔殿江被進一冊写」と文末の日付「申十二月」から、その成立の時期を安永五年（一七七六）丙申の歳であろうと推定している。重賢が嫡子に伝えんとしたことの内容は、第一条冒頭にある「国主城主と成《リ》ては、公務を専とし、仁政を心懸《ココロガケ》、四民の成立《ナリタチ》を肝要とし、其中にも諸士の召仕様《メシツカイヨウ》心懸なくては国家不レ治《オサマラズ》」という一文にほぼ尽きている。国政を執行する上で留意すべき点は様々あるが、中でも最も重要なのは「諸士の召仕様」すなわち人材の選び方であると言うのである。この書には職分に応じた人材を選ぶには常日頃からどのような点に着目しているべきであるかを始めとして、細かな人材選定や登用の心構えが教誡として具体的に示されている。これは重賢自身が改革の過程で確認したことを、何とかして次代以降に引き継いでゆかせようとする試みであっただろう。第四条で「貴賤とも早世は其家の不幸にて」と述べて「美食」等を誡める筆を含めて、この訓誡書の書きぶりには、重賢がその生涯の中で味わったであろう常ならぬ思いが様々に反映されているのである。

本書は前掲の『武家家訓・遺訓集成』に小澤富夫氏が翻刻して収録しているものを底本とした。小澤氏からは原本である前田育徳会尊経閣文庫所蔵写本の写真版をお見せいただいた。本書に収めるにあたってはその写真版を参看し、漢文表記部分には返り点や送り仮名を付し、少なからぬ語句に新たな振り仮名を施した。

肥後侯訓誡書

一①、第一、国主城主と成《リ》ては、公務を専とし、仁政を心懸《ココロガケ》、四民の成立《ナリタチ》を肝要とし、其中にも諸士の召仕様《メシツカイヨウ》心懸なくては国家不レ治《オサマラズ》。百姓は耕作而已《ノミ》を出情(精)なさしむゆへ、郡奉行等の下知《ゲチ》を甚《ハナハダ》おそれ、今当家盛に農夫の働秀《ヒイデ》たる事に候。(1)唯《タダ》諸士の風俗少も無《ク》ニ由(油)断一召仕可《シイモウサル》レ被レ申《ベキ》事、其仕《ツカ》ひ様《ヨウ》の口伝《クデン》段々左に記通《シルストオリ》に候。農夫は国主に遠く其魂を察する事難《ナリガタキユエ》レ成故、唯《タダ》一筋に大守の位に恐れ、朝暮耕作の事を而已大切にして少しにても田地有《リ》レ余《リ》、或は豊年の増穂を我がものになさむと念じ心懸候もの故、領分の内《ウチ》余り不仁成《フジンナル》農民も無《ク》レ之《レ》候。又外の領分にも不仁の者は稀成《ル》ものに候。尤《モットモ》町人高利高料の沙汰無《コレナキヨウ》レ之様、毎度厳重に役人奉行え可《ク》レ被ニ申付《シケ》一候。

第二、公事《クジ》(2)訴訟の儀、早速奉行役人え厳重《ニ》被ニ申渡《シサ》一、決定吟味可《ク》レ有《ル》レ之《レ》候。入組《イリクミ》たる義は三度打《チ》返し吟味可《ク》レ有《ル》レ之《レ》候。

第三、公務の儀、是は都《スベ》て諸士たる者不《ゾンゼザル》レ存事は無《キ》レ之《レ》義に候。併《シカシ》国主城主は匹夫と違《イ》、毎日の勤仕《ゴンシ》無《ク》レ之《レ》、月並登城、其外御普請御手伝《ソノホカゴフシンオテツダイ》、諸方の方角火消等の類に候。(3)尤不《ル》レ及《バ》レ申《スニ》事に候得共《ソウラエドモ》、自然の時節には御味方可《キ》二申上《シグ》一儀に付《キ》、彼是手支宜敷《カレコレテヅカエヨロシク》少も由(油)断無《キ》レ之《レ》様、急成《キュウナル》御点合《アワセ》申儀肝要に候。(4)其外は大名の勤仕無《キ》レ之《レ》事に候。其御味方の一義は諸士の召《シ》仕《イ》様常々大事に候。又金銀米雑穀の品々不二指支一様《サシツカエザルヨウ》常に心得無《ク》レ之《レ》ては、急成《ル》御点に合兼《アワセカネ》る事に候。其儀を専に左に相記《アイシルシ》候間、能々得心有《リ》レ之《レ》、家老年寄に談の上昼夜毎日心得置《キ》可《ク》レ被レ申《サ》候事。

第四、大守と成ては身の治様《オサメヨウ》段々有《ル》レ之《レ》事に候得共、先《マズ》一番には事軽く諸事忍《シノブ》事に候。其忍《ブ》と言は、衣食住の三、又色道に候。此四品限り無《キ》レ之《レ》事に候得共、高下共花(華)美を好《コノム》は人の常に候。其所を忍《ブ》事に候。至て軽き者は下人を不二召仕《シワ》一、自身都《スベ》ての用事を達し我を仕《ツコウ》て我が用を達す。貴人高人は近習小将(姓)馬廻を仕て夫々《ソレゾレ》用を弁ず故、我が思ふ様に不二行届《ユキトドカザル》一時は自然と立腹起りて日毎《ヒゴト》に其士を悪《ニク》み、憎む時は士も又心替りて不レ覚《オボエズ》不奉公になり、不奉公となれば不レ得二止事《ヤムコトヲエズ》一勘気をあたふ。(5)其時は先祖より代々あたへたる知行扶持方も空敷《ムナシク》なさん事、是則《スナワチ》御味方の勢減じて事欠《コトカケ》の第一也。此所を能《ヨク》思ひ付て我と身を仕ふて用を弁じ、又我を仕ふ事不レ成《ナラザル》場所は格別公務に懸りたる事にて下知を背《ソムキ》、又は失念麁《ソ》抹《マツ》の族《ヤカラ》於《テ》レ有《ルニ》レ之《レ》は、急度《キット》勘気可レ被二申渡《モウシワタサルベク》一候。尤其軽重有《ル》レ之《レ》事に候得共、先《マズ》は其士の家の不《ル》レ亡《バ》様に可《ク》レ被二申《シ》渡《サ》一候。

第五、諸事に必《カナラズ》数寄被レ申《モウサレ》間敷《ク》候。(6)たとひ武芸たりとも好過《スギ》たるは一国の破滅にて候。

能程《ヨキホド》に心得可《ク》レ被レ申《サ》候。尤遊興の躰《テイ》少も有《ル》レ之間《レ》敷《ク》候。

第六、大名小名共広式（敷）(7)の勝たるは其家の破れに候。少も無《ク》二由（油）断一広式の栄耀《エヨウ》少しも有《ル》間敷《ク》候。尤広式役人目付等えも如《ク》レ定《ノ》可《ク》レ被二申渡《シサ》一候。且又何事に不レ寄《ヨラズ》広式にては家事の用事不レ可《カラ》二承届《ウケトドケ》一。尤申渡さるゝ義も有《ル》レ之間《レ》敷《ク》候。

第七、諸役人被二申渡《シサ》一刻《トキ》、四拾歳を不レ越《コエザル》者えは堅く役儀被二申渡《シサ》一間敷。仮令《タトイ》明知なる者と被二見込《ミコマレ》一候共、年若者《トシワカキ》は一円被二申渡《シサ》一間敷。勘定方、広式方、金銀方は別《ワケ》ての事五拾歳に相成《リ》不《ル》レ申《サ》者えは被《ル》二申《シ》付《ケ》一義堅《カタク》停止に候。

第八、大名は言葉少《スクナ》なるを専にするが本意に候。多弁成《ル》者は心底相知《アイシレ》不レ宜《ヨロシカラズ》候。

第九、諸士の風俗、情深く実義を偽にしても顕《アラワレ》候様に仕立《シタテル》事、大名の役に候。元来大名と言は、

公方家の味方をなし、朝敵を亡するの役が要《カナメ》に候得ば、諸士全く忠を尽し、同心荒子《ドウシンアラシコ》奴《ヤッコ》迄も主人を大切に思はしむる召仕《シイ》様眼目に候。(8)当世の大守はその本を取《リ》失ひ、自分の慰《ナグサミ》、今日の私用を弁ずる而已を以《モッテ》旗にたて年月を送らしむるゆへ、大名の役違《タガ》へる故、天道の罰速《スミヤカ》にして忽《タチマチ》困窮をなし、四民難渋と成《リ》、見苦敷《ミグルシキ》一国となる事に候て浅間《アサマ》敷《シキ》次第に候。今日の召仕《シイ》様も自然の時のため其た（足）りになる様に召仕事《メシツカウコト》大切に候。そのたりになると申《ス》時は、諸士其軍役の筋目を引《キ》て常に由断せざるやうに召仕《シウ》事に候。此等の義高下の士其品々に分《ワケ》可《ク》レ被レ

申《サ》候。仮令ば小将(姓)馬廻頭ならば公務の供役、或は常の勤方《ツトメカタ》の点を不レ欠《カカザル》様に、組々の割方其役の少も由断不《ル》レ有《ラ》様に点作可《ク》レ被二申《シ》付《ケ》一候。(9)又足軽同心組頭何《イズレ》も昼夜たり共、人数配急点不《ル》レ欠《カ》様可《ク》レ被二申《シ》付《ケ》一、是常になれば成易《ナリヤス》き事に候。此外是に准じ可《ク》レ申《ス》候。一々不二書《キ》記《サ》一候。

第十、至《イタリ》て実躰《ジッテイ》に勤《メ》候諸士加恩を被レ遣《ツカワサレ》候事尤《モットモニ》候へども、一端《イッタン》勤《メ》方宜《ヨロシキヨウ》様に見へ候共幾度もためし、能々勤功の顕《アラワレル》時におゐて加増又は拝領等を可《ク》レ被二申《シ》付《ケ》一候。(10)一旦宜敷者《ヨロシキモノ》と被《ミラ》レ見《レ》能々奉公出情(精)と被レ存《ゾンゼラレ》候共、早まりて加増等有《ル》間敷。得《トク》と被二相紏《アイタダサレ》一候上可《ク》レ被二申渡《シサ》一候。無レ左《サナクシ》ては外の士風悪敷《アシク》なる事決定《ケツジョウ》に候。又かるき組の者は其頭目付に常々被二申渡置《シシカ》一、善悪度々及二言上《ゴンジョウニオヨビ》一候様被《レ》二申付《シケ》一、其頭目付同役の者共幾度も被《レ》レ遂《ゲ》二詮議《ヲ》一能々治定《ジジョウ》の上にて加恩可《ク》レ被二申渡《シサ》一候。

一、②鷹野《タカノ》は不益の事に候得共、第一は耕作の善悪、田地の景気を巡見のため、諸士の足がため、古代より将軍家暨《オヨビ》諸家に有《リ》レ之《レ》候間、必《ズ》秋中五七度、又春中三四度可《ク》レ有《ル》二出足《シュツソク》一候。(11)其節郡奉行目付各《オノオノ》供に召連《メシツレ》、田地の様子耕作の詮議、無《ク》二由断一咄《ハナシ》可《ク》レ被レ申《サ》候。かならず鷹野を専になして日毎《ヒゴト》の鉗柄《ケンペイ》ざんまひ可《ク》レ為《ル》二無用一候。夫より不《ル》二罷《リ》出一方増《マシ》に候。麦作大小豆作米菜種《ナタネ》麻爪(瓜)等の風情《フゼイ》能々吟味可《ク》レ有《ル》レ之《レ》候。

一、③国家を治《オサメ》身を治《オサムル》も皆金銀米銭の取《リ》あつかひ様より万物起り候。大名とて是を家臣まかせにする事にては、古代は格別当世無《キ》レ之《レ》約束に候得ば、家臣にまかせては忽《タチマチ》に家の亡《ホロビ》と成《ル》ものに候。其品々取扱は其奉行目付の役に候。其数を極め出す義は国主の役に候。然上《シカルウエ》は諸事被《レ》二聞《キ》上《ゲ》一候て、直(値)段の高下吟味有《リ》レ之《レ》、金銀をあたへ被レ申《サ》事尤に候。勿論知行扶持米貸米用米[12]等の儀も同事《ジ》に候。

一④、人と成《リ》ては養生を専に無《ナク》しては天命を失ひ候事に候。鳥畜は飢て食し発して房す[13]。人は美食をほしひまゝにするゆへ脾元を病《ヤミ》、好色の思ひに引《ヒカ》されて腎水《ジンスイ》を乾《カ》し、忽《タチマチ》命を短《ミジカク》する也。軽き者共は食に随意をなさず、烈敷《ハゲシク》身を仕《ツカ》ふゆへ房事をわづかになし、菓子酒の類もおもふ様に難レ好故《コノミガタキユエ》、命長くして無事也。乱世は大身とても下賤におなじ。治世と成《リ》ては遊楽にして美食に飽《アキ》、酒菓を過《スゴ》し、脾元を損し、又眼に見ゆるほどの色欲に腎の臓を破り短命となる。是天命に不レ任《マカセズ》己《オノレ》と死を急ぐ形にして、鳥畜よりもおとれる義なり。貴賤とも早世は其家の不幸にて、度々代替《カワリ》たるときは、一家の行事乱て忽国のおとろえと成《ル》なり。爰を能《ヨク》存付被レ申《ゾンジツケモウサレ》候て、養生第一と相心得可《ク》レ被レ申《サ》候。三飯の外《ホカ》軽く気を養ふため菓子被《レ》二申付《シケ》一、折〳〵可《ク》レ被レ給《ワ》候。かならず酒被《レ》レ用《イ》間敷《ク》候。三飯の菜汁等の義、膳所役人え申《シ》渡《シ》置《キ》候通り朝夕精進の一汁一菜、昼は魚類等の一汁二菜より外無用に候。認方《シタタメカタ》等の儀は随分軽く、料理人等の手間懸り不レ申《サ》候様を第一に可《ク》レ被《レル》二心得一候。朔望佳節《サクボウカセツ》等尤常に不《ル》レ替《ラ》様に可《ク》レ被二申《シ》付《ケ》一候[14]。年頭の規式《キシキ》の儀、家法の通《トオリ》を事軽く可《ク》レ被二申付《シケ》一候。少も由断有《ル》間敷《ク》候、且《カツ》又出入の御家人衆中都《スベ》て取持《トリモチ》等に被《レ》レ参候刻《トキ》、随分手間不レ取麁《テマドラザルソ》品《シナ》を丁寧に認《シタタメ》、振廻《フルマイ》可《ク》レ被レ申《サ》候。其外客来《キャクライ》等の節も随分軽く認方物むさからず程に勘解由《カゲユ》等被二申談《モウシダンジラレ》一候て、能程《ヨキホド》可《ク》レ被二申付《シケ》一候。

一、⑤公辺《コウヘン》は不レ及《バ》レ申《スニ》、御老中方等え被二進物《シンモツセラレ》一(15)、少も麁抹《ソマツ》無《キ》レ之《レ》様被《ル》二申付《シケ》一。此義少物入《スコシモノイリニ》候ても不レ苦義《クルシカラザルギ》に候。都《スベ》て倹約をする事は公務を見事になさしむるために候へば、其覚悟有《リ》レ之《レ》、能《ヨキ》ほどに可《ク》レ被二申付《シケ》一候。都てケ様の義は勘解由等可《ク》レ被二示合《シワサ》一候。

一、⑥近習《キンジユウニ》被二召仕《シワ》一候者共暨《オヨビ》駕籠《カゴ》廻《マワ》りの侍、心底宜《ヨロシキ》者を撰《エラビ》、忠臣の者え目を懸《カケ》られ候儀肝要に存《ゾンジ》(16)候。器量能《ヨキ》ものを本にして魂の善悪を不レ紕《タダサズ》、近習の小将（姓）に被《ル》二申付《シケ》一義有《ル》レ之《レ》間敷。少《スコシ》気に不レ応《オウゼザル》事ありとたとひ一眼《イチガン》なりとも武芸を数寄《スキ》申《ス》者実躰《ジッテイ》なる者を撰立《エラミタテ》可《ク》レ被二召仕《シワ》一候。少気に不レ応事ありとも、国家の妨《サマタゲ》に不《ル》レ成《ラ》事は随分と用捨ありて宜《ヨロシク》候。国家の障《サワリ》になる程の義は少も難《ク》レ忍《ビ》、早速勘気被《ル》二申付《シケ》一べく候。其科《トガ》の義は罪に応じ可《キ》レ申《ス》事に候。然し其所大守の眼目なれば、普（譜）代の士、家を不《ル》レ失《ワ》程の科可《ク》レ被二申付《シケ》一候。惣《ソウジ》て普代の者は、常には新参の士と替る事無《キ》レ之《レ》ものなり。却《カエリ》て新参の者よりはおとり（劣）たる様にてはき〱となく、物事渋く召仕《シイ》にくきものに候。新参者は気も軽く諸事召仕能覚《メシツカイヨクオボエ》候。是甚《ダ》の戒《イマシメ》にて、新参に心を不《ル》レ許《サ》事専要に候。今にても戦場におよび候はゞ、新古の分知れ可《ク》レ申《ス》候。普代の諸士は何ぞの時命を軽くし其違ひ速《スミヤカ》なるものに候間、此所を能々存付《ゾンジツケ》、普代の諸士其家の無《ナク》なり候をいとひ可《ク》レ被レ申《サ》候。数代を請《ウケ》候士は俄《ニワカ》に無《キ》レ之《レ》者、能々分別可《ク》レ被レ申《サ》候。

一、⑦倹約と言て貴賤共当世専ら物を略して四民難渋を不レ構《カマワズ》、諸運上《ウンジョウ》等莫太《バクダイ》に取立《リテ》申《ス》故、一国の衰《エ》申《ス》事無《ク》レ限《リ》候。(17) 倹約と申ては外に無《キ》レ之《レ》事に候。一国一城の主より土民に至るまで、其家の主人の堪忍より外無《ク》レ之《レ》候。おのれが身を甚《ダ》忍びてかさ高になく、花美(ママ)を不レ好《マ》、物に不レ好《マ》、ほしひまゝなさず、諸事に気を付《ケ》て金銀米銭は言に不レ及《バ》、沢山なる井の水たりとも不益につかふ事を　戒《イマシムルガ》　肝要に候。然上《シカルウエ》は自ら倹約となりて、国家のほこりと成事天政なり。倹約をおもにたて身を忍ぶ事をわすれては無レ詮《センナク》候。能《ク》心付《ケ》可《ク》レ被レ申《サ》候。

一⑧、諸士の召仕《シイ》様甚《ダ》有《ル》レ之《レ》事に候。生れ付《キ》て器用不器用智者愚者数多《アマタ》有ものに候。夫《ソレ》を主人の心の儘にせんとする事は、甚《ダ》無理至極なる事に候間、能々被《レ》二相弁《ジ》一、人々生れ付《キ》相応に有《ル》レ之《レ》処を可《ク》レ被二召仕《シワ》一候。

一⑨、諸士役々も生れ得て、得役《エテヤク》不得役有《ル》レ之《レ》ものに候間、発明なる正直者は役被《レ》二申付《シケ》一候て、自然其役不得方と被《レ》レ見候者、外の役え被《レ》レ転《ジ》候事第一に候。(18) たとへば理深きもの実躰なる者は、金銀扶持方奉行抔《ナド》勤《メ》能きものに候。又不実なるもの元気丈夫にて働《キ》候者は、必《ズ》欲深きものに候間、此等は番を勤《メ》させたるが宜敷《ヨロシク》候。兎角《トカク》諸士は能々心中を其頭々相糺《シ》、又重き役も被《レ》二申付《シケ》一度《タキ》者は度々近習え呼《ビ》被レ申《サ》候て、得《トク》と心中被《レ》二見切一候て、夫々役可《ク》レ被二申渡《シサ》一候。必《ズ》卒忽《ソツコツ》に被二申渡《シサ》一間敷《ク》候。金銀扶持方の役人は、別て其家を亡《ス》事に不レ被二申渡《モウシワタサレズシ》一て不《ル》レ叶《ワ》義出来あるものに候へば、普代の者甚《ダ》残念なる事に候。是畢竟《ヒッキョウ》主人の目鑑違《メガネタガエ》るゆへ不便《フビン》と可《ク》レ被レ存《ゼ》候。組支配の者共心行行状等の義、常々組頭番頭奉行目付え被二申渡《シサ》一、能頭《ヨクカシラ》支配人覚《オボエ》罷在《マカリアリ》候様堅《ク》可《ク》レ被二申付《シケ》一候。

一、⑩諸士武芸入《ニ》レ情(精)《ヲ》候義、常々無《ク》レ暇《イトマ》相心得候様厳重《ニ》被二申渡《シサ》一、二ケ月壱両度宛国許《ズツクニモト》并《ナラビニ》於《テ》二江戸表《ニ》一も見分《ケンブン》可《ク》レ有《ル》レ之《レ》候(19)。

一、⑪能役者の類、是又家職不《ル》レ怠《ラ》様可《キ》二申渡《シス》一旨、奉行目付え可《ク》レ被二申渡《シサ》一候。御手前為《シ》二補養《ヲ》一、少宛《スコシズツ》諷仕舞(20)抔可《ク》レ有《ル》レ之《レ》候。是又望《ミ》不レ被レ申《サ》候ば二ケ月に壱度も職の者共え被二申渡《シサ》一、軽く能《ヨキ》囃子被《レルコト》二申付《シケ》一可《ク》レ然《ル》候。左候へば由断無《ク》レ之《レ》候。是も軍役に付《キ》たる品に候間捨《ステ》被レ申《サ》間敷《ク》候。

一、⑫家中の倹約の儀厳重《ニ》被二申渡《シサ》一、衣食住色欲の四つを不レ過《ゴサ》堪忍第一を可《ク》レ被二申付《シケ》一候。常々無用の参会停止等の儀、先達《センダツ》て申渡置《シシキ》候通《トオリ》、弥《イヨイヨ》無《キ》二違背《イハイ》一様壱ケ月両度宛《ズツ》其方直判《ジキハン》を以《テ》、勘解由等迄可《ク》レ被二申渡《シサ》一候(21)。

一、⑬百姓共自然花美(ママ)を好《ミ》、耕作を不レ情(精)し、金銀を以集《テメ》、あたまふり(22)と相成《リ》候者於《テ》レ有《ルニ》レ之《レ》は、早速召捕《シエ》候てかうべ(首)をはね死科に被《レ》二申付《シケ》一候様に存《ジ》候。郡奉行郡目付等え厳重《ニ》可《ク》レ被二申渡置《シシカ》一候。

一、⑭町人高利を商《アキナイ》、金銀を貸付《シケ》利を高く取立《リツル》者は、借主等より及《ビ》二言上《ニ》一候様可《ク》レ被二申渡《シサ》一候。法をはづれ利を高く取申《リス》におゐては、其品物并《ナラビニ》金銀其借主え取請《リケ》不レ及二返弁《ヘンベンニオヨバズ》一、其町人急《キッ》度《ト》押込《オシコメ》候様、奉行役人え申渡置《シシキ》候間、此義勘解由被レ及《バ》二示談《ニ》一違失有《ル》レ之《レ》間敷《ク》(23)候。

一、⑮道橋川の類、領分内少も普請不レ怠《オコタラズ》、城中館等尤普請有べき所々普請作事奉行等え被二申《シ》渡《サ》一、早速出来候様可《ク》レ被二申《シ》付《ケ》一候。

一、⑯貴賤共神仏を祈《リ》候事、後世を念ずるにては有《ル》まじく、当世の災《ワザワイ》を遁《ノガ》るゝためと可《ク》レ被レ存《ゼ》候。農夫出情(精)するとも、天《ノ》情(精)を不レ受《ケ》して五穀成就無二覚束《オボツカナク》一候。又其身災難を除《キ》候を祈《ル》事肝要に候間、朝暮神仏を大切に可《ク》レ被レ仕候。殊《コト》に当家先代の不幸、誠に災難の司に候得ば、弥《イヨイヨ》末代迄天照大神宮稲荷《イナリ》大明神を信心可《ク》レ有《ル》レ之《レ》候。(24) 是肝要に可《ク》レ被二相心得一候。神事仏事等行事定書《サダメガキ》に顕《アラワ》したる通《リ》に候条、違失有《ル》レ之《レ》間敷《ク》候事。

一、⑰近習被二召《シ》仕《ワ》一候小将(姓)等大切成《ル》者に候間、少も心をゆるし不レ被レ申《サ》、実躰忠臣なる者におゐては随分目をかけ可《ク》レ被レ申《サ》候。外の諸士と違《イ》毎日朝暮身近く召《シ》仕《イ》候事故《ユエ》、たま〳〵は顔ぶりの見にくき事もある物に候間、目《メ》長《ナガ》に可《ク》レ被二召《シ》仕《ワ》一候。(25) 行状不レ宜《ヨロシカラザル》か、武に疎《ウト》き者は早々外《ノ》組え可《ク》レ被二相返《サ》一候。

一、⑱行状不《ル》レ宜《カラ》等の諸士は、其頭々より度々叱り又及《ビ》二言上《ニ》一候の様被二申《シ》渡《サ》一、家の不《ル》レ亡《ビ》先に夫々可《ク》レ被二取《リ》計《ラワ》一候。家を失ひ候程の事有《ル》レ之《レ》時は、其家のなくなる事、前に書《キ》顕す通《リ》残念に存《ジ》候間、前廉《マエカド》に心を付得《ケトク》と相慎《ミ》候様可《ク》レ被二申《シ》渡《サ》一候。(26) 其上にても不レ慎者《ツツシマザルモノ》は其身の病《ヤマイ》と申《ス》ものに候。誰(唯)我身の善をこそ可《キ》レ好《ム》に、悪を好《ミ》家の亡《ブル》事を面白きと申《ス》はいづれ病と申《ス》ものに候条、知行を減じ保養《ヲ》申《シ》付《ケ》、其身一代逼塞《ヒッソク》被二申《シ》渡《サ》一、せがれ相続の上見立可《ク》レ被二召《シ》仕《ワ》一候。又少《シ》行状不《ル》レ宜《カラ》とても、若背(輩)は又格別の物に候間、行状不レ宜《カラ》とも不忠不孝不奉公無《ク》レ之《レ》、入《レ》レ情(精)《ニ》勤《メ》候者は又々様子も違《イ》可《ク》レ申《ス》候。唯奉公を嫌《イ》、身を随意に暮《シ》申《ス》者共は沙汰の限《リ》に候間、厳重《ニ》可《ク》レ被二申《シ》渡《サ》一候。

[19]一、毎日御自分可《キ》レ被《レル》レ勤《メ》家の行事、少も不レ違《タガエズ》時を定《メ》候て、怠《リ》被レ申《サ》間敷《ク》候。時々一日違《イ》候ても不倹約に候。仮令《タトエ》ば三飯の時刻湯に入《リ》候時刻起寝《オキネ》の時刻定置《メキ》被レ申《サ》、一円不レ替《カエザル》様に心得可《ク》レ被二申付《シケ》一候。且《カツ》又朔望節句等出伺《イデウカガイノ》刻限、是又一円違《イ》不《ル》レ申《サ》様可《ク》レ被レ定《メ》候。

[20]一、折々出入《リ》の坊主共、公義(儀)取持人の分招請被レ申《サ》候て宜《ク》候[27]。併《シカシ》余り自身心易《ココロヤスク》被《レ》レ仕候事無用に存《ジ》候。惣《ソウジ》て大名の人近きは不《ル》レ宜《カラ》事に候。留守居用人等え被二申渡《シサ》一候て、能程《キ》に会《エ》釈《シャク》可《ク》レ被二申付《シケ》一候。

右の条々急度《キット》被《レ》二相守一候様に存《ジ》候。兎《ト》角《カク》堪忍の二字忘《レ》被レ申《サ》間敷《ク》候。倹約を重にせず、堪忍を重にして御手前自分の衣食住色欲を忍びて国を守《リ》被レ申《サ》候へば、家督の上相送《リ》候軍用貯《タクワエ》用金銀米等の品々、二年不納にしても諸家中四民及《ビ》レ飢《ニ》申《ス》段は無《キ》レ之《レ》図に納置《メキ》候間、少も由断有《ル》レ之《レ》間敷《ク》候[28]。年寄共勘解由を初《メ》、万事被二申《シ》合《ワサ》一常々政務を慰《ミ》にして、国を守《リ》家を大切に可《ク》レ被レ存《ゼ》候。猶《ナオ》其役所々の定書宝暦十一年申《シ》渡《シ》候通《リ》見つくされ、愈《イヨイヨ》役人共え無《ク》二由断一被二申渡《シサ》一、御手前行《ウ》事怠《リ》被レ申《サ》間敷《ク》候。恐惶謹言《キョウコウキンゲン》。

細川越中守判

申十二月
細川中務太輔《ナカツカサタイフ》殿

（1）「出情」は傍書しておいたように出精と書くのが一般的で、精を出して働くこと。以下の文中の「由断」は油断の当て字。「不仁」は道にはずれたことの意。
（2）「公事」は裁判、特に民事訴訟をさす語。
（3）「月並登城」は義務としての月一度の登城。「御普請御手伝」は建設工事や土木工事を命ぜられて担当すること。これらは「諸方の方角火消」とともに大名に幕府から課せられたものであった。
（4）「自然の時節」は、いざ事が起きた時の意。「手支宜敷」は支障がおきないように。「急成御点合申」は、以下の文中にある「急成御点に合兼る事」という記述や註9に示した「点作」の意味とを合わせて考えると、「急成御点」すなわち緊急の事態への備えが出来ているかどうかの点検に対応する、という程の意か。
（5）「勘気をあたふ」は怒りをもって咎めること。大名が家臣に対してこれをおこなう際には、以下の文にあるように「先祖より代々あたへたる知行扶持方」を没収する場合もあった。
（6）「数寄」は本来は風流の道を好むことを言う語だが、ここでは物事に凝ること。以下の文中の「躰」は様子の意。

（7）「広式」は広敷《ひろしき》の当て字で、将軍家や大名家の奥向きのことを言う。

（8）「公方家」は将軍家を言う。「同心」は与力の下にあって今に言う警察事務などにあたった下級役人。「荒子」は力仕事を受け持つ下賤の男子。「奴」は武家の奴僕を務めた男子。以下の文中の「天道の罰」という考え方は戦国時代に始まるものとされている。「天道」は天に在る一種の超越的存在で、人間世界に個々の人や祖先の道徳性の高さ低さにもとづいて禍福をもたらすものと意識されていた。その禍の具体的発現を「天道の罰」と表現した。

（9）「点作」は文脈からすると点検することという程の意か。以下の文中の「人数配急点」の「配急」は、あるいは割り当てを意味する配給の当て字か。

（10）「実躰」は誠実で正直なこと。「加恩を被ㇾ遣候事」は禄を加増されることの意。末文中にある「治定」は物事に決まりをつけることを言う。

（11）「鷹野」は鷹狩りのこと。「出足」は出かけるの意。以下の文中の「鉗柄」は権勢をもって人を押さえつけることを意味する権柄のことか。末文中の「爪」は瓜の誤り。

（12）「用米」は臨時の用に供するために貯蔵する米。

（13）「鳥畜は飢て食し発して房す」は、鳥や畜類の食欲や性欲はただ単に本能に従っていることを言う。続く文中の「脾元を病」は、ここでは内臓を病むの意。「腎水」は精液のこと。「房事」は男女の性的交渉を言う語。

（14）「朔望」は陰暦の一日と一五日。「佳節」はめでたい良い日柄の日。以下の文中の「年頭の規式」は正月の定まった行事の意。「取持」は接待の意。「認」はここでは整え用意する、準備すること。したがって「認方」は準備を担当する役職ないしは準備を担当することを言う。「客来」は客が訪ねて来ること。「勘解由」は幕府の勘定方の異称。ここでは単に勘定方の意で用いられている。「申談」は話し合うの意。

(15)「公辺」は公儀、幕府の意。「進物」は贈り物のこと。

(16)「近習」は主君の側に仕え従う役。「駕籠廻りの侍」は主君の乗る駕籠を警備する役の武士。以下の文中の「用捨」は容赦に同じで許すこと。

(17)「運上」は運上金・運上銀の略で、江戸時代に商・工・漁猟・運送などの営業に従事した者に一定の率で課した雑税の一種。以下の文中の「かさ高」は嵩高と書き、相手を見下して横柄なこと。

(18)「得役」は正確には得手役と書き、その人にとって得意な向いた役目の意。「発明なる」は賢く聡明であること。以下の文中の「卒忽」は軽はずみを意味する粗忽（そこつ、そつこつ）の当て字か。また「心行《しんこう》」は心の行い、すなわち心がけの意であろう。

(19)「見分」は検分、すなわち立ち合って検査確認をすること。

(20)「諷」には歌うという意味があり、続いて「仕舞」の語があるので、ここはウタイと読むべきか。謡のこと。

(21)「参会」は会合に参加したり、仲間に加わること。「直判」は取次人の署名がなく差出人が直接捺印して相手に下げ渡した文書。

(22)「あたまふり」は頭振と書き、加賀藩領内では遊民を称して用いた語で、後には小作人、水呑み百姓の俗称ともなったものであることが知られている（最近では網野善彦氏が、加賀の頭振には海運業などを営む豪商が含まれていたことを明らかにしている）。文脈からすると、この「家訓」もこれを加賀藩領内における同様の意味内容を持つ語として用いているのではないかと思われる。

(23)「返弁」は借用した物を返済すること。「押込」は江戸時代の刑罰の一つで、一定期間自宅に謹慎させ閉門して外出を禁ずるもの。「被ㇾ及㆓示談㆒」は当事者間で話し合うこと。「違失」は失敗や落度の意。

(24)「当家先代の不幸」は、この「家訓」の著者細川重賢の兄で肥後国熊本藩主であった細川宗孝が延享四年（一七四七）八月、江戸城中で板倉勝該に刺殺された不慮の事件のこと。この事件のために兄の仮養子となっていた重賢は急遽熊本藩主となった。続く文の「災難の司」の「司」は当事者の意か。「天照大神宮」は皇室の祖神を祀るとされる伊勢の皇大神宮のことで、日の神と仰がれた。また「稲荷大明神」は五穀を司る倉稲魂《うかのみたま》を祀った神社のことで、京都の伏見稲荷神社を総本社とする。江戸時代以来、各種産業の守護神として一般の信仰をあつめた。末文の「顕したる」は著したるの当て字。

(25)「見にくき」は、見悪い、あるいは醜いか。とするならば、この部分は、「毎日朝暮身近く召仕」っている者が「顔ぶりの見にくき」すなわち不機嫌そうな仏頂面をしているようなことも「たま〳〵は」あるだろうが、そのようなことはいちいち気にせずに、「目長に」すなわち長い目で見て評価をするように「召仕」ぅよう心がけるべきことを述べている。

(26)「書顕す」は書き著すの当て字。「前廉に」は前もっての意。以下の文中にある「誰我身の善」の「誰」は「唯」の誤記。「逼塞」は江戸時代に武士や僧侶に加えた刑罰の一つで、門を閉ざして白昼の出入りを禁止したもの。昼夜とも出入りを許さなかった閉門よりは軽い処罰であった。「若背」は若輩の誤記。

(27) この条は「公義(儀)取持人」すなわち大名が幕府に非公式の交渉事をおこなう際の取り持ちを務める存在であった「出入の坊主共」を、折々に招き迎えて誼《よしみ》を通じておいてもよいということを述べる。「坊主」は幕府の職名の一つで、僧形で城内の雑務に従事した者を言う。以下の文中の「人近き」は人と馴れ馴れしく付き合うこと。「留守居」は諸大名が江戸屋敷に置いた職名の一つで、江戸屋敷にあって幕府との連絡や諸藩の留守居役との交流をもった存在。「用人」は大名や旗本の家で財務をあずかり内外の雑事をつかさどった者を言う。「会釈」は挨拶および対応の意。

(28)「重にせず」「重にして」の「重」は主の当て字と考えて、オモと読むべきか。「年寄」は大名家では家老を言う語。末文の「恐惶謹言」は恐れかしこみ謹んで申し上げるの意で、候文の手紙などの終わりに記す挨拶語。「細川中務太輔殿」の「太輔」は大輔が正しい。

商家の「家訓」

島井《しまい》宗室遺言状《そうしつゆいごんじょう》

［**解題**］ 戦国時代末期の博多の豪商の一人で茶人としても知られた島井宗室（一五三九?～一六一五）が、晩年になって外孫で自らの養嗣子とした徳左衛門尉信吉に対する遺訓として認《したた》めたもの。包紙には「宗室老徳左衛門へ異見状」とあるが、一般にはこの「島井宗室遺言状」や「島井宗室遺書」の名称で通用しており、成立は徳川氏が政権を樹立した後の慶長一五年（一六一〇）一月一五日、宗室古稀の頃のことと考えられている。

伝えられるところでは島井家は代々酒造業を営むことで財をなして来た家のようであるが、宗室壮年時には積極的に日明貿易や日朝貿易、南蛮貿易にも乗り出し、蓄積した経済力を背景として、当時新しい中央の権力者としての地位をほぼ手中におさめつつあった織田信長や、その横死後は後継者を標榜した豊臣秀吉と強く結びついた経済活動を展開したことが知られている。この遺訓は、後事を託す孫に対して海外貿易を含むすべての経済活動への細心の注意を念押しし、さらに日常生活における飯米および味噌や塩や燃料などに関する節倹を心掛けよというまことに細かな注意を繰り返すなど、宗室壮年時の経歴を知る者からすれば不似合いとも思える内容に満ちている。宗室にはいわゆる九州征伐の論功行賞と博多復興のために箱崎の陣所に滞在中であった豊臣秀吉から発せられた武士と町人のいずれを望むかという問いに「武士ヨリ町人 宜候《よろしく》」と答え、ならば他に望みはないかと聞かれて、西北の沖の博多湾を指さし、その見えわたる所から内海を拝領致したいと応じたというエピソードが残されているように、大名にも劣らないだけの気力と実力を持った商人であったからである。宗室さえ望めば、堺の豪商の出で秀吉傘下の武将として知られる小西行長と同様の地位を得ることも可能な人物であった。しかし、この遺言状を認めた時期の宗室は、関ヶ原後の一〇年が経過した徳川氏の権力確立への過程の中で、養嗣子とした孫の行く末をひたすら案ずる一人の老人として、今や時代の動きからは取り残されつつある存在であった。それは何よりも彼の手になるこの遺訓の書きぶりに示されている。

晩年の宗室がこうした訓誡を認めなければならなかったのは、老境のゆえもあろうが、自身との関係の深かった豊臣政権を打倒して成立した徳川氏の治政のもとで今後予想される島井家にとっての容易ならざる厳しい事態を予見していたがためであったと思われる。中井信彦氏は『町人』（『日本の歴史』第二一巻、小学館）という著作の中で、この遺訓を評して「多くの先学が、そこに闊達な戦国町衆からいじましい江戸町人への転落を読みとってきたのは、むしろ自然であったといってよい」と述べておられる。その意味で、後の江戸時代中期になって多数登場して来るまさしく町人としての商人の手になる「家訓」を検討する上で、この遺訓の存在は重要である。

本書が底本としたのは、大正九年に東京帝国大学文学部史料編纂掛が編纂して刊行した『大日本史料』第十二編之二十二所収のものであるが、田中健夫氏の著書『島井宗室』（人物叢書、吉川弘文館）の紹介するものや『日本思想大系』59（岩波書店）所収のもの（中村幸彦氏校訂）をも参照して、振り仮名や読点を補い、さらに漢文表記部分には返り点や送り仮名を施すなどいくつかの補訂の手を加えた。

島井宗室遺言状

（包紙）宗室老徳左衛門へ異見状

生中《ショウチュウ》心得身持可レ致一分別二事《フンベツイタスベキコト》

①一、生中いかにも貞心りちぎ《（律義）》候はんの事不レ及レ申《モウスニオヨバズ》、親両人、宗怡《ソウイ》両人、兄弟親類、いかにもかう〱《（孝行）》むつまじく、其外知音《チイン》之衆、しぜん外方之寄合《ヨリアイ》にも、人をうやまいへりくだり、いんぎん《（慇懃）》可レ仕《ツカマツルベク》(1)候。びろうずいゐ《（尾籠随意）》のふるまい、少も仕《ル》まじく候。第一うそ《（嘘）》をつき、たとい人のゝしりきかせたる事成共《ナリトモ》、うそに似たる事、少も申出事無用《モウシイダスコトムヨウ》。惣《ソウジ》て口がましく、言葉おゝき人は、人のきらう事候《ニ》。我ためにもならぬ物に候。少も見たる事知《リ》たる事成《リ》共、以来せうぜき《（証跡）》に成《リ》候事は、人之尋《タズネ》候共、申《ス》まじく候。第一人のほうへん《（褒貶）》、中言《チユウゲン》などは、人の中《シ》候共、返事も耳にもきゝ入るまじく(2)候。

一、②五十に及《ビ》候まで、後生ねがひ(3)候事無用《ニ》候。老人は可《シカルベク》レ然候。浄土宗、禅宗などは可《ク》レ然《ル》候ずる。其外は無用《ニ》候。第一きりしたんに、たとい道由、(4)宗怡、いか様にすゝめられ候共、曾以《スナワチモッテ》無用《ニ》候。其故は十歳に成《リ》候へば、はやしうしだて（宗旨立）をゆい、つみきそぬるきそとゆい、後生たて候て、日を暮し夜をあかし、家を打すて寺まいり、こんたすをくびかけ、面目に仕《リ》候事、一段みぐるしく（見苦）(5)候。其上所帯なげき(6)候人の、第一之わざはひ（禍）に候。後生今生《ゴショウコンジョウ》之わきまへ候てゐる人は、十人に一人も稀なる事《ニ》候。此世に生きたる鳥類、ちくるい（畜類）までも、眼前のなげき計《バカリ》仕《リ》候。人間も、しやべつ（差別）なき事候間《ニ》、先今生にては、今生之外聞うしなわぬ分別第一《ニ》候。来世之事は、仏祖もしらぬと被《オオセラレ》レ仰候。(7)況《イワンヤ》凡人之知る事にて無《コレナク》レ之候。相かまいて（構）、後生ざんまい及《オヨビ》ニ五十《ニ》一候まで、無用たるべき事。付。人は二、三、十、廿にても死候。不レ至ニ四十五十一死候て、後生如何と可レ存候。其時は二三子にて死たると可レ存。二三子は後生不レ可レ存也。

一、③生中ばくち（博打）双六《スゴロク》、惣別《ソウベツ》かけ（賭）のあそび無用《ニ》候。棊（碁）、将棊（棋）、平法《ヘイホウ》、(8)うたひ（謡）、まい（舞）の一ふしにいたるまで、四十までは無用《ニ》候。何たるげいのう（芸能）成《リ》共、及《ビ》ニ五十《ニ》一候ばくるしからず候。松原あそび、川かり、(9)月見、花見、惣て見物事、更以《サラニモッテ》無用《ニ》候。上手のまい等、上手の能などは、七日のしばい（芝居）に二日計《バカリ》はくるしからず候。縦《タトイ》仏神にまいり（詣）候とも、小者《コモノ》一人にて参《リ》候へ。慰《ナグサミ》がてらには、仏神もなうじう（納受）有《ル》まじき事。

一、④四十までは、いさゝかの事も、ゐよう（栄耀）なる事無用《ニ》候。惣て我ぶんざい（分際）より過たる心もち身持、一段悪事《アシキコトニ》候。併《シカシナガラ》商事《アキナイゴト》れうそく《（料足）》まうけ《（儲）》候事(10)は、人にもおとらぬやうにかせぎ候ずる専用《ニ》候。それさへ以《テ》、唐南蛮《カラナンバン》にて人のまうけたるをうら山敷《ヤマシク》おもひ、過分に艮子《（銀）》共やり、第一船をしたて、唐南蛮にやり候事、中々生中のきらい事たるべく候。五百め一貫めづゝも、宗怡などの中に候て遣《ヤリ》候事は、宗怡次第《ニ》候。それも弐貫めならば、二所三所にも遣《リ》候へ。一所には無用《ニ》候。其外之事、何事も我ぶんざい《（分際）》の半分ほどの身もち、其内にも可《レ》然《シカルベク》候。たとい世は余《アマリ》めり入たるは悪《アシク》候間、少はさし出候へ(11)と、人の助言候共、中々さし出まじく候。及《ビ》五十《ニ》候までは、いかにもひつそく《（逼塞）》候て、物ずき、けつこうずき(12)、茶のゆ、きれいずき、くわれい《（華麗）》なる事、刀、わきざし《（脇差）》、いしやう《（衣装）》等、少もけつこう《（結構）》にて、目に立《チ》候は、中々無用《ニ》候。第一武具更《ニ》以不《レ》入《テイラザル》事《ニ》候。たとい人より被《レ》下《クダサレ》たるいしやう刀成共《ナリトモ》、売《リ》候て艮子《（銀）》になし候て、もち候べく候。四十まで木綿き物、しぜんあら糸(13)、ふし糸の織物などの、少もさし出候はで、人のめにたゝぬきる物は、くるしからず候。家もしゆり《（修理）》ゆだん《（油断）》なく、かべがき《（壁垣）》もなわ《（縄）》のくちめ《（朽目）》計《バカリ》ゆいなをし候へ。家屋敷作《ツクリ》候事、曾以《チテ》無用《ニ》候。及《ビ》五十《ニ》候ては、其方れうけん《（料見）》次第《ニ》候。何たる事に付《ツキ》、我ちからの出来候ては、如何様《イカヤウ》にも分別たるべく候。それとても多分之人皆死する時に、びんぼう《（貧乏）》する物《ニ》候。我ちから才覚にて仕出し候ても、死期に成《リ》候まで、もちとゞけたる人は、十人廿人に一人もなき事《ニ》候。況《イワンヤ》親よりとり候人、やがてみな《（皆）》になし(14)、後々びんぼう《（貧乏）》にきまり死するものにて候。其分別第一《ニ》候事。

一、⑤四十までは人をふるまい（振舞）、むさと⑮人のふるまいに参《ル》まじく候。一年に一度二度、親兄弟親類は申請《モウシウケ》、親類中へも可レ参《マイルベク》候。それもしげ／＼と参《リ》候ずる事無用《ニ》候。第一夜ばなし計事⑯、とかく慰事《ナグサミゴト》に、兄弟衆よび候共、参《ル》まじき事。

一、⑥人の持たる道具ほしがり候まじく候。人より給《タマイ》候共、親類衆之外之衆のを、少《シ》ももらい取《ル》まじく候。我持《チ》たる物も、出し候まじく候。よき物はたしなみ置《キ》、人にも見せ候まじく候事。

一、⑦生中知音候ずる人、あきないずき、所帯なげきの人、さし出《イデ》ぬ人、りちぎ慥《タシカ》なる人、さし出ず心持《チ》よくうつくしき人には、ふかく入魂《ジッコン》もくるしからず候⑰。又生中知音仕《ル》まじき人、いさかいがちの人、物とが（咎）め候人、心底あしくにく（憎）ちなる人、中言をゆふ人、くわれい（華麗）なる人、大上戸《オオジョウゴ》、うそつき、官家《カンケ》ずきの人、ざっとう（雑踏）、しゃみせん小うたずき、口がましき人、大かたかやう之人々、同座にも居まじき事⑱。付。平法人。

一、⑧生中むさと用もなき所へ出入《リ》、よそあるき無用《ニ》候。但《タダシ》殿様へしぜん／＼何ぞ御肴《オサカナ》之類不レ珍《メズラシカラズ》候共、あわび、鯛、左様之類成《リ》共、新をもとめさし出可レ申《イダシクス》候。井上周防殿、小川内蔵殿⑲へは、是又しぜん可レ参《マイルベク》候。其ほかは年始歳末各《オノオノ》なみたるべく候。とかく内計《ウチバカリ》に居《リ》候て、朝夕かま（釜）の下の火をも我とたき、おき（燠）をもけし、たき物薪等もむさとたかせ候はぬやうに、家の内うら等、ちりあくた（塵芥）成《リ》共取《リ》あつめ、なわのきれ、ちりのみじかきは、すさ（苆）⑳にきらせ、ちりもながきはなわになわせ、き《（木）》のきれ竹のおれ、五分まではあつめ置《キ》、あら《（洗）》はせ、薪、かゞり《（篝）》、焼物にも可《ク》レ仕《ル》候。紙のきれは五分三分も取あつめ、すきかへし《（漉返）》に可レ仕候。我々仕《リ》たるやうに分別、いさゝかの物も、つゐへ《（費）》にならぬやうに可《キ》レ仕《ル》事。

⑨一、常住[21]薪たき物、二分三分のざつこいわし《（雑魚鰯）》、あるひは町かい、浜の物、材木等かい候共、我と出候てかい、いかにもねぎり《（値切）》かい候て、其代たかきやすきを能《ヨク》おぼへ、其後には、誰にかはせても、其代のやすさたかさを、居ながら知る事《ニ》候。さ候へば下人《ゲニン》にもぬかれ候まじく候。[22]寿貞は生中薪焼物われと聖福寺門之前にて被《カ》レ買《ワレ》候。人の所帯は、薪、すみ《（炭）》、油と申候へ共、第一薪が専用《ニ》候。たきやうにて、過分ちがい候。一日にめし《（飯）》しる《（汁）》にいかほどゝ、われとたきおぼえ、いかほど成共、其分《ソノブン》下女に渡候てたかせ候へ。但壱月《ヒトツキ》にいかほどのつもりさん《（算）》用候ずる事。但たきゞ、たき物も、なましき《（生）》とくち《（朽）》たるが悪《アシク》候。ひ《（干）》たる薪をかい候へ。薪より柴はぎこぎ《（端木小木）》の類が可《ク》レ然《ル》候。柴などよりかや《（茅）》焼物が徳にて候。酒を作《リ》、みそ《（味噌）》をにさせ候にも、米一石に薪いかほどにてよきと、われとたきおぼえ、薪何把《ナンバ》に、けし《（消）》炭いかほどゝけしおぼえ候て、其後其さん《（算）》用にたかせ、すみをもけさせ請取《ウケトリ》候べく候。いづれの道にも、我としんらう《（心労）》候はずば、所帯は成《ル》まじく候事。

⑩一、酒を作りしち《（質）》を取《リ》候共、米は我ともはかり、人に計《ハカラ》せ候とも、少《シ》も目もはなさず候て可レ然候。かたかけにて[23]、何たる事もさせ候まじく候。下人下女にいたるまで、皆〳〵ぬす《（盗）》人と

可二心得《ココロウベク》一候。酒作《リ》候ば、かし《（淅）》米置《キ》候所を作、じやう《（錠）》をさし、こわい《（強飯）》ゝもぬすむ物にて、さまし候時、ゆだん《（油断）》仕まじく候(24)。しちを取候共、させらぬ(25)刀、わきざし《（脇差）》、武具以下、家やしき《（屋敷）》、人の子共、させらぬ茶のゆ道具、田地など不レ及レ申《モウスニオヨバズ》候。惣別《ソウベツ》人共あまためしつかい《（召使）》候事無用二候。第一女子多く置《キ》候事無用二候。女房衆あるかれ候共、下女二人、おとこ壱人之外、曽以《スナワチモッテ》無用二候。其方子共出来候共、いしやうなど、うつくしき物きせ候まじく候。是又よそにあるき候共、おち《（御乳）》に下女壱人相そへあるかせ候へ。さしかさ《（差傘）》、まぼり《（守）》刀等もたせ候事、中々無無用候二(26)。ちいさきあみかさ《（編笠）》こしらへ、きせあるかせ候べく候事。

⑪一、朝夕飯米一年に一人別《イチニンベツ》壱石八斗に定り候へ共、多分むし(27)物あるひは大麦くわせ候へば、一石三斗四斗にもまはし候べく候。みそは壱升百人あてに候へ共、多《ク》候て、百十人ほどにても一段能《ヨク》候。塩は百五十人にて可レ然《シカルベク》候。多分ぬかみそ五斗みそ無二由断《ユダンナク》一こしらへくわせ候へ。朝夕みそをすらせ、能々《ヨクヨク》こし候て汁に可レ仕《ツカマツルベク》候。其みそかすに塩を入レ、大こん、かぶら、うり、なすび、とうぐわ、ひともじ《（葱）》何成共《ナンナリトモ》、けづりくず《（削屑）》、へた、かわ《（皮）》のすて候を取あつめ、其みそかすにつけ候て、朝夕の下人共のさい《（菜）》にさせ、あるひはくき《（茎）》などは、しぜんにくるしからず候。又米のたかき時は、ぞうすい《（雑炊）》をくわせ候へ。寿貞一生ぞうすいくわれたると申《シ》候。但《タダシ》ぞうすいくわせ候に、先其方《マズソノホウ》夫婦くい候はでは不レ可レ然《シカルベカラズ》候。かさにめしをもり《（盛）》くい候ずるにも、先ぞうすいをすはれ候て、少成《シリ》共くい候はずば、下人のおぼえも如何《イカガニ》候。何《イズレ》

之道にも、其分別専用《ニ》候。我々母なども、むかしは皆其分にて候つる。我々も若き時、下人同前のめし計《バカリ》たべ候つる事。(28)付。あぢすき無用事。大わたぼうし無用事。

⑫一、我々つかい残《シ》たるものも、とらせ候て、宗怡へ預け、如何様《イカヨウ》にも少《シ》づゝ商事《アキナイゴト》、宗怡次第に可レ仕候。其内少々請取《ウケトリ》、所帯に少《シ》も仕入《シイレ》、たやすきかい物共候ば、かい置《キ》候て、よそ《（他所）》へ不レ遣《ヤラズ》、商売あるひはしちを取《リ》、少は酒をも作《リ》候て可《ク》レ然《ル》候。あがり口之物にて、たかきあきない物、(29)生中かい候まじく候。やすき物は、当時売《リ》候はねども、きづかい《（気遣）》なき物《ニ》候。第一しち《（質）》もなきに、少《シ》も人にかし候まじく候。我々遺言と申候て、知音親類にもかし候まじく候。平戸殿(30)などより御用共ならば、道由宗怡へも談合候て、可《ゴヨウニ》レ立《タッベク》二御用一候。其外御家中へは少も無用《ニ》候。

⑬一、人は少成共、もとで《（元手）》有《ル》時に所帯に心がけ、商売無《ク》二由断一、世のかせぎ専《モハラ》すべき事、生中之役にて候。もとでの有時はゆだんにて、ほしき物もかい、仕度《シタキ》事をかゝさず、万《ヨロズ》くわれい《（華麗）》ほしいまゝに候て、(31)やがてつかいへらし、其時におどろき、後くわい《（悔）》なげき候ても、かせぎ候ずる便《タヨリ》もなく、つましく候ずる物なく候ては、後はこつじき《（乞食）》よりはあるまじく候。左様之身をしらぬうつけものは、人のほうこう《（奉公）》もさせず候。何ぞ有時よりかせぎ商《アキナイ》、所帯はくるまの両輪のごとくなげき候ずる事専用《ニ》候。いかにつましく袋に物をつめ置《キ》候ても、人間の衣食は調《トトノエ》候はで不レ叶《カナワズ》候。其時は取《リ》出《シ》つかい候はでは叶《ウ》まじく候。武士は領地より出《イデ》候。商人

はまうけ候はでは、袋に入《レ》置《キ》たる物、即時に皆に可《ク》レ成《ル》候。又まうけたる物を袋にいかほど入《レ》候共、むさと不レ入《イラザル》用につかひへらし候ば、底なき袋に物入《レ》たる同前たるべく候。何事《モ》其分別第一《ニ》候事。

一⑭、朝は早々起《キ》候て、暮候ば則《スナワチ》ふせり候へ。させらぬ仕事もなきに、あぶら《（油）》をついやし候事不レ入事《イラザルコトニ》候。用もなきに夜あるき、人の所へ長居候事、夜《ヨ》るひるともに無用《ニ》候。第一さしてたる用は(32)、一刻ものばし候はで調《トトノエ》候へ。後に調《エ》候ずる、明日可《シ》レ仕《ル》と存《ジ》候事、不レ謂《イワレザル》事《ニ》候。時刻《ヲ》不レ移《サ》可《キ》レ調《エル》事。

一⑮、生中身もちいかにもかろ《（軽）》く、物を取出など候ずるにも、人にかけず候て、我と立居候ずる事。旅などにては、かけ《（懸）》硯、ごた袋等われとかたげ候へ(33)。馬にものらず、多分五里三里かち《（徒）》にて、とかく商人もあよみ《（歩）》ならひ候て可レ然物《ニ》候。われら若き時、馬に乗《リ》たる事無《ク》候。道之のりいかほど〻おぼえ、馬ちん《（賃）》いかほど、はたごせん《（旅籠銭）》、ひるめし之代、船ちん、そこ〳〵の事書付、おぼえ候へば、人を遣《ヤリ》候時、せんちん《（船賃）》、駄ちん、つかいを知る用《ニ》候。宿々の丁《（亭）》主の名までもおぼえ候ずる事。旅などに人の商物事伝《コトヅテ》候共、少《シ》も無用《ニ》候。無二余儀《ヨギナキ》一知音親類不レ遁《ノガレザル》事ならば、不レ及二是非一《ゼヒニオヨバズ》候。事伝物も少も売へぎ《（剝）》買へぎ仕《ル》まじき事(34)。

一⑯、いづれにても、しぜん寄合《ノ》時、いさかい口論出来候ば、初めよりやがて立退《タチノキ》、早々帰り候へ。親類兄弟ならば不レ及《バ》二是非《ニ》一候。けんくわ《（喧嘩）》など其外何たる事むつかしき所へ出まじく候。たとい人之無躰《ムタイ》をゆいかけ(35)、少々ちじよく《（恥辱）》に成候《リ》とも、しらぬ躰《テイ》にて、少之《シ》返事にも及《ビ》候はで、とりあい候まじく候。人のひけうもの《（卑怯者）》、おくびやうもの《（憶病者）》と申候共、宗室遺言十七ケ条之書物《カキモノニ》そむき候事、せいし《（誓紙）》之罰如何候由可レ申《バチイカガソウロウヨシモウスベク》候事(36)。

一⑰、生中夫婦中《（仲）》いかにも能《ヨク》候て、両人おもいあい候て、同前所帯をなげき、商売に心がけ、つましく無二由断一様に可レ仕候。二人いさかい中《（仲）》悪《アシク》候ては、何たる事にも、情は入《ル》まじく候。所帯はやがてもちくづれ候ずる事。又我々死候て、則其方《ソノホウ》名字をあらため、神屋と名乗《ナノリ》候へ。我々心得候て、嶋井は我々一世にて相果《アイハテ》候。但《タダシ》神や不二名乗《ラ》一候ば、前田と名乗《リ》候てくるしからず候(37)。其方次第《ニ》候事。付。何事に付ても、病者にては成まじく候。何時成共、年中五度六度不断灸治、薬のみ候ずる事。

以上

右十七ケ条之内、為レ一《イットシテ》非二《アラズ》宗室用《ノニ》一候。其方為《タメ》二生中守《ノノ》一令《セシメ》二遺言一候。夫《ソレ》弓矢取《リ》之名人は(38)、先《マズ》（敗）まくべき時之用心手だてを第一に分別を極め、弓矢を被二取出一《トリイダサレル》と承《ウケタマワリ》候。縦《タトイ》まけ候ても、我国をも不レ失《ウシナワズ》、人数をもうたせず候。無二思案一《シアンナキ》之武士は、少も無《ク》二其分別一、むさと人之国をも取《ル》べきと計《バカリ》心得、取《リ》かゝり、まけ候へば、持たる国まで被レ取《トラレ》、身をも相果《アイハツル》と申候。つれ〳〵ぐさ《（徒然草）》に双六《スゴロク》之上手の手だてに、かたんと打《ツ》べからず、まけじと打べしと書置候。是其理《コトワリ》也。其方事、先《マズ》所帯をつましく、夜白《（昼）》心がけ、其上にて商買無《ク》二由断一可レ仕候。若《モシ》ふと悪(39)良《ク》子《（銀）》もうしない候共、少成共所帯に仕入《レ》、残《リ》たる物にて、又取立《リテ》候事も可レ成候。艮子まうけ候ずると計《バカリ》心得、少もよたいに不レ残《サ》、ほしき物をもかい、仕《シ》度《タキ》事をも存分のまゝ調《トトノエ》候はゞ、一日之内に身上《シンショウ》相果可レ申候。とかく先《マズ》すりきりはて候ずる時の用心分別専用也。双六上手之手だておもひあわせ候へ。乍レ恐《オソレナガラ》右之十七ケ条、為《タメ》ニ其方《ノ》一には、太子之御憲法(40)にもおとり候まじく候。毎日に一度も二度も取出令ニ披見《ヒケンセシメ》一、失念候まじく候。於ニ同心《ドウシンニオイテ》一、此内一ケ条も生中相違仕《ル》まじきと宝印之うら（裏）をかへし、誓紙候て可《タマウ》レ給《ベク》候。拙者死候て、棺中に入《レル》べきため也。仍《ヨッ》て遺言如レ件《クダンノゴトシ》。

慶長拾五年甲戌正月十五日

虚白軒(41)
宗室（花押）

神屋徳左衛門尉どのへ

(1)「生中」は一生の間。一生涯の意。「宗怡」は人名であるが伝未詳。この遺訓の書きぶりからすると、宗室が孫の徳左衛門の後見人としていた人物のように思われる。「宗怡両人」で宗怡夫妻の意。「知音」は知り合いの人々のこと。以下の文頭の「びろうずいゐ（尾籠随意）のふるまい」は、品の無い勝手な振舞いの意。

(2)「人のほうへん（褒貶）」は他人を誉めたりけなしたりの評価に関わることを言うことで、

「中言」は人の中傷を口にすること。

（3）来世を願うことだが、ここでは信仰に生きる、すなわち宗教的な生活を送ることを言う。

（4）神屋道由。宗室の女婿で、徳左衛門の実父。

（5）「つみ」は罪であろうから、「つみきそぬるきそとゆい」は何らかの祈禱の言葉を口にするという意か。中村幸彦氏が校訂した『日本思想大系』の収録するもの（以下「大系本」と略記する）では「つよきそあかきそとゆい」とある。「こんたす」はキリシタン用語で、彼等が用いる数珠（ロザリオ）のこと。「面目に仕候」は、これを首にかけて自慢げにしているの意。

（6）「所帯なげき」は家の繁栄を願うこと。

（7）来世のことは「仏祖」である釈迦でさえも知らないと言っているの意。つづく文中の「後生ざんまい」は信心に生きる生活のこと。

（8）「双六」はサイコロを用いておこなう賭けごと。「平法」は兵法すなわち武芸の意。

（9）「松原あそび」は松の木の多く生えている景色の良い所でおこなう遊宴の意か。「川かり」は川で漁をしながらおこなう遊宴。

（10）「れうそく（料足）」の料は物の代価、足は銭の意。

（11）「めり入たる」は引込思案の意。世間のことはあまり引込思案なのも考えもので、少しは積極的に出たほうが良い、ということ。

（12）道具や普請に凝ること。

（13）「あら糸」は荒糸で、毛屑から縒《よ》り合わせた太目の絹糸。「ふし糸」は節の多い絹糸で、玉糸のこと。いずれも紬織《つむぎおり》に用いられる。
（14）やがてすべてを失ってしまうの意。以下の文中の「きまり死する」は、決まり死するか。田中健夫氏の紹介するものでは「きわり死する」とあり、「ま脱カ」と傍書して、「きわ（ま）り」に極の字をあてている。大系本も同様。
（15）「人をふるまい」は人を招待してもてなすこと。「むさと」はむやみにの意。
（16）「計事」の読みはハカリゴトか。大系本では「汁事」となっている。
（17）「入魂」は懇意にすること。この文は「生中知音候ずる人」すなわち一生涯親しく交際すべき人がどのような人々であるかを述べている。
（18）喧嘩早い人の意である「いさかいがちの人」の記述は、底本では「いさかいがらの人」とあるが、他本を参考にして改めた。「心底あしくにく（憎）ちなる人」は性格の良くない憎々しげな人。「くわれい（華麗）なる人」は派手好きな人。「大上戸」は大酒飲みの人。「官家ずきの人」は権力に媚びへつらう人。「ざっとう」は人込みを好む人、すなわち出歩くのが好きな人の意で、「口がましき人」は口やかましい人のこと。ここには宗室が一生涯交際してはならないと考えていた人々のタイプが列記されている。
（19）この条に言う「殿様」は筑前国福岡藩主黒田氏のことなので、この両人はともに黒田家の重役。
（20）「すさ」は壁土をねる際に混ぜてつなぎとするもの。通常、荒壁には刻んだ藁を用いた。
（21）日常においての意。

（22） 使用人に代金をごまかされることもないの意。つづく文頭の「寿貞」は、徳左衛門の実父である神屋道由の祖父にあたる人物。
（23） 「かたかけにて」は片手間での意。
（24） 「かし（淅）米」は酒を醸造するための原料である米をといで水にひたしたもの。「こわい（強飯）」は酒造りのために「かし米」を蒸し上げた状態のもの。
（25） つまらないものの意。
（26） 「無」が一字余計に書かれている。正しくは「中々無用候」。
（27） 「むし物」は、一般には蒸した蔬菜や魚介の類、あるいは蒸菓子、また赤飯など蒸した飯をあらわす言葉だが、ここでは赤飯などのようにモチ米を蒸して作る類いの飯のことを言っているのであろう。
（28） 以下の二行書きの文中の「あぢすき」は味数奇で、いわゆる食道楽のこと。「大わたぼうし」は真綿をひろげて造った女性のかぶりものの意だが、この条目が食事についての訓誡を述べているところからすると、何かを喩《たと》えた表現であると思われる。おそらく飯茶碗に「大わたぼうし」をかぶった女性の頭のように飯を大盛りにした様を喩えているのであろう。したがってこの「大わたぼうし無用事」は大食を誡めているのではないかと思われる。
（29） 値上り気味のもので高値の品の意。
（30） 平戸藩主松浦家。以下の文中の「談合」は相談の意。
（31） 万事派手に、したい放題のことをしているとの意。

（32）　さしせまった緊急の用件はの意。

（33）「かけ（懸）硯」は硯や墨や水入れなどの筆記用具を入れる箱で、ふたをして携帯出来るようになっているもの。別に小物などを入れる引き出しなども作られていた。「ごた袋」はごたごたと雑多な物を入れておく袋のことで、合切袋《がっさい》とも言う。旅の際にはこれらを他人に持たせるのではなく、自分でかつぐべきことを述べている。

（34）「事伝物」すなわち他人からことづかった商品の売買において上前《うわまえ》をはねてはならないの意。

（35）たとえ人から無理なことを言い掛けられたとしてもの意。

（36）神社や寺の出す厄除けの護符の裏に守るべき約束の内容を記して、これを破った場合にはどのような罰をもうけることを誓う慣習があり、ここの「せいし（誓紙）の罰」はそのことを言う。誓紙としてよく用いられたのは「牛王《ごおう》宝印」であって、以下の奥書中の「宝印」はこれをさしている。

（37）神屋姓は徳左衛門の実家のものであるから理解出来るとしても、前田姓云々については未詳。

（38）武門において名将と言われる者はの意。

（39）底本は「若ふも」とあるが、他本を参考にして改めた。

（40）聖徳太子の手になるとされている『十七条憲法』のこと。この遺訓が一七ヶ条の体裁をとっているのは、これに倣っている。

（41）宗室の号。なお、底本にはこの奥書に続いて「右十七章、端翁宗室自ら筆して、子孫の訓戒にあたふる処なり。まことに其詞誠実商侶の模範とすべき事に侍る。一日予横岳に詣て、紫師に謁しけるに、此巻を予に見せ給ひ、むしばみそこなひしを改め補ひ一軸とし、彼の家にかへし授くべし、しかればつねにひらきよまん料に、別に書写せん事を予にはかり給ふ。よりて元本のごとく副本を製して、嶋井某にかへし授け侍る。依て拙詞を巻尾に加ふるものならし。安永八己亥年南呂廿四日　藤虞山」という記述が添えられている。「藤虞山」は愚山・安々洞・仙巣とも号した筑前藩士で国学者の加藤一純《かずずみ》（一七二一〜九三）。京都で滋野井《しげのい》公麗《きんかず》らに故実を学んだ。博学多識の人として知られ、藩命により『筑前国続風土記附録』の編纂に従事し、筑前の名所旧蹟を調査するとともに書籍を書写して藩庫に献じたことでも知られている。

子孫制詞条目《しそんせいしじょうもく》

［解題］ 現在でも鴻池グループの名で日本の企業社会に小さからぬ位置を占める鴻池家は、戦国時代末期の中国地方で毛利氏と覇を争った尼子氏の臣で、主家滅亡後もその再興をはかって戦い続けたことで知られる山中鹿之介幸盛《ゆきもり》の遺子の山中新六幸元《ゆきもと》（一五七〇～一六五〇）という人に始まる。幸元は幼時よりゆえあって大叔父の山中信直に養われて摂津国鴻池村（現在の兵庫県伊丹市）で成長したが、一五歳での元服後に深く考えるところあって、刀を捨てて商人として身を立てる決意を固め、以後自らが武士の後裔であることを堅く秘して生きた人であったと言われている。

鴻池村に程近い伊丹は古来より池田とともに酒造の盛んな地であるが、幸元は三〇歳を過ぎた頃、当時伊丹のあたりでようやく造られるようになっていた清酒（これの醸造は彼が始めたという説もあるようである）を自らも生産することで酒造業者としての名を確立した後、その販路を次第に拡張して、ついにはこれを江戸にまで送り出すことによって巨利を得た。元和五年（一六一九）には大坂に店舗をかまえて醸造と販売に従事するうちに、江戸市場への大量輸送の必要から海上運送に着目し、五六歳で海運業を開始する。この頃にはすでに江戸への参勤交代の制度が始まっており、大名の往復にともなう人馬・荷物の運輸への需要は高く、さらにこれに要する費用と江戸での生活上の必要のために大名達は領国で得た年貢米や特産品を大坂に廻送して貨幣の調達をはからなければならなかった。鴻池家は、こうした需要に応えるとともに廻送荷物としての米穀の換金業務をも委託されるようになり、これらによって得た多大な資金を元手としてついには両替商（現在の銀行業務に相当する）を開業し、一七世紀の後半には大坂を代表する豪商の一人となって、後にはその資力を背景としたいわゆる鴻池新田の開発をおこなうなど、江戸時代を通して繁栄を続けた。

ここに紹介する『子孫制詞条目』は、この鴻池家の始祖である幸元が慶長一九年（一六一四）に子孫への訓誡を目的として認《したた》めたものとされている。しかしながら、その成立時期等については疑問もあるようで、『鴻池善右衛門』（人物叢書、吉川弘文館）を著した宮本又次氏は、この点について巻末の慶長一九年という奥付を示した上で、「しかしながらこの『子孫制詞条目』の全文を精査すると、その大半は後世の加筆になったものの如くで、必ずしも始祖当時のものとは思われない。しかしそれにしても、始祖新六が思慮の深い人物で、将来の大計を定め、子孫の万代のため、如何に肝胆を砕いていたかが想見されるのである」と記している。慶長一九年といえば本書で先に取り上げた『島井宗室遺言状』とほぼ同じ時期の成立である。両人は立場もキャリアも異なるので、両者の主張の方向も内容も異なっていて当然ではあるが、その相違のはなはだしさには確かに戸惑いを覚えざるを得ない部分がある。宮本氏は前掲書においてその疑問の点を具体的に示してはおられないが、たとえばいくつかの条文中に当時の武家社会においてさえ未だ充分には流通していなかったはずの儒学にかかわる多くの知識を見い出すことが出来る点からして、編者自身も氏の「その大半は後世の加筆になったものの如くで」とされた見解に同意する。鴻池家には三代とされる善右衛門宗利（一六六七〜一七三六）が正徳六年（一七一六）に定めた『先祖之規範幷家務』や享保一七年（一七三二）に書いたとされる『宗誠家訓』等があることが知られているので（これらはいずれも後述する宮本又次氏の論文中に全文が紹介されている)、あるいは何もそのような疑問のあるものをとお思いの向きもあろう。しかしながら、「後世の加筆になった」部分があるとされるものをあえて取り扱うことには、かえって逆に長きにわたって鴻池家が基本的にどのようなことを大切と考えて来たのかを確認出来るというメリットがあるのではないかと思われる。本書にこれを取り上げるのは、そうしたメリットに着目したからである。

この「家訓」の説くところは、神仏への祈念や祖先祭祀の励行の指示、茶の湯などの諸芸や遊芸にふけることの禁止、さらには諸道具や衣服飲食についての倹約の徹底といった一族の者の日常のあるべきあり方に直接向けた内容のものと、召使や丁稚などの指導および取り扱いや金銀融通相談などの営業にかかわる詳しい注意事項の徹底にみられるような使用人管理に向けた内容のものに大別出来るが、それらはいずれも懇切丁寧でまことに具体的である。また、この「家訓」は末尾近くの条で「家業之余力《ヨリヨク》を以て学問を励《ハゲム》」べきことを説いている。大坂には一八世紀になって有力な商人達の手により懐徳堂という学問所が設立されたことが知られているが、この条目はそうした動きとの関連という点からも注目される。

この「家訓」は、宮本又次氏が「鴻池家の家訓と店則」(『大阪の研究』第三巻所収、清文堂出版)という論稿の中で全文紹介することによって世に出たものである。本書は、その宮本氏から資料の提供をうけて『日本思想大系』59(岩波書店)に掲載したとされる、中村幸彦氏校訂のものを底本とした。本書に収録するに際しては、宮本氏の紹介したものをも参看して、振り仮名や読点を補うとともにいくつかの漢文表記部分に返り点を施すなどの補訂をおこなった。

子孫制詞条目

一①、万端正路《バンタンセイロ》を専《モハラ》とし、王法国法を守り、仁義五常之道(1)に背かず、主君大切、父母に孝行、家内睦《ムツマジク》、謙《ヘリクダ》り驕《オゴ》らず、第一家職を勤《ツトム》べき事。

一②、神明棚《シンメイダナ》、持仏壇《ジブツダン》毎朝払《ハラ》ひきよめ、精誠《セイセイ》祈念仕《ツカマツル》べし(2)。今日一飯一衣を得《ウル》も、天地、神仏、国王之御守護無《コレナク》レ之して、其業成べからず。高恩日夜忘るべからざる事。

一③、先祖恒例之仏事怠慢なく、急度《キツト》勤行《ゴンギヨウ》仕《ツカマツル》べし(3)。先祖無くして父母なし。父母なくして己《オノレ》が身なし。当時家業都合《ツゴウ》宜《ヨロシク》候も、己《オノレ》が利根発明にして、勤出《ツトメイダ》すにあらず(4)。全《マツタク》先祖累代《ルイダイ》之《ノ》積徳《セキトク》にして、父母之養育也。厚恩忘るべからざる事。

一④、先祖御位牌場並《ナラビ》に御墓所、平日塵《チリ》積り草芸《ハ》へ(5)、見苦敷《ミグルシキ》躰《テイ》有《コレアリ》レ之候はゞ、当《マサニ》相続人越度《オチド》たるべし。若《モ》し清からざれば、其流必濁る。嫡家正しからざれば、氏族之家法自《オノズカ》ら乱《ミダル》。古《イニシエ》より国を治め、民を安んじ給《タマ》ふ君は、先御身《マズオンミ》を正しくして民に及《オヨボ》し、御国を治め給ふ。国を亡し、家を失《ウシナイ》給ふ君は、御身正しからず、民を苦しめ給ふこと諸書に顕然《ケンゼン》たり。故に其家主《アル》じたる者は、第一、己が身もち肝要に候。惣《ソウジ》て家内之者、皆主人之好所《コノムトコロ》を見習ふ故に、主じたる者は、己を慎《ツツシミ》正しく守《マモル》事大切に候。己行ひ正しからずして、家内之者を咎《トガムル》ときは、一応は威勢に恐《オソレ》て、服するに似たれ共、内心感得せざるが故に、自ら家法乱るべし。其家を斉《トトノエ》んと欲《ホッス》る者は、先《マズ》其身を修るの聖言(6)忘べからず。先家法正しく立《タテ》、己が身を先《マズ》立て勤《ツトムル》事。

⑤一、当家《トウケ》召使之男女小者《コモノ》に至《イタル》まで、行末一分之家《ユクスエイチブンノイエ》をも立《タテ》させ申べし。(7) 然《シカル》に不善不行儀を見習《ミナラワ》し、其身をそこなはしむる事、主じたるものゝあやまちなり。夫《ソノ》身薄き小者にいたるまで、皆他之父母之愛子に候。其奉公初《ハジメ》之時、其父母誰彼《タレカレ》之家を撰び、かの家は当時勤《ツトメ》よくは候共、行末之為《タメ》宜しからず、かの家は家風厳敷《キビシク》身究屈《キュウクツ》なりとも、行末之為よかるべしと、各《オノオノ》主家《シュケ》をゑらんで奉公を致に候へば、我に随ふ者を疎《オロソカ》におもふべからず。心、親となり兄となりて、是を憐べし。先《マズ》第一、手跡《シュセキ》、算術を励《ハゲマ》し、諸芸、遊芸を堅《カタク》停止致べく候。(8) 算筆は諸家職業之肝要、遊芸は家名破滅之基《モトイ》なる事を示し、専行義正敷実躰正直《モハラギョウギタダシクジッテイ》にして、職分に怠なく節倹を守り、他之手本にもなるべき様仕立置《シタテオキ》、資銀を与《アタエ》て、別家《ベッケ》いたしなり共、親里《オヤサト》へかゑしなり共、その心に任《マカス》べし。若し又大家《タイカ》之風習を見習置候はゞ、たとい何程《ナニホド》資銀与て別家いたさせ候共、自然勝手向手広《カッテムキテビロ》になり、但《タダ》一時之栄花《エイガ》にして其身長久《チョウキュウ》すべからず。(9) 父母並《ナラビニ》一類まで、かゑつて主家をうらむにいたる。能々《ヨクヨク》思慮を可《イタスベク》レ致候。若し又教訓を聞ず、

異見《イケン》をもちひざる者に候はゞ、手数かさならざる内、早《ハヤク》親里え送りかゑすべき事。

一⑥、若気《ワカゲ》之至《ノイタリ》也と云ふ共、酒宴遊興に長じ家業に怠り、猥《ミダリ》に金銭を費し候義、先祖之積徳、父母之厚恩を知らざるが故也。若し異見をもちひず候はゞ、其身一銭を与へず、赤裸《アカハダカ》にして家を放《ハナ》ち出《イダ》すべき事。

一⑦、当家召使之者、男女密懐《ミッカイ》(10)之義堅く是を禁ず。若し相背《アイソム》き密《ヒソカ》に通ずる者有《コレアリ》レ之候はゞ、たとひ是まで年来之勤方宜敷《ツトメカタヨロシク》候共、双方共払ひ出し、永《ナガク》出入を差とめ可《モウスベキ》レ申事。

一⑧、当家内《ウチ》之者、喧嘩《ケンカ》口論は勿論、惣て高声《タカゴエ》にて言葉争ひ仕《ツカマツル》間敷《マジク》候。若し至《イタッ》て無理非道申者有レ之候はゞ、其由《ヨシ》年老之者へ訴へ、静に善悪を可《タダサルベク》レ被レ糺候。若したがひに力業《チカラワザ》之義は申に不《オヨバズ》レ及、論義高声に咆罰合《ノノシリアイ》候はゞ、是非利害を解《ワカタ》ず、双方其場より別室に閉居せしめ、追て沙汰に可《オヨブベキ》レ及事。

一⑨、人は堪忍《カンニン》を第一とす。忍之徳たる、万行苦戒《マンギョウクカイ》(11)も及ぶべからずと、仏言にものたまゑり。己《オノレ》怒て人に向へば、人また怒て己に向ふ。衣服飲食、行住座臥、万事己が心に任せず、尤《モットモ》こらゑしのぶべし。但謙《タダヘリクダ》り驕《オゴ》らずして、父母之遺体《ユイタイ》を守るべき事。(12)

一⑩、御武家方《オブケガタ》は申に及ず、たとひ卑賤、乞食等に至迄《イタルマデ》、慮外麁相無《リョガイソソウコレナキ》レ之様相心得《ヨウアイココロエ》可レ申事。(13)

一⑪、火災盗難其外、惣《ソウジ》て災難之義、万事己が懈怠《ケタイ》より発《オコ》る。其旨《ムネ》承知可《ツカマツルベキ》レ仕事。

一⑫、家内之者、男女上下共、他所《ヨソ》え出《イデ》候節は、其方角並《ナラビ》に道順、留主《ルス》之者に申置べし。自然(14)

留主之者、如何《イカ》様《ヨウ》之用向《ヨウムキ》出来候も難《ハカリガタク》レ計候間、其心得可《アルベク》レ有候。帰宅致候はゞ、是又早々可《モウシタツスベキ》ニ申達一事。

一、⑬万端小事は己壱人《オノレヒトリ》にて取計《トリハカライ》、大事は家内衆評之上取り行ふべし。若し越度《オチド》有レ之候共、惣《スベテ》家内中之越度に可レ致事。

一、⑭言葉いつわりなく、行ひ実躰《ジッテイ》に候はゞ、何方《イズカタ》へ参り候共、安かるべし。言葉いつわり多く、行ひ正しからざれば、親之膝本《ヒザモト》といゑ共危《アヤ》ふかるべき事。

一、⑮当時頃日《ケイジツ》、(15)金銀融通を他に請ふに、金主手代《キンシュテダイ》之者を遊所《ユウショ》に伴《トモナ》ひ、美女を集て酒宴を致し、其座席にて事を談《カタ》る之由《ヨシ》。元来金子《キンス》助力之義、勝手向不如意《フニョイ》に付、他之力を借《カル》。然《シカル》に数多《アマタ》之金銭を費《ツイヤス》事、意味深長有る事に候歟《カ》。未《イマダコレヲキカズ》レ聞レ之熟《シテツラツラオモンミル》慮に、夫《ソレ》酒は過る時は乱て差別なきに至《イタル》、茲《ココ》を以て大金を費し、美女を集て酌を取らし、手代之者を酒狂人《シュキョウニン》に仕立《シタテ》、其虚を計《ハカリ》て事をなすのはかりごとに候はん歟。(16)仍《ヨッ》て手代之者、酒興に乗じて大言を吐き、万端己《オノレ》独《ヒト》り事を約するの趣《オモムキ》にて、その事を承知す。酔醒《ヨイサメ》て後、前夜之広言《コウゲン》義理に窮し、始末宜様《ヨロシキヨウ》主人え取持《トリモチ》、其内主家為筋《ノタメスジ》(17)も有レ之候へ共、又不為筋も可《コレアルベク》レ有レ之候。双方都合宜《ヨロシクモノゴト》物事成就いたし候はゞ、兎も角もあれ、己《オノレ》不為筋をも聞ながら、前夜之義理を以て、主《アルジ》を欺《アザムク》は奉公之道に背《ソムキ》、忠を以て成就せざる之時は、先《サキ》之費《ツイ》へ甚《ハナハダモッテ》以笑止なるべし。言葉を巧にし弁舌を震《フル》ふて云ひ逃《ノガ》るとも、独り心恥しかるべし。是他を批判致すにあらず。当家氏族之者、常に心得置て然《シカ》るべく候。若し此等之催《モヨオ》し場所に至《イタリ》候事有レ之候節は、我等事なふして、他之饗応に逢《ア》ふのいわれなし。早《ハヤク》其趣向を尋聞《タズネキキ》、先方費《ツイ》へ無レ之内《コレナキウチ》、其有無を決断すべし。此義他之費《ツイエ》にして己が損失にあらずといゑども、己が口躰《コウタイ》にて尽す所、皆是己が天より受得《ウケエ》たる食禄を費すなるべし。恐れ慎しむべき也。返す〴〵も己が損にあらざるを幸《サイワイ》にして、猥《ミダリ》に己が天禄(18)を費す間敷候。夫《ソレ》人間衣食住、皆是天より受け定め之由《ヨシ》、諸書に顕然《ケンゼン》たり。古《イニシエ》より家富栄《トミサカエ》、無病にして長命被レ致之《イタサルルノ》人々、深く天道《テントウ》を恐て、私なく常に此等之事を慎しみ、永《ナガク》天禄をたもたるの由。また当時父母之遺物《イブツ》、或《アルイハ》主家之憐《アワレミ》により家富栄、たとひ千金を費とも、たからへ(減)らざるの人々も、其身天禄早つきるときは、或《アルイ》は病身、或短命、且《カツ》は妻子に薄縁、種々様々之災難にあふのよし。過古《カコ》之業因《ゴウイン》とはいゝながら、其身慎み悪《ア》しく、天禄早つきるのよし。是他を誹謗致《ヒボウイタス》にあらず。子孫之者慎べき事。

其身恣《ホシイママ》に費し捨《スツ》る所之金銭は、先祖伝来父母之遺物、己《オノレ》是を預《アズカ》り、尚《ナオ》子孫に伝ふべきを、己猥《ミダリ》に費《ツイヤス》事、大不孝之罪、天地是をゆるしたまわず。其身必わざはひを受べし。慎み恐べき也。抑《ソモソモ》其身一銭無レ之《コレナク》して、誰か其身を楽しますべき。皆是累代父母之苦金に候。たとひ己別段利口を以て、別に多分《タブン》之金銭を儲《モウク》とも、その元種《モトダネ》なくして、一銭之儲かるべきや。先《マズ》身は父母之遺体《ユイタイ》なり。父母之遺体を以てもふけし(儲)金銭なれば、同じく父母之遺物《イブツ》なり。父母之遺物を、猥りに悪所《アクショ》(19)に費し捨ること、言語道断不届《フトドキ》に候。此等之輩《トモガラ》出来候はゞ、急度《キット》戒べく候。身体を保つの人を見習ふて、己が行跡《コウセキ》をみがくべし。随分家業に怠《オコタリ》なく、常に己が口躰費《コウタイツイエ》をはぶいて、是を以て世間之交《マジワ》りを能《ヨク》し、一類親しく妻子眷属を撫育《ブイク》して、父母之心を安んじ、以て子孫に見習《ミナラワ》し、永《ナガク》家名相続仕《ツカマツル》べき事。

一⑯、茶湯《チャノユ》、連誹《レンパイ》、蹴鞠《ケマリ》、楊弓《ヨウキュウ》、立花《リッカ》、碁将棋、並《ナラビ》に謡舞《ウタイマイ》、うち囃子《ハヤシ》(20)等、惣《ソウジ》て遊芸之義は、世間之交りにも可二相成一《アイナルベク》候得ば、少々心懸け候ても可レ然《シカルベキカ》歟。古より家を興《オコ》し身躰を引立《ヒキタテ》(21)候人々、其身家職にあらずして、此等之遊芸に上達被レ致之由《イタサルルノヨシ》、不レ承レ之《コレヲウケタマワラズ》。此等之遊芸に志を励《ハゲマ》し、隙《ヒマ》を費し、家業に怠り、次第身躰零落《レイラク》し、先祖之千辛万苦《センシンバンク》して作りみがきたる家を失ひ、父母之位牌之置所《オキドコロ》なく、終《ツイ》には辻門《ツジカド》に立《タチ》て、全盛之時習ひ得し芸を勤《ツトメ》て、食を乞《コ》ひ求る者、今眼前にこれを見聞す。あながち遊芸を停止するにあらず。其趣《オモムキ》を以て稽古も心次第たるべき事。

一⑰、悪小なるを以て為《ナス》ことなかれ、善小なるを以て為《ナサ》ざることなかれと、漢昭烈《カンノショウレツ》皇帝之遺《ユイ》勅《チョク》格言なるかな(22)。大事は小事より出《イズ》、蟻の穴より塘崩《ツツミクズレ》るの諺《コトワザ》、尤《モットモ》信ずべく候(23)。易に曰《イワク》。小人は小善を以て益なしとしてせず、小悪を以て傷《ヤブ》れなしとして去らず、故に悪積んで掩《オオ》ふべからず、罪大にして解《トク》べからずと(24)。聖言急度《キット》守るべき事。

一⑱、網之綱をあぐれば衆目《シュウモク》是にしたがひ、源是又同様たるべき事(25)。

一⑲、居宅並《ナラビ》に諸道具、衣服飲食等、花美(26)風流を好み、恣《ホシイママ》に金銭を費す間敷《マジク》、随分倹約を守

べし。雖《シカリトイエドモ》レ然倹約を表とし、余り見苦敷《ミグルシキ》を物好き、諸人之批判を請《ウ》け間敷、其時代分限に応じ、万事目立《メダタ》ざる様可《ツカマツルベキコト》レ仕事。(27)

一、⑳治《チ》に居《イ》て乱を忘るべからずと、当時家富饒《フジヨウナリ》也と云ふ共、心を放逸《ホウイツ》に走らしめず、身をやすきに置べからず。富《トミ》たる時貧しきをおもひ、飽《アキ》たる時飢《ウエ》を忘るべからず。其心之弛《ユル》みより身怠《オコタ》り、奢《オゴリ》増長可《イタスベキコト》レ致事。

一、㉑冠婚葬祭、惣《ソウジ》て年中節会《セチエ》儀式之義、急度仕《ツカマツル》べし。(28) 料理献立之義は、其時代身分相応宜《ヨロシキ》に随ひ、万事節倹《セッケン》を守り、費《ツイ》へ無《コレナキヨウココロウベキコト》レ之様可ニ心得一事。

一、㉒其時代々々に応じ、家内之者、平日夫々《ソレゾレ》の役割を定置《サダメオキ》、都合よろしき様仕《ツカマツル》べし。若し其身預《アズカ》る所之役方《ヤクガタ》に越度《オチド》有レ之候はゞ、たとひ年功積《ツモ》りし者に候共、下役《シタヤク》え引落し可《モウスベシ》レ申。尤《モットモ》勤方《ツトメカタ》万事取り廻《マワ》り宜《ヨロシク》、実躰《ジッテイ》なる者に候はゞ、年若き者たり共、上役《ウワヤク》え引上げ申べし。乍《シカシナガラ》レ然傍輩《ホウバイ》之出頭《シュツトウ》をそねみ、他之越度を楽《タノ》しむべからず。(29) 己《オノレ》他之越度をたのしめば、他又己が越度を楽べし。双方たがひに心付合《ココロヅケアイ》、万事越度無《コレナキヨウアイツトム》レ之様相勤べき事。

一、㉓家業之余力《ヨリヨク》を以て学問を励《ハゲム》べし。学問は身を脩《オサメ》、家を斉《トトノ》ふ之用《ヨウ》。然《シカル》に学問に偏《カタヨ》り、家業怠《オコタル》間《マ》敷《ジク》候。抑《ソモソモ》学問を励《ハゲム》に、其拠《ヨリドコロ》、君子学と小人学之二道あり。其君子之学と云ふは、第一、経書《ケイショ》を熟読して、聖法人道之正きを守り、兼《カネ》ては諸伝歴史に通じて、古今《ココン》之成敗《セイハイ》治乱《チラン》を以て、己が戒《イマシ》めとし、己正敷《タダシク》守て家をとゝのふ。(30) 是れ君子之学也。次に小人之学と云ふは、其心ざす所、人にあなどられまじく、嘲《アザケ》られまじきが為に、第一、詩文に志を励《ハゲマ》し、且《カツ》は博学と尊《タット》ばれんが為に、経伝歴書に通じ、己至道《シドウ》にくらきを恥ず。(31)猥《ミダリ》に古今之政《マツリゴト》を是非して頤《オトガイ》を震《フル》ひ、自《ミズカラ》異人号《イジンゴウ》を称して、驕慢《キヨウマン》之高きに止《トドマ》り、先祖より仕成《シナ》し来《キタ》れる家業職分に怠り、専ら風流而已《ノミ》を事とし、月に誦《シヨウ》し花に吟《ギン》じて、世務《セム》をうとんず。其甚《ハナハダシキ》敷に至ては家を辞し、諸国歴遊して其終りを知らず。是学問を励《ハゲミ》て、先祖之家名を云《イワ》ずと云ふ。慎《ツツシミオソル》畏べし。我等如《コノゴトク》レ之家業にいとまなく、元より愚昧《グマイ》之者、自《ミズカ》ら読て正道を需《モトムル》に力なし。但《タダ》行ひ正敷《タダシク》、家業に怠《オコタリ》なく、親に孝行、家内睦《ムツマジ》く、兄弟氏族之者見二聞之一仕《コレヲミキキツカマツリ》候は〻、此義当《マサニ》相続人之職也《ナリ》と、見二捨之一聞二捨之一仕間敷《コレヲミステコレヲキキステニツカマツルマジク》、早足《サツソク》手伝掃除仕べし。(32)兄弟氏族之者共、皆是先祖之子孫に候得《ソウラエ》ば、先祖えの勤行不行届《フユキトドキ》之罪、当《マサニ》相続人同様たるべき事。

右此条目、他家他門に及《オヨボ》し見すべきにあらず。当家氏族之者而已《ノミ》を戒《イマシメ》、毎年正月七月、惣《スベテノ》氏族之者を集め、先祖霊前に於て是を読聞せ、法を急度《キット》守るべし。若し相背候者有《アイソムキソウロウモノコレ》レ之《アリ》候は〻、双方異見《イケン》を加へ、其身を急度慎しましむべし。異見もちひず尚驕者《ナオオゴルモノ》に候は〻、其者を一室に閉籠《トジコメ》、己が過《アヤマチ》を悔《クイ》、心を改《アラタメ》候迄、急度禁足《キンソク》せしむべし。若し言葉を巧《タクミ》にして、閉居を免《マヌガ》れ出《イデ》、重《カサネ》て不行跡《フギヨウセキ》之行跡有《フルマイコレアリ》レ之候は〻、其者勘気之為《カンキノタメ》、赤裸《アカハダカ》にして家を払《ハラ》ふべし。(33)或《アルイハ》男女召使之者に候は〻、不行跡之趣《オモムキ》を、其者之親里え申遣《モウシツカワ》し、早足《サツソク》其者を引取らしむべし。兼《カネ》ては又、男女出入《デイリ》之者、身持宜《ミモチヨロ》しからざるにおいては、自然家内之小者《コモノ》、其不善を見習ふも難レ計《ハカリガタク》候間《ソウロウアイダ》、其者出入差し止め可レ申《モウスベク》候。然《シカル》に讒者《ザンシャノ》之巧言《コウゲン》も難レ計《ハカリガタク》可レ有レ之《コレアルベク》候間、能々《ヨクヨク》此を穿鑿《センサク》し、慥《タシカ》に邪正を糺し、其上頭分《カシラブン》之者共え申談《モウシダン》じ、然後《シカルノチ》申渡すべく候。(34) 若し人を嫉《ネタ》み、一言たりとも讒言《ザンゲン》致《イタシ》候者有レ之候はゞ、上下之差別なく其者を戒《イマシム》べし。若し此家法を不レ用《モチイズ》、自立して一家をなし、当嫡家え立よらず、先祖之位牌を拝せざる者、其身富饒《フジョウ》たりといゑ共、第一、厚恩を知らざる禽獣《キンジュウ》、永《ナガク》当家子孫たる間敷《マジク》候。仍《ヨッ》て制詞《セイシ》如レ件《クダンノゴトシ》。(35)

慶長十九甲寅《キノエトラノトシ》年十月十日　山中新右衛門

幸　元(花押)

同子孫中え

一、(24)当家守護神稲荷御社《イナリオヤシロ》之義は、当氏族之者、永代《エイダイ》守護神に候へば、たとい何方《イズカタ》え分家致《イタシ》候共、毎月参詣仕《サンケイツカマツル》べし。若し無レ拠義有レ之候節《ヨンドコロナキギコレアリソウロウセツ》は、其趣《オモムキ》を以て代参《ダイサン》仕べし。兼ては又、小破《ショウハノ》之内修覆《ウチシュウフク》を加へ、大破《タイハ》に及《オヨバ》ざる様可レ仕《ツカマツルベク》候。並《ナラビ》に先祖御墓所え参詣(以下闕く)

(1) 儒教に言う人の常におこない守るべき五つの徳目のことで仁義礼智信のこと。

(2) 「神明棚」は、神明すなわち天照大神を祀る神棚。「持仏壇」は、持仏すなわち守り本尊として身近に置いて信仰する仏像または先祖の位牌を安置しておくための仏壇。「精誠」は、まじりけなく誠実にの意。

（3）「勤行」は仏教語で、仏前で読経や礼拝などをおこなうこと。

（4）現在の家業の好調は自身が利発で聡明であるがゆえに実現しているのではないの意。それは以下に述べられるように、すべて代々の祖先が積み重ねた徳と「父母之養育」のおかげであると説いている。

（5）「芸」は植えるの意なのでウエルと読むべき字であるが、文脈や送り仮名からすると、ここは生えるの意で用いられていると考えるべきであると思われるので「ハ」の振り仮名を付した。

（6）ここに言う「其家を斉んと欲る者は、先其身を修る」の「聖言」は、儒学が経典とする四書の中の一つである『大学』にある語。

（7）当家の「召使之男女」や「小者」すなわち丁稚にいたるまで、皆将来は分家をさせて店を持たせるようにすべきであるの意。

（8）「手跡、算術」はいわゆる読み書きソロバンのこと。以下の文頭の「算筆」も同じ意。またつづく文中の「実躰」は実直の意。

（9）もし主人の家のような「大家」のしきたりのみを見習わせるような指導しかおこなわなかった場合には、たとえどんなに多くの資金を与えて「別家」させたとしても、「大家」のやり方しか知らないのであるから自ずから暮らし向きが大構えになって、一時はそれでよいかもしれないが長くは続かないだろうということを述べて、以下の文でその点をよくよく「思慮」すべきことを説いている。

（10）「密懐」は密通のこと。

（11）「万行苦戒」の「万行」は仏教徒や修行者の修める様々な行を意味する仏教語だが、「苦戒」については不明。あるいは苦しみの多い世の中を意味する「苦海」の当て字かもしれないが、ここでは単純に字義どおり厳しい戒律を意味する語と解したほうがよいのではないかと思われる。

（12）「行住座臥」は日常の起居動作のこと。「父母之遺体」は父母が残した身体、すなわち子の身体を言う。

（13）「慮外」は無礼の意。「麁相」は軽はずみで不注意なこと。

（14）ここでの「自然」は、もしかしたら、万一の意。「留主」は留守の当て字。もしかしたら、留守をあずかっている者に、「他所え出」かけた者に対して何らかの連絡が必要な用が出来ることもあるから、出かける際には、行く先とどの道を通ってゆくかを「申置」いておくべきことを説いている。

（15）「当時頃日」は今このごろの意。以下の文中の「遊所」は遊里などの遊び場。また「意味深長有る事」は言外に意味のあること。つづく文頭の「未ㇾ聞ㇾ之熟慮に」については、その方面のことにはいまだにあまりよく通じてはいないのだが、つらつら考えてみると、という程の意か。

（16）「酒狂人」は酒に溺れる人のこと。「其虚を計て」は、腑抜けにして正しい判断力を奪おうとしての意。

（17）「為筋」は利益になること。

（18）「天禄」とは前文中に言う「己が天より受得たる食禄」のことで、以下の文中にもあるように「人間衣食住、皆是天より受け定め」られているという考え方にもとづいたものである。こうした個々人の「天禄」の中身を決定しているのが、以下の文中にある「天道」という存在である。この「天道」という考え方は日本では戦国時代に始まるものと考えられているが、天にあって人間世界に個々の人や祖先の道徳性にもとづいて禍福をもたらす存在と意識され、一種の人格的性質を持った存在として信仰の対象ともなった。その最も世俗的な形態がお天道様信仰と呼ばれるものである。

(19)「悪所」は遊里などの遊蕩をする場所のこと。

(20) ここに列記された遊芸のうち、「連誹」は連歌と俳諧（俳諧は誹諧とも書く）のことだろうが、あるいは誹諧連歌すなわち連句のことである可能性もある。連句とは長編の俳諧で、連歌と同様、五・七・五の長句を第一句とし、これに七・七の短句を連ね、さらに五・七・五の長句をというように、長短互いに一定の規則によって長く続けたものを言う。「蹴鞠」はかつては貴族社会でおこなわれて来た鹿革製の鞠を蹴りあう遊び。「楊弓」は小弓で的を射る遊び。「立花」は今に言う生け花のこと。「謡舞」は謡曲と仕舞。「うち囃子」は打囃で太鼓や鼓などを打つ芸事。

(21) この「身躰」は、資産や地位を意味する身代の当て字。

(22)「漢昭烈皇帝」は、漢の景帝の血筋に連なる三国時代の蜀の始祖である劉備玄徳のこと。「昭烈」はその諡《おくりな》。「遺勅」は後の世にのこされた勅命ないしは遺言の意。

(23)「大事は小事より出」は『老子』第六十三章の語だが、正確には〝天下の大事は必ず細よりおこる〟。「蟻の穴より塘崩る」は『韓非子』喩老の語。正確な記述は〝千丈の堤も螻蟻の穴をもって潰る〃。いずれも、いかなる大きな出来事もその最初はごく小さな事から起こるものという格言。

(24)『易経』繋辞下伝にある語。小人は小さな善行などしても無駄だと考えてしようとせず、小さな悪事はしても差し支えないと考えてやめることをしないがゆえに、やがては悪事が積み重なって隠すことが出来なくなり、罪が大きくなってのがれることが出来なくなるの意。

(25)『書経』盤庚上に、網の多くの糸が一本の大綱のために条理立ち少しも乱れないようであるということを述べた「若ニ網在レ綱有レ条不レ紊（網の綱に在り、条有りて紊《みだ》れざるが若《ごと》し）」という記事がある。また「衆目」には多くの人々の見る目という意味の他に、網または網状になったものの多くの間隙という意味もあるので、この条の説く教誡は、網を条理立てているのは一本の大綱であるから、その綱を引けばすべての網目は従って来る、主人として一族や使用人達を従えてゆくための「源」すなわち原則も「是又同様たるべき」なのであって、主人たる者は一本の大綱のような存在となって、整然と網目に相当する「衆目（多くの人々）」を率いよ、というものであろう。

(26)「花美」は華美の当て字。

(27)『易経』繋辞下伝にある語にもとづいている。

(28)「冠婚葬祭」だけでなく、季節の変わり目などの節日におこなう儀式をきちんとなすべきことが述べられる。こうした儀式には宴席をともなうので、以下のように「料理献立」についての注意がなされている。

(29)「傍輩」は同僚の意で「出頭」は出世のこと。同僚の出世を嫉妬して他人が失敗することを楽しみとして心待ちにしてはならないことを述べる。

(30)「経書」は儒教経典を、「聖法」は聖人の定めた規則や道徳を言う。「諸伝」の伝は経書などの注釈。「古今之成敗治乱を以て、己が戒めとし」は、過去において事がどのようにして成ったり敗れたりしたのかや、天下の治乱の原因がどのようなところにあったのかといったことから歴史的教訓を得て、現在を生きる自らの戒めとするの意。

(31)「至道」は真実の道の意。以下の文中の「頤を震ひ」は文脈からすれば、得意そうにぺらぺらと喋るの意か。また「自異人号を称して」は、自ら本名の他に中国風の名を号として持っての意。

(32)「早足」は早速の当て字。「手伝掃除仕べし」は文脈からすると、もし「兄弟氏族之者」の中に前文にあるような学問や詩文の学び損ないをする者が出るようなことがあれば、これは「相続人之職」と心得て見捨てたりせず、早速に事の処理に乗り出して元の良い状態に戻してやるように努めるべきであるという意か。また、以下の文「先祖えの勤行不行届之罪」の中の「勤行」の読みは、この文章の意が「兄弟氏族之者共」も「皆是先祖之子孫」という点では同じであるから「相続人同様」に努めるべきであって、それをおこなわないのは「先祖えの勤行不行届之罪」であるというのであるから、第三条で用いているような仏教語としてのゴンギョウではあるまい。「勤行」には他に努力するという意味があり、その場合の読みはキンコウであるから、これで読むべきと思われる。

（33）「不行跡」は身持ちのよくないこと。「勘気」は勘当の意。「赤裸にして家を払ふべし」は、すべてのものを取り上げて何も持たせずに家を追い出すべきであるの意。

（34）「讒者之巧言」は、人を陥れるために事実とは異なることを言葉巧みに言うこと。「頭分之者共」は、ここでは、店の中で責任ある地位についているおもだった者達の意。

（35）鴻池家の始祖である山中新六幸元は、後に新右衛門、そして直文とも称したことが、宮本又次氏の『鴻池善右衛門』（人物叢書、吉川弘文館）に記されている。

市田家家則《いちだけかそく》

［解題］「市田家家則」と呼ばれるこの「家訓」は、近江八幡出身のいわゆる近江商人の一人であった市田清兵衛（一六三七～一七一四）という人の定めたものである。市田家は元は現在の三井グループとして知られる三井家の祖と同様に近江佐々木氏に仕える武士で、神崎郡石川村に住していたが、清兵衛の祖父庄兵衛の代である慶長年間（一五九六～一六一五）に八幡に出て小間物店を開いたところから、商人として生きるようになった家であると伝えられている。清兵衛の父の代には天秤棒を肩に関東に下って、信州や上州方面で小間物類を売り歩き、その帰途にはそれらの地方の物産を仕入れて近江や京・大坂で販売することで家業を拡張した。寛永二〇年（一六四三）、父の病歿によって跡を継いだ三代目の清兵衛は、父と同様に旅商に力を入れ、小間物に加えて太物《ふともの》と呼ばれた綿織物や麻織物を上州方面に持ち下り、上州安中《あんなか》に拠点を置いてその近傍で手広い販売をおこなうとともに、上州産の麻や絹、生糸や真綿等を大量に仕入れて、これらを江戸や名古屋・京都に売り捌くことによって多大な利益を得た。さらに彼は商業地として当時次第に発展を遂げ始めていた高崎に着目し、その地に支店を開設して嫡子孫市を置き、小間物商を廃して太物ならびに尾張・三河・大坂産の繰綿の販売を専業とするかたわら、古着類の仕入販売をおこなうことで財を成したとされている。

この「家訓」の成立は清兵衛晩年のことと考えられるが、その内容には彼の生きた時代状況が色濃く刻印されている。江戸時代の商人の活動は、よく知られるように元禄期（一六八八～一七〇四）に一つの頂点を迎えた。元禄期は、井原西鶴が『世間胸算用』で活写しているごとく、個々人の「智恵才覚」次第でいかなる経済的成功もが可能な時代であった。この時代の商人達は自らの「智恵才覚」を頼りに全国にまたがっての投機的な取引などを積極的に展開することで、商人にとってのいわば戦国時代とも言うべき世を生き抜こうとしていたのである。しかしながら、そうした彼等の商業活動は次第にその状況に危機意識を抱き始めた幕府の対応によって、厳しい困難に直面させられることとなる。宝永二年（一七〇五）の大坂の豪商淀屋辰五郎が財産没収の上に所払いに処せられたいわゆる淀屋闕所事件は、表向きには町人の分際でその分限を越えた振舞いがあったという理由でおこなわれた処罰であったが、これは重農賤商という姿勢を堅持しようとする幕藩体制の基礎を、その経済力を背景として崩しかねない商人達の活動に対する支配階層としての武士側からの巻き返しである。このことに示される幕府の公然たる抑圧は、あらためて商人達に体制の強固な障壁の存在と、そのもとにおける商業活動の多難さを知らしむるに充分な出来事であった。今やこれまでの「智恵才覚」にもとづく自由な営利活動や、全国にまたがっての投機的な取引などによっての経済的成功を達成する可能性が、ほとんど閉ざされてしまう時代がおとずれたのである。彼等はこうした状況のもとで着実に自らの営利活動を守るための方法を模索し始めた。様々な試行錯誤を経て彼等がたどり着いた結論は、個々人の力よりも多数の力、すなわち「家」という組織を強化することで、この困難な状況を乗り切って行こうとする方法を採ることであった。一八世紀前半すなわち享保期前後に多数その姿をあらわす商家の家訓や店則は、いずれもこうした状況を背景として登場して来ている。

『市田家家則』は、それらの中でも早い時期に登場したものの一つである。その第一条にある「御《ゴ》公儀《コウギ》よりの法度《ハット》堅く相守り」という文言は、この時期以後のほとんどの商家の家訓や店則の冒頭に置かれるようになるものだが、これは彼等が直面させられるようになった新たな厳しい困難な状況が書かせたものであろう。この「家訓」は、そうした困難に対する対応の内実を知るための少なからぬ材料を含んでいる。たとえば第四条の「店の者は、都《スベ》て幼は長に従ひ」以下の定めや、最終第一〇条に見られる「支配人及び番頭は奉公人の等級を見計らひ順序を乱さず」といった文言の中に、我々は市田家の経営が明らかに組織的な力による運営を志向するようになっている事実を読み取ることが出来る。だが、その組織的運営の内容は必ずしも「順序を乱さず」の語に示されるような固定的なものではない。第五条が「奉公人は中途より来《キタ》る者にても、商売向《ムキ》に相当の技倆《ギリヨウ》ある者は、引き上げて重役を申し付くべき事」と言うように、そこには前代以来の個人的な能力を生かすための実力主義の発想が明らかに留保されている。このような発想を保持していたからこそ、第九条にあるような「別に新規なる商売を増加せんとする時は、店中一統協議を遂げ申すべく」といった種の堅実な経営方針も採り得たのであろう。市田家に関する史料としては、他に安永四年（一七七五）制定の高崎店の店則が残されているが（昭和五年に滋賀県経済協会が刊行した『近江商人事績写真帖』上巻に第二三二図として掲載）、その内容はあくまでもここに紹介する『市田家家則』をベースとしたものである。市田家が初代から数えて百数十年を経たこの時点においても着実で盛んな営業活動を展開し得ているのは、その意味ではまぎれもなくこの三代目・清兵衛の採った経営方針のゆえであったのである。

本書は、宮本又次氏が昭和一六年に著した『近世商人意識の研究』（有斐閣）の中で紹介されたものを底本とした。市田家の来歴についても氏の研究から学ばせていただいた。

市田家家則

家則

一①、御公儀《ゴコウギ》よりの法度《ハット》堅く相守り、御町内に対して無礼なき様、心得申すべき事。

一②、商売は、以前より仕来《シキタ》りの作法を乱さず、(1)同心協力して時の流行に迷はず、古格《コカク》を守り申すべき事。

一③、店中の傍輩《ホウバイ》は、和順謙遜を旨《ムネ》として、諸事倹約を心掛け、出入《リ》の者は老若男女を問はず、叮寧《テイネイ》に取扱ひ申すべき事。

一④、店の者は、都《スベ》て幼は長に従ひ、手代《テダイ》は番頭《バントウ》に下知《ゲチ》を請《ウ》け、番頭は商売向《ムキ》一切、支配人の下知に従ふべき事。

一⑤、若年の者は、支配人及び番頭たるを許さず、奉公人は中途より来《キタ》る者にても、商売向《ムキ》に相当の技倆《ギリヨウ》ある者は、引き上げて重役を申し付くべき事。

一⑥、奉公人中、縦令《タトイ》相当の技倆ある者にても、支配人番頭の下知に従はずして、気随我慢《キズイガマン》(2)の者は、速《スミヤカ》に暇を遣《ツカワ》し、替りの奉公人差入れ申すべき事。

一⑦、金銀出入勘定(3)の時は、支配人及び番頭立会《タチアイ》にて相《アイ》改め資本繰廻《クリマワ》し方《カタ》粗漏《ソロウ》なき様相心得べき事。

一⑧、商売品に不当の利分《リブン》を掛けざる様、時の相場によりて、一統《イットウ》申し合せ時貸《トキガシ》(4)等は一切相成らざる事。

一⑨、吾家伝来の商売の外《ホカ》、別に新規なる商売を増加せんとする時は、店中一統協議を遂げ申すべく、商品仕入《シイレ》の時にても、店中一統熟議《ジュクギ》の上、正当明白なる物品を仕入れ、曖昧《アイマイ》なる物品は、縦令如何程《イカホド》(5)徳用にても仕入《シイレ》相成らざる事。

一⑩、奉公人の仕着《シキ》せは、二季に分《ワカ》ち、木綿麻布の外《ホカ》用ひざる様堅く相守り申すべく、支配人及び番頭は奉公人の等級を見計らひ順序を乱さず相渡すべし(6)。奉公人中若《モ》し自儘《ジママ》なる衣類を着たる者は、篤《トク》と吟味の上、支配人之《コ》れを取り上ぐべき事。

右の箇条各々堅く相守り、立身出世すべし。

(1) 以前からの慣習に従っての意。以下の文中の「古格」は古来からのしきたりのこと。
(2) 「気随」はわがまま、「我慢」は高慢で他を軽んじる性分の意。
(3) 金銭の収支を計算し照合すること。以下の文中の「資本繰廻し方」は資金の運用の仕方。

「粗漏なき様」は抜かりのないようにの意。

（4）「時貸」は期間や保証人を定めずに一時的に金銭等を貸すこと。当座貸し。

（5）「徳用」は利益のあること。

（6）商家においては主人から奉公人へ、季節に応じて「仕着せ」として衣類を支給する慣習があった。「等級」は上下の地位のこと。以下の文中の「自儘なる」は自分勝手なの意。

塚田家覚書《つかだけおぼえがき》

［**解題**］　この「覚書」は、入江宏氏の論稿「城下町・在郷町商人の家訓・店則とその教育観——近世下野を事例に」（『宇都宮大学教育学部紀要』第二三号第一部所収）によれば、下野国芳賀郡真岡荒町（現在の栃木県真岡市）の在郷町商人であった「塚兵」こと塚田兵右衛門家の第四代兵右衛門が、先代の死去にともなって家督を相続した際に執筆に着手して成ったと考えられている「家訓」草稿である。その主たる執筆時期は天保一四年（一八四三）から翌一五年にかけてのことと推定されている。

入江氏によれば、この「塚兵」塚田兵右衛門家は、同じ真岡荒町の塚田弥左衛門家から宝暦九年（一七五九）に分家した家で、「家業は最初醬油業から始まり、古着商・質屋を加え、さらに太物・荒物・味噌・木綿・綿・穀物・酒造・肥料・薬種等と手を拡げ」、「このうち次第に穀物・質物と木綿の取扱いが主となり、これに金子貸付を伴った」営業を展開した家であったとのことである。

「塚兵」の営業地である在郷町真岡は真岡代官所の支配下にあり、商品流通の中心となっていた主穀や真岡木綿として名が知られていた木綿等の取引きの際には、江戸市場と密接な関係を持ったところから、この地の商人はしばしば激しい価格変動を経験しなければならなかった。しかもこの「塚兵」四代の時期の特に上層商人は、農村において次第に激化の度を加えてゆく一揆などの農民闘争に対する少なからぬ対応をもせまられていた。在郷町は江戸時代中期以降農村の各地に自生的に発展した町で、農民的商品流通の中核として農村と中央市場を結ぶ媒体として機能したこともあって、江戸後期になると多くの在郷町商人は高利貸資本として農村に吸着することで地主化をとげてもいたからである。これらの外的状況に加えて「塚兵」はこの時期経営的に厳しい状況のもとに置かれていたようである。秋本典夫氏は「坂下門事件をめぐる下野の草莽志士――その史的性格と限界」(『宇都宮大学教育学部紀要』第一七号第一部所収)という論稿の中で、塚田家文書の分析から同家が天保一二年度以降「弘化四・嘉永元年度決算を除けば、連年赤字を続けている」ところから、「経営組織を再三改正するとか、商売品目の転換を計るとか色々と試み」なければならない状態にあったことを明らかにしている。ここに紹介するこの「覚書」は、そうした状況を背景として書かれたものである。

その内容は、冒頭にこの「覚書」の執筆意図を述べた前書きを置いているが、つづく本文は形式的には三部に分かれる構成となっている。第一の部分は、商人として守るべき心得や家を維持運営して行くための教誡が全一三箇条にわたって展開されている。そこで特徴的なのは、奉公人召し抱えに関する心得である。第一〇条は冒頭に置いた「我《ワレ》今日安穏《アンノン》に口腹《コウフク》を養ふ何故《ナニユエ》ぞ」という問いの答えとして、「天道の恵み」や「太平の」「国恩」を示した上で、「父祖の代より勤仕《ゴンシ》する者」が「父祖の左右の手となりて勤功《キンコウ》を尽せし故」であることを最大のものとして強調している。迫り来る困難な状況を乗り切って行くためには、何よりも「輔佐の臣」たる奉公人の「勤功」が必須であって、それを実現するためには「勤仕のもの壱人宛《ズツ》も引立《ヒキタテ》」る暖簾《のれん》分けなどによる別家創設を含む「家」の組織化を志向すべきという発想がここには認められよう。つづく第二の部分は、短歌形式の教訓歌であるいわゆる「道歌」四二首が列記されている。その多くは第一の部分でおこなった教誡を歌という形式を用いてさらに徹底しようとしたものであるが、それらに加えて奉公人の保持すべき心得が様々に示されている点が注目される。入江氏はこうした教化方法に、当時すでに真岡地方にも入っていたとされる〝石門心学〟の教化活動の影響を認めてもよいのではないかということを述べておられる。この点については、今後さらなる検討がなされるべきであろう。最後の第三の部分は、祖先祭祀や「分家別家之もの」を含む店内一統の「会日《カイジツ》」に関する定め、「町内儀《ギ》理《リ》合《アイ》等」の「町内見舞」の規定、店内における「後見役」「支配人」「質方」「木綿方」「江戸売方」以下の職掌分担内容および服務規定や、各職掌ごとに定められた「衣類之義」などが細部にわたって記述されているが、これらはいわゆる「店則」に相当するものである。

入江氏によれば、この「覚書」は天保一四年に執筆に着手されて以来、長く四代兵右衛門の手許に草案のままに置かれ、「ついに草稿のままに終って「塚兵」の正式の規矩とはならなかった」ものであるとのことであるが、こうした事情に関して氏は「それだけにかえって四代兵右衛門の家人や奉公人に対する率直な要求や理想が示されて」いると評しておられる。本書への収録に際して少なからず煩雑な「店則」に相当する第三の部分を省《はぶ》かずに、あえて「草稿」の全文を紹介することにしたのは、当時の在郷町商人のそうした「率直な要求や理想」の側面にも目を向けてみたかったからである。

本書は昭和五〇年に栃木県が刊行した『栃木県史史料編』近世三の収録するものを底本とした。収録するに際しては、原本所蔵者の塚田家からの承諾をいただき、振り仮名と漢文表記部分への返り点を加えた。箇条書きされている条目に配す通し番号は、構成上先述した第一の部分のみに付した。また、底本にある題は『真岡荒町塚田兵右衛門家「覚書」』となっているが、この名称は便宜的に付けられたもののようなので、本書ではこれを『塚田家覚書』とした。

塚田家覚書

覚書

当家中興初名《チユウコウシヨメイ》兵右衛門、後《ノチ》惣右衛門、若年より一方《ヒトカタ》ならず粉骨を以《モツテ》渡世之道相立《アイタテ》、古着商売、造《ツクリ》醤油にて追々繁栄いたし、元立《モトダテ》金も相備《ソナワ》り、尤《モツト》も其間《カン》浮沈之艱難有レ之《カンナンコレアリ》といへども、運能《ヨ》く凌《シノ》ぎいたし、四十五才之時類焼に逢ひ、多分の損金にて殆《ホトホト》[1]嘆息いたし、夫《ソレ》より病身に被レ為レ成《ナラセラレ》、家業之事一切不二相構一《イッサイアイカマワズ》、薬用保養にのみ送り光陰を、其頃我親君十七八才之時にて、能《ヨク》も家業を請継《ウケツギ》、手代《テダイ》喜兵衛を相手にいたし、続《ツヅキ》て商売繁栄に及《オヨブ》。親君元名《モトノナ》[2]久兵衛、後《ノチ》久右衛門、此御方只《オカタタダ》ものに不レ被レ為《アラセラレズ》有、家業には万夫不当《バンブフトウ》と由可レ申《キスオ》御人《ヒト》にて、暑寒の愁《ウレ》ひも事ともせず、昼夜寝食之間も忘るゝひま(暇)なく、気根《キコン》よく励《ハゲマ》れ候間ゆへ、日にまし月にまし追々繁栄、三十年程之間に過分の利潤を得《エ》、其間に地面、山林、家、土蔵等普請に過分之金銀も費《ツイヤシ》候事、幾千《イクセン》と申可哉《モウスベキヤ》。夫《ソレ》万《ヨロズ》之事は皆積金其外余潤を以取計《モッテトリハカラ》ひ、仮にも渡世之元立金は嘗《カッ》て手を不レ附《ツケズ》。又他の人に被レ倒《タオサレ》候金子《キンス》幾千と可レ申数難レ計《ハカリガタシ》。されども今日の只今《タダイマ》迄は、我方より人を倒《タオシ》候事も無レ之《コレナク》、家業経営とも何不足なく暮しくれ有レ之《コレアル》段、全《マッタク》両君之功莫大《バクダイ》なるが故也。然《シカ》る所、去月《キョゲツ》病にかゝりて黄泉《ヨミ》の旅に趣《オモムカ》せ給ふ。我身不肖なりといへども、家督相続いたし候へ共、元より短才愚痴之生質《セイシツ》、家名相続無レ覚処《オボエナキトコロ》、依て此度改格《カイカク》(3)致し、都《スベ》て上方店《カミガタダナ》之例にならひ、勝手方見せ（店）と引分《ヒキワケ》、男くらし（暮）にて、女たるものは一切かゝわらず、朝暮之食事に至る迄、飯焚《メシタキ》男を以《モッテ》台所同前之積《ツモリ》、然《シカ》る上は各《オノオノ》是迄之御恩を顧《カエリミ》、今日無レ懈《オコタリナク》家業出精《シュッセイ》致《シ》くれ候はゞ我身之幸ひ、殊《コト》に勤《ツトメ》候もの、夫々《ソレゾレ》身を立《テ》候基《モトイ》にも可二相成一《アイナルベク》候。元より不才之某《ソレガシ》、末々之せわ方不二行届一《カタユキトドカズ》候に付《ツキ》、万端《バンタン》支配人へ為二相任一《アイマカセ》候間、無二心置一《ココロオキナク》可二取計一《トリハカラウベシ》。後見役之義は支配人不レ届《トドカザル》所補《オギナ》い候役目に付《キ》、両人相談之上、渡世向《ムキ》は勿論《モチロン》、今日経営之廉《カド》万端可二取計一候。

一①、商内向《アキナイムキ》、太もの（物）、荒物、味そ（噌）、醬油、木綿、わた（綿）、都《スベ》て高利を貪《ムサボ》らず、正路《セイロ》に売買可レ致《イタスベシ》(4)。都て売買之道は一わり（割）を利潤とす。則《スナワチ》売之字は買之字の上、十一を書す。是《コレ》十に一を添《ソエ》たるなり。中間《チュウカン》商ひ之義は、薄口銭《ウスクチセン》を以《テ》、先々《サキザキ》利潤に相成《リ》候様売買可レ致《シス》。必しも高利を貪らず、惣《ソウジ》て交易之道は、辺鄙《ヘンピ》之土地に至る迄、今日之弁用(5)差支《サシツカ》ひなきを元とす。是は国恩を報《ホウズ》る也。我《ワガ》利欲に迷ひ、聊《イササカ》の事にて売買をおろそかにする事なかれ。

一②、仕来《シキタ》り之商売の外《ホカ》、目先何程《イカホド》之利徳の有レ之《ルレ》ものにても、決《ケッシ》て売買致間舗《イタスマジク》、別《ワケ》て相場もの之商ひ、当家におゐて禁レ之《コレヲキンズ》。(6) 尤も仕来り之商ひに年々相場の甲乙は可レ在レ之《コレアルベシ》。是は支配、後見相談の上、愈可レ然《イヨイヨシカルベキ》義に候はゞ、時宜《ジギ》に寄《ヨリ》買置《イキ》も可レ致候。勿論《モチロン》常々仕入《シイレ》之品、冬ものは夏の間ニ仕入レ、夏ものは、冬之間ニ仕入レ可レ申候。是又其時宜に寄可ニ取計一。

一、③金銀は世界を融通《ユウズウ》するを以《モッテ》宝とす。(7) 我《ワガ》宝にのみせんと欲する時は必《カナラズ》利欲に迷ふ。故に我のみ金銀をためんと思ふ事なかれ。古語にいわく。金を積て子孫に遺す、子孫是を守らず、書を積て子孫に遺す、子孫是を能《ヨク》よむ事あたわず（ママ）、隠徳を冥々《メイメイ》の中に施《ホドコス》にしかじ、されども施に次第あり、用ひかたによりて却《カエツ》て害になる也といへり。

一、④しち（質）物之義も、世界融通の為に、御定《オサダメ》の利足《リソク》を以《モッテ》今日渡世とす。しち品売直段迄はか（貸）し可レ申候。殊《コト》に寄《ヨリ》、懇意の顔を以《テ》、過金之借用申入有レ之候はゞ、成丈《ナルタケ》其時宜に寄《ヨリ》かし可レ申候。尤も日限を切《キリ》、無ニ油断一《ユダンナク》（ママ）才足致、元利済方《スミカタ》可レ致候。(8)

一、⑤鋸はきり（錐）の用を不レ立《タタズ》。きりはまたのみ（鑿）、丁な（手斧）の替りをなさず。人間も夫《ソレ》に同じ。老人は目さとし、若きものは気根もよし、幼年之ものは身もかろし。帳合《チヨウアイ》に得手《エテ》あり、懸合《カケアイ》に得手あり、売買欠引（ママ）にはげしき有《アリ》。皆人間の生質一つ宛《ズツ》之持前《モチマエ》あるもの也。(9) 勘弁いたして仕《ツカ》ふべし。上に立《ツ》もの、此心をうしなわず遣《ツカ》ふべき也。

一、⑥召仕《メシツカ》ひといへども、之《コレ》我同輩也。我門に勤仕《ゴンシ》するを以、主従の隔《ヘダテ》あり。必麁略《ソリヤク》にいたすべからず。また子共は其親々の仕付《シツケ》かた不行届《フユキトドキ》ゆへ、売買幷《ナラビ》に経営の道を学びに遣《ツカワ》し置《ク》也。

さすれば我子も同様、十、十一、二之輩《トモガラ》は算筆の稽古無《ク》二油断一為《イタサセ》レ致、十四、五才に至り候はゞ、夫々《ソレゾレ》売買の道をおしへ可レ申。子共の事に候得ば、暑寒之いたわり、灸治《キュウジ》等是また心を附介《ツケ》抱可レ致。かつ紙筆之儀は無レ惜《オシミナク》相渡し、修行可レ為《イタサスベク》レ致候。

一、⑦酒は百薬の長といへり。勤仕《ゴンシ》之もの外《ホカ》に欝散《ウッサン》の事なく候間《アイダ》、たまには食事前、膳の上にて相用ひ可レ申。必《ズ》数盃を傾くべからず。尤客来《キャクライ》有レ之候節は、無心呑長する事不レ宜《ヨロシカラズ》候(10)。大酒は身を亡《ホロボ》す礎と、故人も申《シ》伝へ候得ば、前後を忘るゝほどに呑《ノム》べからず。

一、⑧御得意は商《アキナイ》の大小に寄らず、丁寧《テイネイ》大切に致《イタシ》、随分礼儀をあつく取扱可レ致候。我《ワガ》売買の利潤は諸人のあぶら（油）なり。夏の炎天に耕作の苦みを見よ。其作物の実のりよりわきいづる金銭をもつて交易をなす。我輩は畳の上にて暑寒の凌《シノ》ぎ、今日衣食住の三つに不自由なきは、全く御得意之ひへき（贔屓）によるゆい（故）也。夫《ソレ》を思ひば勿躰《モッタイ》なし。天道《テントウ》を恐れ慎むべき事也(11)。

一、⑨家道は倹にあり、人生は勤にありと古語に申す如く、衣食に好《コノミ》をなすべからず。成たけつゞまやかにいたし、費《ツイエ》不二相立《テ》一候様心がけ可レ申。なれども吝嗇《リンショク》にあたらぬ様、出入《デイリ》之衆たりとも呑喰《ノミクイ》を惜むべからず。勤《ツトメ》は身軽に、何事も我《ワガ》手で仕《シ》がちをよしと、ある君達（ママ）之おゝせらし事も承歟《ウケタマワルカ》(12)。物ぐさなれば必《カナラズ》身に病を生ず。寝過れば病を生ず。子《ネ》に臥《フシ》、寅《トラ》にお（起）きよと故人申《シ》ならし候。

一、⑩我《ワレ》今日安穏《アンノン》に口腹《コウフク》を養ふ何故《ナニユエ》ぞ。天道の恵みをうけ、次には太平の御代《ミヨ》に生れて、何不足なく妻子を養ひ候義、是国恩也。其国恩を報ずるは何を以て報ぜん。父祖の代より勤仕《ゴンシ》する者は、皆粉骨細身の族《ヤカラ》也。(13)孔子にも十哲あり。釈尊にも羅漢《ラカン》達あり。近くは権現様にも井伊、本多、其外《ホカ》の輔佐の臣あり。左右の手なければ中々功もなりがたし。父祖の左右の手となりて勤功《キンコウ》を尽せし故、今におゐて多くの人に被レ敬《ウヤマワレ》候事、全く前の勤仕のものゝ功によつて也。故に其恩を報ぜんとす。此上勤仕のもの壱人宛《ズツ》も引立《ヒキタテ》、売買の簾をつらね候はゞ、国恩万分の一を報ずる廉《カド》にもあたるべき。且《カツ》は前勤仕べきものへも少しは報ずる心もあらんや。(14)

⑪一、古語に曰。其家を斉《トトノエ》むと欲するものは、先《マズ》其身を修む、其身を修《オサメ》むと欲するものは、先其心を正しうすといへり。(15)いかにも心は正直を以《モッテ》元とす。歌にも正直の頭《コウベ》に神はやどるといへり。また忠孝の志あるも、其身を正しうす。常に心がけるものは則《スナワチ》其身納《オサマ》る也。其身を修る時は其家斉《トトノウ》べき道理也。

⑫一、人間少し宛《ズツ》の慰《ナグサミ》はあるもよろし。我家碁、将棊(棋)、音曲を禁ず。書を学び、学問に志し、其余《アマリ》歌道、謡《ウタイ》をゆるす。また軍書等も読《ヨム》もよし。

⑬一、礼儀は相互に心得て、あつく(厚)可レ致。礼のあつきは格の定る也。武家といへ共官禄の備《ソナワ》るを以《テ》家納《オサマ》る。古語に礼は徳の元也。主人は勿論《モチロン》之義、上役の者夫々《ソレゾレ》礼義(ママ)を厚《アツク》可レ致事。

子《ネ》にふし(臥)て寅《トラ》におき(起)よのおきて(掟)をもせめてはまもれ(守)明け六つのかね(鐘)

何事も自由をせん(16)と思ふなよ不自由するがやはり自由ぞ
物事を我手にするをよしとせよ人遣《ツカ》ふ身もつかわるゝ身も
朝毎《ゴト》に神を拝して其あとに先祖の廻《エ》向《コウ》(17)主親の礼
火の元は朝夕わけ《(別)》て気をつけよ又其つぎ《(次)》は賊の用心
直《ネ》をやすく品を改め仕《シ》入《イレ》して高利をとらぬ商ひをせよ
欲ふかき事をたくみ《(巧)》し商ひは末は損して心配をする
ゆだん《(油断)》なくかせぐ《(稼)》其身は神仏のまもら《(守)》せ給ふ家は繁昌
物言《モノイイ》は一ことづゝもすくな《(少)》くに多弁のうらにいつわり《(偽)》もある
いさゝかもかげひなた《(陰日向)》なくつとめれば天道いかで照らさざるらん
得たりとて表へ出すな其わざをかくせ《(隠)》ばいとど光りまされり
みへかざり《(飾)》(18)する人ならば悪《アシキ》なり絹も木綿も同じ衣類ぞ
煩らわぬやうに折々灸治《キュウジ》(19)して身を大切に奉公をせよ
かげひなた見《ミ》合《アイ》てあしき《(悪)》事すれば主はみ《(見)》ねども日は照すなり
主の目をぬすみて金を遣ひすて《(捨)》てはては其身にかゝる罪咎《ツミトガ》
魚心あれば水にも心ありこは主従の中にこそあれ
腹の立《タツ》事もこらえて今一つ分別しての後にみるべし

人なみ《（並）》の奉公すれば並々の渡世にくらす事ぞ口おし《（惜）》
算筆は商人の身の土台也修行次第に家もたつ《（建）》也
子どもよりはげみつとめる其末《スエ》は群をはなれて栄ふ己《オノ》が身
主の目をぬすみおふちやく《（横着）》するものは出世はおろか功もなき人
我ものと万事に気をつけつとめれば主も頼《タノミ》におもふなるべし
主親はむり《（無理）》なるものと思ひかししか《（叱）》られる身は仕合《シアワセ》となる
ねむ《（眠）》くとも夜るの手習そろ《（算）》盤は教るものも習ふ子どもも
上み《（見）》ればかぎ《（限）》りなき身ぞ奢《オゴ》るまじ我より下にたつものを見よ(20)
下みてははづ《（恥）》かしきものぞ上を見よ器量次第で何んの何がし
何の用此《コノ》用などゝ子ごゝろに御《オ》りきら《（嫌）》へする事はあし《（悪）》きぞ(21)
はや独《ヒトリ》あるき《（歩）》の心出て主の元ににげ《（逃）》て開運するはまれなり
年季をば勤て弐年三年は礼奉公をするも奉公
主の気に入て我身も出世して名をあぐるのも親に孝行
あし《（悪）》き事きか《（聞）》ばたがい《（互）》に意見して中《（ママ）》よくするが友立《トモダチ》の中(22)
朝夕の神を拝《オガ》むも第一に主人大切つぎに我身ぞ
正直の頭《コウベ》に神はやど《（宿）》るなり必い《（言）》ふなうそ《（嘘）》と偽《イツワ》り

何事も堪忍するをよしとせよたん（短）気はそん（損）のもと（基）ゐなりけり
商人はとかく腰をばひく（低）ふせよ高くとまるは人目はづ（恥）かし
若き時身に苦しみをかけおけば老ては楽のたねとなるべし
むだばなし（無駄話）長夜の長咄すべからず少しのひま（暇）も物学びせよ
夏あつ（暑）き冬のさむ（寒）さもたしな（嗜）めばつらき事ともおもわざりけり
すき（好）なさけ（酒）必多く呑まじこと度をつゝしめば良薬となる
商人は利徳を常の事なれど□利の道をば塞《フサグ》まじきぞ
朝夕のそうじ（掃除）届けば厄《ヤク》神の居所《イドコロ》もなし身もきれいなり
かね（金）のなる木を月々にうへ（植）おけば枝葉しげ（茂）りて大木となる

毎年八月十七日

大慈院命日。朝精進《ショウジン》。於《オイテ》二長蓮寺《ニ》一施餓鬼《セガキ》修行。其節《セツ》分家別家之面々集会いたし、画像《ガゾウ》之掛物二幅《フク》へ神酒《ミキ》、魚類を付《ケ》候膳部《ゼンブ》を備ひ、一同祝ひ可レ申事。(23)尤《モット》も其通り之膳部之中、酒肴一種相添《アイソエ》、集会之者一統振舞《フルマイ》候事。其砌《ミギリ》支配人は同様同席之事。

但し、店は勿論、分家別家之内、又は勤仕《ゴンシ》之者、善悪によらず集評に預《アズカリ》候事。若《モシ》主人後年に至り不行跡《フギョウセキ》有レ之候はゞ、一統談之上、家相続之ため取計《トリハカライ》可レ申事。

毎月十五会日《カイジツ》
分家別家之もの、朝四つ時出会致《イタシ》、世間之風聴《フウチョウ》よしあしとも集評可レ致候。(24)
酒　肴　一種
毎月六斎《ロクサイ》　菜日《サイニチ》(25)
肴　朔日《ツイタチ》　十五日　廿八日の三日

人の上に立《ツ》べきものは、慈悲の心得なくて叶わぬもの也。経に曰。慈眼睍衆生《ジゲンゲンシュジョウ》、福集海無量《フクジュカイムリョウ》也《エ》。又曰。願心無功徳《ガンシンムクドク》、平等施一切《ビョウドウセイッサイ》、同覆菩提心《ドウフクボダイシン》、往生安楽国《オウジョウアンラクコク》。(26)慈悲の眼を以《テ》衆生《シュジョウ》を愍《アワレ》む時は、天然に必《ズ》其恩報ありといへども、其報心を受《ク》る時は、また倍して報ずべし。

貧者今まさに家倒れんとす。其貧者に助力を加ひたらんには、悦《エツ》を見すべし。

天保十五年甲辰《キノエタツ》三月十一日
天赦《テンシャ》(27)大吉故に付《ツキ》仕法至《イタリ》て
後見茂兵衛　支配人彦介
店卸《タナオロシ》勘定の上、見世《ミセ》向《ムキ》相渡し
町内見舞案内　茂右衛門

彦　助

一、風呂敷　名主　喜兵衛

一、同　組頭　徳兵衛

一、同　同　六兵衛

一、同　見習　庄　蔵

一、同　百姓代　長　吉

一、同　本　宅

一、同　組合　新　宅

一、同　同　次郎兵衛

一、同　同　角や半助

一、同　村惣代　蔵や佐兵衛

一、同　同　沢や半兵衛

一、風呂敷　村惣代　幸七

一、斗樽《トダル》弐本　若衆　本宅

金百疋魚代　せわ人

一、斗樽壱本　頭年行司　本宅

〆
右同日新宅より地面弐間《ケン》通り引受《ヒキウケ》

主人を軽蔑いたし、見せ《（店）》のもの上下之隔《ヘダテ》なく、礼儀を失ひ候より、家内乱《ミダレ》に相成《リ》候。毎朝主人出勤致《シ》候はゞ、見せ一統 御早ひとか能い天気とか 挨拶をのべ可ㇾ申事。夜分主人退座《タイザ》之節は、見せ一統可ㇾ及㆓挨拶《ニ》㆒。是又 明朝とか御休み被ㇾ成とか 同様之事。主人よりも皆々相休み候へ、戸〆《トジマ》り、火之元心を附《ツケ》、休み候へと、その挨拶定《サダマ》り候事には候得ども、日々無㆓失念《シツネンナク》㆒申聞《シカセ》候事。主人嬌奢《キヨウシャ》に誇り、或《イ》は淫逸《インイツ》にふけり、または欲情に迷ひ、不議《（ママ）》之行《オコナ》ひ有《リ》ㇾ之《レ》候はゞ、無㆓遠《ク》慮㆒可ㇾ致諫争可ㇾ致事《イタスベキカンソウイタスベキコト》。(28)

諸侯に争臣五人、大夫に三人、士に争友あれば其家国を失わずといへり。

見世《ミセ》後見　別家より
同支配人　番頭也
しち《（質）》方、木綿方両様之内より相勤む

当時支配人権兵衛事、兵三郎弟分にいたし候上は、主人に相続き取扱可ㇾ申候。見せ《（店）》方へも先達《センダツ》て申渡し候所、いまだ朋輩同様之取扱にて、主従之間柄不㆓相分《アイワカレズ》㆒候。依《リ》ては以来相改《メ》可ㇾ申候。

年寄《リ》候ものは呼捨《ヨビステ》にも申懸《モウシカカ》り有レ之候半(29)。彦兵衛、新兵衛両人は殿付《ドノヅケ》、其余は不レ残《ノコラズ》呼捨之事。

質方　長兵衛　　定助
　　　中間　　　権助
支配　権兵衛　江戸出買　前買　良助
　　　　　　　　売方　　　　　房助
　　　木綿　彦兵衛

衣類之義は支配人　（木綿麻に可レ限《キル》事、尤も他出《タシユツ》之節は夏は絹羽折《バオリ》、帯は古白《コハク》之類《タグイ》(30)、差免《サシユルシ》之事。

質方
木綿方　夏羽折、絹帯古白類
江戸売方
中間出買
中共之分　松坂桟留嶋《サントメジマ》、小《コ》倉帯《クラオビ》、夏冬同断
　尤も十八才より冬羽折相免《アイユルス》(31)

但し、他行《タコウ》中

子共《コドモ》之分　松坂嶋《マツサカジマ》、桟留嶋、小倉帯

見せ（店）一統、皮尾《カワオ》きれ（切）尾之はきもの不㆓相成㆒《アイナラズ》候事。うら（裏）附《ツキ》せつた（雪駄）不㆓相成㆒《アイナラザル》事。(32)

願《ガン》かけに名付《ナヅケ》、諸宮又は山々へ旅行不㆓相成㆒事。尤も朝暮之信心は別段之事。

但し、時宜に寄《ヨリ》、主人かゝり付《ツケ》にて参詣又は代参等は格別之事。

町内は勿論、都《スベ》て外出に主人(33) 並《ナラビニ》 支配へ無㆑届《トドケナク》他出不㆓相成㆒候事。

出先き、自分用向《ヨウムキ》にて、茶屋等へ立寄候義、是また不㆓相成㆒候事。

支配　万事の事を主人にて代りて取計《トリハカ》らふ。金銀出入は勿論、公用向、町内儀理合《ギリアイ》等、主人へ相談之上可㆓取計㆒。(34)

内方《ウチカタ》今日経剤（ママ）向、米みそ野菜魚類、其外入目《イリメ》の品、有無《ウム》取計《トリハカライ》、別《ワケ》て質素可㆓心懸㆒《ココロガクベキ》事。(35)

渡世向、木綿買入、江戸売方、質物日々〆《シメ》くゝり相改《アイアラタメ》、両様《リヨウヨウ》共 諸《モロモロ》 帳合《チヨウアイ》可㆑致事。

見せ（店）方、人之善悪、朝夕之〆《シマ》り、何事によらず立入《タチイリ》、世話致候役目也。

はきもの　灯燈《チヨウチン》　合羽《カツパ》　傘　普請諸向《シヨムキ》

見せのもの仕着せ　金銭の事

質方　日々質物取入《トリイレ》、無㆓間違㆒様念入《ネンヲイレ》、蔵々折々相廻り、乱れ不㆑申様《モウサザルヨウ》可㆑致。少も無㆑私《ワタクシナク》取計《トリハカラ》ひ候事。

木綿荷造り　精々《セイゼイ》致《イタシ》成丈《ナルタケ》格好に送《リ》候事。(36)
同　打分　無ニ不同《フドウナキ》一様《ヨウ》。(37)
同　買入　下直《ゲジキ》に買入《カイイレ》候事。
同　前買　成丈のかさぬ様、買入致候事。(38)
正ゆ《（醤油）》蔵掛《クラガカリ》　無ニ油断一売方致、かし《（貸）》売《ウリ》不レ致候様にて、貫高上り候様取計候事。
兼《カネテ》みそ《（味噌）》
台所世話方　日々之入用《ニユウヨウ》差図いたし、尚又六斎《ロクサイ》之菜拵《サイコシラエ》、(39)客来《キヤクライ》之節《セツ》取扱方、同夜具等に至《ル》迄夫々《ソレゾレ》差図に及《ビ》候事。

一、家業渡世向《ムキ》之義、別段売買共入レ念《ネンヲイレ》、成丈《ナルタケ》相働き可レ申。別《ワケ》て御得意様方は艮金も被ニ成下一《ナシクダサレ》候事ゆへ、誠之口銭《コウセン》取立にて通り可レ申候。(40)
但し格好に造り候は買廻《カイマワ》して寄《ヨセ》候事故《コトユエ》、此所別《ワケ》て心を附可レ申候。
一、金銭出入之義幷《ナラビ（ママ）》に長合向、支配人一手《イッテ》を以《テ》可レ致候。帳合無ニ油断一致候事。(41)
一、しち《（質）》物之義、相当之価《アタイ》を以《テ》かし《（貸）》可レ申。過貸《スギカシ》顔かし《（貸）》等決《ケッシ》て致間敷、此所支配之もの時々相調《アイシラベ》可レ申候。(42)
御触《オフレ》之趣も有レ之候間、両印急度《キット》相改《メ》可レ申事。両印持参に候とも、不ニ見知一人《ミシラザルヒト》よりは預り申間敷候事。

一、仕来《シキタ》り之渡世之外《ホカ》、見《ミ》掛《カケ》商内《アキナイ》決て致間敷事。(43) 譬《タトエ》眼前利潤有レ之候商ひにても、決て手出し申間敷候。

(1)　この「送り光陰を」は、歳月を過ごしの意である「送リ二光陰ヲ一」とあるべきなのではないかと思われる。
(2)　「万夫不当」は多くの男達が当たってもかなわない程の剛勇であること。
(3)　「改格」は改革の当て字か。以下の文中の「上方店」は一般的には大坂や京都方面の商家の意であるが、解題に掲げた入江宏氏の論稿（これは後に同氏著『近世庶民家訓の研究』［多賀出版］にも収録されている）によれば、この塚田家の場合は「久下田、茂木等芳賀郡各地に近江商人の進出がみられるので、その店制をモデルにしたものと思われる」とのことである。「勝手方」は直接的には台所を意味する語であるが、ここでは店の経営とは区別された家庭内経営のことを指している。
(4)　「太もの（物）」は綿織物と麻織物の総称。「荒物」は家庭用の日用雑貨品。「正路に」は正しくまっとうにの意。以下の文中にある「則売之字は買之字の上、十一を書す」については、「売」の正字体である「賣」をイメージしていただきたい。
(5)　「弁用」は、用事を済ますことや用が足りることを意味する用弁のことか。

（6）「仕来り之商売」は、以前からおこなっている従来通りの商売のこと。「相場もの之商ひ」については、商品の価格の高下が激しいものを扱う商売の意。

（7）「融通」は流通の意。以下の「古語にいわく」の文中の「隠徳」は、陰徳の当て字であろう。陰徳は人に知れぬように施す恩徳のこと。「冥々」は銘々の当て字。

（8）「利足」は利息のこと。「過金之借用申入」は、返済に問題がある程の度を越えた金額の借用を申し入れるの意。「才足」は催促の当て字。「元利済方」は元金と利息すべての返済のこと。「済方」についてはスマシカタとも読む。

（9）「帳合に得手あり」は、金銭出納などの帳簿計算が得意な者があるの意。「懸合」は交渉事のこと。「欠引」は駆引の当て字。以下の文中の「勘弁いたして」は、よくわきまえての意。「仕ふ」の「仕」は使の当て字。

（10）「欝散」はうさばらしの意。「無心呑長」の「無心」は何の考えもないことを意味するので、この語は何の考えもなく長々と飲酒をし続けるという意であろうが、読み方は不明。あるいはムシンドンチョウか。以下の文中の「礎」はモトイと読ませたいのではなかろうか。「故人」は古人の当て字か。あるいは「先代」のことか。

（11）「天道」という考え方は日本では戦国時代に始まるものとされているが、天にあって人間世界に個々の人や祖先の道徳性の高さ低さにもとづいて禍福をもたらす存在と意識され、一種の人格的性質を持った存在として信仰の対象ともなった。ここに言う「天道を恐れ慎むべき事也」という教誡は、天道は人の行為に対して道徳的判断を下す存在であるから、その点にくれぐれも留意すべきであるということを述べている。

(12)「君達」は公家を意味する公達の当て字か。「子」は時刻の名で、午後一一時から午前一時の間。「寅」は今の午前四時前後の二時間を指す。

(13)「孔子にも十哲あり」は、孔子門下における優れた一〇人の高弟を言う〝孔門の十哲〟、すなわち顔回・閔子騫・冉伯牛・仲弓・宰我・子貢・冉有・子路・子游・子夏の存在を述べたもの。また「羅漢」は阿羅漢のことで、小乗仏教において修行の最高位に達した人。仏弟子の到達する最高の階位とされた。「権現様」は徳川家康の尊称。「井伊、本多」は家康に仕えた〝徳川四天王〟として知られる井伊直政と本多忠勝を指すものであろう。

(14)「売買の簾をつらね」は〝売買の簾《すだれ》を連ね〟ではなく、前後の文脈からすると〝売買暖簾《のれん》を連ね〟なのではないかと思われる。「勤仕のもの壱人宛も引立」は、いわゆる暖簾分けのことを言おうとしているように思われるからである。また末文中の「前勤仕べきもの」の読みは、送り仮名からすると〝マエニツトメツカマツルべきもの〟か。

(15) ここに言う「古語」は、儒学に言う四書の一つである『大学』にある語。原文は「欲レ斉二其家一者、先脩二其身一、欲レ脩二其身一者、先正二其心一」。

(16)「自由をせん」は思い通りにするの意。

(17)「廻向」は読経などの仏事をおこなうこと。

(18)「みへかざり」は見栄飾りか。

(19) 灸による治療は当時の健康維持法の一つであった。本書でこの後に紹介する『宮川氏家訓』

の第六条にも、「きう（灸）なども年中四土用前にすへ可レ申候」と記されている。
(20)「器量次第で何んの何がし」は、能力次第では「何んの何がし」という名前が世に知られる程にもなるということ。
(21)「御りきらへする」は〝居り嫌いする〟か。居たままで何もまだやっていないうちからあれこれと好き嫌いを言うという程の意であろう。
(22)「中よく」は仲良く、「友立の中」は友達の仲の当て字。
(23)「朝精進」は、朝食に野菜や穀物だけで魚や肉類を一切使わない精進物とよばれる食事をとること。「施餓鬼」は施餓鬼が正しく、施餓鬼会の略で、餓鬼道に堕ちて苦しむ亡者に飲食を施した上で、読経し供養する法会。「画像之掛物」は肖像を描いた掛け軸を指す。「膳部」は膳にのせて供する料理の意。
(24)「朝四つ時」は今の午前一〇時頃。「世間之風聴」は世間のうわさの意。「集評」は集まって評判や評議をすること。
(25)「六斎」は六斎日の略で、在家の者がこの日は身を慎み八斎戒という出家の戒律を守るべきと定められた日。八斎戒とは、不殺生・不偸盗・不邪淫・不妄語・不飲酒・化粧や歌舞に接しない・高くゆったりとした床で寝ない・昼すぎに食事しないといった八つの誡めを言う。「菜日」は、斎日の当て字か。後段に「六斎之菜搪」という記述があるところからすると、あるいは野菜などを主とした精進物を食する日という意味で用いているのかもしれない。
(26)「経に曰」としてここに引かれた前者の経は「慈眼視ニ衆生一、福聚海無量（慈眼をもちて衆生を視る、福聚の海無量なり)」という『観世音菩薩普門品』第二十五の中にあるもので、後者は「願以二此功徳一、平等施二一切一、同発二菩提心一、往二生安楽国一(願わくば此の功徳を以て、平等に一切に施し、同じく菩提心を発《おこ》して、安楽国に往生せん)」という『観無量寿仏経疏』巻第一の中にあるものであるが、いずれも文言が少しずつ異なっている。前者はともかくとして、後者は〝心に無功徳を願い、平等に一切に施し、同じく菩提心を覆《おお》い、安楽国に往生せん〟と読むのであろう。これらはいずれも浄土宗系の宗派において用いられる経であるとのこと。

(27)「天赦」は陰陽道に言う天赦日《てんしゃにち》のこと。一年中の極上の吉日で何事をなすにも良いという日。春は戊寅《つちのえとら》、夏は甲午《きのえうま》、秋は戊申《つちのえさる》、冬は甲子《きのえね》の日とする。以下の文中の「店卸勘定」は、年度決算や月毎の損益計算、および在庫品整理のために残存する商品などの種類や数量等を調査して帳簿に記入することを言う。

(28)「不議」は不義の当て字。「諫争」は面と向かって諫めること。このくだりは、あるいは文末の「可レ致」を不要の衍文と考えて「可レ致二諫争一事」とすべきか。

(29)「候半」はサウラハン、すなわち〝候《そうら》わん〟。

(30)「羽折」は羽織の当て字。「古白」も琥珀の当て字と思われる。したがって「古白之類」は、平織りで斜子《ななこ》に似た織目の絹織物である琥珀織のことを指すのであろう。これは一七世紀後半に京都西陣で織り出されるようになったもので、羽織地や袴地・帯として用いられた。

(31)「松坂」は以下の文中にあるように「松坂嶋」のことで、松坂(現在の三重県松阪市)特産の縞木綿を指す。「桟留嶋」は正しくは桟留縞。サントメは、木綿の産地としてその名を知られていたインドのコロマンデル地方の異称で、元はここから渡来した縞のある綿織物であったところからこの名がある。「小倉帯」は小倉織りの帯で、商人や職人の男帯として用いた。また「中共之分」の「中共」は、衣類についての「十八才より冬羽折相免」の記述とつづく「子共之分」という項目からすると、商家の丁稚を意味する〝子供〟に対応する語か。これについては読みも不明。

(32)「皮尾」は革製の鼻緒を指す革緒の当て字。「きれ尾」も切れ緒のこと。「せった(雪駄)」は、竹皮草履の裏に牛革を張り付けたもので、千利休の創意と伝えられている。ここでは店の者全員が、これらのものを用いてはならないことを述べている。

(33)「茶屋」は客に飲食や遊興をさせることを生業とする店。

(34)「公用向」は、いわゆるお上の御用向きの意。「町内儀理合」は、町内の儀礼的な交際上のことを言う。「儀理」は義理の当て字。

(35)「内方今日経剤向」は、店ではない奥の家庭の現段階の暮らし向きの方面についての意。ただし「経剤」は経済の誤記。「入目の品」は必要とする品のこと。

(36)「精々致」は努力して、「格好に」は体裁良くの意。

(37)「打分」については不明だが、あるいは綿打弓などで綿を打ってやわらかくする〝綿打ち〟のことか。とするならば「無二不同一様」は、その際にムラが出来ないように気を付けるべきことを説いていることになる。

(38)「のかさぬ様」は退かさぬ様、すなわち動かして他に移すことのないようにという意か。あるいは「のが（逃）さぬ様」か。とするならばこの場合は、うまく「前買」をおこなう好機があれば、それを「成丈」逃さないようにという意になる。

(39)「六斎之菜」については註25を見られたい。

(40)「艮金」については不明。原本を見ていないので推測であるが、たとえば松の字を枩と書く書体があることを勘案すると、これは〝銀〟と読むべきなのではないかとも思われる。「口銭」は売買のなかだちをすることによって得られる手数料のこと。これについては「御得意様方」に対して誠実に正当なものを「取立」てるべきことが指示されている。つづく文の「格好に造り候」の「格好」には値段がちょうど手頃であったり安かったりすることという意味があり、「買廻し」は手回しよくあちこちから買い集めるの意（「寄」も一箇所に集めるの意）なので、ここに述べられているのは「格好」なものが入手出来る際には「買廻し」をして利益をあげることを考えなければならないから、その場合は先に指示した「御得意様方」への対応とは少なからず異なる判断、すなわち「此所別て心を附可ﾚ申」ことが必要であるということであろう。

(41)「長合」は帳合の当て字。「帳合」は金銭や商品の勘定と帳簿を照合すること。また、帳簿に記帳したり計算したりすること。

(42) 質は契約の保証や借金の担保として田畑・家屋敷・家財・人身などを預けることで、「しち（質）物」はその質として預けるものの意。「過貸」は質物の価値以上のものを貸す行為。もう一つの「顔か（貸）し」は、借り手の社会的評判や相互の馴染みの度合いなどによっておこなわれる、いわゆる信用貸しのこと。また、以下の文冒頭の「御触」は、幕府や諸藩が庶民に対して公布した法令である御触書を指す。「両印」は、借り主または貸し主と保証人両者が判を捺すことである両判のこと。たとえば幕府は法令によって、いくつかの物品の売買や貸借関係が生じる際にはこの両判を取るべきことを定めていた。

(43)「見掛商内」は、確たる見通しもなしに良い結果のみを見込んでおこなう商売の意。

古屋《ふるや》家《け》家《か》訓《くん》

【解題】 東京の銀座や浅草に店舗を持つ百貨店・松屋の創業者である初代古屋徳兵衛（一八四九〜一九一一）が、「開業満三十年記念日」にあたる明治三〇年（一八九七）一一月二六日に制定したのがこの「家訓」である。古屋家は甲斐国巨摩《こま》郡《ぐん》教来石《きょうらいし》村《むら》（現在の山梨県北巨摩郡白州《はくしゅう》町《まち》上教来石）の出であるが、もとは武田氏に仕えた武士で、天正一〇年（一五八二）の主家滅亡後は河西の庄に潜み、その後に教来石村に移住して土着し、長く名主や長百姓を歴任した家であったと伝えられている。初代徳兵衛の父の長吉は次男であったことから弘化四年（一八四七）に二二歳で分家し、初めて農を離れて商いに従事した。始めは越後と江戸の間を往復して越後上布（越後産の麻製品である縮布）の運搬と販売をおこなったが、後に横浜に出て呉服商いを始めている。徳兵衛はその長男として教来石村に生まれた。長ずるに及び父の影響もあって商いの道を志し、数々の試練を経た後、二〇歳で横浜において呉服の仲継商として独立した。仲継商というのは仲買商や買継商とも言い、小売商人のもとを回って注文を取り、問屋から注文品を仕入れて納入する仕事である。明治二年（一八六九）二一歳での結婚後、この仕事に加えて夫婦で端切れ反物類の小売りを兼業してみたところ予想以上の収入があったので、ほどなく仲継商を廃し、父も同居して父子夫婦でこれに専念した。その結果、店は順調な発展を遂げ、明治一〇年代には横浜でも有数の呉服屋として知られるようになる。開業時の店名は鶴屋であったが、明治二二年（一八八九）に東京の神田と日本橋の境をなす今川橋にあった呉服屋の松屋を買い取り、明治の末に百貨店化を遂げた後、大正末年には本店を銀座に移転して、昭和五年（一九三〇）からは全店が新たなこの〝松屋〟という名称で統一されて現在に到っている。

　創業者の徳兵衛は「一に神様、二にお客様、三に問屋様」をモットーとする信心深い誠実な人であったと伝えられている。その人柄を反映した顧客対応のゆえもあって業績は急速な進展ぶりを示し、創業後三〇年にして事業の基礎も固まったことから、子孫の将来をも考えて制定されたのがこの「家訓」である。全七条のうち前半の第一条から第三条にかけては行状を慎むべきことや勤勉・倹約の重要性といった他の「家訓」中にもよく見られることが説かれているが、後半においては教育を受けることの意義や兄弟の友睦の必要性を述べた上で、飲酒の害とともに「投機冒険の業」が厳しく誡められている。こうした訓誡は、序文中にあるように「人苟《イヤシク》も心を正ふして正当の職業を営まば、自他の幸福は自然に生ずるものと知るべし」という彼の信念にもとづいて説かれたものである。第六条冒頭には「正当の職業を営む者は、必《カナラズ》自他の幸福を生ずるものなり」という信条が繰り返されている。商いはすべからく「自他の幸福」をはかるためになされなければならないものであり、そのためには「心を正ふして正当の職業を営」み、「投機冒険の業」といった「賭博《トバク》の所為《ショイ》」には背を向けるという姿勢が必須のものなのである。昨今の日本の企業社会が直面させられている様々な問題を見るにつけても、現代の企業経営者達はこの誡めの持つ意味をあらためて深く噛み締めるべきであろう。

　加えてこの「家訓」に特徴的なのは、これらのことを説くに際して「漢土聖人の教へ」とともに傍証として引用される「西洋賢人の訓《オシ》へ」の存在である。明治維新前後の西洋文化の流入は、〝文明開化〟という表現に示されるようにこの国の歴史上未曾有の出来事であった。その新たな事態への対応として西洋の知識にもとづく様々な啓蒙的書物や翻訳書が出版され、人々はそれらを積極的に受け容れようとした。福沢諭吉の手になる有名な『学問のすゝめ』の販売部数は三四〇万部であったと伝えられている。徳兵衛もそうした状況の中で進んで西洋の知識の受容に努めていたようである。この「家訓」には、英国の著述家であるサミュエル・スマイルズの著作を中村正直が翻訳した『西国立志編』や『西洋品行論』などからの引用を見い出すことが出来る。その引用箇所や引用の仕方を見ると、徳兵衛はこれらの著作を常日頃からかなりの程度に精読していたであろうことが窺われる。その意味でこの「家訓」は、単にこの時代の商家の経営者の意識の方向性を探るためばかりではなく、明治という大きな変動を経験した時代に生きた人々の意識のあり方を検討する上でも、少なからぬ材料を提供し得る内容を含むものであるように思われる。

本書に収録したものは古屋家の所蔵する原本からの翻刻である。初代徳兵衛から五代目の玄孫にあたる古屋毅彦氏が編者の教え子であることから、氏を通して徳兵衛の曾孫で現在の御当主である古屋勝彦氏の許可のもとに原本の複写をさせていただき、本書への掲載をもお認めいただいた。この「家訓」は、これまでにも北原種忠氏が大正六年に編纂した『家憲正鑑』(家憲制定会)や松屋の社史編集委員会が昭和四四年に刊行した『松屋百年史』などに収められているが、原本と比較してみると、それらは少なからぬ部分で語句や表現が異なっている。本書は原本に忠実に翻刻することを心がけたが、括弧に入れて細字の二行書きで記された記述に関しては読者の便を考えて一行書きに改め、いくつかの語句には片仮名の振り仮名を加えた。この解題に示した古屋家の来歴や松屋の沿革などについての記述は、『松屋百年史』にもとづいている。

古屋家家訓

漢土聖人の教へに、心を正しくすれば身修《オサ》まり、身修まれば家斉《トトノ》ひ、家斉へば国治まり、国治まれば天下平《タイラ》かなり(1)とあり。西洋賢人の訓《オシ》へに「家は人を成す」と云ひ、又「家は開化の学校(2)」と云へり。誠に道理至極の事にして、人々共に先づ其心を正ふし、其身を修めなば、一家の和合と家業の繁昌は云ふに及ばず、一国の隆盛も是より起るべし。西賢《セイケン》の訓《オシエ》に「律法と云ひ条例と云ひ、天下の蹈《フ》み遵《シタガ》ふべきものも、畢竟《ヒッキョウ》は各箇《カクコ》の家より発する光の反射する影の如きものに過ぎず(3)」とあり。東西古今其理一なること知るべし。

西賢又云ふ。「人は天帝《テンテイ》の執事に過ぎず。各々その職分ありて、自己の福幷《ナラビ》に他人の福を造る方法を務め行はざるべからず。これ天帝の人に賦与《フヨ》する者にして、其責任遁《ノガ》るへが（ママ）らざるなり(4)」と。天の授けたる職分を怠るは、主人の命令を守らざる奉公人と同じ訳《ワケ》にて、竟《ツイ》には主人たる天に見棄らるゝは当然の事なり。されば西賢は又かく訓《オシ》へをけり。「人の人たる道を尽すは即ち幸福を得るの法なり(5)」と。人苟《イヤシク》も心を正ふして正当の職業を営まば、自他の幸福は自然に生ずるものと知るべし。

吾れ不肖にして家業を承《ウ》け継ぎたるに、幸《サイワイ》に禍難《カナン》に逢ふことも無く日々繁昌を見るは、全《マッタ》く一家族の能《ヨ》く和合せるが故なるべし。前に言へる家の斉《トトノ》へるに由《ヨ》ることとならむ。漢土の賢人云へることあり。「父慈に、子孝に、夫信に、妻貞なるは家の福なり」⁽6⁾と。信なるかな。仮令《タト》ひ富は鉅万《キョマン》を累《カサ》ぬるとも、父子夫婦の間不和なるよふにては、家の福にはあらざるなり。吾れ願はくば今の家風をば永遠に伝へしめ、子々孫々守りて失ふことなからしめんと。因《ヨ》りて先代⁽7⁾の意を継ぎ茲《ココ》に家訓を草《ソウ》し、以て伝家《デンカ》の訓《オシ》へとなす。希《ネガワ》くば後世能《ヨ》く之を守り、父祖に対しては孝、国に対しては忠たることを忘るべからずと云爾《ノミ》。

古屋家二世　徳兵衛謹みて識るす

古屋家家訓

第壱　行状《ギョウジョウ》を慎む

それ曲れる木には直《ス》ぐなる影なし。己れが行状修まらざれば、家内の和熟を望むべからず。家内不和なれば、商業の繁昌を望むべからず。古《イニシ》への賢人⁽8⁾は一日に三度づゝ我が身を省《カエリ》み戒《イマシ》めたる人ありと承《ウケタマワ》る。吾が家の家持《イエモチ》ともなりたる者は、必々其身の行状を慎み聊《イササカ》たりとも家内に恥づる様の事を行ふべからず。家内安全商売繁昌の秘伝は此《ココ》に在りと知るべし。

第弐　家業に精勤す

漢土の古るき訓《オシ》へに「天の行くは健《すこや》かなり。君子は自ら強《ツト》めて息《ヤ》まず(9)」とあり。日月の昼夜運行して止《ヤ》まざるが如くあるべきを謂ふなり。西賢は斯《カ》く云へり。「一生の光栄は労《ロウ》苦艱難《クカンナン》より得る(10)」と。又怠惰は貧窮の門戸《モンコ》なり、勤勉の人は万物を化して黄金となすの術あり、光陰と雖《イエド》もこれを黄金に化すべし(11)と云へり。月日を元手として金銭を造ることを謂へるなり。凡《オヨ》そ人事に勤勉ほど大切なるはあらず。まして先代の編笠草鞋《アミガサワラジ》労苦によりて家を起せしことを思はゞ、後々も亦《マタ》これにならひ身代を興《オコ》してこそ、父祖に対するの孝道と謂ふべけれ。そも勤勉と云ひ怠惰と云ひ、習ひ次第の者なれば、一日片時《カタトキ》も油断あるべからず。

第三　生活を倹約にす

西賢の訓に「家と国とに論なく富之源《ミナモト》は一に節倹《セッケン》に在り」と云ひ、漢土の人の訓へに「恭倹《キョウケン》は福の輿《こし》なり。傲侈《をごり》は禍《ワザワイ》の機《からくり》なり。福輿《フクヨ》に乗るものは康体《ママ》（安全）なり。禍機《カキ》を蹈《フ》む者は傾覆《ケイフク》す(12)」と。西賢は又斯《カ》く云へり。「倹約は安静の基礎なるのみならず、又仁恵《ジンケイ》の根元なり(13)」と。倹約の大切なるは証拠十分と謂ふべし。吾が家の後《アト》たらんものは勉めてこの訓へを守り、眼前の慾を抑へ、衣食住とも質素を旨《ムネ》とし、得難《エガタ》くして失ひ易き金銭を濫用《ランヨウ》すべからず。諸交際もまた之《コレ》に準じ、少しも豪華《はで》を競《キソ》ふべからず。

第四　子弟の教育を重むず

西賢の訓へに「人の品行を鎔鋳《ヨウチュウ》するは、其《ソ》生れたる家より善きはなく、生れたる家より首要なるはなし。極善《ゴクゼン》の教を受くるも茲《ココ》に在り。極悪《ゴクアク》に生長するも茲に在り[14]」と（人がらをつくりいだすは全く家の中なる自然のならはしに因る事を言へるなり）。父母たるものゝ責任実に重しと謂ふべし。されば子の生長までは分けて父母自身の言行に注意し、善良なる習慣を養ひ、其子の一生を誤まらざる様にすべし。男女子ともに普通学を卒《オ》へたる上は、男子は好む所の職業に就《ツ》かしめ、独立自治の気風を養はしめ（人は皆身体と心との働きを天より授りたるものなれば、人々其身の支配をなし、前文の職分をつくすべき事にて、父祖の産業などを目当とすべきものにはあらず）、女子は専ら裁縫を修めさせ、家事の取扱《トリアツカイ》に熟練せしむべし。男女子とも朋輩《ホウバイ》の善悪よりして性質習慣を変ずることあれば、悪しき友を遠ざけ善き友を択ぶこと、亦大切なりと知るべし。

第五　兄弟の友睦《ユウボク》を全《マット》ふす

五倫の中《ウチ》、朋友《ホウユウ》には信と云ひ、兄弟《ケイテイ》には友と云へり[15]。西賢は朋友の義を説きて云く。「朋友とは互の幸福善事《ゼンジ》を計《ハカ》る為《タ》めに成りたる二人の強き結合なり[16]」と。されば兄弟は全く分身同体なる天然の朋友と称すべく、人の此世を共にするもの、兄弟ほど長きはあらず。兄は愛し弟は敬ひ、互に幸福善事を計り、共に父祖の業《ギョウ》を興《オコ》さんことを勉むべし。兄弟他人の始りと云へる俗諺《ゾクゲン》を誤解し、兄弟争ひを為す様にては畜類にも劣る人となるべし。

第六　投機冒険の業を禁ず

正当の職業を営む者は、必《カナラズ》自他の幸福を生ずるものなり。然《シカ》るに投機冒険は概《オオム》ね人を損《ソン》じて己《オノレ》を利するものなり。甲《コウ》に得《ウ》る所は必ず乙《オツ》に失ふ所となる。決して国の富を増加する所以《ユエン》に非《アラ》ず。加《クワ》ふるに一時の利を得るときは、豪奢《ゴウシャ》の之《コ》れに伴ふは必然の勢《イキオイ》なり。豪奢の結果は其身家を禍《ワザワイ》すること必然の理なり。西賢の訓へに「自ら労せずして獲《エ》る所の物は、一も貴《タット》ぶに足《タ》るものなし」(17)。又云く。「事業成功の秘訣は其《ソノ》目的を寸時《スンジ》も間断《カンダン》なく経営するに在り」(18)と。信なるかな。吾が家の後《アト》ならんものは、専一に職業を勉むべし。決して賭博《トバク》の所為《ショイ》を習ふべからず。

第七　飲酒を慎む

昔しは酒に耽《フケ》り国を亡《ホロボ》したる王もあり。故に酒には狂薬《キョウヤク》の名あり。淫源《インゲン》の称《トナ》へあり。実に悪行の原因となるものなれば、仮令《タト》ひ性質之《コ》れを好むものと雖《イエド》も、必《カナラズ》適度を越ゆべからず。近来西洋には禁酒の会盛んに行はれ、我が邦《クニ》にも既《スデ》に其《ソノ》会あり。若し自《ミズカ》ら度を守ること能《アタ》はざれば、此会に入りて禁酒を守るも可なり。

西賢の戒《イマシ》めに云く。「この下等なる歓楽に耽《フケ》る者は真正の福祉を失ひ、徳善《トクゼン》の行《オコナイ》を損し、剛毅《ゴウキ》の志を失ひ、健康の身体を害す。洵《マコト》に怕《オツ》るべくして戒《イマ》しむべし(19)」と。

明治三十年十一月二十六日、即《スナワチ》開業満三十年記念日
古屋家二世　徳兵衛謹みて識す

（1）この「漢土聖人の教へ」の語は、儒学に言う四書の一つである『大学』の中で、いわゆる〝八条目〟を説いた文である「物格而后知至。知至而后意誠。意誠而后心正。心正而后身脩。身脩而后家斉。家斉而后国治。国治而后天下平」の一部を引いたもの。

（2）この部分の「西洋賢人の訓へ」は、いずれも英国の著述家サミュエル・スマイルズの著作 *Character* を中村正直が翻訳して刊行した『西洋品行論』の中から引かれたものである。編者の見たもの（学習院大学図書館所蔵版本）は明治一一年から一三年にかけて出た一二冊本であるが、「家は人を成す」の語はその第二編「家ノ勢力」の冒頭第一節「家裡ノ教育ノ最要ナル事」の中にあり、「家は開化の学校」は同第三節の題「家ハ開化ノ学校」として掲げられている。

（3）「西賢の訓」として引かれたこの文も『西洋品行論』第二編の第二節「邦国ハ乳養ヨリ成ル」中にある。正確に引けば「律法トイヒ、条例トイヒ、邦国天下ノ蹈《フ》ミ遵《シタ》ガフベキモノモ、畢竟ハ

各箇《ひとりづゝ》ノ家ヨリ発スル光ノ反射《セキ》スル影ノ如キモノニ過ズ」（『西洋品行論』版本からの引用に関しては、漢字と仮名の合字および句読点は現行のものに改めた。句読点については加えた場合がある。また、左脇に付された振り仮名は可能な限り右に移した。このことを明示するために、移した振り仮名は平仮名に改めておいた。以下同様）。

（4）『西洋品行論』第七編「職分及ビ真実ヲ論ズ」の第三節「職分ハ天命ノ賦与スル者ニシテソノ責任遁《ノガ》ルベカラズ」の中に、「蓋シ人ハ　上帝ノ執事《いひつけられやくをするひと》ニ過ズ。各々ソノ職分アッテ、自己ノ福、幷ニ他人ノ福ヲ造《ツク》ル方法ヲ務メ行ハザルベカラズ。コレ天命ノ、人ニ賦与スル者ニシテ、ソノ責任、遁《ノガ》ルベカラザルナリ」とある。

（5）この部分の「西賢」の「訓へ」の出典については未詳。他日を期したい。

（6）「父慈に、子孝に」は『礼記』礼運にある語。ただし夫婦については「夫義、妻聴」とある。「夫信に、妻貞なるは家の福なり」の出典については明らかにすることが出来なかった。大方の御教示を賜りたい。以下の文中の「鉅万」は数え切れない程に多い数の意。

（7）ここに言う「先代」は、この「家訓」を著した「古屋家二世　徳兵衛」（初代徳兵衛）の父の長吉のことを指す。昭和四四年に刊行された『松屋百年史』によれば、「古屋家では初代徳兵衛の父長吉が分家して一家を創立し、またはじめて農を離れて商いに従事したため、長吉を一世と称し、初代徳兵衛は古屋家二世と称する」とのことである。

（8）「古への賢人」は中国の春秋時代の魯の人で孔子の高弟であった曾子のこと。ここに引かれるエピソードは、『論語』学而に言う「曾子曰、吾日三省㆓吾身㆒」にもとづいている。以下の文中にある「家持」は一般には一家を構えることを言う語だが、ここでは古屋家を相続する者の意であろう。

（9）『易経』乾に「象曰、天行、健。君子以自強不レ息」とある。

（10）出典未詳。

（11）この引用には鉤括弧が付されていないが、『西洋品行論』と同様に中村正直がスマイルズの著 *Self-Help* を翻訳して明治四年に世に出した『西国立志編』（編者の見たものは明治三年から四年にかけて静岡で成ったとされる一一冊の版本で、学習院大学図書館の所蔵するものである）の第四編第五節「蜂窠《はちのす》ノ喩《タトヘ》、幷ニ光陰《とき》ヲ黄金ニ化スルノ論」の中に、冒頭の「怠惰は貧窮の門戸なり」の語はないものの「蓋シ勤勉ノ人ハ、万物ヲ化《かへ》シテ黄金ト為《ナス》ノ手段アリト云《フ》ベシ。光陰ト雖ドモ、亦《タ》コレヲ黄金ニ化セリ」とあり、この部分を引いたものと思われる（この『西国立志編』版本からの引用についても、『西洋品行論』と同様の原則でおこなった。以下同様）。

（12）この部分の「西賢の訓」の出典未詳。また、「漢土の人の訓へ」として引かれたものは、『北史』巻二十四列伝第十二崔逞にある「夫恭倹福之輿、傲侈禍之機。乗二福輿一者浸以康休、蹈二禍機一者忽而傾覆」という文にもとづいている。

（13）『西国立志編』第十編第十節「金ヲ借《ル》コト危《キ》事」で、「学士戎孫《ジョンソン》」の語として示された文の中に「抑モ倹約ハ安静ノ基礎ナルノミナラズ、マタ仁恵ノ根源ナリ」とある。

（14）『西洋品行論』第二編第一節「家裡ノ教育ノ最要ナル事」の冒頭の文、「人ノ品行ヲ鎔鋳《ヨウチウ》《イル》スルモノハ、ソノ生レタル家ヨリ善《キ》ハナク、生レタル家ヨリ首要《かんじん》ナルハナシ。蓋シ貴賤貧富ノ別ナク、極善ノ教ヲ受ルモ、茲《コヽ》ニ在リ。極悪ニ生長スルモ、茲《コヽ》ニ在リ」を引いたもの。

(15)「五倫」は人間が基本的に持つ父子・君臣・夫婦・兄弟・朋友という五つの社会的関係を言う語。ここに引かれた朋友については『孟子』滕文公上に「朋友有レ信」と説かれている。「兄弟には友」については『論語』為政に「書云、孝于惟孝、友二于兄弟一、施二於有政一」とある。

(16)出典未詳。

(17)出典未詳。

(18)出典未詳。

(19)『西洋品行論』第六編「自《ミズカラ》治ムルコトヲ論ズ」の第四十三節「飲酒ノ悪行ヲ論ズ」中に、「コノ下等ナル歓楽ニ耽《フケ》ル者ハ、真正ノ福祉ヲ失《ナ》ヒ、徳善ノ行ヲ損シ剛毅ノ志ヲ失《ナ》ヒ、健康ノ身体ヲ害ス。洵《マコト》ニ怕《オソ》ルベクシテ戒《イマ》シムベシ」とある。

農家の「家訓」

宮川氏《みやかわし》家《か》訓《くん》

【解題】　この「家訓」は、表書と本文冒頭にあるように延享四年（一七四七）「卯六月」に遠州掛川（現在の静岡県掛川市）の在の篠場村《しのんばそん》の農民「宮川氏」の著したものを、天明元年（一七八一）「寅三月節句」に「あまりに紙よごれ候に付写かへ」て成ったものである。編者のかつての勤務校での同僚であった宮川幸三氏から同家に伝わるものとしてお見せいただき、複写と翻刻して公《おおやけ》にすることについての承諾をも頂戴したものであるが、『宮川氏家訓』という名称は、表書の中の「宮川氏」という記述にもとづいて私《わたくし》に名づけたものであることをお断りしておきたい。宮川幸三氏からお聞きしたところでは、宮川家は戦国時代からその地に住する地侍的存在であったが、関ヶ原戦後に帰農土着して以後、その地にあって長く村役人として村落指導者を務めた家であったとのこと。編者がこの「家訓」の検討を始めた際に掛川市教育委員会市史編纂室の岡本春一氏からお聞きしたところでも、宮川家は江戸時代には庄屋を、明治においては戸長・村長を務め、その明治時代には宮川正という県内の政界で活躍した人を出した家であるとのことである。

　本文は延享四年に認《したた》められた二二箇条からなる訓誡と、奥書にある「又後代申置度儀《モウシオキタキギ》御座候はゞ、此帳に書添置《カキソエオキ》可レ申候」という指示にしたがって加えられたと考えられる六箇条の訓誡から成っている。二二箇条の訓誡の多くは、冒頭第一条で「人は先《マズ》朝をき心懸可《ココロガケモウスベク》レ申候」と述べて精勤を説き、以下の条文中では衣食住にかかわる倹約の徹底を指示していることに示されるように、いわゆる民衆思想史研究において通俗道徳という名で括《くく》られてしばしば取り上げられるものを内容としているが、他にも子供の育て方や縁組みに際しての注意、さらには代々村役人を務めて来た家の者としてわきまえておくべき村政執行上の心得が述べられるなど、その内容は多岐にわたっている。こうした訓誡を通してこの「家訓」の著者が子孫に教示しようとしたものは、自身の家の維持運営や自家の責務としての村政執行のために必要な資質が、あくまでも情理を兼ね備える個人としての人格的な力であるということであったように思われる。二二箇条の訓誡の内には、そのような力を身に付けるために留意すべき点についての細かな配慮を感じさせる言葉が満ちている。

しかしながら、この二二箇条に続く六箇条の書きぶりは大きく異なっている。そこには一揆や村方騒動へのかかわりを出来るだけ避けることを指示し、精勤を強調することでひたすら自家の永続だけをはかろうとする発想を前面に出した条目が並んでいる。こうした点から見て、この書き加えられた六箇条は明らかに「後代」の別の人物の手になるものであろう。その執筆時期を特定することは出来ないが、「写かへ」られた天明元年である可能性もある。また、細かく見れば六箇条の最後の二箇条の書体は他の条目のものとは微妙に異なっているようにも思える。とするならば、これらは天明元年をさらに下る時期に書かれたものである可能性が強い。時代の推移が同じ「宮川氏」を名乗る人々の間にどのような意識の変化をもたらしたのかを知ることが出来るという点で、興味深い構造を持った「家訓」であると言えよう。その意識の変化の内実については巻末の解説中でふれるが、かつて『季刊日本思想史』第51号（ぺりかん社）の「家訓」特集号でも詳しく検討したことがあるので、ご覧いただければ幸いである。

宮川氏家訓

〔表書〕

延享四年　　　　　　篠場村

代々
身持之事書付置　　　宮川氏

卯六月

右は此度《コノタビ》あまりに紙よごれ候に付写かへ申候。

天明元年

寅三月節句

先祖より段々申置之事

一①、人は先《マズ》朝をき《（起）》心懸可レ申《ココロガケモウスベク》候。人はくせ《（癖）》の付安《ツキヤス》き物也。朝をきすれば朝をきのくせ付《ツキ》、又朝ね《（寝）》すれば朝ねのくせ付物なり。何によらず能《ヨキ》くせの付様《ツクヨウ》に可レ仕《ツカマツルベク》候。其上《ソノウエ》人はふつき《（富貴）》に暮し候様に仕度《タキ》物也。ひん《（貧）》になり候てはかなし《（悲）》き物也。ずい分せひ《（精）》を出しふつきに可ニ心懸一《ココロガクベク》候。

一②、作人《サクニン》は年中作の分別《フンベツ》大事なり。ずい分せひを出し可レ申《モウスベク》(1)候。又徳人《トクニン》に成《ナリ》、其上庄屋組頭などに相成《アイナリ》、こう《（耕）》作に出得不レ申《イデエモウサズ》候共、度々《タビタビ》鎌鍬《かまくわ》を以《モッテ》田畑廻り可レ仕《ツカマツルベク》候。こやし《（肥）》の事も朝にはせついん《（雪隠）》(2)にてこしらへかげん、惣《ソウジ》てせついんのそうじ《（掃除）》可レ仕候。徳人ならば仕事は不レ仕《ツカマツラズ》候共、作の分別大事なり。下人《ゲニン》御座《ゴザ》候《ソウラ》はゞ下人へ能々可ニ申付一《ヨクヨクモウシツクベク》(3)候。

扨《サテ》又地境《さかい》之事(4)、人の田地取申事《トリモウスコト》はいらぬ物也。人に被ㇾ取申《トラレモウス》もあしきなり。むかうの人さかいにあしき人に御座候はゞ立合《タチアイ》申て杭《くい》木打可ㇾ申《ウチモウスベク》候。境にはよくそん《（損）》いたし居《オリ》可ㇾ申候。惣《ソウジ》て百姓之子はよう《（幼）》年より作之道おしへ《（教）》可ㇾ申候。百姓はよき事は知り不ㇾ申候共、作り第一也。下人遣《ツカ》ひ候者も其身不ㇾ知《シラズシ》てはあしきなり。読《よみ》書勘定其外《ホカ》げいのう《（芸能）》も少しは心懸、この《（好）》んでじやうず《（上手）》に成《ナリ》不ㇾ申候。かへつて家のために成不ㇾ申候。少し知り候得《ソウラエ》ば間に合申候。とかく常についへ《（費）》なき様に、物もいらぬ様に心懸可ㇾ申候。然共《シカレドモ》あまりきたなき事はせぬ物也。ぎりじんぎ《（義理仁義）》(5)も其身相応《そうおう》にいたし可ㇾ申候。とかくひんをわすれ申間敷《マジク》候。

一③、人は奢《おごり》有候てはよくなし。徳人にても奢《おごり》申間敷候。惣《ソウジ》てひな《（雛）》のぼり《（幟）》たこ《（凧）》(6)、此様成類《コノヨウナルタグイ》に物を入《イレ》候事はかくべつ《（格別）》あしきなり。又其家々にてこしらへたき物有物也《アルモノナリ》。是も成《ナル》だけはかんにん《（堪忍）》して常にしまつ《（始末）》可ㇾ仕事。何によらず朝夕しまつ大事也。

一④、衣類《いるい》之事、常にはみぐるし《（見苦）》くてもよし。然共たくわ《（貯）》への衣類も心懸可ㇾ申候事也。染様《そめヨウ》(7)之事、是も高直《コウジキ》にて染申間敷《ソメモウスマジク》候。高直にて染候ても、もめん《（木綿）》はもめんなり。大方《オオカタ》花色あさぎよし。手前にてもこしらへ染物可ㇾ仕候。

一⑤、たべ《（食）》物もびしよく《（美食）》をこのむ事有間敷《アルマジク》候。当所《トウショ》程たべ物の能《ヨキ》所は他国になし。能たべ物もじやうじう《（常住）》なれば(8)不ㇾ珍《メズラシカラズ》候。分別《フンベツ》可ㇾ有《アルベキ》事。

一⑥、人はわづら《（煩）》ひ不ㇾ申候様に心懸可ㇾ申候。やみ《（病）》わづらひにて、しんだい《（身代）》仕廻《シマイ》候物いくらも有事《アルコト》なり。きう《（灸）》なども年中四土用《ドヨウ》前(9)にすへ可レ申候。外《ホカ》之者下人《ゲニン》等にもきうすへさせ可レ申候。

一⑦、下人遣《ツカ》ひ候には、なさけ《（情）》をかけ遣ひ可レ申候。下人我子《ワガコ》はいふに不レ及《オヨバズ》、村之者迄《マデ》ばくち為《ウ》レ打《タセ》申間敷候。大酒も為《ノ》レ呑《マセ》申間敷候。

一⑧、家内取しなべ《（調）》第一なり。惣てかたく《（家宅）》そうじ《（掃除）》等も可レ仕候。其家へ有来《アリキタリ》候どうぐ《（道具）》などもずい分大切にして、は物《（刃）》なども度々にとぎ《（研）》置《オキ》可レ申候。又作物《サクモノ》雅物(10)等は、其主人能々《ヨクヨク》取しなべ札付置《フダツケオキ》可レ申候。

一⑨、子共御座候共、きつく高ごへ《（声）》にてしかり《（叱）》申間敷候。だまし《（騙）》じかり《（叱）》に可レ仕候。あまやかし申間敷候。別《ワケ》て女子の子はむかう《（向）》へ行、我まゝにては相済《アイスミ》不レ申《モウサズ》候。扨縁《サテゑん》に付候事、むかうの心ざし、惣て家之ふう《（風）》能《ヨクミ》見聞《キキ》、其上之事なり。やたらにくれ申間敷候。是斗《バカ》りは大事の事也。むかうの家にいろ〳〵のあく《（悪）》病などの所へくれ候てはあしゝ。又いろ〳〵のあしき事世に多し。能《ヨクミ》見聞《キキ》、其上の事也。惣て縁組は余り遠方はあしゝ。壱里半より遠方はいらぬ物也。

一⑩、子共ほうそう《（疱瘡）》(11)するならば、ずい分ひやし《（冷）》不レ申候様に出《イデ》うかせ《（浮）》可レ申候。出うき候はゞ女子などは別《ワケ》ての事、かき不レ申様《モウサザルヨウ》に可レ仕候。少々の間に候得ば、壱人付置《ツケオキ》かゝせ申間敷候。

一⑪、只《タダ》我かしよく《（家職）》大事に可レ仕候。とかく外《ホカ》のしやうばい《（商売）》せぬ物也。惣て小細工などするより、かしよく情《（精）》に入、銭出し買程安き事はなし。必しつけぬ事せぬ物也。

一⑫、もや(12)たき物も年中の事、ずい分しまつ（始末）してたき可レ申候。座敷へも割木《ワリギ》斗《バカ》りたき不レ申候。何成共《ナンナリトモ》壱人付居《ツケオリ》候得ばたき申候。可レ有二分別一事《フンベツアルベキコト》也。

一⑬、親にこう〳〵（孝行）の事、是は又かくべつなり。神仏しん〳〵（信心）も同事《オナジコト》なり。親にこう〳〵いたせば、又我子もこう〳〵に相成候物なり。

一⑭、人はかんにん（堪忍）の二字分別可レ有事《アルベキコト》也。神仏まつり之事、是は又ずい分心《ココロ》清々にして能々まつり可レ申候。扨又世中違《ヨノナカチガイ》、又はやみわづらひ、何様《イカヨウ》之事にてしんだい（身代）わるく成候共(13)、利を出し金子《キンス》かり（借）申間敷也。手前家具にても衣類にても、又は御田地にても売候ても金かり申間敷候。

しんだいわるく成《ナリ》候迚《トテ》、かくべつ心外《シンガイ》に思ひ申間敷候。時節なれば致方無《イタシカタコレナク》レ之候。

うたに　世中は有にまかせて事たらず
　　　　なきに事たる身こそ安けれ

一⑮、年中火之元用心可レ有《アルベク》候。くわへきせる（衛煙管）立行《タチユク》(14)は一向《イッコウ》いたし申間敷候。若《モシ》出火之節は何々第一と常々《ツネヅネ》心懸可レ申候。うろたへ不レ申《モウサズ》候。

一⑯、ふゐき（不益）に日をおくる事あし(15)（悪）。何なり共仕事可レ仕候。然共又あしき事するよりふゐきに日をおくるもよし。しやうぎ（将棋）、ご（碁）、すご（双）六、此様成類《コノヨウナルタグイ》も大方《オオカタ》ならばいらぬ物也。少は心懸候るもよし。

一⑰、又我身村方《ムラカタ》庄屋組頭などいたし候共、只《タダ》村方相談にて何角《ナニカト》取斗《トリハカラ》ひ可レ申候。村之者手下に見《ミ》申間敷《モウスマジク》候。其上村方引込《ヒキコミ》等無レ之様に、入用《ニユウヨウ》(16)等も無利《ムリ》成事《ナルコト》仕《ツカマツリ》申間敷《モウスマジク》候。諸帳面《ショチョウメン》只《タダ》有《アル》に可レ仕候。

一⑱、人は只《タダ》あるべき様に可レ仕候。差出《サシイデ》たる事あしき也。さぎ《(鷺)》をからす《(烏)》にあらそふ《(争)》(17)も拾人之内六人之内へ入申様《イリモウスヨウ》(18)に可レ仕候。

一⑲、扨又《サテマタ》先祖年季《ネンキ》之事も我相応《ワレソウオウ》に可レ仕候。世代に御座候はゞ、三十三年迄に弐度か三度はせんぼう《(懺法)》(19)よみたき物也。我身のまつりなり。然共かなわぬ事はせぬ物也。五十年も百年も其余《アマリ》も失念のなき様に書付《カキツケ》可レ覚《オボユベク》候事なり。かなわず候共しるべ(20)はいたし可レ申候。

一⑳、家々に不仕合《フシアワセ》事、死去有候共、かくべつ物を入《イレ》不レ申候様に取置《トリオキ》可レ仕候。此節《コノセツ》物を入《イレ》候迚《とて》、後生《ゴショウ》のためにも相成《アイナリ》不レ申《モウサズ》候。只《タダ》此世のかざり《(飾)》、然共余り暮々《クレグレ》不相応《ソウオウ》成《ナル》さむしき事はせぬ物也。

一㉑、家之内主人、又は大切成《ナル》人わづらひ申候迚《とて》、かくべつ銭金《ゼニカネ》入れ申間敷候。死病《シビョウ》にむすばれ候得ば、物を入候てもまめには相成不レ申候。人参《にんじん》(21)などは大方用《オオカタモチイ》申間敷候。親の望《ノゾミ》か病人の望に候得ば、少々は用《モチイ》可レ申候。念ばれ《(晴)》にも相成候。若《モシ》其家にて拾人壱人《ひとり》の大事の人死去いたし候迚、かくべつにこかれ(22)申間敷候。うき《(浮)》世の習ひにていくらも有事《アルコト》也。只《タダ》人げんは夕朝に生れ朝夕にはむじやう《(無常)》のけむり《(煙)》と成習《ナルナラ》ひ、少しの世に余りにさむしき無よく《(ママ)(欲)》(23)かき申間敷候。又銭金《ゼニカネ》も多く持候得ば、事により其身のかたき（敵）にも相成候。銭かね遣《ツカ》ひ用《モチイ》、大事の事也。

一[22]、馬買候事、余り高直成《コウジキナル》馬はいらぬ物也。作方《サクカタ》の馬[24]は四五両程にて買可レ申候。惣て馬の道具も高直成物買申間敷候。馬売替《ウリカエ》之事も成《ナル》だけはかんにんしてつかひ可レ申候。損の有事《アルコト》也。

右之通り書置《カキオキ》申候。御用被レ成《オモチイナサレ》候。三つ子におしわりあさき（浅）川をわたると申事候得ば[25]、さもなき事申候迚《モウシソウロウトテ》、能事《ヨキコト》は御用可レ被レ成《オモチイナサルベク》候。以上。
又後代申置度儀《モウシオキタキギ》御座候はゞ、此帳に書添置《カキソエオキ》可レ申候。

延享四卯年　　宮川氏
六月　　先祖より
子々孫々へ

此書付《カキツケ》後代迄なくし申間敷候。又人に見せ申間敷候。主人之外一向《イッコウ》に見不レ申《ミモウサズ》候様に可レ仕候。子にも見せ不レ申候。親死去の跡《アト》にて見候様に可レ仕候。

一、㉓其家々にて本家普請《フシン》の度々迚《トテ》も、其主人四十五より五十五迄の間に可レ仕候。其外《ホカ》之時節には無用に可レ被レ成《ナサルベク》候。四十五より五十五まで、分別之さかりなり。わかき時は老人の分別は相違成事《ナルコト》多き物なり。

一、㉔御年貢《オネング》、諸役《ショヤク》、何事にもよらずよろしからざる事に大勢ととう《（徒党）》して、御地頭様《ゴジトウサマ》へさわり《（障）》成事致間敷《イタスマジク》(26)候。御領分にてもいくらも手本の有事なり。ろう《（牢）》者いたし候者も、又は所ついほう《（追放）》いたし候者も有レ之候。其身斗《バカ》りか末々迄のはじ《（恥）》也。

一、㉕若時《わかき》はいろ《（色）》事か酒かよく《（欲）》かに付《ツキ》、格別之了簡違《リョウケンチガ》ひの事有物也。わかき時つき上りたる心《ココロ》持《モツ》まじき者也。

一、㉖此蔵《くら》の二かい《（階）》下にかまのとち(27)をつるし置《オキ》候。此下の辺《アタリ》、ゆか下の土《つち》に金五両いけ置申候。尤《モットモ》やき《（焼）》物に入置《イレオキ》候。此金は代々ゆづりの金に候間、たやすくつかい申間敷候。可レ有二分《フンベツアル》別一《ベキ》也。

一、㉗百姓は手前《テマエ》かせがれ《（悴）》か、つねにたへずのら《（野良）》へ出《イデ》可レ申候。のらへ出ずにいると其家たへ《（絶）》申候。此事間違なく候間、わすれ不レ申候。奉公人斗《バカ》り出し候ては、其家かならずめつぼう《（滅亡）》と可レ被レ存《ゾンゼラルベク》候。

一、[28]縁談之事は大事の物也。とかく嫁取《ヨメトリ》候共むこ（婿）もらひ候共、つねにあめ（雨）ふり候ても天気能《ヨク》候共、のらへ田畑へ出《イデ》候人もらひ可レ申候。此義は間違な（きカ）く様に可レ致候。後々《ノチノチ》我が子娘も、常にあめ風にものらへ出し可レ申候。

（1）「作人」は農民の意。以下の文中の「徳人」は有徳人、すなわち富裕な分限者のこと。
（2）「せつぃん（雪隠）」は便所のこと。人糞は肥料として貴重なものであった。
（3）「下人」は農業労働力として抱えられた者を言う。江戸時代の下人は、この「家訓」の第二七条に「奉公人」とも表現されているように、多くは富裕な農民の抱える年季奉公人であったが、代々庄屋（名主）などの村役人を務めるような有力な家には前代以来の財産として抱えられていた譜代の下人が残る地方もあったと言われている。抱え主はその手作地や家事労働に彼等を使役した。
（4）「地境」は土地の境界のこと。これをめぐるトラブルが生じた場合には当事者同士の立ち会いのもと、境界に「杭木」を打つべきことを説いている。
（5）「ぎりじんぎ（義理仁義）」は、祝い事や不祝儀事などの世間の交際上なすべきこと。多くの場合、金品の贈答をともなう。
（6）これらはいずれも子供の誕生を祝って用意されるものであるが、東海から西の社会では嫁の実家がそうしたものを調《とと》えるという慣行が多く見られた。掛川では現在でもこうした慣行が生きているとのことである。
（7）「あさぎ」は浅葱あるいは浅黄と書く。色の名称。薄い藍色ないしは水色。浅黄は葱を黄と混同した表記だが、浅黄と書く場合には、薄く染めた黄色の意がある。
（8）常にある普通のことなのでの意。
（9）暦法で立夏の前一八日を春の土用、立秋の前一八日を夏の土用、立冬の前一八日を秋の土用、立春の前一八日を冬の土用と言う。「四土用」はこれら四季の土用のこと。
（10）「作物」は名のある人が製作した刀剣や器具、書画の軸などの美術品。「雅物」の読みはガブツか。
（11）天然痘の俗称。顔面に痘痕が残ることが多かった。
（12）「もや」は薪にする小枝や木の葉のこと。
（13）「しんだい（身代）わるく成候共」は、家の経済状態が悪化して来ても の意。
（14）「きせる（煙管）」は喫煙用具。これを用いながら歩きまわることで、現代に言うくわえタバコの意。
（15）仕事もしないでぶらぶらと無為のままに日々を過ごすこと。
（16）「入用」は村入用のこと。村政執行者としての村役人の長である庄屋は、村の運営のための必要経費として村民から徴収した村入用の支出を記した村入用帳を作成し、これを領主に提出する義務を負っていた。村入用の額も徴収方法も庄屋の一存で決められるのが一般的であり、その操作の不正や不明朗はしばしば村方騒動の原因となった。

（17）鷺は白い鳥で烏は黒い鳥。したがってこの表現は白黒を争うという意。

（18）祖先祭祀のこと。「年季」は「年忌」。

（19）「せんぼう」は懺法と書く。ここでは経を読む意で用いられている。三十三回忌までに「弐度か三度は」年忌の儀式をおこないたいものだの意。

（20）「しるべ」は導きのためのしるしのことで、ここでは忘れないための手控えの意で用いられている。

（21）「人参」は朝鮮人参のことで、強壮薬として古来より有名。当時の最も高価な薬の一つであった。前文中の「まめには相成不レ申候」は、丈夫になることはないの意。また、以下の文中の「念ばれ」は、気持が晴れてあきらめもつくことを言う語。

（22）「こかれ」を漢字表記するとすれば、人の死を悲しみなどして大声で泣くことを意味する哭《こく》をあてて、〝哭かれ〟とするべきか。

（23）このくだりは「さむしき無よく」では意味が通じない。「さむしきよく（さもしい欲）」の誤記であろう。

（24）農民が用いる農耕運搬用の馬の意。

（25）この成句は、「負うた子に教えられて浅瀬を渡る」ということで、時には自分より劣っている未熟な者に教えられることもあるということの喩え。

（26）一揆を起こして地方役人のもとに押しかけるようなことをしてはならないということを述べ

ている。

(27)「とち」は橡金《とちがね》のことか。橡金とは本来は厩に馬を繋いでおくために用いる鉄製の環のことだが、ここでは単に鉄製の環の意で用いているのではないかと思われる。ただし「かま」については鎌なのか釜なのか、あるいは他のものなのかを判断することが出来なかった。

出野家家訓《いでのけかくん》

［解題］　この「家訓」は、信州上田領内小県郡《ちいさがた》踏入村《ふみいれむら》（現在の長野県上田市踏入）の農民であった出野多右衛門という人が、天明四年（一七八四）三月に子孫への訓誡を目的として認《したた》めたものである。文末に「祖父様と御相談申相認《ゴソウダンモウシアイシタタメ》候書物《カキモノ》に候」とあるので、第八条中に「大気《タイキ》之御生附《オウマレツキ》」と記されている当時のこの家の「祖父様」（多右衛門は直接的には自らの子供を誡めようとしてこの語を用いているのであるから、おそらく彼の父親であろう）の力をかりて成ったものであることがわかる。

この「書物」は長野県史刊行会が昭和四六年に刊行した『長野県史近世史料編』第一巻（一）に収録されているもので、他に当時の出野家のあり方を知るための史料にふれることは出来なかったが、第八条の中に「古き家柄」とか「むかしより之名高《ナダカキ》茂右衛門之跡式《アトシキ》」という記述とともに、「御先祖方始奉《ハジメタテマツ》り筆者之われ〳〵まで七世」という記述があり、さらには「祖父様」が「上田広《ヒロシ》と申せ共、家作は誰様もうらやましきとは不レ存《ゾンゼズ》候程之家」である「大伽藍（大きな構えの建物の意）之本家」を建てたことを記して、「此大家《オオイエ》今時之人家作普請《カサクフシン》仕得申《ツカマツリエモウス》ものにて無レ之」と述べているところから、我々は当時の出野家がどのような来歴を持ち、どれ程の規模の家であったのかをうかがい知ることが出来る。加えて第七条には分家のさせ方にふれて、「本家附《ホンケニツキ》候諸商売も家持（分家）には壱つも呉《クレ》申間鋪候」とあるところからすると、出野家は何らかの「商売」にも従事していたようである。この条はつづけて兄弟が多い場合は「松本又は高崎辺《アタリ》え手代奉公に」出し、「商《アキナイ》之致《イタシ》習覚て、其後上田え罷帰《マカリカエリ》、少《スコシ》之小店なり共出《ダ》し、一分《イチブン》に身を見付《ミツケ》渡世《トセイ》」させるべきことを指示してもいるのである。いずれにしても、当時の出野家が近隣に名の知れた富裕な農家の一つであったことは間違いない。

その内容は、前書に加えて九箇条からなる「家督相続制詞条々」と「本家相続之もの幷別家一門制禁之条」一箇条の全部で一〇箇条の構成を取っている。前者の九箇条において述べられるのは、題にあるように家督相続に際して留意すべき事々である。その中身は、本家を中心として「別家一門諸親類」が互いに助け合うことの必要を述べ、中心となる本家を維持してゆくために分割相続を厳しく禁止したものであるが、注目すべきは本家相続人について説いた冒頭第一条である。この条は、嫡子であっても「大酒をこのみ、博奕抔《ナド》致候もの」については相続人とすることを禁じ、「次男三男たりとも其もの之器量を見立《ミタテ》家督相続致させ可レ申《モウスベク》候」と述べている。さらに、実子が何人いようとも、彼等が「人柄不相応《フソウオウ》之もの」である場合は、「別家之内より能人《ヨキヒト》を襟《エ》り出し」て相続人とすべきことまでが念押しされている。親の子に対する情愛よりも家の永続を優先させるこうした訓誡がなされる背景に、我々は当時の農村の指導者層の家が直面させられていた厳しい現実を看て取るべきだろう。

佐々木潤之介氏は「近世における家と村」(歴史科学協議会編『歴史における家族と共同体』所収、青木書店)という論稿の中で、この時期が「小商品生産の一般的展開に基礎づけられた農民層分解の開始期」であり、「そこでの家・村は、やはり変動期にあるのであって、家のいっそうの自立が必要とされ、その上での、村方騒動に表象されるような村社会の変動が進行している状況」にあったことを指摘している。この「家訓」の存在とその書きぶりは、この時期の出野家がまさしくそのような状況の渦の中に置かれていたことを示している。

そうした状況に対応してゆくために出野家が取ったのは、徹底して自家の本来務めるべき村落指導者の役を避けるという方向であった。「本家相続之もの并別家一門制禁之条」の題で説かれる第一〇条にあるように、この「家訓」は役を仰せ付けられた場合でも、「先《マズ》其節は一つたん奉レ畏《カシコマリタテマツリ》 御請《オウケ》申上下《モウシアゲサガ》り、三日過《スギ》候て病身之申立《モウシタテ》、時《トキ》之割番《ワリバン》中え度々訴御《タビタビウッタエゴ》訴訟申上候得《ソショウモウシアゲソウラエ》ば退役被二仰付一《タイヤクオオセツケラレ》候」と教えている。村役人などを務めたいと考えてはならないとする理由は、役職につけば人々の嫉みを受け「六ケ敷《ムツカシキ》公事抔仕掛《シカケ》られ」、「公事ばかり昼夜身を入《イレ》、家業如在《ジョサイ》に致《イタシ》」ていると「大切之家を失可レ申《ウシナイモウスベキ》事《コト》今見るがごとく」になってしまうからである。面倒な村役人の職務の忌避をはかり、「唯《タダ》先祖より被二下置一《クダシオカレ》候家業出情致《シュッセイイタシ》候へば、一生安らくに暮中事疑有《クラシモウスコトウタガイアル》まじく候」と述べるこの家の姿勢は、先に取り扱った『宮川氏家訓』の書き加えられた六箇条の示す指針と同様の方向性を持つものであろう。このような方向性を持つ「家訓」の存在は、天明期以後のすなわち一八世紀後半以後の農村における、特に上層農民の意識を問題とするうえで貴重なものであると考える。

本書は先に示したように長野県史刊行会の手になる『長野県史近世史料編』第一巻（一）に紹介されたものを底本としたが、収録するにあたっては現在の原本所蔵者である出野陽氏からの許可をいただく手続きを取った。原本は『天明四年永代日記書』という文書の中に収められたもので振り仮名も一部施されているが、翻刻して底本に掲載する際に振り仮名は省略されている。本書では読者の便をも考え、多少多目かもしれないが、あらためて新たな振り仮名を付した。さらに漢文表記の部分には返り点を加えた。また、底本はこの「家訓」に「出野多右衛門家家訓」という題を付しているが、この名称は便宜的に付けたもののようなので、本書ではこれを『出野家家訓』と改めた。

出野家家訓

家督相続制詞条々

本家相続之人は家業大切に仕《ツカマツリ》、二六時中無㆓油断㆒《ユダンナク》致㆓出情㆒《シユツセイイタシ》、一門諸親類に至るまで慈悲をくわえ、縦《タトイ》隣家たりとも麁略《ソリヤク》なく、なを又其身も手習学問可㆑致事《イタスベキコト》肝要也。(1)

一①、嫡子たりとも大酒をこのみ、博奕抔《ナド》致候ものには決て譲り申間鋪《モウスマジク》候。次男三男たりとも其もの之器量を見立《ミタテ》家督相続致させ可㆑申《モウスベク》候。実子何人有㆑之《コレアリ》候共、前書《マエガキ》にふそく（不足）致《イタス》人柄不《フ》相応《ソウオウ》之ものには譲り申間鋪、其節は別家之内より能人《ヨキヒト》を撰《エ》り出し(2)家督譲り可㆑申候。

一②、本家に居《オリ》候ものは別家一門大切に仕《ツカマツリ》、用事なき共折々《オリオリ》見舞可㆑尽㆓懇意㆒《コンイヲツクスベク》候。若《モシ》又其内に不身上成《フシンシヨウナル》もの有㆑之ば、兄弟は勿論、従弟又はそれより末《スエ》之親類たりとも随分引廻《ヒキマワ》し、手前痛に不㆓相成㆒《アイナラズ》候様《ヨウ》に少々宛《ズツ》之可㆑致㆓合力㆒《ゴウリキイタスベク》(3)候。

一③、本家不《フ》廻《マワ》りに相成候はゞ(4)、別家より打寄何程《ウチヨリイカホド》も念入《ネンヲイレ》相談詮議《センギ》をとげ、不廻りも引直《ヒキナオ》し候様可㆑仕《ツカマツルベク》候。

一、④別家一門諸親類より本家大切にと被ニ存付一《ゾンジツケラレ》候様に可レ致《イタスベシ》。唯其元《ソコモト》は聊女在《イササカジョサイ》なく一門之中睦敷《ナカムツマジク》懇《ネンゴロ》に致置《イタシオキ》候へば得ば、(5)大事におよび候節一門よりも不ニ捨置一《ステオカズ》候。是其源は常々の心入《ココロイレ》に可レ有レ之事《コレアルベキコトニ》候。兎角《トカク》ぢよさい《(如在)》致せば先よりも又とうかん《(等閑)》(6)なり。とうかんより疎遠なれば皆われよりおとる事なれば、人又同前《ドウゼン》たるべき事。

一、⑤別家兄弟より人馬抔《ナド》かり《(借)》申度由申来《モウシタキヨシモウシキタリ》候はゞ、早そく《(速)》用立可レ申《ヨウダテモウスベシ》。然共《シカレドモ》賃銭《チンセン》等は必取《トリ》申間鋪《モウスマジク》候。若《モシ》其賃可レ取心指《ココロザシ》有レ之《コレアラ》ば一向《イッコウ》用立申間敷候。乍レ併《シカシナガラ》人馬抔入用《イリヨウ》之節は手前にても相知《アイシ》れ候事、先方より申来《モウシキタラ》ざる以前に人馬は私より遣《ヤリ》可レ申抔《ナド》と申程に無レ之候ては、一門むつまじく懇《ネンゴロ》にはまいり不レ申《モウサズ》、本家大切に不レ被レ存《ゾンゼラレズ》候間《アイダ》、一門親類よりも本家おも〳〵敷《シク》被ニ存付一《ゾンジツケラレ》候様可レ仕候。

一、⑥本家ばかり之制詞《セイシ》(7)にも無レ之《コレナク》、別家兄弟よりも本家大切にと存《ゾンジ》、随分相《アイ》したがい《(従)》中よくむつまじく、其上家業大切可レ致ニ出情一《タイセツニシュッセイイタスベク》候。

一、⑦本家は徳分沢山附置《トクブンタクサンツケオキ》可レ申候。別家家持《イエモチ》に出し候共、本家物割呉《ホンケノモノワリクレ》申間鋪候(8)。本家徳分之儀は御先祖方より預りもの、時番人《トキノバンニン》子供たんと持候て家持に致す抔《ナド》と申《モウシ》、大切之田畑みだりに割呉、本家徳分薄く致《イタシ》、是程之大伽藍《ダイガラン》之修理《シュリ》、覆造作《フキゾウサク》何之徳やうを以《モッテ》諸材木代金并諸しよ《(職)》く人之作料《サクリョウ》出し可レ申哉《モウスベキヤ》(9)。殊《コト》に本家と申ものは御先祖方之法事等まで不レ残《ノコラズ》引請《ヒキウケ》執行致《イタシ》候へば、諸道具に至までも外《ホカ》より沢山無レ之《コレナク》候ては不ニ相成一《アイナラズ》候間、是以少も分呉《ワケクレ》候事無用《ムヨウ》。本《ホン》家附《ケニツキ》候諸商売も家持には壱つも呉《クレ》申間鋪候。若《モシ》家持に田畑、諸道具等呉度存《クレタクゾンジ》候はゞ、其子供之親々家督致《イタシ》、其後《ソノノチ》出情(精)之上もふけ(儲)ため候余金を以《モツテ》田畑、諸道具等相調《アイトトノエ》呉可㆑申《クレモウスベク》候。本家之もの少も減《ヘリ》候ては不㆓相成㆒《アイナラズ》候間、此旨《コノムネ》急度《キツト》相得㆑心《アイトクシン》致㆓違背㆒《イハイイタス》間敷《マジク》候。末々之孫子《マゴコ》共《ドモ》本家之もの不㆓申請㆒《モウシウケズ》候とて、少もふそく(不足)がましき儀申まじく候。兄弟多《オオク》候はゞ本家に居《オリ》候内に手習算盤《ソロバン》随分と習取《ナライト》り、松本又は高崎辺《アタリ》え手代奉公に罷越《マカリコシ》、商《アキナイ》之致《イタシ》習覚て、其後上田え罷帰《マカリカエリ》、少《スコシ》之小店なり共出《ダ》し、一分《イチブン》(10)に身を見付《ミツケ》渡世《セイ》おくり可㆑申候。勿論《モチロン》主人大切に奉《アオギタテ》㆑仰《マツルコト》事親よりもたかし。主人麁略《ソリヤク》に仕《ツカマツリ》候事天道之恐有《テントウノオソレアリ》。(11)此段得心違無㆑之《トクシンチガイコレナキ》様《ヨウ》に相守《マモリ》候事、奉公人之肝要也。

一、⑧子供にも理不尽成族《ナルヤカラ》も中には出性《シュツショウ》いたし、(12)親之もの兄弟にて分取《ブンドル》事何之《ナンノ》可㆑有㆓子細㆒之《シサイコレアルベキ》抔《ナド》と申て分取度族《ブンドリタキヤカラ》、爰《ココ》をよく可㆑致㆓拝見㆒《ハイケンイタスベク》候。本家に縦《タトイ》男子弐人、女子壱人子供三人有《アル》に、娘はひつ、長持《ナガモチ》、小袖《コソデ》等まで取揃呉《トリソロエクレ》候には此家之格にてはなき〱も五拾金入《イリ》(13)候。其もの入《イリ》之跡《アト》にて兄弟致《イタス》㆓田畑弐つ割㆒抔《ナド》と申時《モウストキ》、馬鹿之親田畑弐つに割呉《ワリクレ》、壱つ分《ブン》本家に残《ノコシ》、壱つ家持に呉《クレ》候時は大伽藍之本家に徳やう(用)薄相成《ウスクアイナリ》、それでも一門諸親類本家と申㆓入込㆒《イリコミモウシ》(14)、其上御先祖方之年忌《ネンキ》法事等は致候へば、徳分は薄く減《ヘリ》、もの入《イリ》はまし(増)、なんとなくおのれと不身上《フシンショウ》に相成候事は、子供沢山持《モチ》、嫁に遣《ヤリ》、男子に分呉《ワケクレ》候故、本家と申《モウス》名ばかりに成《ナリ》、むかしより之名高《ナダカキ》茂右衛門之跡式《アトシキ》是見よ、今は此やうに大屋鋪《ヤシキ》ばくずれ、取手《トッテ》もなく相成《アイナリ》候、むかしはまん〳〵とした大金持と、むかしもの《(物)》語いたされ、今不身上に成候へば、人之口にかゝり候。口おし《(惜)》き事なり。扨《サテ》こそ人にわらわれ候事、時之番人子にかゝで古き家柄人にわらわせ候事、全《スベテ》理不尽成族《ナルヤカラ》と得心違之親《トクシンチガイノオヤノ》之咎《トガ》なり。若《モシ》家を失候程之儀仕出《シダ》し候へば、御先祖方始奉《ハジメタテマツ》り筆者之われ〳〵まで七世まで之勘当に候間、必《カナラズ》左様之得心違無レ之様《トクシンチガイコレナキヨウ》に田畑等諸道具に至まで、分呉《ワケクレ》候事無用可レ仕《ムヨウニツカマツルベシ》。此書を相守《アイマモリ》家業大切、子にかゝでず家督相続可レ仕候。此大家《オオイエ》今時之人家作普請仕得申《カサクフシンツカマツリエモウス》ものにて無レ之、祖父様大気《タイキ》之御生附故《オウマレツキユエ》に(15)如レ此《カクノゴトキ》家作被二成下一《ナシクダサレ》候。上田広《ヒロシ》と申せ共、家作は誰様もうらやましきとは不レ存《ゾンゼズ》候程之家、分取《ブンドリ》徳分を減《ヘラシ》、失二家を一《イエヲウシナイ》不レ申様《モウサザルヨウ》重々難レ有《アリガタキ》家督可レ仕もの也。

⑨一、不勝手《フカツテ》に成《ナリ》、(16)金子《キンス》をほしがり、筋目《スジメ》、種性悪敷所《スジョウアシキトコロ》より金子抔取《ナドトリ》候約束に娘を呉《クレ》、又は嫁を取《トリ》、金子にめで先祖より正き筋目を移申事口おしき心抵《シンテイ》なり。(17)人の命より弐ばん目之払《フッ》底成《テイナル》金子を、金子出してさえ一家に成度申談《ナリタクモウシダンジ》候事も有レ之族《コレアルヤカラ》もまゝ承及《ウケタマワリオヨビ》候。(18)必々《ヒッヒッ》手前抔《ナド》家柄左様之相談決て不二相成一《アイナラズ》候間、可(以下闕く)

本家相続之もの幷別家一門制禁之条

⑩一、出野《イデノ》之名苗字名《ミョウジナ》乗《ノリ》候ものは、踏入村《フミイレムラ》にかゝわり候少《スコシ》之小役《コヤク》たりとも、末々之もの勤度《ツトメタキ》抔在付申間鋪《ナドゾンジツケモウスマジク》候。役前《ヤクマエ》と申ものは人々しよねみ之あふく悪ものなり。(19)左《サ》すればなんぞ其人

之疾《シッ》を見出《ミイダ》し、役を上げ見たがり、まづ公事《クジ》を工仕掛《タクミシカケ》、それを疾にして、役人は多は取上られ抔致《ナドイタシ》て退役《タイヤク》之往来《オウライ》出来るもの也。(20) 今時之至《イタラ》ぬ人六ケ《ムッカ》敷《シキ》公事抔仕《シ》掛《カケ》られ、十に十まける。まける身ならず公事ばかり昼夜身を入《イレ》、家業如在《ジョサイ》に致《イタシ》候故、おのれと不勝手に相成《アイナリ》候。左候へば村方は不レ及レ申《モウスニオヨバズ》、近郷隣郷《キンゴウリンゴウ》までも、人々はかげにてわらい馬鹿に致候。それ其源《ミナモト》は村役よりおこる公事なり。其公事に掛《カカリ》昼夜二六時中、不レ及レ申二《モウスニオヨバズ》当人は一妻子までも其気に成《ナリ》、家業を捨《ステ》、時日《ジジツ》をむなしく暮《クラシ》候故、かせぎは薄《ウスク》なり何心なく不身上《フシンショウ》には相成候。此儀理《ギリ》を能々《ヨクヨク》相考《アイカンガエ》、銘々《メイメイ》家々之面々此書を急度《キット》相守慎可レ申事《アイマモリツツシミモウスベキコト》肝要なり。若《モシ》又違背之《イハイノ》輩《トモガラ》有レ之《コレアル》においては、其家を失《ウシナイ》に出性来《シュツショウシキタ》る人と可レ得二相心一《アイココロエベク》候。元来役前と申ものは、不時《フジ》に上《カミ》より降《フ》り下《クダ》り被二仰付一《オオセツケラレ》候ものにて無レ之《コレナク》候。我《ワレ》このみ《（好）》申依《モウスニヨリ》て村方之内、心安懇《ココロヤスクネンゴロ》之ものに酒肴抔《シュコウナド》にて饗応《キョウオウ》いたし、内々申談相《ナイナイモウシダンジアイ》たのみ、其上所々えも音物抔遣《インモツナドヤリ》、拵立《コシラエタテ》候故、少《スコシ》之小役《コヤク》も被二仰付一《オオセツケラレ》候事、むかしが今に至るまで同《オナジ》事ことに候。(21) それとも万々一上《カミ》より不時《フジ》に押付《オシツケ》、其もの之時《トキ》之器量を以被二仰付一《モッテオオセツケラレ》候へば、先《マズ》其節は一ったん奉レ畏《カシコマリタテマツリ》御請申上下《オウケモウシアゲサガ》り、三日過《スギ》候て病身之申立《モウシタテ》、時《トキ》之割番《ワリバン》(22)中え度々《タビタビ》訴《ウッタエ》御訴訟《ゴソショウ》申上《モウシアゲ》候得《ソウラエ》ば退役被二仰付一《タイヤクオオセツケラレ》候。然共《シカレドモ》大抵之ものに不時に降《フ》り下《クダ》り被二仰付一候事、千人に壱人覚不レ申《オボエモウサズ》候間、少之小役たりとも相勤度抔《アイツトメタシナド》と存《ゾンジ》付《ツキ》候事、決て無用可レ仕《ムヨウニツカマツルベク》候。若又此書を不二相用一《アイモチイズ》、役前抔引請相勤《ヒキウケアイツトメ》候はゞ、大切之家を失《ウシナイ》可レ申事《モウスベキコト》今見るがごとく候。(23) 唯《タダ》先祖より被二下置一《クダシオカレ》候家業出情致《シュッセイイタシ》候へば、一生安らく《（楽）》

に暮《クラシ》申《モウス》事《コト》疑《ウタガイ》有《アル》まじく候。此儀《ギ》深き奥意《オクイ》有《アリ》レ之《コレ》。祖父様と御相談《ゴソウダン》申《モウシ》相《アイ》認《シタタメ》候書物《カキモノ》に候。違《イ》背《ハイ》仕《ツカマツル》間鋪《マジク》候。

天明四年辰三月吉日

出野多右衛門書レ之

まさのり

(1) 文中の「出情」は、出精と書くのが一般的。精を出して働くこと。また「麁略」はおろそかに扱うの意。

(2) 「襟り出し」は撰り出しの当て字。

(3) 「不身上」は資産がなく貧しい状態の意。この条は、「別家一門」の内にそうした状態となった者が出た場合は、兄弟や従弟はもちろんのこと、「それより末之親類」の者であってもよく世話をして、自分の家の家計に差し障りが出ない程度に少しずつ援助をして助けるべきことを説いている。

(4) 「不廻り」は、経済状態が悪化して家の維持運営に支障が生じるの意。

(5) 「其元」は其処許とも書き、〃そのもと〃とも読むが、〃そのあたり、そこらへん〃の意と、武士が相手を呼ぶ際に格式ばって用いた〃あなた〃の意がある。ここは前者。「女在なく」は如在なくの当て字。手抜かりなくの意。また「致置候へば得ば」は「得ば」の記述が余計で、正しくは「致置候へば」。

（6）「とうかん（等閑）」は、なおざり、おろそかにするの意。

（7）「制詞」は冒頭の題にもある語だが、誡めの言葉の意。

（8）「徳分」は自分のもらうべき取り分の意。「家持に出し」は分家させること。

（9）「時番人」の読みはトキバンノヒトとも読めるが、第八条の文中に「時之番人」という記述があるのでトキノバンニンと読んだ。いずれにしても「御先祖方より預りもの」とされる家のその時点の当主のこと。また「覆造作」は屋根の葺き替えのことと思われる。「作料」は手間賃の意。

（10）「一分に」は自分自身一人での意。

（11）「天道」という考え方は日本では戦国時代に始まるものとされているが、天にあって人間世界に個々の人や祖先の道徳性の高さ低さにもとづいて禍福をもたらす存在と意識され、一種の人格的性質を持った存在として信仰の対象ともなった。その最も世俗的な形態がお天道様信仰と呼ばれるものである。ここに言う「天道之恐有」は、天道は人の行為に対して道徳的判断を下す存在であるから、「主人麁略に仕」るような悪行に対しては罰を下される「恐」れがあるという意味になる。

（12）「出性」は出生の当て字。以下の文中の「何之可レ有二子細之一」の読み下しは、あるいはナンノシサイノアルベキか。

（13）「ひつ」は櫃のこと。大きな匣《はこ》の一種で上に向かって蓋の開くもの。「長持」は衣服や調度などを入れておく長方形の蓋のある箱。「小袖」はここでは絹などで作った高価な着物の意。これらはいずれも婚礼の際に親が用意して娘に嫁入り道具として持たせるもの。「なき／＼」は泣き泣きか。

（14）「徳やう（用）」は利得の意。「申ニ入込ニ」は、すっかりその状態に馴れてしまって何の疑問も持たないこと。

（15）「大気之御生附」は度量の大きな生まれつきの意。

（16）「不勝手に成」は、経済的に生計をたてることが困難になりの意。また、続く文中の「種性」は素性の当て字。「筋目」も素性も血筋や家柄を言う語。

（17）「移申事」は、あるいは「穢申事（けがしもうすこと）」の書き誤りか。底本は「移」の字に「（穢）」の傍書を付している。「心抵」は心底の当て字。心底は心のうちの意。

（18）「払底成金子」は、ほとんど無いお金の意。「申談」は申し入れのこと。

（19）「役前」の役は、ここでは庄屋（名主）や組頭といった村役人の仕事を指す。「役前」はそれらの役を担当すること。「しよねみ」はそねむこと、すなわち嫉妬の意か。以下の「あふく悪ものなり」の意味については判然としないが、文脈からすると、村役人などを務めると他の村人達からの嫉妬の対象になってしまうので良いことはないという程の意であろう。

（20）「疾」は欠陥とか瑕《きず》の意。「公事」は訴訟および裁判、特に民事訴訟のこと。「退役之往来出来る」は役職を退く道筋が用意されてしまうの意か。

（21）「音物」はインブッとも読む。贈り物、特に賄賂としてなされる贈り物のこと。「同事ことに候」という記述は、誤って「こと」を重ねて書いたもので「同事に候」とあるべきか。あるいは濁点を加えて「同事ごとに候」とするべきなのかもしれない。
（22）「時之割番」は支配する武士側の役人のその時点の担当者。担当者は順番に交代で割り当てられたので「割番」と言う。
（23）「今見るがごとく」は、目に見えるようだの意。

井《い》口《ぐち》家《け》家《か》訓《くん》

【解題】 この「家訓」は、現在の長野県南安曇郡穂高町（江戸時代の地名は信州松本領内安曇郡等《と》々《ど》力町村《りきまちむら》）の井口家に伝わるものである。奥付によれば、天明四年（一七八四）に飯島喜左衛門と井口半蔵という二人の人物の手で認《したた》められたものであって、全部で四六箇条という構成をとっている。認め手の一人である飯島喜左衛門という人物については、原本所蔵者であった故・井口としえ氏の御次女の高橋佳史氏にお聞きしたところでも、これが井口家とどのような関係にある人であったかは不明とのことである。おそらく井口家との間に縁戚関係を持っていた人なのであろう。

内題に「家相続仕法定式子孫え遺書事」とあるように、その内容は家督の相続のさせ方についてのものが大半を占めている。そこで特徴的なのは、井口家においてはそれまで必ずしも長男子相続を原則とはしていなかったということである。第三三条は「惣領に女子」が出生し次いで男子が生まれた場合も、惣領である姉に「聟《ムコ》を取《トリ》家督人に致し可ㇾ申」という指示をおこなっている。ここからはこの家が代々長子ならば男女を問わずに相続人とする方法を採って来たことを読み取ることが出来るが、この指示に続いてこの条では原則は原則だが「姉之心指《ココロザシ》を考《カンガエ》、又は次男家相続も可ㇾ致器量有ㇾ之者」であれば「肉縁《ニクエン》を離れ世間亦《マタ》は親類共打寄《ウチヨリ》相談取極《トリキメ》之上」で弟に相続させてもよいとしている。

「近世後期家訓の成立と同族団」（『信州史学』第一〇号、信州大学教育学部歴史研究会）という論稿において、『長野県史近世史料編』に収められた二五点におよぶ江戸後期信州の農家の家訓類の分析をおこなった市川包雄氏は、そこに相続に関して次第に男子を優先させてゆく考え方が芽生えて来ていることを指摘している。しかもその前に記された第二九条を見てみると、そこには「悴《セガレ》大勢《オオゼイ》出生有レ之《コレアリ》、惣領《ソウリヨウ》少々為二不足《フソクタ》一共《リトモ》、実躰《ジッテイ》に候はゞ家督は惣領え相譲《ユズリ》可レ申事」ということが指示されている。この条の指示の中に、我々は井口家がこの時期においては先に取り上げた『出野家家訓』の冒頭第一条が念押しすることと同様に、男子であっても「実躰」でない、すなわち実直な性格ではない「惣領」の場合は「悴大勢」の中から相応《ふさわ》しい者を選ぶということを前提とはしながらも、家産の維持能力に疑問のある「惣領」でさえなければ、基本的に直系の長男子相続を原則としたい意向を持つようになっていたということをも読み取れよう。

こうした発想は、井口家の場合は第三七条に「本家に付《ツキ》候田地田畑諸道具等に至迄、御公儀之物と相心得、決て配分無用《ムヨウニ》可レ致《イタスベク》候。為二主人《シュジンタ》一共《リトモ》身上向《ムキ》は皆私《ワタクシ》之物に非ず。御上《オカミ》之物当時御預《オアズケ》被《ナ》二為《シ》置《オカレ》一候と相心得、主人女房に至迄家之奉公人と相心得相勤《アイツトメ》可レ申事」とあるような「公儀」への強い意識とセットになったものであったのではないかと思われる。詳しくは巻末の解説中で論ずるが、長男子相続という相続形態は支配層である武家においては江戸の社会において制度化され定着していたものであった。冒頭第一条で「御《ゴ》公儀《コウギ》御《ゴ》法度《ハット》之趣《オモムキ》、大切《タイセツニ》相守《アイマモリ》可レ申事《モウスベキコト》」と述べ、続く第二条で年貢の皆済を何よりも優先すべきと説くこの「家訓」の姿勢からは、この家が意識の上でも強く支配層である武家のそれに身を添わせようとしている傾向を看て取ることが出来よう。そうした姿勢は、女性に対してなされた教誡の内に特に顕著である。第三一条は「女房身持之儀」を述べたものだが、そこには「出生之惣領又は次男或《アルイハ》娘之縁談等之儀たり共、夫《オット》え差図《サシズ》ケ《ガ》間敷《マシキ》儀決て申間敷候」という訓誡が記されている。この条は続いて「無レ拠《ヨンドコロナキ》相続之儀心付《ココロヅ》き、申出度儀《モウシイダシタキ》存付《ゾンジツキ》候節は、親類之内歟《カ》又は里之親共兄弟を以《モッテ》夫え諫《イサメ》可レ申候」と指示しているが、女性に対するこうした構えはやはり相続に関する意識と同様に江戸時代の武家の社会において形成されたものである（この点についても巻末の解説中でふれる）。この「家訓」は第一一条で出来れば「大庄屋役 幷《ナラビニ》小庄屋役或《アルイ》は組頭役等」といった役職は忌避すべきことを述べている点で前掲の『出野家家訓』と同様の性格を持つ「家訓」であるが、ここに指摘した種の意識の方向性は、一八世紀後半以後の農村における特に上層農民のそれを問題とするうえでのもう一つの論点となるものであろう。この井口家の姿勢もまた佐々木潤之介氏が「農民層分解の開始期」と位置づけるこの時期への一つの対応の形であったと捉えるべきものである。

全四六箇条の条目中には他に「先祖御年忌《ネンキ》」の際の注意や常日頃の食事に関する倹約の教えなどが展開されているが、この「家訓」にもう一つ特徴的なのは農事に関する教誡である。天候に充分な注意を払うべきことを述べたうえで、暦にもとづく豊凶の傾向や予測を示して作物の売買の仕方への指示までをおこなう第四二条の記述は、まことに懇切なものである。天候の善し悪しによる豊凶が家の永続のいかんを左右する大きな要因の一つとなったことに我々はあらためて思いを致すべきであろう。

本書は昭和四九年に長野県史刊行会が刊行した『長野県史近世史料編』第五巻（二）の収めるものを底本とした。収録に際しては原本所蔵者である井口家よりの承諾をいただき、『出野家家訓』の場合と同様に、底本としたものに新たな振り仮名を付し、漢文表記の部分には返り点を施した。本書に『井口家家訓』という名称を掲げた点は底本の表記にもとづいている。

井口家家訓

家相続仕《シ》法定式《ホウジョウシキ》子孫え遺書事（1）

一、①御《ゴ》公儀《コウギ》（2）御《ゴ》法度《ハット》之趣《オモムキ》、大切相守可レ申事《タイセツニアイマモリモウスベキコト》。

一、②御年貢幷《ナラビニ》諸役金、決《ケッシ》て不レ致二未進一《ミシンイタサズ》上納可レ仕《ツカマツルベシ》。年之相応不相応に寄《ヨリ》、勝手之筋抔唱《ナドトナエ》、御上《オカミ》之物を不レ納《オサメズ》、私《ワタクシ》之利欲等に相懸《アイカカリ》候儀は決て致間鋪《イタスマジク》候。右御年貢諸役納《オサメ》之日限来《ニチゲンキタ》り、其節《ソノセツ》米金銭有合《アリアワセ》無レ之《コレナキ》節は、有合之代物《シロモノ》、諸道具等に至迄《イタルマデ》も売払《ウリハライ》、又は質物《シチモツ》に差入《サシイレ》候共、其日限少も無二遅滞一《チタイナク》相納可レ申事。（3）

一、③御上より被二仰渡一《オオセワタサレ》候儀、不レ依二何事一《ナニゴトニヨラズ》誹謗等致間鋪《イタスマジキ》事。

一、④先祖御命日に御墓所え可レ致二参詣一事。

一、⑤先祖御年忌《ネンキ》之儀、年々月々過去帳吟味相改《アイアラタメ》繰《クリ》出し、菩《ボ》提所《ダイショ》御《オ》寺《テラ》致二請待一《ショウダイイタシ》、御法事相《アイ》勤《ツトメ》可レ申。且《カツ》其御亡霊御存生《ゴゾンジョウ》之内念頃《ネンゴロ》相抔《アイナド》と唱《トナエ》、他人を呼《ヨビ》候儀無益《ムエキニ》候間、法事之砌《ミギリ》は菩提所親類に可レ限《カギルベク》候。外《ホカノ》客は決て可レ為二無用一《ムヨウタルベク》候。但《タダシ》其砌料理等之儀は随分軽く、香物《コウノモノ》共に一汁

三菜に可二相定一《アイサダムベシ》。尤《モツトモ》布施物《フセモノ》等は可レ致二叮嚀一事《テイネイニイタスベキコト》。(4)

一⑥、先祖命日、月之十七日、廿四日、此両日は逮夜《タイヤ》に菜之物を召仕之者共へも給させ候様に心掛《ココロガケ》、猶《ナオ》又十月十七日、極月《ゴクゲツ》廿四日、此両日は別段重し。(5)御出家方逮夜可レ致二請待《ショウダイイタスベキ》一事。

一⑦、両親え朝夕無二懈怠一《ケタイナク》(6)御機嫌伺可レ申候《ウカガイモウスベク》。尤《モツトモ》用事等被二仰付一《オオセツケラレ》候節は、縦如何様《タトイイカヨウ》之儀有レ之候共差置《サシオキ》、両親之被二仰聞一《オオセキケラレ》候儀先《マズ》相勤可レ申事。

一⑧、朝夕御　仏前可レ奉レ拝《オガミタテマツルベキ》事。

一⑨、毎月三ん日《サンノヒ》　明神《ミヨウジン》え神酒《ミキ》備へ可レ致二参詣一《サンケイイタスベキ》事。

一⑩、檀那《ダンナ》寺貞実《デラテイジツニ》重く取扱可レ申事。(7)

一⑪、大庄屋役　幷《ナラビニ》小庄屋役或《アルイ》は組頭役等決て相望申間敷《アイノゾミモウスマジキ》事。万々一従二御上一《オカミヨリ》御目鑑《オメガネ》を以《モツテ》蒙レ《オオセヲコウムリ》仰候ば、一通御免願《ヒトトオリゴメンネガイ》御訴詔可レ申候。再応《サイオウ》は可レ恐《オソルベキ》事　弥以《イヨイヨモツテ》御役被二　仰付一《オオセツケラレ》候ば、其村方人気《ジンキ》を能々考《ヨクヨクカンガエ》、一統《イツトウ》致し帰伏《キフク》候様取　計《トリハカライ》可レ申候事。御役之権《ケン》を以《モツテ》誹謗無レ之《コレナキ》様《ヨウ》可二取　計一事。諸勘定之砌《ミギリ》、分厘毛等算《サン》之上にて切捨勝手之方え指込《サシコメ》不レ申様可レ致事。(8)

一⑫、御公儀御役人御用向《ゴヨウムキ》にて御一宿被レ成《ゴイツシユクナラレ》候砌、追従《ツイシヨウ》幷御馳走《ゴチソウ》ケ間敷《ガマシキ》事決て不レ致、勿論《モチロン》料理等は一汁香之物共に三菜可レ限候。酒之儀は相　伺《アイウカガイ》差上《サシアゲ》可レ申事。亭主罷　出《マカリイデ》数献《スウコン》差上候儀は決て無用候事。御客之御勝手に可レ致。都《スベ》て　御公儀御役人え対し御用之外取持躰《ホカトリモチテイ》は誠《マコトニ》追従に当る也。可二相慎一事。(9)

⑬一、当時之身上向《シンシヨウムキ》にては、御上《オカミ》之為二御用金《ゴヨウキンノタメ》一年々金三両宛《ズツ》封金《フウキン》致《イタシ》備置《ソナエオキ》可レ申事。

⑭一、家督相続人之儀は、日々心懸《ココロガケ》、作場《サクバ》(10)へも未明《ミメイ》より罷越《マカリコシ》、仕事之手配夫々《ソレゾレ》え可レ致二差図《サシズ》一。病気之砌は、日頃手附《テツ》け目を掛候者え委申付《ユダネモウシツケ》候様可レ致事。

⑮一、食物之儀、主人は米三分二、野菜三分壱食事可レ致。召使之者共は右に准《ジュン》じ可二取計《トリハカラウベク》一候。尤《モットモ》其年柄豊凶に寄《ヨリ》、上下共談じ之上にて、又々食事等可レ有二吟味一事。

⑯一、家之主人着用物、絹《キヌ》類は袖口《ソデグチ》にも無用。婚礼葬礼之節たり共かびたん布に可レ限《カギルベシ》。帯は太織《フトオリ》迄、女主人は絹紬《ツムギ》迄可二相用《アイモチユベク》一候。尤夏は中通り之越後縮《エチゴチヂミ》迄、其余は可レ為二無用《ムヨウタルベキ》一事(11)。

⑰一、月待《ツキマチ》日待《ヒマチ》に福引たり共無用之事(12)。

⑱一、碁、将棊、遊芸等、四月より十月迄は可二相止《アイヤメルベク》一候。尤《モットモ》客来《キタル》之砌《ミギリ》は無レ拠《ヨンドコロナキ》儀は格別。私之楽《タノシミ》には決て無用之事。

⑲一、縁談之節外々《ホカホカ》より呼取《ヨビトリ》候も前書可レ准《ジュンズベク》候(13)。此方より差遣《サシツカワシ》候も右同断《ドウダン》。取組候砌違背《イハイ》被レ申《モウサレ》候方は無縁《ムエント》可レ致事。

⑳一、由縁《ユエン》及困窮候節、合力《ゴウリキ》等之儀相頼来《アイタノミニキタリ》候節は、其人之平生《ヘイゼイ》之身持等相糺《アイタダシ》、往々行届《ユクユクユキトドク》も可レ有歟《アルベキカ》と考《カンガエ》を付《ツケ》候て可レ致二取計《トリハカライイタスベキコト》一事。他人は決て可レ為二無用《ムヨウタルベキ》一事(14)。

㉑一、神社仏閣其手寄《テヨリ》より奉加《ホウガ》申来《モウシキタリ》候節は、得《トク》と相糺《タダシ》、相応に奉加可レ致候。尤名聞ケ間《ミヨウモンガマ》敷《シク》不二相成《アイナラザルヨウ》一様に可二取計一事(15)。

一㉒、年中夏秋取入《トリイレ》之米雑穀其外品々《ソノホカノシナジナ》、逸々《イチイチ》に石数《コクスウ》帳面に附置《ツケオキ》、遣払売払候品(16)明白《メイハクニ》勘定相《アイ》立《タテ》可レ申事。

一㉓、年中小遣《コヅカイ》逸々明白記置《シルシオキ》、主人日々相改《アラタメ》可レ申事。

一㉔、見世（店）より代物取来《トリキタリ》候節は、帳面に付させ取可レ申候。勿論《モチロン》五日目々々に勘定相立可レ申事。

一㉕、日々食物米雑穀出《ダ》し入《イレ》、女主人或は娵《ヨメ》、娘等約（酌カ）に出入可レ致事。

一㉖、夜分《ヤブン》火之元其外囲《ソノホカカコイ》之内主人見廻《ミマワリ》可レ致候。病気等之砌《ミギリ》は、日頃目を掛置《カケオキ》候者へ申付、名代為二相勤《ミョウダイアイツトメサセ》一可レ申事。

一㉗、婚礼葬礼之砌客来《キャクライ》之節も、食事等一汁三菜可二相限《アイカギルベク》一候。酒も三献可レ限《コンニカギルベシ》。其身分大酒を好み、又は小酒を好《コノミ》候仁《ジン》えは大小器物にて取計《トリハカライ》、数献に不レ及様《オヨバザルヨウ》に可レ致事。

一㉘、諸事家作《カサク》等に至迄《イタルマデ》、奢ケ間敷《オゴリガマシキ》儀無レ之様に心懸可レ申(17)。且修覆幷肥場《カツシュウフクナラビニコエバ》等囲場能取拵《カコイバヨクトリコシラエ》、田畑作り物肥《コエ》調合為二主人一者《シュジンタルモノ》自身に仕込専要《シコミセンヨウニ》心掛可レ申事。

一㉙、悴大勢《セガレオオゼイ》出生有レ之《コレアリ》、惣領《ソウリヨウ》少々為二不足一共《フソクタリトモ》、実躰《ジッテイ》に候はゞ家督は惣領え相譲《ユズリ》可レ申事(18)。

一㉚、家之主人女房持《モチ》候て悴或《アルイ》は娘出生有レ之、其後女房病死等又は致二不縁《フエンイタシ》一候ば、後妻は決て無用。無レ拠筋合《ヨンドコロナキスジアイ》にて縁有レ之再縁取結《トリムスビ》候時(19)は、先妻之出生に家督相譲《アイユズリ》、後妻之出生有レ之候共、何《イズ》れも先妻之次男之末に取扱《トリアツカイ》可レ申事。

一㉛、女房身持之儀、出生之惣領又は次男或《アルイハ》娘之縁談等之儀たり共、夫《オット》え差図《サシズ》ケ間《ガマ》敷《シキ》儀決て申間敷候。無レ拠《ヨンドコロナキ》相続之儀心付《ココロヅ》き、申出度《モウシイダシタキ》儀存付《ゾンジツキ》候節は、親類之内歟《カ》又は里之親共兄弟を以《モッテ》夫え諫《イサメ》可レ申候。夫も女房身上向《シンショウムキ》之儀申出候ても、女房直《ジキ》に申出候儀は取上間鋪《トリアゲマジク》候。此儀女房呼迎《ヨビムカエ》候節急度《キット》可ニ申渡一《モウシワタスベキ》事。

一㉜、女房不縁又は病死之後、妾差置《メカケサシオキ》候節、召仕同様に可ニ取扱一《トリアツカウベク》候。縦《タトイ》男子女子等出産有レ之候共、家内之者共は不レ及レ申《モウスニオヨバズ》、召仕同様可ニ取扱一候。出生儲《モウケ》たり共、召上《メシア》げ仕《ツカマツリ》候儀決て無用。妻妾之愛に溺《オボレ》て禍《ワザワイ》を招事《マネクコト》古今有レ之可レ慎事。尤家督人有レ之候ば、妾差置候儀可《ムヨ》レ為《ウタルベキ》ニ無用一事。

一㉝、惣領に女子致ニ出生一《シユッショウイタシ》次男出生候共、惣領に聟《ムコ》を取《トリ》家督人に致し可レ申。然共《シカレドモ》其惣領之姉之心指《ココロザシ》を考《カンガエ》、又は次男家相続も可レ致器量有レ之者に候ば、此儀は肉縁《ニクエン》を離れ世間亦《マタ》は親類共打寄《ウチヨリ》相談取極《トリキメ》之上、壻（婿）取候共又は次男を相続人に致候共、他人親類打寄、肉縁を離れて之了簡《リョウケン》を以《モッテ》、何《イズ》れにても相続可レ致と申者、姉成共《ナリトモ》弟たり共吟味之上無ニ贔負一《ヒイキナク》相続相譲《ユズリ》可レ申。是第一恐ニ天道一《テントウヲオソレ》御公儀え之御奉公、家督は至《イタリ》て重し。一家永相続、則《スナワチ》人之亀鑑《キカン》、
御上《オカミ》之忠節、不易《フエキ》之至宝《シホウ》也。[20]

一㉞、次男出生有レ之時は、其年より出生之為ニ相続一《ソウゾクノタメ》金三両宛《ズツ》年々除置《ノゾキオキ》、右金子《キンス》慥成所《タシカナルトコロ》え貸《カシ》附《ツケ》候共、或は質地《シチチ》等にても取置《トリオキ》、二男弐拾五歳迄相廻《アイマワシ》候ば、金高《キンダカ》にも可ニ相成一間、右金子

を以《モッテ》家持相続金に可レ致(21)。勿論次男弐十歳に成候迄は、女房無用に候。弐拾五歳に至り候ば縁談取結《トリムスビ》、三四年之内本家にて右娵《ヨメ》に家風為ニ見習《ミナラワセ》一、弐拾五歳之年に家持可レ為レ致《イタサスベキ》事。

㉟一、女子出生有レ之時は、其年より其出生之縁談又は家持に致候共、出生之年より一ヶ年に金壱両弐歩宛《(分)ズツ》除置、慥成所へ借付《カシツケ》、或は質地取候共、年々店勘定之節除置可レ申。縁談之砌は支度金《シタクキンノツ》都合可レ有レ之《ゴウコレアルベク》、右之条急度《キット》相心得、出情(22)相励取行《アイハゲミトリオコナイ》可レ申。縦跡《タトイアト》より追々《オイオイ》出生有レ之時は、弐番よりは金一両宛、三番目同断《ドウダンニ》除置、右片付《カタヅ》け金と致ニ算入《サンニユウイタシ》一急度除置、廻《マワ》し方《カタ》右同断可ニ心懸一。此儀至て大切に可ニ取計《トリハカラウベキ》一事。

㊱一、惣領に女、二女、三女斗《バカリ》出生有レ之時は、惣領に聟《ムコ》を取可レ申。尤《モットモ》二女、三女共に前《マエ》書准《ガキニジュン》じ取行《トリオコナイ》可レ申事。

㊲一、次男之内家持相望《アイノゾミ》候共、本家に附《ツキ》候田地等は不レ及レ申《モウスニオヨバズ》、諸道具等至迄《ナドニイタルマデ》も、差遣《サシツカワス》事決て可レ為ニ無用《ムヨウタルベキ》一也。其者《ソノモノ》成人之後、家来同前に作場《サクバ》或は見世《ミセ》商売躰相励出情《テイアイハゲミシュッセイ》に寄《ヨリ》、出生之年より積金《ツミキン》を(23)以《モッテ》家持可レ為レ致《イタサスベク》候。本家に付《ツキ》候田地田畑諸道具等に至迄、御公儀之物と相心得、決て配分無用可レ致《ムヨウニイタスベク》候。為ニ主人《シュジンタリトモ》一共身上向《ムキ》は皆私《ワタクシ》之物に非ず。御上《オカミ》之物当時御預《オアズケ》被ニ為置《ナシオカレ》一候と相心得、主人女房に至迄家之奉公人と相心得相勤《アイツトメ》可レ申事。可レ慎。可レ恐。

㊳一、常平生心持様《ツネヘイゼイノココロノモチヨウ》之事、善《ヨキ》事と心得、朋友亦《マタ》は念頃相抔《ネンゴロアイナド》と唱《トナエ》、不仕合《フシアワセ》之仁《ジン》え合力《ゴウリキ》等致《イタシ》遣《ツカワシ》候事決て無用(24)。是無慈悲之様に相当候得共《アイアタリソウラエドモ》、無慈悲無レ之《コレナク》、迚《トテ》も私風情《フゼイ》之不ニ行届《ユキトドカザル》一事に

候。既《スデニ》其人に恩致候ても、恩を仇《アダ》にて報じ候儀、世間多《オオク》有レ之。又仇雖レ無レ之《コレナキトイエドモ》、後に忘れ候へば不埒《フラチ》と唱《トナウ》。乍レ恐《オソレナガラ》御上にも決て無レ縁事には、縦《タトイ》必死相成共《アイナリトモ》御《ゴ》憐愍《レンビン》は無レ之《コレナシ》。私風情之者他人え合力抔《ナド》は決て不レ致《イタサザル》事。是は皆名聞《ミョウモン》に相当《アイアタ》る也。此事返《カエスガエス》々も可レ相慎一事。

一、㊴兄弟心持様《ココロノモチヨウ》之事、兄は弟を憐《アワレミ》、弟は兄を敬《ウヤマウ》事如レ親《オヤノゴトク》に、身上向《シンショウムキ》之儀都《スベ》て召仕に掛け不レ置、兄弟睦敷打混《ムツマジクウチマジリ》て、弟は兄を助け、商売躰《テイ》出情於二相励一《アイハゲムニオイテ》は、万代も身上無二衰事一《オトロエルコトナシ》。弟之内縦《タトイ》家持相成候とも、本家へ之奉公第一存《ゾンジ》大切相守可レ申事。

一、㊵神社仏閣え祈願之筋《スジ》決て申上間敷候。平生に心掛候事は、第一孝之道、第二に公儀重《オモン》じ、第三に先祖拝し、第四に職分昼夜心掛、不レ致二《イタサズ》油断一候へば、自《オノズカラ》不レ致二貧窮一候。

一、㊶正月或は五節句幷《ナラビニ》月待日待に、大金不相応之祝《イワイ》等致事決て無用也。(25)元より祝を致心《イタスシン》意《イ》之所己《オノレ》が己之心相尋《アイタズネ》候へば、祝之心持は則《スナワチ》富貴を祝《イワウ》之心に相当《アイアタ》る。何程《イカホド》料理酒盛を以《モッテ》親類朋友相招《アイマネ》き金銀を祝候迚《トテ》も、一つとて富貴は不レ来《キタラズ》、却《カエリ》て貧乏之橋渡しに相成基《モトイ》と可二心得一。万事己《オノレ》が己より金儲亦《マタ》は身上崩《クズレル》事も、己が己之心に有事、稼《カセギ》に追付《オイツク》貧乏なし、是(金カ)謹言候也。(26)必以祝儀目《シュウギメ》出《デ》度抔《タキナド》と唱《トナエ》候祝事《イワイゴト》、貧乏之橋渡入口と可二心得一。然共主《アルジ》、親、夫、兄、我より目上之御方《オカタ》祝事御悦《オヨロコビ》被レ為レ成《ナサセラレ》候ば、是は金銀之心も可レ祝。己之富貴を求《モトムル》為《タメ》に祝事不益迚《フエキトテ》も、祝にて行届《ユキトドク》事に無レ之。唯《タダ》昼夜職分出情《シュッセイ》孝心之道忘却無レ之《コレナキ》時は、天は明《アケ》て富貴栄《サカユル》也。

一、㊷百姓之儀は、常々昼夜時日《ジジツ》を考《カンガエ》、先《マズ》第一四季之土用に心を附《ツケ》可レ申候。二には夏之土用《ドヨウノ》日和《ヒヨリ》に心を附、日記を附置《ツケオキ》、土用中照籠《ドヨウチユウテリコ》(27)み幾日、亦《マタ》は風雨幾日と致二算入《サンニユウイタシ》一、夏之土用照込《テリコ》む日一日をば五日と取る者也。左候得《サソウラエ》ば土用日和は至て六ケ敷《ムツカシキ》もの、土用之照込日《テリコミビ》算入事《サンニユウノコト》百姓之第一根胆《コンタン》也。(28)土用日和悪敷《アシク》候へば、其年縦《タトイ》秋能《ヨク》照込といへ共、実取無《ジツトリカズナシ》レ数と可二心得一。扨閏《サテウルウ》、正二三四此四ケ月に閏月《ウルウヅキ》有時は、豊年と可二心得一。五六七は中年と可二心得一。八より十二月迄は凶作と可二心得一。先《マズ》其秋之作割《サクワリ》を能々《ヨクヨク》考可レ申。国許《クニモト》之作割之見様《ミヨウ》、極《キワメテ》豊年之年《トシ》柄《ガラ》は安直《ヤスネ》を壱石六斗と可レ取。夫《ソレ》より年々之作割を考《カンガエ》、何分之作に候得ば何程《イカホド》之直段と相定《アイサダメ》、安直高直《タカネ》に位を付《ツケ》、夫より商《アキナイ》を安き高きを考可レ致二売買一也。無性《ムシヨウ》に作割之位も不レ存《ゾンゼズ》、安い高いと申者有レ之。算入作割之法も不レ知、無性やたらに誉《ホメ》つ笑《ワライ》つ致者数多《アマタ》有レ之。先百姓は草生《クサバエ》之時より豊凶を知る事第一也。此考付置穀商《コクアキナイ》其外雑穀至迄《ザツコクニイタルマデ》米より引競《セリ》へ商之取引可レ致也。(29)江戸と違《チガイ》一国之場所候得ば、謀者甚致能事《ハナハダイタシヨキコト》に候間、得《トク》と考可レ申候。秋之彼岸一日にても九月に掛る時は凶作と取べし。別《ベツシ》て其地は寒国《カンコク》に候得ば種卸事《タネオロシノコト》、或は植付《ウエツケ》等を早《ハヤク》可レ致事。(30)

一、㊸殺生之儀、召仕等至迄《ナドニイタルマデ》此方に相勤候内は禁制可二申付一事。

一、㊹召仕之者共病気之砌《ミギリ》は、可レ為二主人一者《シユジンタルベキモノ》貞実に薬用等急速相用《キユウソクニアイモチイ》候儀第一に可二心懸一事。

一㊺、乞食《コツジキ》、非人《ヒニン》、物貰《モノモライ》等至迄、相応《ソウオウ》之手之内差遣《サシツカワシ》候様可㆓申附《モウシツクベキ》㆒事。(31)
一㊻、牛馬食物自身に取拵《トリコシラエ》、用事等有㆑之節は、日頃心付《ココロヅケ》候者え申付候様に可㆑致。且又重《カツマタ》(32)荷等不㆑附《ツケザル》様に可㆓申付㆒候。勿論病気等之節は薬用専一可㆓心懸㆒事。

右四十六ケ条之趣《オモムキ》此度《コノタビ》申渡候間、急度《キット》相守《アイマモリ》、子々孫々えも申聞《キカセ》、継㆓印形㆒可㆓相取《インギヨウヲツギアイトルベキ》㆒事。

仍《ヨツテ》申渡如㆑件《クダンノゴトシ》。

天明四甲辰年

飯島喜左衛門
井口半蔵

井口喜太郎殿
近江屋喜平次殿
同　喜六殿
井口三五郎殿
近江屋喜右衛門殿

右四十六ケ条、此度《コノタビ》私共五人之者え御謹言《ゴキンゲン》之趣《オモムキ》、御書付以被㆓仰渡《オカキツケヲモツテオオセワタサレ》㆒、難㆑有奉《アリガタクカシコマリ》㆑畏《タテマツリ》、御《オ》請《ウケ》申上候。(33) 然上《シカルウエ》は、右之条々一箇条にても於㆓相背《アイソムクニオイテ》㆒は、当所穂高《ホタカ》大明神并《ナラビニ》御先祖可㆑奉㆑受《ウケタテマツルベク》㆓御罰㆒候。且《カツ》右箇条私共子孫へ申伝《ツタエ》、逸々能《イチイチヨク》申聞《キカセ》、御箇条之通急度《トオリキット》為㆓相守《アイマモラセ》㆒可㆑申候。尤《モツトモ》十五歳以上よりは追々《オイオイ》継㆓印形㆒申附取置《モウシツケトリオキ》、子々孫々迄御仕法之通為㆓相守㆒可㆑申候。

万一右御箇条之内一ヶ条にても相背《ソムク》者於レ有レ之《コレアルニオイテ》は、諸親類共相談之上　御上え御願《オネガイ》申上、久離《キュウリ》御帳面に相附《ツケ》可レ申候。(34) 為レ其《ソノタメ》私共五人㊞㊞承知印形《ショウチノインギョウ》仕《ツカマツリ》候。依《ヨリ》て御箇条御請書《オウケショ》如レ件《クダンノゴトシ》。

天明四甲辰年

家督相続人
井口喜太郎㊞

家督相続人
近江屋喜平次㊞

喜左衛門悴
同　喜六㊞

喜太郎悴
井口三五郎

喜左衛門悴
近江屋喜右衛門㊞

(1)「仕法」は物事のやり方。「定式」はテイシキとも読み、定例となった仕方のこと。したがってこの題は、家の相続に際して定例とすべきやり方を子孫に書き遺すという意味になる。

(2)「公儀」は一般には幕府のことを言うが、各領国の大名を指すこともある。

(3) この条目は、「年貢」や「諸役金」を「年之相応不相応」すなわち年々の経済状態の善し悪しや「勝手之筋」すなわち事情のいかんにかかわらず定められた日限までに納めるべきことが述べられている。納めるべきものがない場合は、「有合之代物、諸道具等」を売り払ったり「質物に差入」れてでも「上納」すべきことが念押しされている。

(4)「先祖御年忌」についての注意事項を説いた条。年毎に月毎に取り出した「過去帳」を繰って確認の上で「菩提所御寺」を招いて法事をおこなうべきこと、法事には祀られる者が生前に親しくしていたからといっても他人は招いてはならず、「菩提所親類」のみでおこなうこと、その折りの料理は「香物共に一汁三菜」の軽いものにすべきだが「御寺」に対する御礼の「布施物等」については軽くしてはならないことが述べられている。

(5)「逮夜」は忌日の前夜のこと。また「極月」は一二月の異称。

(6)「無二懈怠一」は怠ることなくの意。

(7)「檀那寺」はその家が帰依して檀家となっている寺。菩提寺に同じ。江戸時代には、寺請体制のもとですべての庶民が檀那寺を持つことを強要された。また「貞実」は節操があり篤実なこと。

(8)この条は庄屋や組頭を務めることについての注意を述べている。内容は、まず自らが望んで就任してはならないことを説き、「御上」からの指名があった場合も「一通」り「御免願」を出すようにすべきことが述べられる。ただし、「再応」すなわち繰り返し願いを出すことは「可レ恐事」で、一通りの願いを出したにもかかわらず再度の指名があった場合には、村人達の気風もよく考えに入れた上で、すべてのことを総体的に判断して指名に従うべきとしている。また江戸時代の庄屋は、村の運営のための必要経費として村民から徴収した村入用の支出を記した村入用帳を作成し、これを領主に提出する義務を負っていたが、村入用の額も徴収方法も村政執行者の長である庄屋の一存でなされるのが一般的であり、その操作の不正や不明朗はしばしば村方騒動の原因となった。この条が最後に述べる「諸勘定之砌」の注意事項は、そうした問題を起こす原因を作らないようにするためになされたものであろう。

(9)「追従」は人に媚びへつらうこと。この条は「御役人」が宿泊する場合を例として、「御公儀御役人」への対応の仕方を教えている。

(10)「作場」は耕作する場所、すなわち田畑。

(11)「𥿻」は江戸時代に通用していた絹の譌字《かじ》。「かび(ぴ)たん布」は縞織りの絹織物の一種で、長崎出島のオランダ商館長であったカピタンが持参したものであるところからこの名がある。「太織」は玉糸または熨斗糸といった太糸を使って平織りにした太地の絹織物。「越後縮」は越後国小千谷《おぢや》地方から織り出される麻の縮織りのこと。

(12)「月待」は、月の一三日・一七日・二三日などの夜に当番の家に仲間が集まり、月の出るのを待って念仏を唱えたり飲食したりしながら語り合う行事で、多くは講の形でおこなわれ酒宴遊興的な性格のものが中心であった。また「日待」は、もともとは前夜から潔斎して眠らずに日の出を待って拝む行事のことだが、農村では田植えや収穫が終わった時などに村落の者が集まって会食や余興をすることを言う。これらの際にはしばしば講の慣例としてあるいは余興として籤による「福引」がおこなわれて金品が供されたようである。この条は、そうした「福引」にはかかわらないように誡めている。

(13)ここで「前書可レ准」とあるのは、前条の「碁、将棊、遊芸等」と同様に、「縁談」についても農作業の忙しい四月から一〇月までは「可二相止一」ということであろう。

(14)「由縁及困窮候節」は、事情があったり経済的に苦しい状態となったりした時にの意か。「合力」は金品を貸し与えるなどして助けること。ただし、他人に「合力」することは「無用」としている。
(15)「手寄」は頼る、頼みにするの意。「奉加」は仏堂や伽藍の造営などに必要な費用を寄付すること。「名聞ヶ間敷不₂相成₁様に」は、見栄をはったりすることのないようにの意。
(16)「遣払」の読みはヤリハライか。遣には取引用語で売るの意があるが、「売払」との意味の相違については不明。
(17)「家作」は家を建てること。以下の文中の「肥場」は肥料置場。「囲場」は貯蔵場。
(18)「惣領」は長子すなわち長男または長女を言う語だが、この条では長男を指す。「実躰」は実直なこと。
(19)「不縁」は離縁のこと。「再縁」は再婚の意。この条目中の「悴或は娘出生」の「出生」は生まれるの意であるが、「先妻之出生」の「出生」の場合は生んだ子あるいは生まれた子の意で用いられている。このような後者の用例は以下の条目中にも多くみられる。
(20)「肉縁」は血縁の意。「一家永相続」の読みはイッカエイソウゾクか。「亀鑑」は手本あるいは規範のこと。「不易之至宝」は不変のこの上もなき貴い宝の意。
(21)「質地」は質入れされた土地のこと。「家持」は分家の意。
(22)「出情」は出精と書くのが一般的。精を出して働くこと。
(23)「積金」は積みたてた金銭の意。

(24) 「念頃相」は親しい間柄のこと。「不仕合之仁」は不幸や不都合な状態に陥っている人の意。

(25) 「五節句」は一年に五度の節句で、正月七日の人日《じんじつ》、三月三日の上巳《じょうし》(じょうみ)、五月五日の端午《たんご》、七月七日の七夕《たなばた》、九月九日の重陽《ちょうよう》の総称。「月待」「日待」については註12をご覧いただきたい。

(26) 「稼に追付貧乏なし」は、勤勉に働けば貧乏に苦しむことはないの意。「譴言」は「金カ」という傍書(底本のもの)があるように、格言を意味する金言が正しい。

(27) 「照籠み」はつづく文中にある「照込」みの当て字。日照りが続くの意。

(28) 「根胆」は魂胆の当て字。物事をうまくやり遂げる手段をいろいろと工夫すること。以下の文中の「実取無レ数」は、実際の収穫の量が思った程は無いの意。「閏月」は、旧暦の太陰太陽暦では平年が大小一二か月三五四日であるから、季節とのずれを太陽暦によって定めた節気との関係によって調整し、その両方の暦の目盛りが一か月だけずれると同じ月を二度繰り返して一年を一三か月としたが、この繰り返す月に名付けた月名。また「作割」は、その年の稲作の収穫高の平年作に対する比率のこと。

(29) 「無性」はむやみにの意。「引競へ商之取引可レ致」は、せりにかけて売買する取引きをおこなうべきであるの意か。

(30) 前文中の「謀者甚致能事に候間」という文の中の「者」は「は」と読んで、〃謀(ハカリあるいはハカリゴト)は〃とすべきなのではないかと思われる。また、「種卸」には田畑に種を蒔《ま》くという意と田植用の苗を育てるため籾《もみ》を蒔くという意があるが、つづく文に稲の苗を田に植えることを意味する「植付」の語がくることからすると、後者の意の方を採るべきであろう。
(31)「非人」は江戸時代の身分制のもとで士農工商の下に置かれた被差別身分の者。「手之内」は乞食などに施しとして与える金銭や米などのこと。
(32)「旦又」は「且又」の誤記。
(33)「謹言」は第四一条の場合と同様に金言の当て字であろう。「御書付以」は書面にての意。
(34)「久離」は、江戸時代の家族法で目上の者が目下の者との親族関係を断つことを言う。この文にあるような「久離御帳面」にそのことが登録されると、問題が発生した場合でも願人は連座の責任を免れ、登録された者は相続権を失った。江戸時代の後半になると、この語は在宅する者を追い出して親族関係を断つ勘当（追出久離）と混同されて用いられた。

吉茂遺訓《よししげいくん》

［解題］『吉茂遺訓』の著者である下野国河内郡下蒲生《しもかも》村（現在の栃木県河内郡上三川《かみのかわ》町下蒲生）の農民・田村仁左衛門吉茂（一七九〇〜一八七八）は、これまでに紹介して来た農家の「家訓」の著者達とは異なり、少なからず世間にその名を知られた人物である。それは彼が江戸後期の国学者・平田篤胤（一七七六〜一八四三）に、『農業余話』を著した摂津国の人・小西篤好《こにしあつよし》（一七六七［一説には一七六八年の生まれ］〜一八三七）と並べて東西に二人の〝農聖〟が出現したと言わしめた農書『農業自得』の著作を成した人であったことによっている。『農業自得』は偶然の契機によって自得したものであるところから「自得農法」と名付けられた独特の農法を説いた書物であるが、その内容は薄播き薄植えによって多収穫を得る冷害に強い農法を主に奨励したもので、「はしがき」という形の篤胤の手になる序文（天保一二年［一八四一］三月に記したもの）を付して嘉永五年（一八五二）と安政四年（一八五七）の二度にわたって版行されている。吉茂はこうした農法に関する著作の他にも農業経営を論じた『農家肝用記』や『農業根元記』とともに子孫への訓誡を目的とするものを幾つか著しており、ここに紹介する『吉茂遺訓』はそうしたものの一つである。

この遺訓は昭和五六年に刊行された『日本農書全集』（社団法人農山漁村文化協会）第二十一巻に収録されて世に出たものだが、解題において長倉保氏はこれを「『吉茂遺訓』は、最近田村家から発見された史料である。これまで田村家には見当たらず、『栃木県史』（史料篇近世八）に農民教訓書の一つとして収録されたものは、仁良川村に隣接した薬師寺村の野口家に所蔵される『吉茂子孫訓』である。これは吉茂七十四歳のとき、文久三年（一八六三）正月の成稿であり、『吉茂遺訓』は明治六年春にかかれたものである」と紹介している。明治六年（一八七三）の吉茂は満八三歳、歿する五年程前の著述である。長倉氏の前掲解題は両遺訓を比較して、この『吉茂遺訓』の方が量的にはおよそ倍量となっており、「余裕のある自伝的要素が強められている」としたうえで、これを「人情の機微に通じた達人の人生論であり、処世訓となっている」と評している。

その内容は、自らの来し方を振り返った前書きの中で述べるように、「子供《コド》ものそだて方より隠居迄の間《アイダ》心得ひ方の大略を記し」たものである。前半部分では儒教に言う「五倫五常の道」を説き、後半部分では日常の生活上の訓誡が述べられているが、注目すべき内容は後者の方に見られる。そこでは処世上の根本的な姿勢として「万事天然にまかせ、時節を心長《ココロナガ》に待つ事」の重要性が強調されている。このような姿勢は、つづく文に「何程《イカホド》急ぐとも時節来らざれば、稲麦なども出来ぬものなり」とあるように、長く天候を始めとする自然界の運行に身を添わせて生きて来た農民としての体験からもたらされたものであろう。また、文末の近くには熟読すべき文献として貝原益軒（一六三〇～一七一四）の『冥加訓』や『養生訓』、水野南北（一七五七～一八三四）の著作の名が掲げられている。吉茂の思考の形成のあり方を考究する上で留意すべき記述であると考える。

本書は、先述した『日本農書全集』第二十一巻に紹介されたもの（泉雅博氏校訂）を底本とした。底本には校訂者の手になる現代語訳が付されている。註解の作成に際してはこれを参考とした部分が多い。なお、収録するにあたっては、原本所蔵者である田村吉隆氏より掲載の許可をいただいた。

吉茂遺訓

儂《わ》が出生は、寛政二庚戌《カノエイヌ》の十月十日出生也。年月をへて因窮《こんきう》(1)ながらも親の慈悲にて、手習ひを致させたく寺登《のぼ》りを言ふ聞せられ候得共《ソウラエドモ》、生質《うまれつき》手習ひを嫌《きら》ひ、返事もなくたゞ緘《ツグン》だ斗《バカ》り故に、親もせん方なく家内にて習わするといへ共さらに習わず。ある時母親の申けるは、其方《そち》は其様《ソノヨウ》に手習へが嫌ひでわ乞食《コジ》きになるより外《ホカ》無しと言ふ。其時祖母《ばゝ》の言ふ様は、此子《コノ》は小細工《さひく》好きだによつて、大工にでもなるべしと言《もふ》す。(2)実父言《モウ》すにわ、大工になりても手習へ致さねば番付を仕《す》ることならずと申されけれ共、儂《わ》が心にてもこまるなれども、せん方なく月日をおくりけれ共、甚《ハナハダ》不自《じ》用ながらむりやりに種子札、農事の日記等をにじくり記すといへ共、農業《のうぎやう》は寝《ね》てもさめても怠《をこた》ることなく勤めける。(3)時に拾八才の暮、村内の祖父《じゝ》、伯父《をじ》両人言《もふ》す様は、今度算法師(4)参り候に付《ツキ》、村方若者算術稽古《じつけひこ》の談事あり、其方も算法を学《まなぶ》べし、諸入用《ニユウヨウ》の事は此方にて差出し遣《ツカワ》すと申聞られ候に付、置く(ママ)(5)存《ゾンジ》候得共、私し儀は手習へも仕《ツカ》まつらず、今四十日位へ算術稽古仕《ツカマツリ》候ても、算術を得ると申事にわ学《まなび》難く存《ゾンジ》候間、師を頼み学び難き時は却て恥と存候間、思召《オボシメシ》を背《ソムキ》候儀甚恐入《オソレイリ》候得共御免被《クダ》レ下《サ》度《レタシ》と言《モウ》しければ、御両人方尤《モットモ》に聞入れられ、弥々《イヨイヨ》無師の免じを得て農事を相勤《アイツトメ》候処《トコロ》、文化十一年戌の夏より留飲《りういん》病(6)をやみ出し、難儀《ナンギ》ながらも文政四巳年より天保十亥年迄十九年の間、先祖の陰徳《イントク》に依て家督相続《とくそうぞく》の大役を相勤め、躮《せがれ》へ家督《とく》を遜《ゆづ》り、五十一才にて目出度《メデタク》一両年も隠居致し度《タキ》心願《しんガン》に候処、おりよく留飲病《りういんびやう》も全快《ぜんくわひ》に相成《アイナリ》、今慶応二寅年迄廿七ヶ年の間楽《らく》隠居致し候。恩礼のため子孫《そん》へ遜《ゆづ》り物を考へみるに、手拭《テヌグイ》一筋譲るともきれる迄のことにしてなんの益なし。依て、子供《コド》ものそだて方より隠居迄の間《アイダ》心得ひ方の大略を記し、子孫への譲るより外なしと心附たる処を左に記す。

夫《ソレ》人は万物《ばんもつ》の長《てう》と生れても、親の教ひ届かざれば人の道を学《まなぶ》ことあたわず。故に、其の大略を記す。先《マズ》子供の時よりもの言ふ様を教ひ、わるくせ《（悪癖）》を付ぬ様に致すべし。くせの付初《ツキハジ》めと言ふは、家内の者市町《イチマチ》(7)へ行て帰りの節《せつ》、菓子《くわし》などを二三度もあたゆると能《ヨ》く覚ひて、かさねて他行《タコウ》致し候節は、帰りを待てくわしのさひそく《（催促）》をする。其時みやげなければ大《ダイ》ぶだゞを言ふ故に、みやげなきときは廻《マワ》り道をしても帰り、みやげをもとめきげん《（機嫌）》を取る。是がわるくせの付初めなり。依て、我が子は言ふに及ず孫たりとも、喰《く》ひ気《け》の品は何になり共決してあたひる《（与）》ものにあらず。甚《ハナハダ》よろしからず。もしあたゆる時は、爰《ココ》に此の様なものを見付《ミツケ》たとか、又はねづみ《（鼠）》がおとし《（落）》たとか言ふて、だましてあたゆればあとのさわりにならず。又客《きやく》人などの土産《どさん》物をもらひ候節、すぐに喰《クワ》せる事甚よろしからず。嫌《きら》ひなればわるく言ふ、好きなればねだれことを言ふては、客へたへし(対)甚不礼《ブレイ》也。又常にだゞもだを言う時、それ〳〵ぜに(銭)をやるからあめでもかへと言ふて銭を遣《や》るわ、銭遣ひを親々が教《をしゆ》る故に、日増《まし》月増に自《わが》恣《まゝ》に長じ、十五六才にもなると大どら奴《や》郎《ロウ》(8)となつて、他人の世話になるは甚気毒《きのどく》千万の事也。依て、子供時より悪る癖を付ぬ様に致し自恣をさせねば、自然と常《つね》となつて親子共に案心《アンシン》なる故に、親に孝行は天然自然の同理(ママ)なり。(9)爰の同理(ママ)を考へて、子供に能《ヨ》く人たる道を学《まな》ばせ置べきが親の役儀也。教《おし》ひ届かずして、親の教ひなくよき人は、千人一人りと聖人も宜ひ(ママ)ける。(10)

①一、家内の者へ外待《ほまち》(11)に銭金を持《もた》せ置事甚悪しゝ。其訳《ソノワケ》は、私欲を恣《ほしまゝ(ママ)》ひに長じて家内不和合の根元と心得べし。

②一、何程《イカホド》身持宜敷《ヨロシク》候とも、若き者に銭金の取扱ひは、身持のために甚《ハナハダ》宜敷からじ。(12)能々心《ヨクヨクシン》躰《テイ》を目定めて、年たけて金銭の取り遣《や》りを免《マヌガ》るべきが、親の心得方が第一也。

③一、手習ひは用弁《ヨウベン》のみと、親々を初めとして心得違ひ也。其訳は、一切無筆にてわ不自用也と心得て子や孫に手習へを訓《オシ》へ、終《ツイ》にわ書ぢく(軸)端《はし》などを少し斗《バカ》り覚ひゆると気高くなつて、家内の者はもちろん他人迄も見下《みくだ》し、能々《ヨクヨク》人たる道を失《うしの》ふ者間々《ママ》有り。(13)是全《マッタ》く手習ひ学問の心得方が違ふ故也。人は万物の長と生れて人たる道を知らざれば、形わ人なれ共禽獣に近し。

人の道と言ふものはむつかしき様なれ共、左而已《サノミ》むつかしき事にあらじ。
一、④仮名《かな》物語り(14)に曰。日本は神国にて神の道也。神代の神々様方の厚き御思召にて、君臣《きみまくら》と言ふ御歌を御詠《オヨ》みあそばされて、天下《あめがした》の道と御定め置れて天下治りたる神の道也。人王に至りては人の道也。則《すなわち》五倫の道を（ママ）道を初めとして生計《すぎわい》ひ（ママ）事迄の御歌左の通り(15)。

きみまくら　おやこいもせに
えとむれぬ　ゐほりたうへて
すゐしげる　あめつちさかゆ
よをわびそ　ふねのろなは(16)

此字数四十七字は、天地のありがたき事を初め万用を弁事《ベンズ》、君臣、父子、夫婦、兄弟、朋友の道あきらかに行《をこな》われ、目出度《メデタ》き御歌の御心のあらましを左に記す。
一、⑤君臣《くんしん》とは、君は主人臣は家来なり。主人は家来に夫持（ママ）(17)給金をあたひるを恩に思わず、ほねおり勤むるをあわれみて召遣《メシツカ》ふを主人の仁心也。又家来は扶持《らひ》給金を被レ下上《クダサレシウエ》は、己れが身は主人のものなれば、命《いのち》を捨《すつ》る共いとわず勤むる者は主人への忠孝也。如此《カクノゴトキ》の君臣は天理に叶ひ大へに仕合《シアワセ》を得て、末代に名を残す者多し。
一、⑥父母は子に慈悲《じひ》を第一として、子に気まゝをさせず、悪き事は呵《しかり》、不行儀を直し、家業《ぎやう》を能く教ひ、又他行《タコウ》の節は、別断一寸《ベツダンチヨツト》(18)たり共家を出る時は、両親は言ふに及ばず、家内へ何方《イズカタ》へ行と断り出すべし。帰宅の時も一礼をのべさせべし。子供の時より仕《し》付け置《オク》が親の慈悲也。寵愛《てうあへ》過るは、親が子に不行儀を習わす同理（ママ）也。能々考へべし。子として親に孝行は人たる道の第一也。孝行の次第は、何に書物にも悉《ことごと》く誡《いまし》め置《オカ》るゝ也。其訳を知るために手習ひを教ひ置くわ親の慈悲也。慎《ツツシン》で学ぶべし。

一⑦、夫婦は小天地にして、夫は妻にあわれみを加へ、足《たら》ぬ所はたしてやり、又女房は両親と夫に随《シタ》がへ、家法を背かぬ様に心掛け、相互に儀理を立合ひは睦《むつ》まじきものなれ共、夫婦となれば互に心易《ヤス》くなつて、自恣《わがまゝ》を仕《す》る故に家内睦ましからず。夫《それ》人は天地人の三才(19)の人と生れ出てわ自恣《わがまゝ》わならぬはづなれ共、月日を過れば婚姻《こんえん》の翌日の様にわ儀理を立合ず、故に喧《けん》傢《くわ》(20)をするは、夫《男》の道を守らず、女房は女の道に背くこと有る故に、終にわはなればなれに(21)(な)る者世間に間々多し。慎むべし。

一⑧、兄弟の法は、兄は兄の様に万事慎みて、弟を能《ヨ》く道引《ミチビキ》あわれみるが兄の行《おこな》へ也。弟は兄をうやまひ、万事の差《サシ》ずを受て大切に勤べし(22)。さすれば、兄弟和合してむつましく仕《す》るが兄弟の道也。

一⑨、朋友はよき人を見立て友とすべし。悪き友に近附《チカヅク》事なかれ。信《まこと》に実心《じつのこゝろ》ある人を友として、諸事の談事を仕《す》べし。とは言ふものゝ、信実過て身方《ミカタ》欲の人わ(23)、欲に迷ひあだ（仇）となる事あり。用ひ難し。真直《マツスグ》にして信《まこと》の仁《じん》心深き人を友として儀理を守るべし。儀理と言ふは、万事ともに少もはなるゝ事なし。はなるゝ時は物の成就仕《す》る事なし。儀理に違《タガ》ふ時は、公事《クジ》(24)は勿論《モチロン》一命をも失ふ事あり。慎むべき儀なり。五倫の道如此《カクノゴトク》行《おこな》わざれば人道は達し難し。手習ひわ右の道理を知るためと心得べし。

⑩一、人王三十余代の頃より、儒道、仏道渡りての後に、弘法大師(25)四句の文え古《イニシ》へのきみまくらの歌《ウ》たを詠《ヨ》みかへて、

いろはにほへど　ちりぬるを　わがよたれぞ　つねならむ　うへ《（ママ）》のおくやま　けふこえて　あさきゆめみじ　ゑひもせず(26)

如此《カクノゴトク》詠みて仏法を弘めたると聞く。又此歌を七字づつに切て、子供の手習ひの初《ハジメ》に習はするいろは也。古へより時《ジ》世《セイ》々々に替る世中《ヨノナカ》なり。依て、唐《カラ》の文字(27)を用へる様になつたる故、少し斗《バカ》り学《まなん》だくらひでわ、訳けのわかつたさた《（沙汰）》でわなへなれ共、少し斗りも学ぶと鼻が大きく高くなる人多し。其時親兄弟は気付て、早くよりたかつてをつひしぐがよし。(28)とかく鼻《はな》はひく《（低）》き程が見よきもの也。鼻は目の前に有る故に、おさき《（先）》が見ひぬ故に、善道《ごくらくみち》と悪道《じごくみち》を見違ふ人あり。又は私欲に迷ひて見違ふ人もあり。悪道《ぢごく》と言ふは広《ひろ》く賑《にぎ》やかな道故に、是こそ極楽の本道と思ひ、路用《ロヨウ》の多く入《イ》る事も思もわず、ことに女《ニヨ》らひさまは座敷で手招《テマネキ》をする、お骰《さひ》さまがつぼ《（壺）》、さら《（皿）》の中より手招きをされると、(29)気違ひのごとくなつて人々の異見《い》も聞入《キキイレ》ず、隠れても己が思ふ道を真直ぐに行と、段々道がせまくなつて、終にわ行所もなく、居所《いど》

立所《たちど》に迷ひうろつき廻るうちに、地獄《ぢごく》の真中へすぽんと落る者間々《ママ》多し。から無筆は尤《モットモ》の付様《よふ》もあれ共、少も読《よめ(ママ)》める者は極楽と地獄ひの辻杭《ツジク》へを見違ひてわ申訳《モウシワケ》があるまへ。(30)善道の本道と言ふは、大道なれ共入口が甚《ハナハダ》きうくつ《（窮屈）》なる道で入りにくひ道なれ共、行《ゆけ》ば行程《ユクホド》大道にて、信《マコト》に此上も無き結構なる大道也。此極楽道ひ急ぐべし。依て、極楽道中記の大略を次に記す。

仁義礼知信

是は儒《じ》道の善道《ごくらく》ひの本道也。

一⑪、仁わ人を初《ハジメ》として生《セイ》有る者を憐みめぐむ事を司どる也。

一⑫、儀は儀理をたが(31)ず、私《ワタク》しを用えず、筋違ひ等のむりをせず、正直に儀を守り行ふ事を言ふ。

一⑬、礼は目上の人を能《ヨ》く敬《うやま》ひ、目下なる者をいやしめず、吾《わが》身をへり下りて礼儀行ふ事也。

一⑭、知とは、諸事を能く覚え知りたる人を知者と言ふ。依て、知者得実《トクジツ》の(32)人《じん》に近附《チカヅキ》、万事を能く学び覚て、知を得る事を専一(33)に心掛べし。

一⑮、信は真実にして正路《セイロ》なる仁《ジン》を言ふ。人と生れてわ、信《まこと》なければ人とは言ふ難し。信《しん》の一字は、五常五倫(34)は言ふに及ばず、万事共に信なければ、吾身は常《とこ》やみ《（闇）》也。常に信心なれば、天神地祇(35)ひ神仏を拝《は》ひ仕《す》るにも及ずといへ共、神仏へ礼儀なくてわ人の道にあらず。依て、天今日の難《アリガタキ》レ有御礼の演《のべ》方は、天下泰平、国家安全、五穀成就、家内安全と願ふ事を日行《ニッコウ》(36)として、如此《カクノゴトク》勤め行へば信心は外にわなし。神仏ひ何かぐづ／＼願ふは心願《シンガン》とも言ふべし。是はいらぬ事也。信心者は賢《けん》人知者に近附へて、万事のことを問ふて知を得る事専一也。恥を多くかかざれば発明仕ること無し。恥をかく事を嫌ひ賢人知者に近付事を嫌ひてわ、一生発達無し。五倫五常の道如此能々《ヨクヨク》慎みて心得べし。

⑯一、万事天然にまかせ、時節を心長《ココロナガ》に待つ事専一なり。何程《イカホド》急ぐとも時節来らざれば、稲麦なども出来ぬものなり。心しづか《（静）》に時節を待事肝要也。

⑰一、銭金《ゼニカネ》は自分より遣《ツカ》わぬ訳《ワケ》のものなれ共、銭金子は人がほしがる様でもあるなれ共、から偽《うそ》で遣ひたひ人斗《バカ》りある(37)。其訳は持合《モチアワセ》なければ借りても遣ひ、又命を掛てぬすみ《（盗）》をして遣ひたひは金子也。能々考へてみたもふべし。

⑱一、大金子持になるも、あまり望むことにもあるまじ。金子を多く持と色々の事にて心支《ココロヅカエ》も多し(38)。事には世間見るに、長持《ナガモチ》もなく亡ぶる人多し。

⑲一、借金と言ふ両ばひ(39)に取り付れてわ叶《カナ》わぬもの也。用心専一也。此両ばひに取り付れてわ、家材《（ママ）》(40)田畑は言ふに及ず、其身迄も利に喰ひとらるゝ也。恐ろしきたゝり也。此外のさわり、たゝりは知れたる也。信心《まことこゝろ》なればさわり、たゝりは無きものと我れは心得る也。

⑳一、無利取《ムリド》り無利遣《ムリヤ》りは、恥もかきつみ《（罪）》もあり。終《ツイ》にわ短命の元手《モトデ》となるものと心得てよし(41)。

一、㉑金子はたまるわよし、ためるわ悪《わる》しといへ共、ためるとたまるわ同様なれ共、ためるにわ無利(ママ)(42)と言ふ利を多く取りためねば大金子持にわならぬもの也。二三十年に大金持になる者世間多し。何事によらず世間のあり様《サマ》を能々《ヨクヨク》気を附て見聞《ミキキ》して、己《オノレ》が身の上の慎み方を能々考へみべし。

一、㉒儀理無くしては、万事ともに成就仕《す》る事無し。儀理無き者は実子たり共、家名相続《そうぞく》は遜《ゆづ》るべからず。

一、㉓家督相続は、先祖より代々伝りたる家材(ママ)田畑山林等に至迄皆預りの家材(ママ)也。大切に相勤め、預りの物わ何《ナ》に品によらず手入《テイレ》致し、損じたる品はもとめ、一品たりとも不足にならぬ様に致し、子孫へ遜るべくは《わ》相続人の第一の勤め也。然るを、気随《ず》ひ自恣《ワガママ》に成る物と心得る人間々多し。(43)故に暮方《クラシカタ》行届《ユキトド》き難く、終《ツイ》にわ大借《オオガリ》(44)などを致し、先祖より伝りたる家材(ママ)田畑等売払ひ、先祖へ不孝而已《ノミ》ならず、其身迄も居所《イド》立所《タチド》に迷ふ者あり。其訳《ワケ》は、我が物と思ふ故也。身上《シンショウ》を堅く守るべきは、部屋住《ずみ》(45)でも何《ナ》に者にても堅く守るべきが、人たる道の一生の第一の勤と心得べし。

一、㉔家録(ママ)を少し斗り増すは先祖へ孝なれ共、むりに家録(ママ)を増し金を績(ママ)み子孫へ譲るは、其人の大孝にして子孫へわ甚《ハナハダ》(仇)あだ也。其訳は、子孫の者案楽(ママ)過て家業をも覚ひず、遊芸《げへ》遊《ユ》参《サン》等を好み奢りに長じ、終にわ家を亡す根元と知るべし。(46)

一、㉕身持悪きと言ふわ、大酒、色ぐるひ、懸《(ママ)》けの諸勝負事、此三つ斗りの様に思ひども、是は人々の知る処の大穴《ドラ》也(47)。外《ホカ》の小穴はあげて数ひ難し程あり。其のために困窮《きう》者多し。依て、庭《にわ》外の小穴の初め方を少し記す。なま学者、生《な》ま算法者、公事《クジ》好《ゴノ》み、りくつ《(理屈)》者、遊芸好き、植木抔《ナド》を好み、殺生好き(48)、馬好き、普請好き、諸道具好き、朝寝好き、夜る長おき好《ゴ》のみ、困窮を人に知らせるを嫌ひ、此外あげて数ひがたしといへ共、能く気を附て考へ、好きなる事を慎む者は、困窮すると言ふ事なし。

一、㉖衣食住の三つは分限より内ば(49)をよしとすれ共、己が私欲の心にては不足の様に思ひとも、外より見ると過分に見ひるると心得べし。万事ともに大《オオ》ひひか《(控)》へ吉。

一、㉗儀利《(ママ)》(50)と施しは己が心にてわ過分と思へ共、外より見分仕《けんもんす》れば不足も有り。又は、困窮者などは過分も有。能く考べし。

一、㉘身の分限は、知有る人も訳《(ママ)》(51)り兼《カネ》るものと見へたり。

一、㉙欲と言ふものは万事にはなるゝ事無し。欲にはなるゝ持《(ママ)》(52)は物の成就仕《す》る事無し。是《コレ》全く天然自然欲也。然るを、私欲を恣《ホシ》ひまゝに仕る故に損毛《(ママ)》有り。恥もかく。終にわ命を失ふ者もあり。是皆私欲よりおこらざるはなし。能々爰《ココ》の道理を考へて私欲を用えざれば、常に案《(ママ)》心にして心に恐れる事無し。故に、正直程有難きことはなし。依て、正直と書ひてろくとよむ(53)。真正直なる人は長命にして仕合《しアワセ》よし。

一、㉚貧乏《びんぼふ》の招き方は、其年の生計方《くらしカタ》不足(54)に付て、金子を借り間に合せて、先《まず》々間に合つてあり難き抔《ナド》と言ふて金持へ礼などを言ふ、心にも実に忝《かたじけな》く思ひ共、甚《ハナハダ》心得違への第一也。其訳は、其年の暮し方不足に付金子を借りては、其金子の利足《リソク》だけわ金持へ手前扶持《ふち》にて手つだひに行《ユク》故に、翌《よく》年も其金子利足の分は不足となる眼前の事也。そこの処《トコロ》ひ気も付《ツカ》ず、又今《こと》年《し》品《もいろ》々の物入りもあつた故に足《た》らぬと斗《バカ》り心得て、借り増しをして暮す故に、年増《トシマシ》に困窮となる事を気付《キヅカ》ず、来年は払ふ心はあれ共なか〳〵払ひ難きは借金也。終にわ大借《オオガリ》に成ては、家材《(ママ)》田畑も実は皆金主の物也。爰の処ひ気が付ざれば、終にわ居所《いど》立所《たちど》に迷者間々あり。上《か》みに言ふ通り、好きの道を慎しまざる処よりおこるもの也。得《トク》と考へべし。

一、㉛迷ひと言ふものわ皆欲よりおこる。迷ひ数多しといへ共二つ三つを言ふ。妻子に迷ひ、善悪訳《よしあしワカ》らず己が知意(55)に迷ひ、又は女や金子に迷ひ災《ワザワ》ひをおこす事有り。迷の道はあげて数ひ難し。能々気付て迷ふ事なかれ。

一、㉜古語に曰。業《すぎわ》ひ方は一年の収納を四つに分て、三つを以て其年の生計《すぎわ》ひとして、残《ノコル》一つを以て不事《(ママ)》の備へとすべし(56)。凡《オヨソ》不事《(ママ)》と言ふものわ水旱《すひかん》、霖雨《りんう》、大風、時ならざる冷気、氷乱《ヒヨウラン》、虫付《ムシツキ》、又は御上様方の災ひ、且は己が身上《シンショウ》に付てわ病難、火災《カサ》ひ、其外品々の不じ《(時)》、又は親類ひ等の災ひもあり。依て、壱つわ此手当に貯へ置也。

一、㉝一年の収納を四つ分て壱つ残す仕方の立方《タテカタ》わ、借材《(ママ)》あるならば、残《のこら》ず払ひ方の仕方を立てるにわ、家内の人別《ニンベツ》、田畑山林等迄も改め、借材《（ママ）》を払ひ、暮し方をちゞめざれば法の立方無し（57）。此法を立ざれば生計《スギワ》ひなり難し。右の仕方にて壱つを残すべし。たとひ福家たり共、五ヶ年目に小そうじ《（掃除）》、十年目に大《ダイ》大そうじ致さねばならぬものと古人も宣《ノタマ》ひけるも至極尤《モツトモ》也。座敷なども一日に一度もそうじなしに置かば、能々ごみになるもの也。依て、生計ひ法も十年の内にわ二三度も改むる事を定法《ジヨウホウ》とすべし。商人は其年切《ギリ》に一度づゝわ、たなおろし《（店卸）》と言ふて改むる事定法なり。農家抔《ナ》どはいつの年もごちやへちや暮しが定法なり。

㉞一、隠居の仕方は、隠居料（58）を取らず、銭金子も持《モタ》ず、私欲をせず隠居仕《ス》れば、其徳大《オオ》ひにして何に壱つとして不じ《（自）》用無し。我が心支《ココロヅカエ》もなく、案心《（ママ）》なる事此上無《コノウエナ》し。予《ヨ》は極楽隠居也と言ふば、ある人問《トイ》て曰。右の仕方は至極尤《モツトモ》なれ共、私し抔《ナ》どは躮《せがれ》は不埒《フラ》ち、又は子を持《モタ》ぬ人など養子等を致してわ、なか〳〵右様《ミギヨウ》なる仕方にてわ差支《サシツカ》ひは眼前の事と言ふ。我《ワレ》答て曰。世間の人々皆其心得へなれ共甚心得へ違ひ也。其訳《ワケ》は、忝《カタジケ》なくも天地自然の徳に依て万物の霊と生れて長《チヨウ》たる道に背きたるが故に躮も不埒ち、又は養子なども不孝人の来るも尤至極也。依て、人たる道を能々《ヨクヨク》慎み片時《へんじ》も怠《をこた》る事無く勤行《をこな》へば、実子養子に限らず親の勤め行《オコナ》へに恐れて孝行は仕《ス》るもの也。又隠居しての心掛《ココロガケ》有り。他行《きやう》の節小遣《コヅカ》ひとして銭金子を遣わさば預《アズカ》り、行きて帰宅の節何々に何程《イカホド》遣ひ残り何程なり共相続人方へ相渡すべし。左すれば、かさ《（重）》ねて出る時も相続人方にても心置《ココロオキ》なく沢山に預かる故に、金銭の差支ひさらに無し。又喰ひ

ものとても天然自然にまかせ置く時は、心に望まず共自然徳に依て品替り、初ものは言ふに及ず常に好きなる品を沢山にあたひ《（与）》られ、又は諸親類ひ朋友方よりも色々様々の珍物を貰ひ、何に一つとして差支ひなければ、是全く極楽隠居也。右言ふ小遣ひを渡されたる間々《ママ》にて、壱文《モン》も返《カエサ》ず取り切りにすれば、跡にてわよひ程にあてがわるゝと心得ひべし。

㉟一、世間に隠居料を取り自欲《じよく》自恣《わがまゝ》の心あり、故に天地人の三才の人とは言ふ難し。其故わ、名斗《バカ》り隠居にて小身だひ《（代）》(59)持になり、欲でせわ〳〵して死迄《シヌマデ》かせぎ、小《コ》金子がたまりて死にそうになると、子孫の者孝行のふりをしてかん《（看）》病と名付てより《（寄）》合《アイ》、実は金子取りに集《あつま》りて居る故、死後に及て金子のせり合ひにて親類ひ不和となり、又は面向《オモテム》き斗りにて内心不和も有り。依て、壱文持《モンモタ》ずが上ふんべつ《（分別）》也。私欲斗り深くしてものぐさき人などは、(60)貧乏を招く故に困窮して、親類ひ組合の世話になつて隠居料を分《わけ》て隠させても困窮はやまず、終には隠居料が不足だ抔《ナド》と言ふかけて親子六ヶ敷く致して、親類ひ組合の世話になる者間々あり。是は私欲自恣《ワガママ》よりおこる者也。依て、子供の時より人たる道を教ひ置が親の慈悲也。能々考へべし。

㊱一、子を持《モタ》ぬ者又は身より《（寄）》にて順《ジユン》(61)養子を致し隠居料を分《ワケ》る者もあれ共、是は尤《モツトモ》の様なれ共あまり宜敷《ヨロシ》からず。ねがわ《（願）》くわ後見《コウケン》して、扶持小遣ひをもらひ、むつ《（睦）》まじき程けつか《（結構）》うなる事はなし。皆自恣故にことおこ《（起）》りて人々の世話になる事は、甚気毒なる事也。能々考へてむつまじく仕《す》る程よき事はなし。世間の人が見ても聞へてもけつかうなる事也。

一、㊲金子を持て悪《アシ》き名を残人《ノコスヒト》世間に間々《ママ》有り。富貴に暮しながら私《し》欲深きが故に悪き名を残す也。爰《ココ》の道理を考へて気を付たならば、善《よ》き名わ残らず共あまり悪き名わ残るまじ。能々考へて、なるべくだけはよき名を残す様に心掛べし。

一、㊳禁呪《まじない》は少名彦名《スクナビコナ》の尊《ミコト》(62)より御初《ハジ》め給ひて人の病《ヤマ》へをなおし被レ遊《アソバサレル》。然《シカ》る処《トコロ》、人多くなりて気遣《キヅカ》ひ多き故に、禁呪ひ斗《バカ》りでは病へも治《ぢ》し兼ねる故に、酉《さけ》を御造りなされて用《モチ》えさせて病《ヤマイ》をなをしたる。ところが益々《マスマス》人が多くなる故《ゆい》に、心支《ココロヅカエ》も増て病気いゑ《(癒)》兼る故に、御考《オカンガ》へあつて豆《マ》めふじの根をほ《(掘)》り取て、酉《さけ》に浸《ヒタ》して葛根湯《カッコントウ》と名付て用《モチ》え、今七味調合《シチミチヨウゴウ》の葛根湯也。(63)後世《コウセ》ひに及《オヨビ》常に酒を呑む故に、水をのべるに附て三《サン》づひを付《ツケ》て酒と読む。依て、酒は百薬の長也。如レ此《カクノゴトキ》有難ぎ(ママ)御思召《オボシメシ》も存《ゾン》ぜづ大酒を呑《ノミ》気違になる程呑《ノム》は、恐入《オソレイル》ことでござると平田の大《ウ》人《シ》の御咄《オハナシ》でござる。(64)

右の酒につひて一つの御咄し有り。三損《サンソン》のみだあり。(65)其みだと言ふは大酒呑《ノ》みだ、一に銭損、二に手間損、三にわ命ち損、是ぞ三損のみだ也。此みだは信ずべからず。

冥加訓《ミヨウガクン》　養生訓《ヨウジヨウクン》　水野先生相法抜萃《ソウホウバッスイ》

右之書は長生運《ナガイキウン》の手作り、盛衰生死は常の事と言ふ訳《ワケ》が能《ヨ》く訳《ワカ》る書也。(66)能々熟読《ジユクド》くすべし。

前条わ聖賢の戒《イマシ》め、世上の名言をかき集め、遺書として子孫へ譲るもの也。依て、堅く守る者は其身の大徳にして我《ワレ》も本望なり。何様《イカヨウ》にも取用《モチ》え難き者は、人外《ニンガイ》(67)を好む故に、予が霊におひても少もうらみなし。

明治六年の春改書す(68)

田村吉茂八十四才時書

(1)「因窮」は困窮の誤り。以下の文中の「寺登り」は、文字の読み書きなどを習うために寺子屋に行くこと。「緘だ」は口をつぐんだ、すなわち黙っているの意。「せん方なく」は仕方なく。

(2)「言《もふ》ふす」の振り仮名の「ふ」が送り仮名の「ふ」に重なっている。

(3)「番付を仕る」は、家屋等の建築に際して組み立てる木材に組み順の番号を付けること。「不自用」は不自由の誤記か。以下の文中でもしばしばこの表記がなされている。「種子札」は種子を保存する際に品種名等を書いて俵に付けておく札のこと。「にじくり記す」の「にじくり」はひねくることであるから、拙くたどたどしい筆跡を意味する金釘流で書いたの意。

(4)「算法師」は算術の教師。江戸時代には村々を訪れて、村の有力者宅や寺などに逗留して算術を教える者があった。

(5)この「置く」は忝《かたじけな》くの誤記か。

(6)「留飲病」は胃酸の過多によって胸やけ等のおきる胃病。

（7）「市町」は町中とか世間のことをさす語。つづく文中の「大ぶだゞを言ふ」は、何だかんだとだだをこねるの意。以下の文中に出て来る「だゞもだを言う」も同様の意。
（8）「大どら奴郎」は、手のつけられない道楽者のこと。
（9）「案心」は安心の当て字。「同理」も道理の当て字で、以下の文中でもしばしばこの表記がなされている。
（10）「宣ひける」は宣《のたま》ひけるの誤記。
（11）「外待」はへそくりのこと。また「恣ひに」は振り仮名を参考にすれば、「恣《ほしいまま》に」とあるべきだろう。
（12）「心躰」は心ざまの意。「目定めて」は見定めて。「年たけて」以下の文は、それ相応の年齢になるまで「金銭の取り遣り」にはかかわらせないというのが親の第一に心得るべきことであるという意。
（13）「用弁」は用を足すこと。したがって「用弁のみ」は単に便宜的なものという意。「不自用」は前にもふれたように不自由の誤記か。「書ぢく端などを」以下の文は、掛軸の字句などを少し覚えたくらいで気位が高くなっての意。
（14）「仮名物語り」については版行年は不明だが一巻本の版本がある。編者が見たもの（玉川大学図書館所蔵版本）は表紙裏に「暘谷老人著　仮名物語　晛斎蔵梓」とあり、冒頭の題につづいて「暘谷老人口授　孫女中茎直喜筆受」と記している。また巻末には「門人　多賀谷又玄　大月良輔　同校」とあるので、中茎暘谷《なかくきようこく》が仮名の歴史や意義について語ったものを孫娘の直喜が書きとめ、それを門人達が校訂したうえで版行したものであろう。晛斎とも号した中茎暘谷は生歿年は未詳であるが、江戸後期の下総結城の人。医学や漢学に通じ、国学を修めた人であったとされている。

(15) この文中の「五倫の道を道を」の部分は「道を」を誤って重ねている。また「生計ひ」の振り仮名の「い」も、送り仮名に重複している。

(16) 本書が底本とした『日本農書全集』第二十一巻所収のものには現代語訳が添えられているが、この「四十七字」には以下のような漢字まじりに改めた表記のものが付されている。〝君臣　親子、妹背に／兄弟群れぬ　井掘り田植え《ママ》て／末茂る　天地栄ゆ／世を侘びそ　舟の艪縄〟。

(17) 「夫持」は扶持の当て字。扶持はここでは俸禄のこと。

(18) 「別断」は別段の当て字。

(19) 「三才」は天地人で構成される宇宙全体を言う語。

(20) 「喧傢」は喧嘩の当て字。

(21) この部分の「はなればなれにる」の記述は、「に」と「る」の間の「な」を脱落させているので、これを括弧に入れて補った。

(22) 「道引」は導き、「差ず」は指図の当て字。

(23) 「身方欲の人」は身贔屓になりやすい人の意。

(24) 「公事」は訴訟および裁判、特に民事訴訟のことであるが、単に争いの意でも用いられる。

(25) 「弘法大師」は真言宗の開祖である空海のこと。

(26) 文中の「うへのおくやま」は〝うゐのおくやま〟の誤記。また、先に「君臣と言ふ御歌《きみまくら》」「四十七字」に付した註16と同様に、底本には以下のような漢字まじりに改めた表記のものが添えられている。〝色は匂へど　散りぬるを／我が世誰ぞ　常ならむ／有為の奥山　今日越えて／浅き夢見じ　酔ひもせず〟。

(27) 「唐の文字」は中国の文字、すなわち漢字のこと。

(28) 「よりたかつて」は寄り集まっての意。「をつひしぐ」の「をつ」は他の語に冠して語調や意味を強める接頭語で、「ひしぐ」は押し付けてつぶすの意。

(29) 「路用」は旅の費用の意。「女らひさま」は正確に書けば如来様だが、如に女の字を当てていることに示されているように、ここでは酒席などに侍《はべ》って客を接待したり性を売ったりするいわゆる玄人の女性のもじりとして用いている。「お骰さま」は博奕などに用いるサイコロのこと。したがって以下の文にある「つぼ（壺）」は博奕の際に使用されるサイコロ壺のことで、「さら（皿）」も同様に博奕場で使用する皿のことであろう。

(30) 「から無筆」はまったくの文盲の人の意。「読める」の振り仮名の「め」と送り仮名が重なっている。「辻杭へ」は道の分岐点（この場合は極楽への道と地獄への道の）に立てられている道しるべのこと。

(31) 「儀理をたがず」の「たがず」は違《たが》えずであろうから、義理にはずれたことをせずの意。

(32) 「得実」は篤実の当て字か。

(33) 前掲底本に付された現代語訳は、この「正路なる仁」を〝正しい愛〟と訳している。「仁」

を「儒道」に言う仁と解してのうえのことであろう。

(34) 「五常」は儒教に言う人の常に守るべき五つの徳目で、仁義礼智信の五つをさすのが一般的である。「五倫」はやはり儒教に言う父子・君臣・夫婦・兄弟(長幼)・朋友といった、人の持つ五つの基本的な社会的関係、ないしはそのそれぞれの関係において守るべき徳目のことをさす。『孟子』ではそれらを父子の親・君臣の義・夫婦の別・長幼の序・朋友の信として説いている。

(35) 「天神地祇」は天の神(あまつかみ)と地の神(くにつかみ)といったすべての神々のこと。

(36) 「日行」は一日に歩む行程を言う語だが、ここでは日々になすべきことの意で用いている。以下の文中の「心願」は神仏などに心の中で願を立てること。

(37) 「金子」はキンスと読むのが一般的だが、「子」はネとも読むのでこの文章の書き癖、特に送り仮名の付し方からすると、カネと読むべきなのではないかと思われる。したがって次条冒頭の「大金子持」もおそらくオオガネモチと読むべきなのであろう。「から偽で遣ひたひ人斗りある」は、嘘をついてまで金を出させて使いたがる人が多いの意か。あるいは、このくだりは「から偽で、遣ひたひ人斗りある」として、金というのは自分からは出したくない性質のものであるとか、とかく人はその金をほしがりつかわないようにするものだとか言われるが、それは誤りで、実は人は金を「遣ひたひ」存在である、という意であるかもしれない。

(38) 「心支」は気ふさぎの意。以下の文中の「長持」は衣服や調度などを入れておく長方形の蓋のある箱のことだが、ここに言う「長持もなく亡ぶる」はその長持の一つも持てない程に落ちぶれて破産してしまうという意。

(39) 前掲底本はこの「両ばひ」について、〃利子が倍々にかさむことから借金のたとえと思われるが、ここでは借金を僚輩＝身近な友だちと皮肉っているのであろう〃と記している。
(40) 「家材」は家財の当て字。以下すべて同様。
(41) この条については、底本に付された現代語訳では〃他人から高利をむさぼったり、逆に高利で押しつけたりすることは、恥でもあり罪なことでもある。このようなことをしていれば、ついには命をちぢめる資本《もとで》をつくることになってしまう、と心得ておくとよい〃と解している。
(42) 「無利」は無理の当て字。利子あるいは利益の利にかけたものであろう。
(43) 「遜る」は前条にもある表記であるが、譲ると同意。「気随ひ自恣に成る物と心得る」は、自分の思うままにしてよいものだと考えるの意。
(44) 「大借」は多額の借金のこと。
(45) 「部屋住」は、家督を相続した者の世話になる、家督相続をしなかった者の身分を言う。
(46) 「家録」は家禄の当て字で、家の財産の意。「績み」は積みの当て字。「案楽」も安楽の当て字。「遊参」は遊びに出かけることを意味する遊山の当て字。
(47) 「懸け」は賭けの当て字。「大穴」の読み方については、前掲底本にある〃非常な道楽の意。「穴」は「どら」（放蕩、道楽）のあて字〃という註解を参考にした。
(48) 「殺生好き」は釣りや狩猟を好む者のこと。以下の文中の「困窮を人に知らせるを嫌ひ」は、見栄をはる人の意。
(49) 「内ば」は控え目の意。

(50) 「儀利」は義理の当て字。

(51) 「訳り」は計りの誤記か。あるいは第三一条や第三八条を参考にすればワカりと読むべきか。

(52) 「持は」は時はの誤記。また、以下の文中の「損毛」は損耗の当て字。誤読による慣用でソンモウと読まれることが多いが、正しくはソンコウ。

(53) この「正直と書ひてろくとよむ」について、底本の註解は〃これも吉茂特有の皮肉で、ろくでなしの反対は正直者だから、正直と書いて「ろく」と読むということであろう〃としている。

(54) 「生計方不足」は生活費不足の意。以下の文中の「忝く」の振り仮名は「かたぢけな」とあるべきか。また「手前扶持にて」は無報酬での意。「眼前の事」は火を見るよりも明らかということ。条末の「得と考へべし」の「得と」は〃篤と〃の当て字。

(55) 「己が知意に迷ひ」は自分の知識に判断を狂わされて迷うこと。

(56) 底本の註解によれば、これは『農業全書』巻之十一「附録」からの引用であるとのこと。文中の「不事」は緊急の場合を意味する不時の当て字。以下の文中の「水旱」は洪水と旱魃、「霖雨」は長雨、「氷乱」は雹害《ひょうがい》、「虫付」は虫害のこと。

(57) 「借材」は借財の当て字。「人別」はここでは家族数のこと。以下の文中の「定法」は決まったやり方。「たなおろし（店卸）」は、年度決算または在庫品整理のために残存する商品や製品などの種類および数量などを調査して帳簿に記入することを言う。条末の「ごちやへちや暮し」は、成り行きまかせの、どんぶり勘定の暮らしの意。

(58) 「隠居料」は家督を譲り渡して隠居する者が、隠居後の生活のために留保する財産のこと。

(59)「小身だひ（代）持」は僅かな財産で生活する暮らしのこと。以下の文中の「せわ〳〵して」はせかせかとしての意。
(60)「ものぐさき人」は物事の始末が不得手な人。「組合」は五人組のこと。「隠させても」は隠居させてもの意。
(61)「順養子」は弟が兄の養嗣子となること。以下の文中の「後見して」は後見人となっての意。
(62)「少名彦名の尊」は少彦名神《すくなびこなのかみ》。高皇産霊神《たかみむすびのかみ》の子で、大国主命《おおくにぬしのみこと》と協力して国土の経営をおこない、医薬や悪事、災難を防ぐことなどの法を定めたとされている。
(63)「豆めふじ」は葛のこと。「葛根湯」は葛根を煎じたもので、解熱剤として用いられる。「七味調合」は七種類のものを調合するという意。
(64)「有難ぎ」は有難きの書き誤りであろう。「平田の大人」は江戸時代後期の著名な国学者である平田篤胤（一七七六〜一八四三）のこと。
(65)底本はこの「三損のみだ」について〝三尊の弥陀を皮肉ったもの。弥陀三尊とは阿弥陀、観音菩薩、勢至《せいし》菩薩〟という註解を付している。
(66)「冥加訓」については、『国書総目録』に貝原益軒（一六三〇〜一七一四）著の三巻三冊本と関一楽《せきいちらく》（一六四四〜一七三〇）著で享保九年に版行された五巻五冊本の二種があることが記されているが、次いで益軒の『養生訓』の名が掲げられているところからすると前者であろう。もう一つの書である「水野先生相法抜萃」の「水野先生」は、観相を事とする相法家であった水野南北（一七五七〜一八三四）のこと。若い頃は無頼の生活を送ったが、中年になって観相学を研究して一家をなし門人に教授した。歿後に門人達が墓碑にかえて不動明王の石像を建てたところ、出世不動として世間の人の信仰を集めたという。著書としてはやはり『国書総目録』に『相法和解』や『秘伝抜萃』など多くのものがあることが記されているが、『相法抜萃』の名はない。これら三つの書物では長寿や開運のこと、「盛衰生死」のことわりなどが扱われているとされる。

(67) 「人外」は人の道にはずれたこと。

(68) 「改書す」は書き改めたの意。

解説

一

本書には、日本の歴史上に現れた教訓状や遺訓・遺言状などといったいわゆる「家訓」とよばれるもの一九点を選び、それらのすべてに新たな校訂を施して収録した。「家訓」とは、子孫や一族、武家の場合には家臣、商家の場合には奉公人・店員等までを含んだ人々に対する訓誡を目的として著されたものを指している。この国におけるそうしたものの最初は、吉備真備《きびのまきび》（六九五［六九三年説、六九四年説もある］～七七五）の手になる『私教類聚』という名の書物と言われる。これは中国において六世紀末に成立した顔之推（五三一～六〇二）撰の『顔氏家訓』（この東洋文庫に日本語訳されたものが、全二巻本として収められている）に範をとって書かれたとされるものであるが、残念なことに完全なものは現在には伝わっていない。我々が見ることの出来るのは、目録と他の文献中に引用されて一部だけが残ったいわゆる逸文のみである（たとえば日本思想大系8『古代政治社会思想』［岩波書店］に、目録と現在目にすることの出来る条文のすべてが収録されている）。その内容は、『顔氏家訓』を始めとする中国の様々な文献中の記述を引用しながら、官人として立つ子孫への訓誡を試みたもので、文中からは儒仏を一体のものとして道教を排する姿勢や筮占の勧めといった、奈良時代の公家達の思想・教養の傾向や習俗のあり方を窺い知るための材料を少なからず得ることが出来る。

「家訓」はもともと対象が身近な者であるところから、具体的な記述がなされやすいという特色を持っているが、加えてそれぞれの時代の習俗や信仰のあり方といったものが比較的生《なま》の形で示されるという傾向がある。その典型が平安時代になって藤原師輔（九〇八～六〇）が子孫に対して著した『九条殿遺誡』である。藤原摂関政治の全盛期を担った藤原道長（九六六～一〇二七）の祖父にあたる師輔は、この「家訓」の中で朝廷における対人関係などの公的生活に関する心構えについて具体的かつ詳細に述べている。その記述には君主への「忠貞《チユウテイ》」や親への「孝敬《コウケイ》」を強調し「仏法を尊」んで生きることとの重要性を説くなど、『私教類聚』に見られたものと同様の儒仏を共に尊崇する姿勢が認められる一方で、種々の日常の生活上の留意すべき点も事細かに述べられている。たとえば冒頭の朝起きてまず人の一生を支配するとされた「属星《ゾクシヨウ》の名号《ミヨウゴウ》」を「七遍」称《とな》えよという指示から始めて、「沐浴《ユアミ》」する日を「五箇日に一度」としてその日の吉凶を論じたり、爪を切る日の吉凶にまで及んでいる。すべてのことに「暦《コヨミ》を見て日の吉凶《キツキヨウ》を知る」ことの重要性を強調する姿勢からは、この時代の彼等の日常生活において陰陽道が果たしていた役割が現代の我々が想像する以上に大きなものであったことを看て取ることが出来る。「家訓」に接することから我々が得ることが出来るものの一つは、こうした日常生活にかかわる歴史上の具体的なデータである。

しかしながら、「家訓」に接することから得られるのはそのようなものばかりではない。『九条殿遺誡』の成立を五〇年程さかのぼった時期に書かれた『寛平御遺誡』は、宇多天皇（八六七～九三一、在位八八七～九七）が皇位を醍醐天皇（八八五～九三〇、在位八九七～九三〇）となる敦仁親王に譲る際に与えたとされ、いわゆる皇族の手になる「家訓」の中では最も早いと考えられているものであるが、その教誡中には現実の政治に対する深い危機意識が顕著である。天皇を中核とする政治の形態が歴史的にしばしば危機的な状況を迎えたことについては、ここで多くの筆を費やす必要もなかろう。その最初期に迎えた大きな危機の一つが藤原摂関家の専横と言われるものである。宇多天皇は時の関白藤原基経（八三六〜九一）の死という時機を利して律令国家再編成を目指して親政をおこなったことで知られているように、そのような状況に対応するための方策を模索した人であった。菅原道真（八四五〜九〇三）らを登用しておこなわれたこの改革の成果についてはさておき、この「家訓」は政治をおこなう上で留意すべきことを我が子に教誡するに際して、人材を厳しく選ぶべきことを様々に強調している点に大きな特色を持っている。だが、同じ皇族の手になる「家訓」でも、時代が下り武家の世となった鎌倉時代の末に成立した『誡太子書』になると、危機意識の内容とその方向性も大きく異なったものとなる。元弘三年（一三三三）の北条氏の滅亡につながる後醍醐天皇（一二八八〜一三三九、在位一三一八〜三九）の挙兵の前年、元徳二年（一三三〇）に花園上皇（一二九七〜一三四八）が甥で後に北朝初代の光厳天皇（一三一三〜一三六四、在位一三三一〜三三）となる量仁親王に贈ったものとされるこの「家訓」では、現実の政治に対する危機意識ばかりでなく、宇多天皇の時代には持たれることのなかった自家の存続についての危機意識までもが現れて来ている。本書には収録しなかったが、室町時代の永享五年（一四三三）に伏見宮貞成《さだふさ》親王（一三七二〜一四五六）が、南北朝以来の皇室内部の皇位をめぐる抗争の顚末とともに、天皇の位にある者としてなすべき修養や心構えなどを我が子の後花園天皇（一四一九〜七〇、在位一四二八〜六四）に対して説いた『椿葉記』においては、その意識はさらに深まった表現を取るようになっている。「家訓」成立の背景には、それぞれの家や一族、ひいてはその属する社会的階層が直面させられていた危機的な状況が横たわっている。「家訓」に接することで我々がもう一つ手にすることの出来るものは、そうしたそれぞれの時代を生きる人々が直面させられていた生《なま》の現実がどのような内実を持つものであったかという具体的データである。

皇族や公家が直面させられた歴史的状況の中から現れた、自家の存続の可否までをも問題視するような意識の傾向は、武家の政権が本格的に形成された鎌倉時代になってから以後、大量に登場して来る武家達の手になる「家訓」や、江戸時代になって姿を現す商家や農家といったいわゆる庶民の「家訓」の中にむしろ顕著に見られるものである。彼等がそれぞれの時代に直面させられた現実の厳しさが、皇族や公家達のそれに比して劣るようなものではなかったということについては、ここであらためて言葉を重ねる必要はなかろう。もともと不安定なあり方をせざるを得なかった彼等は、将来への見通しについての不安にしばしばとらわれる日常を生きるほかなかった。自家の存続が成らないということは、彼等にとっては自らの子孫や一族の滅亡、すなわち多くの場合死を意味する。彼等が直面していた現実は皇族や公家達のそれとは位相を異としているとも言えよう。したがって、彼等にとっての「家訓」を残すための筆は明らかに、それぞれに迎えた危機的な状況の中で、自家や一族の将来に明確な見通しが持てなくなった事態への必死の対応として執られるものとなるのである。だが、そうした「家訓」が成立するためには、もう一つの条件が備わっていなければならないだろう。それは将来に明確な見通しが持てなくなった状況ではあっても、ここで何らかの方策を講ずれば自家や一族の存続が可能となるという確信である。これがあるからこそ人々は自らの経験にもとづいた教誡を、知恵をしぼり、かなりの手間隙《てまひま》をかけてまでも「家訓」という形で後代に残そうとするのだと言える。そうだとすれば、「家訓」によって伝えられて来た様々な教誡に含まれる知恵は、現代に生きる我々が日々直面させられている厳しい現実に対応してゆくための方法を模索する際の作業に、少なからぬヒントを与えてくれる可能性を持ったものであるように思われる。「家訓」に接することで我々が手にし得る最大のものは、おそらくこれである。

この国の歴史上に現れた諸「家訓」は、それぞれが直面させられた厳しい現実からどのようなことを学びとり、それらをどのような形の知恵として後代に伝えようとしているのであろうか。以下、それぞれの「家訓」に含まれている様々な知恵の内実を検討するとともに、それらの全体が現代の我々に向かって語りかけて来る事々についても少しく論じてみたい。

二

皇族や公家達に自家の存続に関する危機意識をもたらしたのは、言うまでもなく武家の存在である。その武家の手になる最初の「家訓」の一つは、平氏政権を経て成立した鎌倉幕府という本格的な武家政権を担うことになった北条氏の一員によって著される。鎌倉幕府の二代執権を務めた北条義時（一一六三～一二二四）の三男である北条重時（一一九八～一二六一）が著した『六波羅殿御家訓』がそれである。この「家訓」は彼が六波羅探題北方に任ぜられて京にあった折りに、年若い嫡子の長時事細かに述べたものであるが、そこで展開される教訓は、ほとんどが世間の人々からどのように見られるかという外面への関心と、他人に良く思われるための心得といった功利性を重視する姿勢で貫かれている。このような目前の利益をとにもかくにも重視する種の姿勢は、たとえば伊勢貞親（一四一七〜七三）の著した『伊勢貞親教訓』のような後代に現れる「家訓」の中にも認められるものである。しかしながら、武家達はそうした功利性のみを重視するような姿勢では、厳しい現実を乗り切ってゆくことは難しいということを次第に自覚し始める。『極楽寺殿御消息』という名の本書にも収録した「家訓」は、先に示した『六波羅殿御家訓』の著者である北条重時が晩年の出家後に著したものであるが、その中で展開される教訓は、「貪欲をすて、正直ならんと神にも仏にもいのるべし」（第八五条）という主張に見られるように〝正直〟という徳目を繰り返し様々に強調している点に特色を持っている。重時の取るこうした新たな姿勢は出家後の心境の然らしめるものでもあろうが、多くは幕府政治の中枢にあって最高責任者の一人として天下の政治を担当した体験からもたらされた判断の結果であるように思われる。天下の政治を担当するには、なまじの処世術や策略といった私《わたくし》の立場からする判断には限界があり、私を去った公平無私の〝道理〟にもとづく判断こそが必須であるという経験知に根差した思いが、このような新たな主張を生み出しているのである。このことに我々は、政権を握った武家が為政者としての自らの立場を明確に自覚化し始めたことを示す最初期の表現を認めることが出来よう。

こうした〝道理〟を強調する姿勢は、北条重時の兄で三代執権を務めた北条泰時（一一八三〜一二二四〜六四）に対して、一家の主人としての心得や世間の人々との交際の仕方に関する注意を四二）が制定した最初の武家法である『御成敗式目』の中においても貫かれており、以後の武家社会を律してゆくものになるのだが、この〃道理〃と先にふれた〃正直〃という語は、後に登場する多くの武家の手になる「家訓」の中でしばしば目にすることとなる。本書に収録したもので言えば、山陰地方の戦国大名尼子氏に仕えた武将であった多胡辰敬（一四九四？～一五六二）の手になる『多胡辰敬家訓』は、全編かけて〃道理〃を知ることの重要性を様々に強調しようとした注目すべき「家訓」と見ることが出来る。辰敬はその第三条以下で〃道理〃を知るための重要な要件として〃算用〃という能力を身に付けるべきことを強調する。〃算用〃とは本来は計算を意味する語であるが、辰敬がここで伝えようとしていることは、単なる一足す一が二というような常に同じ解答がもたらされることを重視するような〃算用〃ではない。我々の直面させられる現実に一つとして同じ事象などないことは、いつの世においても変わりのない事実であろう。にもかかわらず人々はそれぞれの事象に対するに、従来からの約束事や常識と呼ばれるものなどを根拠に、あらかじめの定まった対応策が存在するかのように思いたがり、実際にそのように対応することで手酷《てひど》い痛手をこうむり続けて来た。変転きわまりない事象に適正に対応してゆくためには、個々の事象の本質を的確に見抜くことが必須である。〃理非〃をわきまえ〃道理〃を知るとは、そのようなことを過《あやま》たずおこなうということであるが、それを実現するためには、たとえば同一と見えるような事象間に横たわっている微妙な偏差を見逃さないということが求められよう。同一と見える事象であっても、時と場合によっては、その偏差にもとづいて正反対の対応が必要となることもあるのが現実だからである。辰敬が〃算用〃について「算用ヲシレバ道理ヲ知ル」（第三条）と述べるのは、様々な現実の事象への〃道理〃にかなった対応を実現するためには、何よりもまず事象間に横たわっている微妙な偏差を見抜く能力を身に付けなければならないという主張なのである。

　このような発想にもとづいて、辰敬はこの「家訓」の中で家の維持運営とその永続を確保するために留意すべきこととして、注目すべき論を展開している。それは家臣を抱える基準について述べた第一九条に見られる「ワカキ時用ニ立タル者カ、又親ノ時用ニタチタル者カ、一度用ニ立タル事アラバ、其ヲン（恩）ヲ送ルト思テ抱《かかえ》メシツカフベシ」という主張である。これは同時代に成立した他の「家訓」の中で強調される訓誡とは正反対の姿勢を示している。たとえば本書に収録した『朝倉敏景十七箇条』（この「家訓」は、かつては朝倉敏景［孝景　一四二八〜八一］が晩年の頃に著したものと考えられていたが、最近では多胡辰敬とほぼ同時期の人で、敏景の末子の朝倉宗滴［一四七七〈一説には一四七四年の生まれ〉〜一五五五］の手によって成立したものと考えられるようになっている）は、同じ問題について「於《オイテハ》二朝倉之家《ニ》一宿老《シュクロウ》を不レ可《カラ》レ定《ム》。其《ノ》身の器用忠節によりて可《キ》二申付《シク》一之事」（第一条）、「代々持来《モチキタリ》候などゝて、無器用の人に団弁《ウチワナラビ》に奉行職被レ預《アズケラレ》間敷《マジキ》事」（第二条）と述べている。これは戦国の世に相応しく能力主義・実力主義の立場を取る主張である。いかにも戦国の下剋上の世を生き抜いてゆくために必要な発想であるように思われるが、辰敬はそのようには考えない。『多胡辰敬家訓』第一九条は先のくだりに続けて、たとえいくら若い時に「用ニ立タル者」であっても「今用ニ立者」でなければ抱えるべきではないという批判を口にする者達について、「サヤウノ者ノキカン所ニテ、ナニガシ（何某）ハ今用ニタ、ネドモ、イツノ比《ころ》ナニノヤウニ立タル間、其ヲン（恩）ヲホウ（報）ゼントテ扶持スルナリ、トナンドモ申聞スレバ、扨ハ我モ年ヨルトモ、今ノ奉公ノカゲニテ心ヤスクアラント思テ、ヨク奉公仕ル物也」と説いている。

　能力主義・実力主義とは、まさしく「今用ニ立者」を重視する立場である。だが、能力や実力を問題にする限り、たとえば老いはそれらを衰えさせることもあるだろう。能力や実力の低下によって立場が大きく変動することが予想される場合、多くの者達は自らのそれが最も高く評価される時や相手に、その人生を賭けるほかない。そこには生き残るための冷徹な計算が働く。場合によっては信義も何もあったものではないのである。これに対して辰敬の説くものは、老いても「今ノ奉公ノカゲニテ心ヤスク」あることが出来るうえに、「親ノ時用ニタチタル者」の子までをも「抱《かかえ》メシツカフベシ」とする発想までが示されるならば、子孫のために命の一つや二つという思いを家臣達の心の内に醸成させてゆくことにもなるだろう。「ヲン（恩）ヲホウ（報）ゼン」という情誼《じょうぎ》によって結び付いた主従間の強靱な結合関係は、多くの場合一足す一が二という計算以上の成果をもたらす。現実にも能力主義・実力主義を掲げた朝倉家は程なく滅亡し、大久保彦左衛門忠教（一五六〇〜一六三九）が『三河物語』に描いたような三河以来の情誼にもとづく主従関係を中核として戦った徳川家が、最終的には厳しい戦乱の世を勝ち抜いたのである。昨今の日本の企業社会における、終身雇用・年功序列制度といったものを否定し、能力主義・実力主義を急に声高に主張するようになった動きを見るたびに私の頭をよぎるのは、以上に述べたような歴史的事実である。辰敬の説いた〝算用〟は、現代に生きる我々にとっても、今なお身に付けるべき能力であるように思われる。

三

戦国の世を勝ち抜いた徳川氏の政権のもとで著されたいわゆる「大名家訓」の初期のものには、戦国時代の「家訓」に見られたような能力主義・実力主義の発想がなお残存しているものがある。本書に収録したもので見れば、井伊直孝（一五九〇〜一六五九）の手になる『井伊直孝遺訓』は、第五条にかつての『朝倉敏景十七箇条』の中に見られたような「縦《タトエ》家老之雖《モ》レ為《リト》二嫡子一、其人之作法不レ宜《ヨロシカラズ》候はゞ、家老職は可レ為レ除《ノゾカセルベク》候。物頭も可レ為《クル》二其通《リ》一候」という教誡を置いている。井伊家は代々幕府の重職を務めた家であるが、直孝の父で家康に仕えた〃徳川四天王〃の一人として知られる井伊直政（一五六一〜一六〇二）は、自らの跡目の相続に関しても能力主義・実力主義を貫こうとした人であったとされている。江戸時代中期に成った有名な武士道論書『葉隠』には、「井伊の家には本妻これなく候。直政の遺言に、御先手の家なれば、不器量の者家を継いでは御用に立たず。本妻と定め候時は、是非その腹の子に家を継がする者なれば、不器量の者をも家督となさでは叶はぬ事あり。妾腹余多の内に、器量を見定めて家を継がすべき由なり」（聞書十。岩波文庫『葉隠』下から引いた。こうした他本からの引用に際しては、漢字は現行の字体に改め、校訂の際に加えられた括弧のような類のものは取り除いた。以下同様）という記事が見える。実際にも井伊家の跡目を継いだ直孝は次男であり、『寛政重修諸家譜』に直政の室と記された「松平周防守康親が女」の生んだ子ではない。また、織田信長や豊臣秀吉に従って数々の戦功をあげたことで知られる黒田如水（一五四六〜一六〇四）は、筑前国福岡藩の藩祖となり本書にも収録した『黒田長政遺言』を書き遺した子の黒田長政（一五六八

～一六二三）に対して万一の際の後事を託した六箇条の「覚」の中で、「貴所子共出来可レ申候。自然無レ之候ば、松寿跡目に可レ定候。無器用候ば、松寿儀は不レ及レ申、ぢつし（実子）に候共、跡目に定候儀無用候事」（「吉田家文書」一三八五号。『福岡県史近世史料編』福岡藩初期(下)所収。漢字や仮名は現行の字体に改め、仮名は平仮名に統一した上で必要に応じて濁点を施した。また現行の形態の句読点を打ち、漢文体の箇所には返り点を加えた。以下引用史料については同様の措置を講じた。引用条目中の「松寿」は如水の甥で長政の従兄弟にあたる人物。この「覚」が書かれた時点で長政にはまだ男子がなかった）という指示を残している。

戦国の時代や江戸時代初頭における家督の相続者は、このように必ずしも「本妻」の生んだ長男というわけではなかった。たとえ「本妻」の生んだ長男であっても「不器量の者」、すなわち家の存続を可能とする個人的才能や能力を持たない者の相続した家は、厳しい戦乱の世を生き抜いてゆくことなど出来はしないからである。しかしながら、こうした〝器量〟すなわち能力や実力を重視する発想は以後の江戸時代の武家の社会の中からは次第に姿を消し、新たに家格や家筋を重視する種の発想が台頭して来るようになる。それは江戸という時代の開幕とその進展とともに、武士達がこれまでに経験したこともないような新たな仕組みの中で生きることを余儀なくされるようになったことによっている。

武士は平安時代に登場して以来、土地すなわち農地と分かち難く結び付いた存在であった。もともと武士の発生自体が自らの土地を侵略から自衛せんとして武装したことに始まるが、彼等は唯一無二の生活手段として命にかえても守るべき領地の保護保証を約束してくれる上位者との間に一種の契約を結び、その上位者すなわち主君への命を懸けた奉仕を義務として引き受けた。現在では一生懸命と書かれることもある語は本来は一所懸命と書いたが、これは武士の自らの所領に命を懸けた生き方にもとづいて成ったものと言われている。ありていに言えば、武士は大小を問わず言わば〝農業経営者〟だったのである。だが、徳川氏による江戸幕府の成立とその政策は、武士のそうした存在形態を一変させる。徳川氏は自らの政権の安定をはかるために様々な政策を実行にうつしたが、それらはいずれも戦国以来の下剋上の再現を阻止するという目的に貫かれたものであった。その中核をなした政策の一つがいわゆる兵農分離とよばれる政策である。徳川政権が強行したこの政策は、武士を農村から切り離し城下町に移住させることで〝俸禄生活者〟に変えてしまうことを根本とするものであった。本来武士は現代的な表現をすれば自営業者から俸給生活者に変わることを余儀なくされたのである。本来戦闘を任務として自らの生活手段である領地の防衛と新たなる領地の獲得を目指して生きて来た武士は、泰平の世の到来とともに命を懸けても守るべき土地と切り離され、もはや戦闘のない、また戦いの起きることを許さない体制のもとで生きなければならなくなった。このような新たな状況の進展は、武家社会に新たなタイプの武士を出現させる。それは、泰平の世を受け容れ、封建官僚すなわち行政官としての役職に関して事務的手腕を発揮することに自らの存在根拠を見い出し、新たな時代状況に適応しようとした武士達であった。もちろんこうした新たな事態にすんなりとは適応出来ないタイプの武士も少なからず残存してはいた。しかしながら、時間の経過とともに、武士達はこの新しい現実を結果的には受け容れてゆかざるを得なかったのである。

以上に示したような武家社会の変化は、様々な方面で変化に見合った新たなシステムや発想を生じさせることとなる。先に扱った相続の問題に関して見れば、それまでの能力や実力すなわち〝器量〟にもとづく相続者の選択ではなく、次第に長男、それも「本妻」の生んだ者の単独相続という形が一般化してゆく。長野ひろ子氏は『日本女性史』（脇田晴子氏他編、吉川弘文館）の「近世の女性」の部において、幕法・幕令の検討にもとづいてその画期が享保期（一七一六～三六）のあたりであったことを指摘している。武力の発現を封印され役高による職階制の確立（これも享保期前後であったとされている）した社会においては安定した家督の継承が可能であって、たとえ「本妻」の生んだ長男であっても〝器量〟いかんによっては家督の相続者とすることのなかった戦乱の時期の武士の家の維持のための発想は、もはや必要はないのである。しかしながら、当時の武家の社会は、長男を最優先したり家格や家筋を重視したりする一方で、そうした発想のみが跋扈する社会がもたらすであろう閉塞感への対応として、従来の能力主義的発想を巧妙な形で一部残存させてもいた。たとえば財政の管理や家内の雑務の差配といった特殊な才能を必要とする職務に、その能力によって必ずしもその筋ではない者の中から抜擢人事をする〝用人〟制度がそれである。泰平の世において〝家〟を基礎とする安定した体制の維持運営を図るための一種の知恵とも言うべきものであろう。

だが、新たに出現したこのような長男子単独相続制を中核とする体制の維持運営のための方式は、特に武家の社会における女性のあり方に、大きな変更をせまってゆくこととなった。江戸時代には『女大学』に代表されるような数多くの女子教訓書が版行されている（この東洋文庫の一冊に「女大学」の名を冠する教訓書を集めた石川松太郎氏編『女大学集』がある）。それらにおいては女性が守るべき徳目が様々に強調されているが、その中でも特に目につくのが女性に対する〝貞節〟の強要である。このことは、その当時の女性をめぐる現実が、男性の立場からは女子教訓書などによる教育を必要とすると判断されるような状況にあったということを逆に示していよう。高木侃氏の著『三くだり半』（平凡社選書。現在は増補版が平凡社ライブラリーの一冊として刊行されている）や『三くだり半と縁切寺』（講談社現代新書）によれば、江戸時代においては庶民の間だけでなく、武家の社会においても〝貞女二夫にまみえず〟は事実ではなく、離婚も再婚もかなりの頻度であったとのことである。『女大学』系統の書物の原型とされる貝原益軒（一六三〇～一七一四）の著作『和俗童子訓』の巻之五「教《ユル》二女子《ヲ》一法」には、「十歳より外にいださず、閨門《けいもん》の内にのみ居て、おりぬひ、うみつむぐ、わざをならはしむべし。かりにも、淫佚《いんいつ》なる事をきかせ知らしむべからず」、「又、伊勢物語、源氏物語など、其詞《ことば》は風雅なれど、かやうの淫俗《いんぞく》の事をしるせるふみを、はやく見せしむべからず」（岩波文庫『養生訓・和俗童子訓』）という記述が見える。女子を性的情報から出来るだけ遠ざけようとする意図に満ちたこの教誡は、書き手の側が何を最も恐れていたかを直截に示している。この国の社会が性に関してかなりオープンであったという事実は、近年様々な研究分野からのアプローチによって確認されて来たことであるが、安定した家督の相続が可能となった江戸時代の武家の男達は、そうした潮流の徹底した変更を試みているのである。それは、相続の安定化がもたらされると同時に、武家の男達が確実な自らの血筋による相続を求め始めたということであろう。

　そのために彼等が注目したものの一つが儒学であった。貝原益軒は先に引いた教誡の中で、「女子に見せしむる草紙も、ゐらぶべし。いにしへの事、しるせるふみの類《るい》は害《がい》なし。聖賢の正しき道をおしえずして、ざれ（戯）ばみたる小うた、浄瑠璃《じょうるり》本《ぼん》など見せしむる事なかれ」とも述べている。長男子単独といった相続方法や役高による職階制が確立したとされる享保期の直前である正徳五年（一七一五）という時期には、「聖賢の正しき道」すなわち儒学を学ぶべきことを強調する『明君家訓』（著者名は匿《かく》されているが、幕府に仕えた儒者・室鳩巣［一六五八～一七三四］の手になるもの）が版行され、広範な流布を示したことが知られている。また、さらにはこの著作の著者を水戸の徳川光圀（一六二八～一七〇〇）らに仮託したもの（本書にはそうしたものの一つである『水戸黄門光圀卿示家臣条令』を収録した）までが盛んに偽作され、いくつかの大名家ではこの『明君家訓』を下敷きとした自家の「家訓」の作成までがおこなわれている。この時期に儒学の説く教諭を用いた「家訓」が大々的に登場して来ることには、明確な理由があったのである。

しかしながら、『明君家訓』の版行を契機とするかのように、江戸時代中期から後期にかけての武家の社会からは、これといった魅力的と思える「家訓」は現れなくなってしまう。そうした中で数少ない例外が本書に収録した『肥後侯訓誡書』であろう。これは通常ならば部屋住みのままで終わるはずの五男の身から肥後国熊本藩主となり、名君とたたえられたことで知られる細川重賢（一七二〇［一説には一七一八年の生まれ］～八五）の手になるものであるが、その魅力は、この「家訓」が門閥の世襲家老達からの抵抗を排しながら断行した藩政改革という、希有な経験にもとづいて書かれていることによっているように思われる。政治経済的にはともかくとして、制度的には安定の度を増した江戸時代中期以後の武家の社会においては、従来からの約束事や常識と意識されるものに従ってさえいれば、それ程大きな危機に遭遇するなどということはもはやなくなったということなのであろう。自家や一族の将来を確保するために必死の思いで知恵をしぼって「家訓」を書き残そうとする動きの主流は、武家の社会から商人や農民といった庶民の社会へと移ってゆく。江戸時代に入って、家産の継承を前提とする庶民の〃家〃の形成が可能となり、文字の普及と所有による文書作成の基礎的能力すなわちリテラシーの普及度が高まってゆくにしたがって、庶民の社会からは様々なタイプの「家訓」が登場して来ることになるのである。

四

江戸時代になって登場した庶民の手になる「家訓」の中で最も古いと考えられているものの一つに『島井宗室遺言状』とよばれるものがある。これは戦国末期の博多の豪商で、豊臣政権との間に密接な関係を持ち、時の権力者秀吉の信頼も厚かった人物の一人として知られた島井宗室（一五三九?～一六一五）が、晩年になって外孫で自らの養嗣子とした徳左衛門尉信吉に対する遺訓として著したものである。その成立は慶長一五年（一六一〇）、宗室古稀の頃のことと考えられている。こうした宗室のような豪商と称された人物の手になるものを庶民の「家訓」に含めて扱うことについては、あるいは疑問の向きもあるかもしれない。だが、この「家訓」の書きぶりを見ると、そこにはかつての豪商とよばれた頃を偲ばせるような面影は一片も認められない。この遺言状を著した時期の宗室は、関ヶ原戦後の一〇年が経過した徳川氏の権力確立への過程の中で、豊臣政権との深い関係のゆえもあって、今や時代の動きからは取り残されつつある存在として、養嗣子とした孫の行く末をひたすら案ずる一人の老人であった。そうした宗室が老いの繰り言のように記す教誡の多くを占めるのは、飯米や味噌・塩および燃料などに関する節倹といった日常生活上の細かな注意であるが、この「家訓」の中にはそれらに混じり込むような形で示される一つの注目すべき姿勢を認めることが出来る。それは「我ちから才覚」を徹底的に強調する姿勢である。宗室はこの「家訓」において、自らの死後のことについての細かな指示をおこなっている。それは第四条が「何たる事に付《ツキ》、我ちからの出来候ては、如何様《イカヨウ》にも分別たるべく候。それとても多分之人皆死する時に、びんぼう（貧乏）する物《ニ》候。我ちから才覚にて仕出し候ても、死期に成《リ》候まで、もちとゞけたる人は、十人廿人に一人もなき事《ニ》候。況《イワンヤ》親よりとり候人、やがてみな（皆）になし、後々びんぼうにきまり死するものにて候」と述べるように、いまだ若年の徳左衛門に一刻も早く「我ちから才覚」を身に付けてほしいという、宗室のおそらく祈るような思いにもとづいている。宗室には第一七条に「又我々死候て、則其方《ソノホウ》名字をあらため、神屋と名乗《ナノリ》候へ。我々心得候て、嶋井は我々一世にて相果《アイハテ》候。但《タダシ》神や不《ニ》名乗《ラ》候ば、前田と名乗《リ》候てくるしからず候。其方次第《ニ》候事」と記されているように、先祖から子孫へと連続する場である島井という姓を持つ〝家〟に対する執着は見られない。宗室がこだわりを見せているのは自らの孫である徳左衛門個人の行く末であり、その行く末の保証は明らかにあくまでも個人的力量である「我ちから才覚」を身に付けることが出来るか否かにかかっていると意識されている。それは、おそらく個人の実力すなわち〝器量〟と「才覚」によって天下人となることさえ可能であった、戦国の下剋上の世を生きた宗室の体験から紡ぎ出された結論であったのである。

島井宗室がこの世を去ったのは元和元年（一六一五）であった。この年は豊臣氏滅亡の年である。ようやく覇権を確立した徳川氏がえがいた基本的な政権構想は、封建制とよばれる政体であった。近年の歴史学の研究成果が述べるように、徳川氏は一三世紀後半から始まる「海を舞台にして商業や流通のネットワークをつくり、日本列島の外にまで広がる貿易のネットワークをつくっていこうとするような動き」に対抗して「各地の戦国大名―地域小国家を併合して、「日本国」をもう一度再統一しよう」とした織田信長や豊臣秀吉の路線を継承し、「土地を基礎とした課税方式を取る」「古代からの「農本主義」の伝統」にたった政権を樹立しようとした（網野善彦氏『続・日本の歴史をよみなおす』〔筑摩書房〕参照）。このような政体のもとでの経済の仕組みは、おのずからに自然経済すなわち自給経済を原則とすることとなる。こうした体制のもとでは商人の出番は無きに等しい。ところが事態はそのようには進まなかった。徳川氏が自らの政権の安定を目指してとった諸政策は、基本的に次なる下剋上を阻止するためのものであったことは先にも述べたが、その政策の徹底が実現させた平和、すなわち〝徳川の平和《パックス・トクガワナ》〟が、国内という限定付きながら、商人にあらたなる活躍の機会を用意することになるからである。〝徳川の平和〟がもたらしたのは、いわゆる軍縮の実現である。かつては自らの経済力の多くを軍備に投入していた諸大名は、平和を強制されるこの新たな体制のもとで、軍縮によって浮いた経済力を次第に異なる方面に投じ始める。それは領国内の開発事業、特に〝新田開発〟に対してであった。その結果、一七世紀の一〇〇年の間にこの国の耕地面積はほぼ五割、あるいはそれ以上の増加をみたと言われている。新たに開発された耕地はそのすべてが食料生産にのみあてられたわけではない。そこでは様々な商品作物の栽培がおこなわれるようになる。しかも肥料や農機具を始めとする農業技術の進歩も相俟って、商業的農業は目覚ましく発展した。商人の出番である。加えて三代将軍家光の時代から制度化され徹底されることとなった〝参勤交代〟による江戸と国元の二重生活や移動もあって、諸大名は大量の貨幣を必要とするようになる。領国内で生産される米や他の物産は換金されなければならなくなったのである。そのために次第に活況を呈し始めたのが大坂を中心とする上方であった。諸大名が領国で得た年貢米や他の物産は、蔵屋敷の置かれた大坂に廻送され、売りさばきは商人の手に委《ゆだ》ねられる。本書に収録した『子孫制詞条目』を著したと伝えられる山中新六幸元（後に新右衛門直文とも称した。一五七〇～一六五〇）を始祖とする鴻池家は、そのような需要に応えることによって、大坂を代表する豪商と言われるようになった家であった。

こうした上方の活況の起点は寛文から元禄に到る一七世紀の後半とされているが、井原西鶴（一六四二～九三）は、この時期の上方の商人達が「人の分限《ぶげん》になる事、仕合といふは言葉《ことば》、まことは面《めん》／＼の智恵才覚《ちゑさいかく》を以てかせぎ出し、其家栄《さか》ゆる事ぞかし」（『世間胸算用』巻二）という意識にもとづいて、いわば商人にとっての戦国時代とも言うべき時代を生き抜いてゆこうとしていた姿を様々に活写している。彼等の生き方は、西鶴の『日本永代蔵』の中の表現を借りれば「百足《むかで》のごとく身を働《うごき》て」（巻三）「商売《しやうばい》に油断《ゆだん》なく、弁舌手《べんぜつて》だれ、智恵《ちゑ》、才覚《かく》。算用《さんよう》たけて、わる銀《がね》をつかま」（巻一）ぬように心掛け、「算《さん》用こまかに、針口《はりぐち》の違《ちが》はぬやうに、手まめに、当座帳付《たうざちやう》」（巻五）け、「始末《しまつ》大明《みやう》神《じん》の御託宣《たくせん》にまかせ、金銀《きんぐ／＼》を溜《たむ》」（巻一）ることを根本とするものであったという意味で、島井宗室が孫の徳左衛門に望んだ「商売」の仕方そのものであったと言えよう。彼等は自らの「智恵才覚」によって獲得した経済力によって、ついには「それ人間《にんげん》の一心《しん》、万人《ばんにん》ともに替《かは》れる事なし。長釼《ちやうけん》させば武士《ぶし》。烏帽子《ゑぼし》をかづけば神主《かんぬし》。黒衣《こくへ》を着《ちやく》すれば出家《しゆつけ》。鍬《くは》を握《にぎ》れば百性《ひやくしやう》。手斧《ておの》つかひて職人《しよくにん》、十露盤《そろばん》をきて商人《あきうと》をあらはせり。其家《そのか》業《げう》、面々《めん／＼》一大事をしるべし」（西鶴『武家義理物語』序。岩波文庫本から引いた）という、士農工商の身分を単なる職能の差として捉えるような意識を持つにまで到っている。だが、こうした彼等のあり方は、その状況に対して次第に危機意識を抱き始めた幕府の対応によって、厳しい困難に直面させられることとなる。元禄八年（一六九五）に荻原重秀を推進役として断行された貨幣改鋳というインフレ政策や、宝永二年（一七〇五）に起きた大坂の豪商淀屋闕所事件に示される幕府の公然たる抑圧は、あらためて商人達に重農賤商という姿勢をとる封建制の強固な障壁の存在と、そのもとにおける商業活動の多難さを知らしむるに充分な出来事であった。今やこれまでのような「智恵才覚」にもとづく自由な営利活動によって経済的成功をおさめる可能性が、ほとんど閉ざされてしまう時代がおとずれたのである。

それは『日本永代蔵』『世間胸算用』とともに〝町人物三部作〟を成す遺稿『西鶴織留』のなかで西鶴がいちはやく指摘していたことでもあった（これら三部作からの引用は、日本古典文学大系48『西鶴集』下［岩波書店］からおこなった）。西鶴は新たに到来する時代の内実を「……古代《こだい》に替《かは》り、銀《かね》が銀もうけする世と成て、利発才覚《りはっさいかく》ものよりは常体《つねてい》の者《もの》の、質《もとで》を持《もち》たる人の利徳《りとく》を得《え》る時代《じだい》にぞ成ける」（巻六）と捉え、その状況のもとでは「望姓《もとで》持《もた》ぬ商人《あきんど》は、随分《ずいぶん》才覚に取廻《まは》しても、利銀《りぎん》にかきあげ、皆人奉公になりぬ」（巻一）と述べている。「質を持たる人の利徳を得る時代」という、個人の「智恵才覚」のいかんを無視する非情な経済機構がその姿をあらわにし始めたこの状況のもとで、商人達はあらためて重農賤商を旨とする体制の枠内で着実に自らの営利活動を守るための方法を模索し始めた。様々な試行錯誤を経て彼等がたどりついた結論は、個人の力よりも多数の力の和をたのむ家父長制を内容とする〝家〟という組織を強化することで、この困難な状況を乗り切ってゆこうとする方法をとることであった。中井信彦氏が明らかにされているように、商人の世界においても家産の継承を前提とする〝家督〟や〝家名〟の意識、すなわち〝家〟の意識が一七世紀半ば過ぎを起点としてすでに成立していた(中井信彦氏『町人』〔『日本の歴史』第二一巻、小学館〕参照)。本書に収めた『市田家家則』のような、冒頭第一条に「御《ゴ》公儀《コウギ》よりの法度《ハット》堅く相守り……」といった公儀尊重法令遵守の文言で構成される条目を置く種の商家「家訓」や「店則」が、一八世紀前半すなわち享保期前後に数多く姿を現して来るのは、こうした状況を背景としていたのである。

五

商人の社会における〝家〟という組織を中井信彦氏は〝暖簾制度〟として論じ、その発想の成り立ちを、「それは、かねて農民が農業経営のための作業集団の世襲的、持続的な編成法としてつくりだしていた、本家と分家群とからなる同族的な『家』制度の、都市的なバリエーションとみられるもの」(中井氏前掲書)としているが、私はそれに加えてこの組織作りには、これまでに見て来たような武家の〝家〟のあり方の模倣という側面があったのではないかと思う。享保期前後に登場する商家の「家訓」や「店則」には、当時の武家の〝家〟のあり方とまことによく似た形態や意識が認められるからである。当時そうした組織作りに最も熱心であったとされる三井家の「家訓」や「店則」類の詳細な分析をおこなった入江宏氏は、三井家が惣領(長男子)相続を原則とする「非血縁成員を含まぬ同苗組織を原理とし」、「三井同苗十一家」以外の「末子や奉公人が構成する越後屋暖簾内」については家格主義的発想と能力主義的発想を組み合わせた組織作りをおこなっていたことを明らかにしている（入江宏氏『近世庶民家訓の研究』［多賀出版］参照）。本書に収めたもので見ても、この種の組織作りの発想は『市田家家則』の条目中に確認することが出来るものである。こうした形態上の類似も相俟ってか、商人の〝家〟は意識の上でも武家の社会のそれに身を添わせてゆくようになる。入江氏は、すでに延宝三年（一六七五）制定の三井の店式目の冒頭第一条が、「親に孝行にいたし可レ申事。但仮親果候共何迄も存生之通相守可レ申候。但親孝行成者は主へは忠をなし商之みち無二油断一勤者孝之至也」と述べていることを示し、三井家が「奉公人それぞれの宿元（実家）としての「家」を認めることによって、まさに彼らの「家」の価値意識を媒介に三井家に対する忠誠心を喚起した」（入江氏前掲書）と指摘している。「宿元」の親への「孝」が、主家への「忠」に一致することを説いているのである。「忠」とは、言うまでもなく武家の社会で重視されたものである。本書には収録しなかったが、『定書商家訓』という名の享保四年（一七一九）の奥付を持つ訓誡状は、序文において忠孝を強調した上で、その第一〇条に「主人の身持みだりがわしく色欲にまよひ候か、または奢がましき事、或は召つかひの人え朝夕の仕方各不足に思候事、其外何事に限ず尤に無レ之儀あらば早束諌め給べく候。各是第一の心得に候。口上にて此方え申きかせがたく候て、いか様に成共書付候て竦行箱え入置可レ給候。尤妻子の身持もあしき事、何事に不レ限同前に入札可レ被レ致候。必以右之趣少も遠慮有間敷候。いにしへより主君を諌は臣下のならいなれば、町人とても心にかわり有間敷候。能臣は主人の悪をゆるさず、諌三度におよび用ひざる時は身をしりぞくと承候。又あしき臣は主の悪をいさめず、結句よからぬ事をすゝめ己が色欲を構、終には君臣ともにほろぶる事世上に多し。能々心得可レ有事」

（拙蔵。かつて『季刊日本思想史』51［ぺりかん社］に翻刻したものを掲載した）という教誡を展開している。ここには主人と奉公人の間柄を「君臣」に擬して、「臣下」たる奉公人に諫言を義務づける発想が示されている。こうした教誡は、本書に収録した下野国真岡の在郷町商人であった塚田兵右衛門が著した『塚田家覚書』の中にも認められるものである。その店則に相当する部分には「主人嬌奢《キヨウシヤ》に誇り、或《イ》は淫逸《インイツ》にふけり、または欲情に迷ひ、不議《（ママ）》之行《オコナ》ひ有《リ》レ之候はゞ、無《ク》ニ遠慮一可《イタスベキ》レ致諫争《カンソウ》可《イタスベキコト》レ致事」という記述が見える。重農賤商を旨とする体制の枠内で自らの営利活動を守るためにおこなわれた商人の試行錯誤がたどり着いたのは、結果的に支配階層である武家の〝家〟の形態や意識に自らを添わせてゆくという方向にむかうことだったのである。

　以上に示したような江戸時代の商人の手になる諸「家訓」がたどった道筋は、農民の世界のそれらにも見られるものである。中でも本書に取り上げた『宮川氏家訓』は、そうした道筋を一つながらに示しているという点で、まことに興味深い構造を持った農家「家訓」である。解題にも述べておいたように、この「家訓」は延享四年（一七四七）に遠州掛川の在の篠場村《しのんばそん》で代々庄屋や組頭といった村役人を務めた家である「宮川氏」の当時の主人によって書かれた二二箇条と、その後の天明元年（一七八一）前後に後代の者の手で加えられたと考えられる六箇条で構成されている。二二箇条の訓誡は、そのほとんどの精力を、〝家〟の維持運営と自家の責務である村政執行のために必要な資質が、あくまでも情理を兼ね備える個人としての人格的な力であるということを伝えるために注いでいるように思われる。江戸時代後期の信州の農家の「家訓」類の分析をおこなった市川包雄氏の論稿「近世後期家訓の成立と同族団」（『信州史学』第一〇号、信州大学教育学部歴史研究会）によれば、信州の農家における「箇条書形式で相続、家業、村政、本・分家関係などについて細かく規定している家訓の成立は、十八世紀の後半、特に天明期の前後の時期に集中している」とのことであるが、佐々木潤之介氏はこの指摘を「かなり一般性をもつのではないかと考えられる」とした上で、この時期が「小商品生産の一般的展開に基礎づけられた農民層分解の開始期」であり、そうした「家訓」類成立の背景としては、「そこでの家・村は、やはり変動期にあるのであって、家のいっそうの自立が必要とされ、その上での、村方騒動に表象されるような村社会の変動が進行している状況が基底にあることは明らかである」という把握を示している（歴史科学協議会編『歴史における家族と共同体』〔青木書店〕所収の「近世における家と村」を参照）。天明期（一七八一～八九）を少しさかのぼる延享四年段階における宮川家の主人が、個人的な人格の陶冶といった方向に重きを置いた教誡を展開し得たのは、その時期がまだ「変動期」の前夜とでも言うべき時期であったためであったかもしれない。だが、彼は明らかに迫り来る危機的な状況を予感していたのである。二二箇条をも費やした教誡を書き残したこと自体がその証拠である。

歴史学に言う天明期は、佐々木氏の指摘するように「農民層分解」や「村方騒動に表象されるような村社会の変動」が進行した時期であった。また、この時期はそうした状況を背景とした被支配層としての庶民による対権力闘争としての一揆や打ちこわしの発生件数が急増した時代である。幕府や諸藩は窮迫する財政状況を立て直すために様々な施策を実行にうつしているが、それらは結果的にはただでさえ厳しい状況にあった農民達に更なる負担を強いる内容を持つものであった。しかも、加えて天明三年（一七八三）に起きた浅間山の噴火とそれにともなう天候異変は、天明大飢饉を生じさせた。

各地では困窮農民らによる大規模な豪農富商に対する打ちこわしが発生する。長く村落指導者を務めて来た村役人層の家であっても、こうした「変動期」にあっては「農民層分解」の動きの中で没落の淵を覗かなくてはならない。よしんば上昇の結果豪農化したとしても、待ちうけているのは急下降した困窮農民の打ちこわしの対象となる可能性である。佐々木氏は前掲論稿の中で、村役人という存在を領主側の村落に対する「階級支配の直接の受け手」と位置付けているが、元来がそうした位置にあっただけに、村社会における彼等の立場には微妙なものがある。この時期はその意味でも、もはや個人としての人格いかんで乗り切れるような状況ではなかったのであろう。『宮川氏家訓』の付け加えられた六箇条は、一揆や村方騒動へのかかわりを出来るだけ避けるべきことを指示し、精勤を強調することでひたすら自家の永続だけを図ろうとする発想が顕著であるが、宮川家の後代の主人達がそのような姿勢を前面に出すようになって来たことには、明らかな理由があったのである。

『宮川氏家訓』の後の代に加えられた部分に見られる新たな傾向は、同時期に成立した他の農家「家訓」の中により顕著な形で認められる。本書に収録した『出野家家訓』や『井口家家訓』は、ともに自家の本来務めるべき村役人の職務を忌避する姿勢を示している。『出野家家訓』は、第一〇条で村役人を務めたいなどと考えてはならないとする理由を、役職につけば人からの妬みを受けて「六《ムツ》ケ《カ》敷《シキ》公事抔仕掛《シカケ》られ」、「公事ばかり昼夜身を入《イレ》、家業如在《ジョサイ》に致《イタシ》」ていると「大切之家を失《ウシナイ》可レ申《モウスベキ》事《コト》今見るがごとく」なってしまうからだと説明している。面倒な村役人の職務の忌避を図り、「唯《タダ》先祖より被二下置一《クダシオカレ》候家業出精《シュッセイ》致《イタシ》候へば、一生安らく（楽）に暮《クラシ》申《モウス》事《コト》疑《ウタガイ》有《アル》まじく候」と述べるこの家の姿勢は、宮川家の後代の者の加えた部分、すなわち六箇条の示す指針と同様の方向性を持つものであろう。このようなことを強調する「家訓」が登場して来る背景には、先に見たような村役人などを務めにくい〝家〟の状況や村の状況が存在していたのである。そして、そうした状況のもとで自家の存続を企図してゆこうとする人々の間で次第に注目されるようになるのが、儒教の道徳的教論であった。市川包雄氏は先にふれた論稿の中に自らの祖先である信州佐久郡下中込村市川一族の内で寛政一〇年（一七九八）に成立した『親族定書』を引いているが、その第一条の教誡は「第壱人倫乃みちを能勤むべき事なり。人倫の道とは君臣父子夫婦兄弟朋友の五つなり。此五つ乃ものは悉く礼と敬となくてはならぬ事なれば人々礼敬を失ふ時は犬馬に同じ事なり」というものである。市川氏はこのような記述がなされる背景として、当時この地方で展開された中村習輔による石門心学の教化運動の影響を示唆しているが、この記述に見られる氏の言うところの「儒教道徳的」教論の受容は、彼等の〝家〟の存続を最優先しようとする姿勢の内容に、すでに変化が生じていたことを暗示している。それは、家督の相続人をめぐって説かれた条目に顕著である。

『出野家家訓』の第一条には、「嫡子たりとも大酒をこのみ、博奕抔《ナド》致候ものには決て譲り申間鋪《モウスマジク》候。次男三男たりとも其もの之器量を見立《ミタテ》家督相続致させ可レ申《モウスベク》候。実子何人有レ之《コレアリ》候共、前書《マエガキ》にふそく（不足）致《イタス》人柄不相応《フソウオウ》之ものには譲り申間鋪、其節は別家之内より能人《ヨキヒト》を襟《エ》り出し家督譲り可レ申候」という記述が見える。これは「器量を見立」て相続人を決定するという方針を示したものであり、家の存続のためには直系家族を無視して「別家之内」から選ぶこともあり得るという規定である。相続に際して直系の長男子相続を必ずしも原則としないというあり方は、もともと当時の継承すべき家産を持ち村役人を務めるような立場にあった農民の〝家〟においては、むしろ珍しいことではなかった。

体制によって制度的に守られていたわけでもなく、常に厳しい状況に直面させられながら生きて来た彼等の〝家〟を維持運営してゆくためには、個人的な〝器量〟以外にたのむべきものはなかったからである。しかしながら、村役人を務めることより〝家〟の存続が大切とするような発想に転じた今、そのような個人的〝器量〟いかんにそれほど拘泥する必要はなくなる。この「家訓」が「唯先祖より被二下置一候家業出精致候へば、一生安らくに暮申事疑有まじく候」と述べていたように、こうした〝家〟は困難のともなう村政を執行出来るような優れた〝器量〟はなくとも、「家業」に精を出す程の〝器量〟を持つ相続人でさえあれば、〝家〟を維持し安楽に暮らしてゆくことは比較的容易だったと考えられるからである。〝器量〟の内実については明らかな変化が生じている。したがって、『出野家家訓』第一条は、必ずしも長男子に相続させるわけではないという当時の村社会でしばしば採られていた原則をあらためて徹底させようとしているのではない。「大酒」を飲んだり「博奕」に溺れたりする「嫡子」には家督を相続させてはならないということを厳命しているだけである。こうしたことの明文化は、出野家が第一条の説くような条件に抵触する「嫡子」でさえなければ、基本的に直系の長男子相続を原則としたい意向を持つようになっていたということを、むしろ逆に示すものであろう。似た構造は、『出野家家訓』と同じく天明四年（一七八四）に著された『井口家家訓』にも見られる。『井口家家訓』は、第三三条で「惣領に女子」が出生し次いで男子が生まれた場合も、「惣領」である姉に「聟《ムコ》を取《トリ》家督人に致し可レ申」という指示をおこなっているが、ここからはこの家が代々長子ならば男女を問わずに相続人とする方法を採って来たことを読み取ることが出来る。しかし、この指示に続いて同じ第三三条は、原則は原則だが「姉之心指《ココロザシ》を考《カンガエ》、又は次男家相続も可レ致器量有レ之者」

であれば「肉縁《ニクエン》を離れ世間亦《マタ》は親類共打寄《ウチヨリ》相談取極《トリキメ》之上」で弟に相続させてもよいとしている。市川氏は前掲論稿の中で、そこに相続に関して次第に男子を優先させてゆく考え方が芽生えて来ていることを指摘している。また、第三一条は「女房身持之儀」を述べたものであるが、そこでは「女房」に対して「夫《オット》え差図《サシズ》ケ《ガ》間敷《マシキ》儀」をなすことを禁止し、夫に対して従順であるべきことが強調されている。武家の社会で制度化され定着するようになっていた長男子相続の形態や、新たに武家の社会において生じた女性に対する意識の変更は、このようにして庶民の社会の中でも一般化し始める。明治になって成立したものを紹介するという目的もあって本書に収めた『吉茂遺訓』や『古屋家家訓』の中にも、儒教の道徳的教論は少なからぬ場所を占めている。江戸時代後期から明治にかけての時期に、「家訓」を残すような庶民の〝家〟が男子優先や長幼の序を説く儒教に対して次第に関心を示すようになっていったことには、やはり理由があったのである。

六

江戸時代の武家の社会において定着した長男子単独相続の方式や、武家の〝家〟の女性に対する意識と対応の変更は、見て来たように「家訓」を残すような庶民の〝家〟にも受け容れられたが、それらはともに明治以後のこの国の社会にそのまま持ち込まれることとなる。明治政府はとどのつまりは武家が作った政権である。そして、幕末に開始された倒幕運動以来、その運動を担う武家達の動きを支えたのは有力な商家や農家、すなわち豪商や豪農とよばれた人々の一部であった。新たな政権を構成する勢力の意識の内には共通した方向性が備わっていたのである。しかしながら、彼等の所持していたシステムや発想が、すぐさま明治以後の社会に定着したわけではない。それらを定着させるためには、様々な政治的な方策を講ずることを必要とした。たとえば長男子単独相続制である。この制度が明治から敗戦に到るまでのこの国の社会においては、明治政府が制定したいわゆる明治民法によって規定されていたものであったのは周知のことであろうが、この規定を含む民法の制定が構想されてから施行されるまでには三〇年近い月日を要している。各地の慣習法の中には母系相続や末子相続といった相続方法があって、人口の大半を占める庶民の間ではむしろそうした方法のほうが優勢とも言える情勢であったからである（『明治文化全集』［日本評論社］の第十三巻法律篇には、明治政府がその実態を精査した調査報告書「全国民事慣例類集」が収録されている）。だが、明治政府は最終的にそれらの相続方法を退けて、長男子単独相続という方式を強制するために、これを法制化するという手段をとっている。そして、こうした規定が中心に据えられた明治民法の施行とともに、女性にとって当然のこととして認められるべき諸権利も、法律という形で大幅な制約をうけることとなってゆく。

先にもふれた高木侃氏はその著『三くだり半』において、この国の離婚率すなわち人口一〇〇〇人に対する年間離婚件数の推移にふれて、「明治前期の離婚率はきわめて高く、明治一六年（一八八三）の三・三九パーセントを最高として明治三一年（一八九八）までは平均で二・七四パーセントだった。そして明治三一年七月、民法の施行と同時に離婚率がそれまでの約半分に激減する」と述べている（前掲増補版から引用。ちなみに昭和三八年［一九六三］の離婚率は〇・七三パーセント、離婚が急増し始めたと言われる翌年の昭和三九年を二〇年程経た昭和五八年［一九八三］のそれは一・五一パーセントであったとのことであるから、確かに明治前期の離婚率は「きわめて高」いものであったのである）。高木氏は明治民法七五〇条の「家族ガ婚姻又ハ養子縁組ヲ為スニハ戸主ノ同意ヲ得ルコトヲ要ス」「家族ガ前項ノ規定ニ違反シテ婚姻又ハ養子縁組ヲ為シタルトキハ戸主ハ其婚姻又ハ養子縁組ノ日ヨリ一年内ニ離籍ヲ為シ又ハ復籍ヲ拒ムコトヲ得」（仮名には濁点を施した）という条文に着目し、その「激減」の理由を江戸時代や明治前期に多く見られた妻の「飛び出し離婚」が、この規定の意図する方向性によって抑制されてしまったがためであると断じている。明治民法の施行によって、家族の婚姻や養子縁組みといった身分関係の変更に関する同意権を専有することが認められた戸主の承諾なしには、いかなる場合にも、それが離婚である場合においてさえも、女性は自らの意思を自らの手で実現することが不可能な仕組みのもとで生きることを強いられるようになったのである。そして、それのみならず女性達は教育の場としての学校などを通して、江戸時代の社会において『女大学』系統の書物等によりしきりに強調された〝貞女二夫にまみえず〟式の儒教的婦徳と言われるものを遵守すべきことを強制されるようにもなる。明治以後の、すなわちこの国の近代の歴史は、その意味では江戸時代の武家の社会において形成されたシステムや発想を、すべての臣民と呼ばれた国民に受け容れさせるための歩みであったと見ることも出来よう。明治政府の創成したという国家体制が、幕藩体制下においては征夷大将軍が占めていた場所に新たに天皇という存在を座らせ、少なからず多元的であった主従の関係を一元化するという操作をおこなうことによって成立したものであるということはすでに指摘されていることであるが（江戸城という場所がそのまま皇居となったことは、その象徴であろう）、それは逆に見れば武家を中核とする新たな政権を構成する勢力が、自らの意識を変更することなしに作り上げることの出来る仕組み、彼等にとっての馴染みである仕組みしか思いつくことが出来なかったというだけのことであったかもしれないのである。

「家訓」とよばれるものに接することで、この国の近代の歴史は、以上に述べたような道筋として見えるようになる。だが、「家訓」を通して見えて来るものは、必ずしもここに示したようなものばかりではないだろう。本書に収録した一九点の「家訓」は、いずれもそのそれぞれが直面させられた所与の現実の厳しさを乗り越えてゆくために必要とされる知恵の継承を企図して成ったものである。そこには、たとえば『多胡辰敬家訓』についてふれた際に強調したような、現代に生きる我々にとっても今なお学ぶべきと思われるものが少なからず含まれている。また、『古屋家家訓』に示されているような、明治の西洋文明の流入という未曾有の事態に対処してゆくために、異質な西洋の知識に背を向けることなく、積極的な姿勢でそれらを主体的に受容してゆこうとした姿勢から学ぶべきものも多いだろう。この国の〝家〟は、以上に見て来たように明治以後の時代においては特殊な政治的目的のもとに、一つの制度として国民の一人一人のあり方を規制した歴史を持っている。そのことから〝家〟という言葉に対しては少なからぬ反発を感ずる向きもある。だが、我々はそれでも今、家族を構成しようと意図する人々のもとに生まれ、育ち、そして多くはまた新たに次なる家族をつくり上げてゆくという仕組みの中で生きている。そこには、かつての我々の祖先達と同様の、我が子や孫、結果的に家族を構成することがなかったとしても、甥や姪、あるいは従兄弟達をも含めて自らと系譜を連ねさせている存在の未来の幸いを願う気持が生き続けている。そのような願いはどのようにすれば実現するのか。その一つとしてあるのが、様々な時代に同様の願いを持ってそれぞれの厳しい現実に処し、その中から獲得したものを何とかして次代に伝えようとして生きた人々の声に耳を傾けてみるという方法である。本書に収録した諸「家訓」からは、耳を澄ませれば、その関心の方向にしたがった多くの声をそれぞれに聴き取ることが可能なはずである。ぜひともそれらの声に耳を傾けていただければと思う。

うしろがき

本書を編むについては多くの方々の御助力を賜った。元玉川学園女子短期大学教授の小澤富夫氏には、いくつもの蒐集された史料やその写真版を見せていただいた。また、いわゆる地方《じかた》文書の読み方の不明な点については鶴見大学の関幸彦氏から、仏典よりの引用の出典への疑問については学習院大学の新川哲雄氏から懇切な御助言を頂戴した。これらの方々とともに、御所蔵の史料の使用や翻刻史料の本書への転載を快く認めていただいた各所蔵者や各史料刊行機関に対しても、ここに謹んで御礼を申し上げる。

編者が「家訓」というものに初めて接したのは、恩師である学習院大学名誉教授、筧泰彦先生の講義・演習においてであった。先生に本書をご覧いただけることを少しも疑わずに着手した仕事であったが、その希望をかなえることは出来なかった。先生は昨年の一月一一日に逝去されたからである。一昨年の夏に御宅に伺った折り、本書に先生がまとめられたお仕事を使わせていただきたいということをお願いして、いくらでも使って良いという御返答を頂戴した際に、九〇歳を越えてはおいでだがまだまだお元気だと安堵したせいで、この仕事を進める速度を緩めてしまった自らの怠慢を悔やむほかない。本書を先生の御霊前に献じたい。

最後になったが、本書を企画され、編纂の過程でいくつかの不明な点を明らかにするための貴重な情報や助言をいただいた平凡社・東洋文庫編集部の保科孝夫氏に、この場をかりて御礼を申し上げる。

二〇〇一年一月一一日

編者

山本眞功《やまもとしんこう》

1949年高知県生まれ。学習院大学大学院人文科学研究科哲学専攻博士課程単位修得退学。もと玉川大学教授。専攻、倫理学、日本思想史。
著書 『『心学五倫書』の基礎的研究』(学習院大学研究叢書12、第一法規出版)、『「家訓」から見えるこの国の姿』(平凡社新書)、『偽書『本佐録』の生成』(平凡社選書)、『備前心学をめぐる論争書』(共編。玉川大学出版部)、『雲伝神道』(共編。神道大系論説編14、神道大系編纂会) など。

家訓集　　東洋文庫 687

2001年 4月10日　初版第1刷発行
2017年 6月24日　初版第9刷発行

編註者　山本眞功
発行者　下中美都
印刷　創栄図書印刷株式会社
製本　大口製本印刷株式会社

発行所　電話編集 03-3230-6579　〒101-0051
営業 03-3230-6573　東京都千代田区神田神保町 3-29
振替 00180-0-29639　株式会社 平凡社
平凡社ホームページ http://www.heibonsha.co.jp/

ISBN 978-4-582-80687-8
NDC 分類番号 210　全書判(17.5 cm)　総ページ 418

《東洋文庫の関連書》

- 27 東遊雑記《とうゆうざつき》〈奥羽・松前巡見私記〉 古川古松軒著 大藤時彦解説
- 37 金谷上人《きんこくしょうにん》行状記〈ある奇僧の半生〉 横井金谷著 藤森成吉訳
- 41 沖縄の犯科帳 比嘉春潮・崎浜秀明編訳
- 54・68・82・99・119 菅江真澄《すがえますみ》遊覧記 全五巻 菅江真澄著 内田武志・宮本常一編訳
- 105 明治大正史〈世相篇〉 柳田国男著 益田勝実解説
- 113 新訂 西洋紀聞 新井白石著 宮崎道生校注
- 138 夢酔独言 他 勝小吉著 勝部真長編
- 185 月と不死 N・ネフスキー著 岡正雄編 加藤九祚解説
- 186 秋山記行《あきやまきこう》・夜職草《よなべぐさ》 鈴木牧之著 宮栄二校注
- 203 おんな二代の記 山川菊栄著

- 248・249 東西遊記 全二巻 橘南谿著 宗政五十緒校注
- 256・268・284 小梅日記〈幕末・明治を紀州に生きる〉 全三巻 川合小梅著 志賀裕春・村田静子校注
- 302 女大学集 石川松太郎編
- 461 江漢西遊日記 司馬江漢著 芳賀徹・太田理恵子校注
- 499・504 遊歴雑記初編 全二巻 十方庵敬順著 朝倉治彦校訂
- 574 先哲叢談 原念斎著 源了圓・前田勉訳注
- 575・576 論語徴 全二巻 荻生徂徠著 小川環樹訳注
- 595 川渡《かわと》甚太夫《じんだい》一代記〈北前船頭の幕末自叙伝〉 師岡佑行編 師岡笑子訳注
- 606・608 柴田収蔵日記〈村の洋学者〉 全二巻 田中圭一編注
- 709・721 太平記秘伝理尽鈔 全一〇巻 今井正之助・加美宏・長坂成行校注